# 스피노자와 표현 문제

**Spinoza et le problème de l'expression**

by Gilles Deleuze

Copyright © 1969 by Les Editions de Minuit
Korean Edition Copyright © 2019 by Greenbee Publishing Co.
All rights reserved.
This Korean edition published by arrangement with Les Editions de Minuit through Shinwon Agency Co., Seoul.

## 스피노자와 표현 문제

초판1쇄 2019년 5월 20일
초판2쇄 2022년 1월 10일

**지은이** 질 들뢰즈 | **옮긴이** 현영종 · 권순모
**펴낸이** 유재건 | **펴낸곳** (주)그린비출판사 | **신고번호** 제2017-000094호
**주소** 서울시 마포구 와우산로 180, 4층 | **전화** 02-702-2717 | **이메일** editor@greenbee.co.kr
**ISBN** 978-89-7682-542-1 93160

이 도서의 국립중앙도서관 출판예정도서목록(CIP)은 서지정보유통지원시스템 홈페이지(http://seoji.nl.go.kr)와
국가자료공동목록시스템(http://www.nl.go.kr/kolisnet)에서 이용하실 수 있습니다. (CIP제어번호: 2019016799)

철학이 있는 삶 **그린비출판사** www.greenbee.co.kr

질 들뢰즈
Gilles Deleuze

Spinoza et 스피노자와 표현 문제
le problème de l'expression

현영종·권순모 옮김

그린비

# 목차

# 3부. 유한양태이론

# 약어표

이 책에서 스피노자의 저작을 포함하여 참고 서지사항이 반복되어 등장할 경우 아래의 줄임말을 사용하여 표기하였다.

KV     *Korte Verhandeling van God, de Mensch, en des Zelfs Welstand* 『소론』

TIE    *Tractatus de Intellectus Emendatione* 『지성개선론』

PPC    *Principia Philosophiae Cartesianae* 『데카르트의 철학원리』

CM     *Cogitata Metaphysica* 『형이상학적 사유』

TTP    *Tractatus theologico-politicus* 『신학정치론』

E       *Ethica, ordine geometrico demonstrata* 『윤리학』

TP     *Tractatus politicus* 『정치론』

AT     Adam and Tannery가 출간한 데카르트 전집을 기준으로 인용함.

예) AT II, 3 : Adam and Tannery 판본 2권 p.3

G      Gebhardt가 정리하고 출판한 스피노자 전집을 기준으로 인용함.

예) G II, 2 : Gebhardt 판본 2권 p. 2

『윤리학』의 출처를 표시하는 약자는 다음과 같다.

서문 Pref
정의 Def
공리 Ax
정리 P
증명 Dem
주석 S
따름정리 Cor

예) E2Def1 : 윤리학 2부 정의 1
E4P43&Dem : 윤리학 4부 정리 43과 43의 증명

**일러두기**

1 이 책은 Gilles Deleuze, *Spinoza et le problème de l'expression*, Les Editions de Minuit, 1969를 완역한 것입니다.
2 약어표에 표기된 스피노자의 저작은 모두 라틴어를 따랐습니다.
3 외래어 표기는 원칙적으로 국립국어원의 〈외래어 표기법〉을 따랐습니다.
4 본문에서 인용되는 『윤리학』은 박기순 번역을 사용하였습니다(그린비 근간).

# 서론: 표현의 역할과 중요성

스피노자에게 "표현하다"라는 말의 중요성 ― "표현하다"란 말의 세 가지 사용: 어떤 본질을 표현하다, 실체의 본질을 표현하다, 실존을 표현하다 ― 속성과 양태와 관념의 표현적 특징

표현 관념은 『윤리학』 1부 정의 6에서부터 등장한다. "나는 신을, 절대적으로 무한한 존재로, 즉 무한히 많은 속성들로 구성된 실체로 이해한다. 그런데 이 속성들 각각은 영원하고 무한한 어떤 본질을 **표현한다**." 그 후에 이 관념은 점점 더 중요해진다. 스피노자는 이것을 다양한 맥락에서 고쳐 말한다. 때로는 각각의 속성들은 영원하고 무한한 **어떤 본질**, 즉 속성의 유類에 대응하는 본질을 표현한다고 말한다. 때로는 각각의 속성들은 실체의 **본질**, 실체의 존재 혹은 실재성을 표현한다고 말한다. 끝으로 때로는 각각의 속성은 실체적 **실존**의 무한성과 필연성, 즉 영원성을 표현한다고 말한다.[1] 그리고 스피노자는 어떻게 하나의 정식에

---

1 『윤리학』에서 이에 대응하는 정식들은 다음과 같다. 1) [그 각각이] 어떤 영원하고 무한한 본질을 표현한다 *aeternam et infinitam certam essentiam exprimit*(E1P10S) 2) 신적 실체의 본질을 표현한다 *divinae substantiae essentiam exprimit*(E1P19Dem); 실체의 실재성 혹은 존재를 표현한다 *realitatem sive esse substantiae exprimit*(E1P10S); 3) 실존을 표현

서 다른 정식으로 넘어가는지 잘 보여 준다. 각각의 속성은 본질을 표현하지만, 실체의 본질을 자신의 유 안에서 표현하는 한에서 그렇다. 그리고 실체의 본질은 필연적으로 실존을 함축하므로, 각각의 속성은 신의 본질과 함께 신의 영원한 실존도 표현한다.[2] 그렇다고 해도 표현 관념에 실체의 통일성과 속성들의 다양성에 관한 모든 난점들이 집약되어 있음에는 변함이 없다. 그래서 속성들의 표현적 본성이 『윤리학』 1부에서 기본 테마로 등장한다.

양태도 표현적이다. "실존하는 모든 것은 신의 본성, 달리 말하면 신의 본질을 특정하고 규정된 방식으로(즉 한정된<sup>défini</sup> 방식으로) 표현한다."[3] 따라서 우리는 두 번째 층위의 표현, 일종의 표현의 표현을 식별해야 한다. 첫 번째 층위에서 실체는 그의 속성들에서 자신을 표현하고, 각각의 속성은 어떤 본질을 표현한다. 그러나 두 번째에서, 속성들도 자신을 표현한다. 속성들은 그에게 의존하는 양태들 속에 자신을 표현하고, 각각의 양태는 어떤 변양<sup>modification</sup>을 표현한다. 나중에 보겠지만 첫 번째 층위는 실체 본질의 실제적 구성, 거의 실체 본질의 발생<sup>généalogie</sup>으로 이해되어야 한다. 두 번째 층위는 사물들의 실제적 생산으로 이해되어야 한다. 실제로 신은 그의 본질이 무한하기 때문에 무한히 많은 사물들을 생산한다. 그런데 신은 무한히 많은 속성들을 갖기 때문에, 필연적으로 그 사물들을 무한히 많은 방식[4]으로 생산하는데, 각 방식은 그것

---

한다<i>existentiam exprimunt</i>(E1P10C[역주- E1P20C의 오기], 따름정리). 세 가지 유형의 정식들은 E1P10S에서 통합된다. 이 구절은 그 점에서 매우 섬세한 의미 차이와 변화를 포함한다.

2 E1P19와 E1P20Dem.

3 E1P36Dem.(그리고 E1P25C: 신의 속성을 특정하고 규정된 방식으로 표현하는 양태 : <i>Modi quibus Dei attributa certo et determinato modo exprimuntur.</i>)

4 (역주) "무한히 많은 방식으로<i>infinitis modis</i>"(E1P16)는 "특정하고 규정된 방식으로

이 담겨 있는 속성들을 지시한다.[5] 표현은 그 자체로는 생산이 아니지만, 두 번째 층위에서, 속성이 자신을 표현할 때는 생산이 된다. 역으로 생산-표현은 첫 번째 표현에 근거한다. 신은 그의 결과들 속에 자신을 표현하기 "전에" 자기 자신을 통해 자신을 표현한다. 자기 안에 소산적 자연을 생산함으로써 자신을 표현하기 전에 자기 자신을 통해 능산적 자연을 구성함으로써 자신을 표현한다.

표현 개념은 존재론만이 아니라 인식론의 영역에도 걸쳐 있다. 관념은 사유 양태이기 때문에 그것은 놀랍지 않다. "개별singulières 사유들, 달리 말해 이 사유 저 사유는 특정하고 규정된 방식으로 신의 본성을 표현하는 양태들이다."[6] 그러나 그렇게 인식은 일종의 표현이 된다. 사물들에 대한 인식과 신에 대한 인식의 관계는 사물들 그 자체와 신의 관계와 같다. "신 없이는 아무것도 존재할 수도 생각될 수도 없기 때문에, 자연의 모든 존재들이 그들의 본질과 완전성에 비례해서 신 개념을 **함축하고 표현하는** 것이 확실하다. 따라서 우리가 자연 안의 사물들에 대해 더 많이 인식하면 할수록, 우리가 획득하는 신에 대한 인식도 그만큼 더 크고 더 완전하리라는 것이 확실하다."[7] 신 관념이 우리의 모든 관념들의 원천이자 원인으로서 우리의 모든 관념들 속에 자신을 표현해서, 관념들 전체는 전 자연의 질서를 정확히 재생산한다. 그리고 관념은 다시 그의 대상의 본질, 본성 혹은 완전성을 표현한다. 즉 정의 혹은 관념은 사물의 본성을 있는 그대로 표현한다고 일컬어진다. 관념은 대상의 실

certo&determinato modo"(E2Def1)와 대비된다. "나는 물체corpus를, 특정하고 규정된 방식으로, 신을 연장된 사물로 고려하는 한에서 신의 본질을 표현하는 양태라고 이해한다." (E2Def1)

5 E1P16Dem.
6 E2P1Dem.
7 TTP, 4장(II, p.136).

재성 혹은 완전성을 더 많이 표현하면 할수록 그만큼 더 완전하다. 따라서 정신이 "절대적으로" 형성하는 관념들은 무한성을 표현한다.[8] 정신은 사물들을 영원의 측면에서*sub specie aeternitatis* 생각하지만, 정신이 신체의 본질을 영원의 측면에서 표현하는 관념을 소유하기 때문에 그렇다.[9] 스피노자에게 적합성 개념은 관념의 그러한 표현적 성격과 분리되지 않는 것처럼 보인다. 그는 『소론』에서 이미 사물 외부에 머물러 있는 활동이 아니라, 반성*réflexion*으로, 정신 안의 사물의 표현으로 이해될 수 있는 인식 개념을 찾고 있었다. 그 요청은 『윤리학』에도 나타나지만, 새롭게 해석된다. 어쨌든 참된 것이 관념 안에 현존한다고 말하는 것만으로는 충분하지 않다. 이것도 물어야 한다. 참된 관념 안에 현존하는 것은 무엇인가? 참된 관념에서 표현되는 것은 무엇이고, 참된 관념은 무엇을 표현하는가? 스피노자가 데카르트의 명석 판명 개념을 넘어서고, 적합성 이론을 형성하는 것은 언제나 이 표현 문제와 관련이 있다.

표현하다exprimer: 설명하다expliquer 혹은 전개하다developer; 내포하다impliquer 혹은 함축하다envelopper; 복합하다compliquer, 담다contenir 혹은 포함하다comprendre ― 라이프니츠와 스피노자는 데카르트주의의 난점들을 극복하기 위해서 표현 관념에 기댄다 ― 왜 주석가들은 스피노자 철학에서 표현 관념을 거의 고려하지 않았는가 ― 스피노자에게 표현 관념은 왜 정의의 대상도 증명의 대상도 아닌가 ― 표현과 증명

8 *TIE*, 108(*infinitatem exprimunt*).
9 E5P29&Dem.

"표현하다"라는 말의 몇 가지 동의어가 있다. 『소론』의 네덜란드어 텍스트는 *uytdrukken–uytbeelden*(표현하다)을 사용하지만, *vertoonen*(현시하고manifester 증명하다démontrer)을 더 선호한다. "사유하는 것은 무한히 많은 대상들에 대응하는 무한히 많은 관념들에서 **표현된다**." 그러나 사실 "물체 관념은 매개 없이 신을 **현시한다**". 그리고 "속성들은 자기 자신을 통해서 자신을 **현시한다**".[10] 『지성개선론』에서, 속성들은 신의 본질을 현시한다(*ostendere*).[11] 그러나 동의어들이 가장 중요한 것은 아니다. 보다 중요한 것은 표현 관념에 수반되어 그것을 명확히 하는 상관어들이다. 그 상관어들은 *explicare*와 *involvere*이다. 그래서 정의는 피정의항의 본성을 표현한다고만 이야기되지 않고 그것을 **함축하고 설명한다**고도 이야기된다.[12] 속성들은 실체의 본질을 표현하는 것만이 아니라, 때로는 그것을 설명하고 때로는 그것을 함축한다.[13] 양태들은 신 개념을 표현하는 동시에 그것을 함축하며, 따라서 그 양태들에 대응하는 관념들도 신의 영원한 본질을 함축한다.[14]

설명하는(펼치는) 것은 전개하는 것이다. 함축하는(감싸는) 것은 내포하는 것이다. 그렇지만 그 두 항은 반대 항이 아니다. 그것들은 표현의 두 측면을 지시할 뿐이다. 한편으로 표현은 설명이다. 즉 자신을 표현하는 것의 전개, 다자多者에서 일자一者의 현시(속성들에서 실체의 현시,

---

10 *KV*, II, 20장, 4(*untgedrukt*); I, 두 번째 대화, 12(*vertoonen*); I, 7장, 10(*vertoond*) 참조.
11 *TIE*, 76.
12 "각 사물에 대한 참된 정의는 정의된 사물의 본성 이외에는 아무것도 함축 혹은 표현하지 않는다*Veram uniuscujusque rei definitionem nihil involvere neque exprimere praeter definitae naturam*."(E1P8S2) "정의가 완전하다고 이야기되기 위해서는 사물의 내밀한 본질을 설명해야 한다*Definitio, ut dicatur perfecta, debebit intimam essentiam rei explicare*."(*TIE*, 95)
13 E1P19Dem; E1P20Dem.
14 E2P45, P46Dem.

그 다음으로 양태들에서 속성들의 현시)이다. 그러나 다른 한편으로 다자의 표현은 일자를 함축한다. 일자는 그를 표현하는 것에 함축되어 있고, 그를 전개하는 것에 새겨져 있고, 그를 현시하는 모든 것에 내재해 있다. 이런 의미에서 표현은 함축이다. 우리가 나중에 분석할 유한 양태들과 그들의 수동들의 층위라는 특정한 경우가 아니라면 이들 두 항 간에 대립은 없다.[15] 일반적으로 표현은 그것이 표현하는 것을 설명하고 전개하는 동시에 그것을 함축하고, 내포한다.

내포와 설명, 함축과 전개는 언제나 범신론이라고 비난을 받는 오랜 철학적 전통으로부터 상속된 용어들이다. 서로 대립하지 않는다는 그 이유 때문에, 그 개념들은 종합의 원리, "복합*complicatio*"을 지시한다. 신플라톤주의에서는 종종 **복합**이 일자 안에서 다자의 현존과 다자 안에서 일자의 현존을 동시에 지칭할 때가 있다. 신은 "복합하는" 자연이며, 이 자연은 신을 설명하고 내포한다. 혹은 신을 함축한다. 신은 만물을 복합하고 있지만 만물은 신을 펼치고 신을 함축한다. 이러한 개념들의 맞물림이 표현을 구성하며, 이런 의미에서 표현은 중세와 르네상스 시대 동안 진화하는 기독교적이고 유대교적인 신플라톤주의의 본질적 형식들의 한 특징이 된다. 이런 관점에서 혹자는, 표현이 르네상스 시대의 사유의 기본 범주였다고 말할 수 있었다.[16] 그런데 스피노자의 철학에서 자연은 각각의 사물에 의해 설명되고 내포되는 동시에 모든 것을 포함하고, 모든 것을 담는다. 속성들은 실체를 함축하고 설명하지만, 실체는 모든 속성들을 포함한다. 양태들은 그들이 의존하는 속성을 함축하고

---

15 9장 참조.
16 A. Koyré, *La Philosophie de Jacob Boehme*(Vrin, 1929)와 특히 *Mystiques, spirituels, alchimistes du X VIe siècle allemand*(Armand Colin, 1947) 참조.

펼치지만, 속성은 해당 양태들의 본질들을 모두 담는다. 스피노자가 어떻게 표현주의 전통에 들어가는지, 어느 정도로 그 전통의 영향 아래 있는지, 어떻게 그 전통을 혁신하는지 물어야 한다.

라이프니츠가 표현을 그의 기본 개념의 하나로 삼은 만큼 이 문제는 더욱 중요하다. 스피노자에게도 라이프니츠에게도 표현은 신학, 존재론, 그리고 인식론에 동시에 걸쳐 있다. 그것은 신에 대한 이론과 피조물들에 대한 이론과 인식에 대한 이론에 활기를 불어넣는다. 데카르트주의의 난점들을 극복하기 위해서, 자연 철학을 복원하기 위해서, 그리고 데카르트의 성과들을 근본적으로 데카르트적 세계관에 적대적인 체계에 통합하기 위해서, 이 두 철학자는 각자 독자적으로 표현 관념에 기대는 것으로 보인다. 라이프니츠와 스피노자의 반데카르트주의에 대해 말할 수 있다면, 이 반데카르트주의는 표현 관념에 근거한다.

표현 관념은 스피노자의 체계에 대한 이해에도, 스피노자의 체계와 라이프니츠의 체계와의 관계의 규정에도, 두 체계의 기원과 형성에도 모두 중요하다고 우리는 가정한다. 그렇다면 왜 가장 훌륭한 주석가들이 스피노자의 철학에서 이 개념을 전혀 (혹은 거의) 고려하지 않았는가? 어떤 이들은 그것을 전혀 언급하지 않는다. 다른 이들은 그것에 얼마간의 중요성을 부여하지만, 그것은 간접적 중요성이다. 그들은 표현 개념을 보다 근본적인 어떤 용어의 동의어로 보기 때문이다. 가령 그들은 표현을 "유출émanation"에 대해 말하는 한 방식에 불과하다고 본다. 라이프니츠가 이미 그것을 시사했다. 그는 스피노자가 표현을 카발Kabbale [17]과 동일한 의미로 해석했다고, 그리고 그것을 일종의 유출로

---

17 (역주) 유태인의 성경 혹은 유태교 신비주의 전통, 즉 유태교 랍비들과 중세 신학자들이 행한 경전에 대한 신비주의적 해석을 지칭한다.

환원했다고 비난했다.[18] 혹은 그들은 표현하다를 **설명하다**의 동의어로 본다. 사방에서 발생 및 자기-전개 운동의 전조를 찾으려고 했던 포스트-칸트주의자들은 그것을 스피노자주의에서 발견하기 좋은 여건에 있었던 것 같다. 그러나 그들은 "설명하다"라는 용어 때문에, 스피노자가 무한에서 유한으로의 이행을 사유할 수 없었던 것처럼 실체의 실제 전개도 생각할 수 없었다는 그들의 생각을 굳히게 된다. 그들에게 스피노자의 실체는 죽어 있는 것으로 보였다. 그들에게 스피노자의 표현은 지적이고 추상적인 것으로 보였다. 그들에게 속성들은 그 자체로 설명적인 지성에 의해 실체에 "귀속된" 것으로 보였다.[19] 셸링도 그의 현시 *Offenbarung* 철학을 만들 때 스피노자가 아니라 뵈메Boehme를 내세운다. 셸링의 표현Ausdruck 관념은 스피노자도 라이프니츠도 아닌 뵈메에게서 온 것이다.

표현을 단지 지성의 설명으로 환원할 때 우리는 사상사적 오해에 빠지게 된다. 왜냐하면 설명하다는 말은 사물 외부에 머무는 지성의 활동을 지칭하기는커녕 우선 사물이 자신 안에서 그리고 그 삶 속에서 전개되는 것을 지칭하기 때문이다. 역사적으로 설명하다*explicatio*-복합하다*complicatio*라는 전통적인 쌍은 언제나 범신론과 가까운 생기론을 나타냈다. 설명에서 출발해서는 표현을 이해할 수 없다. 스피노자의 선배들에게도 스피노자에게도 반대로 설명의 전제가 표현 관념인 것으로 보인다. 속성들이 속성들을 지각 혹은 이해하는 지성을 본질적으로 참조

---

18 Foucher de Careil, *Leibniz, Descartes et Spinoza*(1862) 참조. 최근의 주석자들 중에서, E. Lasbax는 스피노자의 표현과 신플라톤주의의 유출과의 동일시를 가장 멀리 밀고 간 사람들 중 하나이다. *La Hiérarchie dans l'Univers chez Spinoza*(Vrin, 1919).

19 E. Erdmann이 스피노자의 속성들을 때로는 지성의 형식들로, 때로는 감성의 형식들로 해석하는 것은 헤겔의 영향을 받은 것이다(*Versuch einer wissenschaftlichen Darstellung der neueren Philosophie*, 1836; *Grundriss der Geschichte der Philosophie*, 1866).

한다면,[20] 그것은 우선 속성들이 실체의 본질을 표현하기 때문이고, 또 무한한 본질이 표현될 때 속성들이 신적 지성에 "표상적으로"[21] 나타나기 때문이다. 표현이 지성과의 관계에 근거를 제공하는 것이지 그 역이 아니다. 유출에 대해 말하자면 스피노자에게 분유 못지않게 유출의 흔적들이 발견되는 것은 확실하다. 정확히 말해서 중세시대에도 르네상스 시대에도 표현 및 설명 이론은 신플라톤주의로부터 강한 영감을 받은 저자들 사이에서 형성된다. 그렇다고 해도 그 목표와 결과가 신플라톤주의를 근본적으로 변형하고, 이 신플라톤주의에 유출과는 완전히 다른 길들(두 가지 테마가 공존할 때조차도)을 열어 주는 것이었다는 점에는 변함이 없다. 따라서 우리는 유출도 그것을 통해 표현 관념을 이해하기에는 적절치 않다고 말하겠다. 반대로 표현 관념은 신플라톤주의가 어떻게 그 본성이 바뀔 정도로 진화했는지, 특히 유출인이 어떻게 점점 더 내재인이 되어 갔는지 보여 줄 수 있다.

몇몇 현대 주석가들은 스피노자 철학에서 표현 관념을 직접 고찰한다. 카우프만은 표현 관념을 "스피노자 철학의 미로"를 위한 아리아드네의 실로 보지만, 그 개념을 스피노자가 사용하는 방식을 다루는 대신에 일반적인 방식으로 그 개념의 신비주의적이고 미학적인 측면을 강조한다.[22] 다르봉은 또 다른 방식으로 표현에 매우 아름다운 페이지를

---

20 (역주) "나는 속성을, 한 실체에 대해서 지성이 그것의 본질을 구성하는 것으로서 지각하는 것으로 이해한다."(E1PDef4)

21 (역주) objectivement. 관념에는 두 측면이 있다. 관념은 어떤 대상에 대한 것이며, 대상과 관련 없이 그 자체로 있는 것이다. 전자의 측면과 관련하여 관념이 갖는 실재성이 réalité objectif이다. 이는 *objectif*의 어원 "~에 대해 던져진, ~에 맞서 있는(ob-jecti)"이란 뜻과도 관련이 있다. 기존의 통상적 번역을 따라서 우리는 objectif를 "표상적"으로, 그리고 representif를 "재현적"으로 번역한다.

22 Fritz Kaufmann, "Spinoza's system as theory of expression"(*Philosophy and Phenomenological Research*, Université de Buffalo, sept. 1940).

할애하지만, 결국에는 그것을 이해불가능한 것이라고 선언한다. "스피노자는 실체의 통일성을 설명하기 위해 단지 속성들 각각이 실체의 본질을 표현한다고 말할 뿐이다. 이 설명에 의해 사태가 명료해지기는커녕 많은 난점만 생긴다. 먼저 **표현되는 것**이 자신을 **표현하는 것**과 구별되어야 할 것이다…" 그리고 다르봉은 이렇게 결론 내린다. "모든 속성들은 신의 무한하고 영원한 본질을 표현한다. 그렇지만 여전히 우리는 **표현되는 것과 그것을 표현하는 것**을 구별할 수 없다. 주석가의 임무는 어렵고, 스피노자주의에서 실체와 속성들의 관계라는 문제는 많은 상이한 해석을 야기한다."[23]

확실히 이러한 주석이 나오게 되는 이유가 있다. 스피노자는 표현 관념을 정의나 증명의 대상으로 삼지 않았으며 그렇게 할 수도 없었다. 표현 관념은 정의 6[E1Def6]에서 등장하지만, 정의되지도 정의에 쓰이지도 않는다. 표현 관념은 실체도 속성도 정의하지 않는다. 실체와 속성은 이미 정의되었기(정의 3과 4) 때문이다. 표현 관념은 신을 정의하지도 않는다. 신에 대한 정의는 표현에 대한 어떤 참조도 필요로 하지 않는다. 스피노자는 편지들과 『소론』에서 종종, 신은 그 각각이 무한한, 무한히 많은 속성들로 구성된 실체라고 말한다.[24] 따라서 표현 관념은, 신이 무한히 많은 무한한 속성들로 구성된 실체로 정의될 때, 단지 속성과 실체와 본질이 맺는 관계에 대한 규정으로서만 나타나는 것으로 보인다. 표현은 미규정의 조건에서 실체나 속성 일반과 관련되지 않는다. 실체가 절대적으로 무한할 때, 실체가 무한히 많은 속성들을 소유할 때, 그때, 오직 그때만 실체는 사실 속성들로 자신을 표현하기 때문에 속성들이

---

23 André Darbon, *Etudes spinozistes*(PUF, 1946, pp. 117~118).
24 「편지 2&4」(올덴부르흐에게, III, p. 5와 p. 11). 그리고 *KV*, I, 2장, 1.

본질을 표현한다고 이야기된다. 정의 3(실체 정의)과 정의 4(속성 정의)를 내세워 그로부터 곧장 실체와 신의 속성 간의 관계의 성격을 연역하는 것은 잘못일 것이다. 신은 충분히 그 관계를 절대적인 것으로 높여서 "변형할" 수 있기 때문이다. **정의 3과 4는 명목적 정의일 뿐이다. 정의 6만이 실재적 정의이며 실체와 속성과 본질에서 무엇이 따라 나오는지를 말해** 준다. 그러나 "관계를 변형한다"란 무엇을 의미하는가? 표현이 왜 증명의 대상도 아닌지에 대해 따져본다면 그것을 보다 잘 이해할 수 있을 것이다.

유명한 정리 16 E1P16 [25]에 대해 고심하는 취른하우스에게 스피노자는 중요한 인정을 한다. "철학적 전개와 수학적 증명 간에는 확실한 차이가 있다."[26] 수학자는 통상 하나의 정의에서 하나의 특성만 끌어낼 수 있다. 여러 특성들을 인식하려면 관점들을 늘리고 "정의 대상을 다른 대상들과" 관련시켜야 한다. 따라서 기하학적 방법은 관점들의 외재성과 특성들의 배분적 성질이라는 두 가지 제한을 받는다. 헤겔이 스피노자를 염두에 두고 기하학적 방법은 절대적인 것에만 합치하는 유기적 운동 혹은 자기-전개를 포괄하기에 부적격하다고 주장했을 때, 그가 말한 것은 다른 게 아니었다. 삼각형의 밑변을 연장하는 것으로 시작하는 세 각의 합이 180도라는 증명을 생각해 보자. 분명 이 밑변은 저절로 자라는 식물과 같지 않다. 밑변을 연장할 기하학자가 필요하고, 기하학자는 그가 평행선을 그린 삼각형의 변을 새로운 관점에서 고려해야 하고 등등. 스피노자가 이 반론들을 몰랐다고 생각할 수 없다. 그것은 취른하

---

25 (역주) "신의 본성의 필연성으로부터 무한히 많은 것이 무한히 많은 방식으로 따라 나와야 한다."
26 「편지82」(취른하우스로부터)와 「편지83」(취른하우스에게).

우스가 제기한 반론들이기 때문이다.

    기하학적 방법이 [수학적 존재가 아니라] 실재적 존재들에 적용될 때, 더군다나 절대적 존재에 적용될 때, 우리는 동시에 여러 특성들을 이끌어낼 수단을 갖게 된다는 스피노자의 대답은 실망스러울지도 모른다. 아마도 우리는 스피노자가 문제되는 것을 인정한다는 인상을 받을 것이다. 그러나 우리가 그 방법에서 제기되는 매우 다른 문제들을 혼동하기 때문에 실망하는 것이다. 스피노자는 이렇게 묻는다. 개별적으로 도출된 특성들을 집합적으로 고려할 수 있는 수단, 그리고 정의 외부에서 취해진 관점들을 정의 대상의 내부로 위치시킬 수 있는 수단은 없는가? 그런데 『지성개선론』에서 스피노자는 기하학적 도형들이 근접 원인에 의해 정의될 수 있다는 것을, 혹은 발생적 정의의 대상이 될 수 있다는 것을 보여 주었다.[27] 원은 단지 중심이라 불리는 동일한 점에서 같은 거리에 위치한 점들의 궤적이 아니라, 한 쪽 끝은 고정되어 있고 다른 쪽 끝은 움직이는 선분에 의해 그려진 도형이다. 마찬가지로 구는 지름을 축으로 회전하는 반원에 의해 그려진 도형이다. 기하학에서 이 원인들이 허구적인 것은 사실이다. "임의로 꾸며내다_fingo ad libitum_." 헤겔도 말하고 스피노자도 말하는 것처럼 반원은 저절로 회전하지 않는다. 그러나 그 원인들이 단지 결과부터의 추론에 의해서만 진리를 갖는다는 점에서만, 이 원인들은 허구적이고 상상적이다. 여기서 도형들은 사고상의 존재들이기 때문에, 그 원인들은 수단들, 기교들, 허구들로 제시된다. 그럼에도 불구하고 기하학자에 의해 하나하나 실제로 도출되는 특성들이 그 원인들과 관련하여 그리고 그 허구들의 도움으로 집합적 존

---

27 _TIE_, 72와 95.

재를 갖게 되는 것은 사실이다.[28] 그런데 절대적인 것의 경우에 더 이상 허구적인 것은 전혀 없다. 즉 원인은 더 이상 결과로부터 추론되지 않는다. '절대적으로 무한한 것'이 원인임을 긍정할 때, 우리는 반원의 회전의 경우처럼 개념 안에 들어 있지 않은 어떤 것을 긍정하지 않는다. 따라서 '무한히 많은 방식들'이 '실체의 정의에서 집합적으로 도출된 특성들'과 동일시되기 위해서, '속성들'이 '실체에 대해 속성들이 취하는 실체 내적인 관점들'과 동일시되기 위해서, 허구가 필요하지 않다. 따라서 철학이 수학적인 것들을 받아들일 수 있는 이유는, 철학이 수학의 통상적 한계들을 제거할 수 있다는 점에 있다. 기하학적 방법은 절대적인 것에 적용될 때는 난점에 부딪히지 않는다. 오히려 그것은 사고상의 존재들에 적용되는 동안에 그것의 실행에 부담을 지웠던 난점들을 극복할 자연적 수단을 발견한다.

　속성들은 실체에 대한 관점들과 같다. 그러나 절대적인 것에서 그 관점들은 더 이상 외부적이길 멈추고, 실체는 자기 자신에 대한 무한히 많은 관점들을 자신 안에 포함한다. 특성들이 정의된 사물로부터 연역되는 것처럼, 양태들도 실체로부터 연역된다. 그러나 절대적인 것에서 특성들은 무한한 집합적 존재를 획득한다. 특성들을 하나하나 도출하는 것, 사물을 다른 대상들에 관련시켜서 반성하고 설명하는 것은 더 이상 유한한 지성이 아니다. 그것은 자신을 표현하는 것, 자신을 설명하

---

28 "구 개념을 형성하기 위해 나는 임의로 원인의 허구를 형성한다. 즉 반원은 그 중심을 축으로 회전하며, 구는 말하자면 그 회전에 의해 생긴다. 이 관념은 틀림없이 참이며, 우리가 어떤 구도 자연에서는 결코 그런 식으로 발생되지 않는다는 것을 아는데도 불구하고, 그것은 참된 지각이고 구 개념을 형성하는 가장 쉬운 방법이다. 그리고 또 그 지각은 반원이 회전한다는 것을 긍정하지만, 그 긍정은 만일 구 개념에 연결되지 않으면 거짓이 되리라는 것에 주의해야 한다…."(*TIE*, 72)

는 것이다. 그래서 특성들은 모두 함께 "무한한 지성에 들어간다".[29] 따라서 표현은 증명의 대상이 될 필요가 없다. 표현은 증명을 절대적인 것 안에 가져다 놓고, 증명을 절대적으로 무한한 실체의 **직접적 현시**로 만든다. 증명 없이 속성들을 이해하는 것은 불가능하다. 왜냐하면 증명은 가시적이지 않은 것의 현시이고, 자신을 현시하는 것이 그 아래로 들어가는 시선이기도 하다. 이런 의미에서 증명은 우리가 [무언가를] 지각하는 정신의 눈이라고 스피노자는 말한다.[30]

---

29 (역주) EIP16&Dem "무한 지성 아래 들어갈 수 있는 모든 것*omnia, quae sub intellectum infinitum cadere possunt.*"

30 E5P23S, "사람들이 이렇게 말할 수도 있다. 신의 속성들을 인식할 필요는 없고, 오직 단순하게 증명 없이 속성들을 믿는 것만이 필요한 것이 아닌가? 그들은 순전히 경솔하다. 비가시적인 것, 단지 사유의 대상인 것은 증명들 이외의 다른 눈에 의해서는 보일 수 없기 때문이다. 따라서 증명을 갖지 않는 자는 이것들에 대해 아무것도 절대로 보지 못한다."(*TTP*, 13장; II, p.240; G III, 170)

# 1부  실체의 삼항관계

# 1장. 수적 구별과 실재적 구별

삼항관계로서의 표현 ─ 표현의 첫 번째 삼항관계: 실체, 속성, 본질

표현은 삼항관계triade로 나타난다. 우리는 실체와 속성들과 본질을 구별해야 한다. 실체는 자신을 표현하고, 속성들은 표현들이며, 본질은 표현된다. 표현 관념이 나타내는 관계에서 두 항만을 보는 한, 표현 관념은 불가지적인 것으로 머문다. 제3항의 현존과 매개를 고려하지 않는한, 우리는 실체와 속성, 속성과 본질, 본질과 실체를 혼동한다. 실체와속성들은 구별되지만, 각각의 속성이 하나의 특정 본질을 표현하는 한에서 그렇다. 속성과 본질은 구별되지만, 각각의 본질이 속성의 본질이아닌 실체의 본질로서 표현되는 한에서 그렇다. 표현 개념의 독창성이여기서 드러난다. 실존하는 한에서 본질은, 그것을 표현하는 속성 밖에서 실존하지 않지만, 본질인 한에서 그것은 실체에만 관계된다. 본질은각각의 속성에 의해서 표현되지만, 실체 자체의 본질로서 표현된다. 무한한 본질들은 그들이 실존하는 속성들에서 구별되지만, 그들이 관계되는 실체에서는 동일시된다. 우리는 언제나 다음 세 항을 구별할 필요성에 맞닥뜨린다. 자신을 표현하는 실체, 그를 표현하는 속성, 표현되는본질. 본질과 실체의 구별은 속성들에 의해서이지만, 실체 자체와 속성

들의 구별은 본질에 의해서이다. 삼항관계의 각각의 항은 세 개의 삼단 논법에서 다른 두 항과 관련해 매개항 역할을 할 수 있다.

실체가 절대적으로 무한한 한에서, 표현은 실체와 합치한다$^{convenir}$. 속성들 전체가 무한한 한에서, 표현은 속성들과 합치한다. 각각의 본질이 하나의 속성 속에서 무한한 한에서, 표현은 본질과 합치한다. 따라서 무한의 본성이 있다. 메를로 퐁티는 17세기 철학에서 오늘날 우리가 가장 이해하기가 어려워 보이는 것을 잘 지적한다. 적극적 무한이라는 관념, 그것은 "위대한 합리주의의 비밀", "무한에서 출발하는 순수한 사유 방식"이고, 이는 스피노자주의에서 완전한 형태로 나타난다.[1] 이 순수함이 개념의 노동을 배제하지 않는 것은 사실이다. 스피노자는 적극적 무한의 역량과 현실성을 제시하기 위해, 어떤 독창적인 개념적 요소의 온갖 원천들이 필요했다. 만약 표현 관념이 이 역할을 한다면, 그것은 표현 관념이 실체와 속성들과 본질이라는 이 세 항에 대응하는 어떤 구별들을 무한 속에 들여오기 때문이다. 무한에서의 구별은 어떤 유형의 것인가? 절대적인 것에, 신의 본성에 어떤 유형의 구별을 가져올 수 있는가? 그러한 것이 표현 관념에 의해 제기되는 첫 번째 문제이며, 그것이 『윤리학』 1부를 지배한다.

---

데카르트에서 구별의 문제 — 데카르트에 따르면, 동일한 속성의 실체들이 있다:실재적인 수적 구별들 — 그리고 상이한 속성의 실체들이 있다:수적인 실재적 구별들 — 스피노자의 이론:동일한 속성의 여러 실체는 없다, 수적 구별은 결코 실재적이지 않다

---

1 M. Merleau-Ponty, in *Les Philosophes célèbres* (Mazenot éd., p. 136) 참조.

°『윤리학』의 초반부에서부터 스피노자는 '구별되다'라는 말의 가장 일반적인 의미에서, 어떻게 두 사물이 구별될 수 있는지 묻고, 그 다음에는 그 말의 정확한 의미에서, 어떻게 두 실체가 구별되어야 하는지 묻는다. 첫 번째 물음은 두 번째 물음을 예비한다. 이 두 번째 물음에 대한 대답은 명확한 것 같다. 즉 일반적으로 두 사물이 실체의 속성에 의해서 다르거나 양태에 의해서 다른 것이 사실이라고 해도, 이와 달리 두 실체는 양태에 의해서는 구별될 수 없고 단지 속성에 의해서만 구별될 수 있을 뿐이다.[2] 따라서 동일 속성의 실체가 둘 또는 여러 개 있을 수는 없다. 여기서 스피노자가 데카르트의 영역을 출발점으로 삼는다는 것은 의심의 여지가 없다. 그러나 그가 데카르트로부터 수용하는 것과 거부하는 것, 그리고 특히 그가 수용하여 데카르트에 반(反)하는 방향으로 돌려놓는 것, 이 모든 것이 조심스럽게 평가되어야 한다.

　양태는 다른 것 안에 있고 실체는 자기 안에 있으므로, 실체들과 양태들 외에는 다른 아무것도 실존하지 않는다는 것, 이것의 명시적 원리를 우리는 데카르트에게서 발견할 수 있다.[3] 그리고 만약 양태들이 실체를 언제나 전제하고, 우리에게 실체를 인식시키기에 충분한 것이라면, 이는 양태들이 함축하는 주요 속성의 매개에 의해서, 실체의 본질 자체를 구성하는 주요 속성의 매개에 의해서다. 그래서 둘 또는 여러 실체들은, 그들의 주요 속성에 의해 구별되고, 또 판명하게 인식된다.[4] 이로부터 데카르트는 우리가 두 실체 간의 실재적 구별, 실체와 (실체를 상호성

---

2 E1P5&Dem.

3 스피노자는 CM, II, 5에서 데카르트의 테제를 다음과 같이 해명한다. "… 데카르트가『철학 원리』(1부, 48과 49)에서 지적한 것, 즉 자연에는 실체와 그것의 양태들 외에는 아무것도 존재하지 않는다는 것(60, 61, 62), 그리고 그로부터 삼중의 구별, 즉 실재적 구별, 양태적 구별, 이성에 의한(사고상의) 구별이 연역된다는 것을 상기할 필요가 있다."

4 Descartes, Principes, I, 53.

없이 전제하는) 양태 간의 양태적 구별, 실체와 (우리가 실체에 대한 판명한 인식을 갖는 데 없어서는 안 될) 속성 간의 사고상의 구별을 생각할 수 있다고 결론짓는다.[5] 배제, 일방적 함축, 추상은, 각 구별에 관념상으로 상응하는 기준들, 아니 차라리 이 구별의 유형을 정의하고 식별할 수 있게 해주는 재현의 기초적 소여所與들이다. 이 유형들의 규정과 적용은 데카르트주의에서 본질적인 역할을 한다. 그리고 물론 데카르트는 대단히 복잡한 문제를 처리하기 위해 수아레즈의 앞선 시도를 이용했다.[6] 그러나 데카르트 자신이 그 세 가지 구별을 사용하는 방식은 다채롭기 때문에 보다 많은 다의성을 포함하는 듯하다.

데카르트가 인정하는 대로, 첫 번째 애매함은 사고상의 구별과 양태적 구별, 그리고 그 둘의 관계에 관련된다. 그 애매성은 이미 "양태", "속성", "질"이라는 말의 사용에서 나타난다. 어떤 속성이 주어지면, 그것은 실체를 이러저런 것으로 질화하기qualifier 때문에 질이지만, 실체를 다양화한다는 점에서는 양태기도 하다.[7] 이러한 관점에서 볼 때, 주요 속성의 위상은 무엇인가? 나는 이 속성을 추상에 의해서만 실체와 분리할 수 있다. 그러나 또한 나는 이 속성을 자신에 의해 존속하는 어떤 것으로 간주하지 않는다는 조건에서, 그것을 단지 실체가 갖는 변하는(다

---

5 *Ibid.*, 60, 61, 62.
6 Suarez, *Metaphysicarum disputationum*, D, VII 참조. 수아레즈는 실재적 구별과 양태적 구별과 사고상의 구별만을 식별하며, 뒤에 데카르트가 사용하게 될 것들과 아주 비슷한 용어로 둔스 스코투스의 형상적 구별(distinction formelle)을 비판한다.
7 Descartes, *Principes*, I, 56. (역주) "내가 여기서 양태로 의미하는 것은 다른 곳에서 속성이나 질로 이해되는 것들이다. 실체가 속성들이나 성질들에 의해 변용되거나 변양되는 점을 고려할 때, 나는 그것들을 양태라고 부른다. 그런 변양에 의해 그 실체가 어떤 종류의 것이라고 불릴 수 있다는 점을 고려할 때, 나는 그것들을 질이라고 부른다. 끝으로 더 일반적으로, 단지 그 성질들이 실체에 내재해 있다는 점만을 고려할 때, 나는 그것들을 속성이라고 부른다."
(『철학의 원리』, 원석영 옮김, 아카넷, 2002, 46쪽. 일부 번역어 수정)

시 말해 가변적 형태들 혹은 다양한 사유들을 갖는) 특성으로 간주한다는 조건에서, 이 속성을 실체와 구별할 수 있다. 이 때문에 데카르트는 연장과 사유가 다음과 같은 두 가지 방식으로 판명하게 생각될 수 있다고 말한다. 먼저 "하나는 신체의 본성을 구성하고, 다른 하나는 영혼의 본성을 구성한다는 점에서" 그렇다. 그러나 또한 연장과 사유를 그들의 실체와 구별하고, 그것들을 단지 "양태들" 혹은 "의존하는 것"으로 취함으로써 그렇다.[8] 그런데 첫 번째 경우에는 속성들에 의해 그들이 질화하는 실체들이 구별된다면, 두 번째 경우에는 양태들에 의해 동일 속성의 실체들이 구별되는 것으로 보인다. 그래서 가변적 형태들은 다른 물체들과 실재적으로 구별되는 이러저러한 물체를 지시하고, 다양한 사유들은 실재적으로 구별되는 영혼을 지시한다. 속성은 그가 질화하는 실체의 본질을 구성하지만, 또한 양태의 본질도(양태들은 속성 덕분에 관련되는 동일 속성을 가진 실체들과 연관된다) 구성한다. 이 이중적인 측면이 데카르트주의의 중대한 난점들을 초래한다.[9] 여기서는 다만 그 귀결만 언급해 보자. 동일 속성의 실체들이 있다. 다시 말해 실재적 혹은 실체적 구별이면서 동시에 수적인 구별이 있다.

두 번째 난점은 실재적 구별 그 자체에 관련된다. 실재적 구별은 다른 구별들과 마찬가지로 재현의 소여이다. 우리가 두 사물 중 하나를 다른 하나의 개념에 속하는 모든 것을 배제하더라도 명석 판명하게 생각할 수 있을 때, 두 사물은 실재적으로 구별된다. 이런 의미에서 데카르트는 아르노에게 실재적 구별의 기준이 관념의 완전성에 있다고 설명한

---

8 Descartes, *Principes*, I, 63, 64.
9 이 63과 64 단락에 대해서는 알키에(F.Alquié)와 게루(M.Gueroult)의 토론, *Descartes, Cahiers de Royaumont*(éd. de Minuit, 1967), pp. 32~56 참조.

다. 그는 자기가 실재적으로 구별된다고 생각되는 사물들을 실재적으로 구별된 사물들과 결코 혼동하지 않았다는 것을 당연히 상기시킨다. 그런데 전자에서 후자로의 이행이 그에게는 필연적으로 정당한 것으로 보인다. 다만 그 이행이 언제 이루어지는지가 문제일 뿐이다. 『성찰』의 진행 순서에 따르면, 우리가 창조주 신에 도달하기만 해도, 신이 그가 우리에게 준 사물들에 대한 명석 판명한 관념과 다르게 그 사물들을 창조했다면 그가 유독 진실성을 결여할 것이라는 결론을 내릴 수 있다. 따라서 실재적 구별은 구별됨의 이유를 자체 내에 소유하지 않는다. 그 이유는, 실체들을 가능한 것들로 생각하는 우리의 방식과 일치하여 실체를 창조하는, 외부적이고 초월적인 신적 인과성에 의해 제공된다. 여기서 다시 창조 관념과 관련하여 온갖 종류의 난점들이 생긴다. 주된 애매함은 "자기 자신에 의해 실존할 **수** 있는 것"[10]이라는 실체의 정의에 있다. 자신에 의한 실존을, 단지 단순한 가능성으로 상정하는 것은 모순이 아닌가? 우리는 여기서 두 번째 귀결을 언급할 수 있다. 창조주 신은 실재적으로 구별되는 것으로 생각되는 실체들로부터 실재적으로 구별되는 실체들로 우리를 이행시킨다. 상이한 속성의 실체들 간에서든, 아니면 동일 속성의 실체들 간에서든, **실재적 구별에는 사물들의 분할, 다시 말해 그것에 대응하는 수적 구별이 수반된다.**

바로 이 두 가지 점과 관련해 『윤리학』의 초반부가 조직된다. 스피노자는, 동일한 속성의 여러 실체를 상정할 때, 오류가 무엇인지를 묻는다. 스피노자는 그가 선호하는 절차에 따라서, 두 가지 방식으로 그 오류를 들춰낸다. 우선 귀류법에 의한 증명에서, 그 다음으로 보다 복잡한

---

10 Descartes, *Réponses aux quatrièmes objections*(AT IX, p. 175).

증명에서 이를 행한다. 만약 동일한 속성의 실체가 여러 개 있다면, 그 실체들은 양태들에 의해서 구별되어야 하는데, 이는 부당하다. 왜냐하면 실체는 본성상 그의 양태들에 앞서고, 그것들을 함축하지 않기 때문이다. 이것이 E1P5의 짧은 길이다. 적극적 증명은 보다 뒤에, 정리 8의 주석에서 등장한다. 증명은 다음과 같다. 동일한 속성의 두 실체는 단지 수적으로 구별될 뿐이다. 그런데 수적 구별의 특징들을 보면, 수적 구별이 실재적 혹은 실체적 구별이 될 가능성이 배제된다.

이 주석에 따르면, 사물들이 동일한 개념 혹은 동일한 정의를 갖는 경우에만, 그 구별은 수적일 수 있다. 그리고 이 사물들은, 정의 바깥에 그것들을 꼭 그만큼의 수로 실존하게 하는 외부 원인이 없다면 구별되지 않을 것이다. 따라서 수적으로 구별되는 둘 또는 다수의 사물들은 그들에 대한 개념 외에 다른 것을 전제한다. 그래서 실체들은 그들을 산출할 수 있는 외적 인과성에 의해서만 수적으로 구별될 수 있을 것이다. 그런데 실체들이 이렇게 산출된다는 것을 긍정할 때, 우리는 많은 혼동된 관념들을 동시에 갖는다. 우리는 실체들이 어떤 원인을 갖는다고 말하지만, 그러나 그 원인이 어떻게 작동하는지 알지 못한다. 또 우리는 그 실체들이 자기 자신에 의해 생각되기 때문에 그것들에 대해 참된 관념을 갖고 있다고 주장하지만, 그 실체들이 실존하는지 어떤지를 그것들 자체에 의해서 알지 못하기 때문에 그 관념이 참된 것인지 의심한다. 여기서 "자기 자신에 의해 실존할 수 있는 것"이라는 데카르트의 이상한 정식에 대한 비판을 볼 수 있다. 외적 인과성은 의미가 있지만, 오직 실존하는 유한 양태들에 대해서만 그렇다. 실존하는 양태 각각은 다른 양태에 준거하는데, 이는 정확히 양태가 자신에 의해 실존할 수 없기 때문이다. 우리가 그 인과성을 실체들에 적용하면, 우리는 그 인과성을 정당화하고 규정하는 조건들 바깥에서 그것을 작동시키는 것이다. 우리는 그것을 긍정하지만, 그것으로부터 모든 규정을 박탈함으로써 헛되이 그렇게 하는 것이다. 요컨대 외적 인과성과 수적 구별은, 양태들에, 오직 양태들에만 적용된다는 공통의 운명을 갖는다.

따라서 E1P8S의 논증은 다음과 같은 형식으로 제시된다. 1) 수적 구별은 그것이 준거하는 외부 원인을 요청한다. 2) 그런데 외부 원인을 실체에 적용하는 것은 불가능한데, 왜냐하면 인과성 원리를 그렇게 사용하는 것은 모순이기 때문이다. 3) 따라서 둘 또는 다수의 실체들은 수적으로 구별될 수 없고, 동일한 속성의 두 실체는 없다. 처음 여덟 개 증명들의 논증은 이 주석과 다른 구조를 갖는다. 1) 둘 또는 다수의 실체들은 동일한 속성을 가질 수 없다. 왜냐하면 그 경우 실체들은 양태들에 의해서 구별되어야 할 텐데, 이는 부당하기 때문이다. 2) 따라서 실체는 외부 원인을 가질 수 없다. 실체는 다른 실체에 의해서 산출되거나 제한될 수 있으려면, 두 실체 모두 동일한 본성 혹은 동일한 속성을 가져야 하기 때문이다. 3) 따라서 어떤 속성의 실체든 수적 구별은 없다. "모든 실체는 필연적으로 무한하다."[11]

방금 전에는, 수적 구별의 본성으로부터, 수적 구별은 실체에 적용될 수 없다고 결론지었다. 이제 우리는 실체의 본성으로부터, 실체는 무한하며, 따라서 실체에는 수적 구별이 적용될 수 없다고 결론짓는다. 아무튼 수적 구별은 실체들을 구별하는 것이 아니라, 동일한 속성을 함축하고 있는 양태들만을 구별한다. 수는 실존하는 양태의 특징(실존 양태는 부분들의 합성이며, 동일 본성의 다른 사물에 의해 제한되고, 외적으로 결정된다)을 그 나름의 방식으로 표현하기 때문이다. 이런 의미에서 수는 무

---

11 이 삼분할은 「편지 2」(올덴부르흐Oldenburg에게, III, p. 5)에서 해명된다.

한하게 갈 수 있다. 그러나 문제는 이것이다. 무한 자체에 수가 도입될 수 있는가? 혹은 스피노자도 말하듯이, 양태들의 경우에서도, 우리는 그 부분들의 다수성으로부터 양태들이 무한하다는 결론을 내리는가?[12] 수적 구별을 실재적 혹은 실체적 구별로 만들 때, 우리는 무한한 것에 수적 구별을 도입하게 된다. 단지 그것이 속성 그 자체와 우리가 그 속성에서 구별하는 무한히 많은 유한한 부분들을 필요하면 서로 변환할 수 있도록 하기 위한 것일 뿐일지라도 말이다. 그래서 다음과 같은 완전히 불합리한 말들이 나온다. "만일 어떤 무한한 양이 한 걸음[13] 크기에 상응하는 부분들로 측정된다면, 그것은 그만 한 크기의 무한히 많은 부분들로 구성되어야 할 것이다. 그리고 마찬가지로 그것이 손가락 크기에 상응하는 부분들로 측정된다면, 하나의 무한한 수가 다른 무한한 수보다 12배가 더 크게 될 것이다."[14] 불합리성은 데카르트가 믿은 것과 같이, 연장을 속성으로 가정하는 데 있는 것이 아니라, 반대로 연장을 측정 가능한 것이자, (연장으로 변환될 수 있다고 생각한) 유한한 부분들로 합성된 것으로 생각하는 데 있다. 여기서 자연학이 논리학의 권리들을 확증하기 위해 개입한다. 자연에 진공이 없다는 것은 단지 부분들의 분할이 실재적 구별이 아니라는 것을 의미한다. 수적 구별은 분할인데, 분할은 양태에서만 일어나며, 오직 양태만이 분할된다.[15]

---

12 「편지 81」(취른하우스에게, III, p. 241). 또 「편지 12」(메이에르Meyer에게, III, p. 41) 참조. 양태들이 무한한 한에서, 다시 말해 양태들이 실체로부터 따라나오는 한에서, 수는 양태들의 본성을 적합하게 표현하지 못한다.

13 (역주) pied(피에, 걸음)는 보폭의 단위로 1피에는 대략 32.4cm이고, 1도이(doigt)는 손가락 폭의 길이로 약 2cm 가량이다.

14 E1P15S.

15 *KV*, I, 2장, 19~22.

귀결: 실재적 구별은 결코 수적이지 않다, 상이한 속성들에 대응하는 여러 실체들은 없다 ─ 『윤리학』의 처음 여덟 정리는 단지 가설적 의미만을 갖는 것이 아니다. 실체의 발생 혹은 구성

**동일한 속성의 여러 실체는 없다.** 이로부터 다음과 같은 결론들이 나온다. 관계의 관점에서, 하나의 실체는 다른 것에 의해서 산출되지 않는다. 양상의 관점에서, 실존은 실체의 본성에 속한다. 질의 관점에서, 모든 실체는 필연적으로 무한하다.[16] 그러나 이 결과들은 수적 구별의 논증에 함축되어 있는 듯하다. 바로 이 논증이 "동일 속성의 실체는 오직 하나만 실존한다"[17]는 출발점으로 우리를 되돌린다. 그런데 정리9에서부터 스피노자가 목표를 바꾸는 것 같다. 그는 단지 속성마다 하나의 실체가 있다는 것이 아니라, 모든 속성들에 대해 하나의 실체가 있다는 것을 증명하고자 한다. 이 두 테마의 연결 관계는 파악하기 어려워 보인다. 이 새로운 시각에서 보면 처음 여덟 정리들은 어떤 함의를 갖게 되는가? 앞의 테마에서 뒤의 테마로의 이행이 논리학에서 전칭부정의 환위라고 불리는 것[18]에 의해 충분히 수행될 수 있음을 고려하면 문제는 명료해진다. 어떤 수적 구별도 결코 실재적이지 않다. 역으로[환위시키

---

16 E1P5, P6, P7, P8
17 E1P8S2.
18 (역주) 논리학에서 환위란 정리의 주어와 술어를 바꾸는 추리방법을 말한다. 그런데 전칭부정정리(어떤 S도 P가 아니다)와 특칭긍정정리(어떤 S는 P이다)에서 환위는 타당한 추론이 된다. 예컨대 "어떤 사람도 천사가 아니다"와 "어떤 천사도 사람이 아니다"는 같은 주장이며 서로 상대방 정리로부터 환위에 의해 추론될 수 있다. 마찬가지로 "어떤 작가는 여자다"와 "어떤 여자는 작가다"는 논리적으로 동치이며 따라서 각각은 다른 것으로부터 환위에 의해 추론될 수 있다. 이에 반해 전칭긍정정리(모든 S는 P이다)의 환위에는 제한(주어와 술어를 바꾸면서 그 정리의 양을 전칭에서 특칭으로 바꾸는 조작)이 필요하며, 특칭부정정리(어떤 S는 P가 아니다)의 경우에는 환위가 불가능하다.

면] 실재적 구별은 결코 수적이지 않다. 스피노자의 논증은 다음과 같은 것이 된다. 속성들은 실재적으로 구별된다. 그런데 실재적 구별은 수적이지 않다. 따라서 모든 속성들에 대해 하나의 실체만이 있다.

스피노자는 속성들이 "실재적으로 구별되는 것으로 생각된다"고 말한다.[19] 이 정식에서 실재적 구별의 약화된 용법이 나타나는 것은 아니다. 스피노자가 속성들이 우리가 그것들에 대해 생각하는 것과 다르다거나, 혹은 속성들이 우리가 실체에 대해 갖는 단순한 개념들이라고 암시하는 것이 아니다. 스피노자가 실재적 구별을 단지 가설적이거나 논쟁적으로만 사용한다고 생각할 수 있는 것도 아니다.[20] 가장 엄격한 의미에서, 실재적 구별은 언제나 재현의 소여이다. 즉 두 사물이 그러한 것으로 **생각될** 때, 다시 말해서 "각각이 다른 사물의 도움 없이" 생각되고, 그 결과 우리가 한 사물을 다른 사물의 **개념**에 속하는 모든 것을 부정하면서도 **생각할** 수 있을 때, 두 사물은 실재적으로 구별된다. 이 점에서 스피노자는 데카르트와 결코 다르지 않다. 그는 데카르트의 기준과 정의를 받아들인다. 유일한 문제는 그렇게 이해된 실재적 구별이 사물들의 분할을 수반하는지 여부이다. 데카르트의 경우, 단지 창조주 신이라는 가설에 의해서 분할과 구별의 병존이 정초된다. 스피노자에 따르면, 실재적 구별을 (적어도 가능적이라도) 수적 구별로 간주할 때만, 그리하여 실재적 구별과 양태적 구별을 혼동할 때만, 분할과 실재적 구별을 대응시킬 수 있다. 하지만 실재적 구별은 수적이거나 양태적일 수 없다.

19 E1P10S.
20 P. Lachieze-Rey, *Les Origines cartésiennes du Dieu de Spinoza* (Vrin, 2e, éd., p.151)의 해석 참조. "게다가 그 구별을 그런 식으로 사용한다고 해서, 스피노자가 이를 승인한다는 것을 의미하는 것은 아니다. 이 구별은 다수의 실체들이라는 가설에서 출발해서 다수라는 가설에서 나올 수 있는 결과들을 문제시하는 것을 목표로 삼는 증명의 한 수단에 불과하다."

스피노자에게 그가 어떻게 모든 속성들에 대한 단 하나의 실체라는 관념에 도달했는지를 묻는다면, 그는 자신이 두 가지 논변을 제시했다고 말할 것이다. 어떤 존재가 더 많은 실재성을 가질수록, 그 존재에게서 그만큼 더 많은 속성들을 확인할 수 있어야 한다. 어떤 존재에게서 더 많은 속성들을 확인할수록, 그 존재에게 그만큼 더 큰 실존이 부여되어야 한다.[21] 그런데 이 논변들 중 어느 것도 실재적 구별의 분석에 의해서 보증되지 않는다면 충분하지 않을 것이다. 실재적 구별의 분석만이 하나의 존재에 모든 속성들을 실제로 부여하고, 그리하여 각 속성의 무한성으로부터 그것들 모두를 소유하는 존재의 절대성으로 이행하는 것이 **가능함**을 보여 준다. 이 이행은 가능한 것 혹은 모순을 포함하지 않는 것이고, 신 존재 증명에 의해서 필연적인 것으로 밝혀진다. 더욱이 **모든** 속성들이 무한임을 보여 주는 것 역시 실재적 구별의 논변이다. 왜냐하면 우리는 방금 무한에서 배제한 바로 그 수적 구별을 절대 안에 재도입할 때만, 서너 개의 속성들이라는 중간 단계를 경유할 수 있기 때문이다.[22]

만약 실체가 그 속성들에 따라서 분할된다면, 실체는 유로, 속성들은 종차들로 간주되어야 할 것이다. 실체는 우리에게 특수한 측면에 대해서는 아무것도 알려주지 않는 유로 상정될 것이다. 그러면 유가 그의 종차들과 구별되는 것처럼, 실체는 그의 속성들과 구별될 것이고, 종차들과 종들 자체처럼, 속성들은 대응하는 실체들과 구별될 것이다. 그런

---

21 「편지 9」(드 브리스De Vries에게, III, p. 32). 『윤리학』에서 첫 번째 논변은 거의 글자 그대로 E1P9에서 나타난다. 두 번째 논변은 E1P11S에서 덜 분명하게 나타난다.

22 「편지 64」(슐러Schuller에게, III, p. 206) 참조. (역주) "나는 우리가 절대적으로 무한한 존재에 대해 갖는 관념으로부터 E1P10Sc의 공리들을 이끌어 냈지, 세 개 혹은 네 개 등등의 속성을 갖는 존재들이 있거나 있을 수 있다는 점에서 그렇게 한 것이 아닙니다."(G IV, 278)

식으로, 속성들 간의 실재적 구별을 실체들 간의 수적 구별로 만들면, 실체의 실재성에 단순한 **사고상의 구별들**을 도입하게 된다. 속성과 동일한 "종"의 실체에는 실존의 필연성이 있을 수 없다. 종차는 유 안에서 그에 대응하는 대상들의 가능적 실존만을 결정한다. 그래서 실체는 단순한 실존의 가능성으로 환원되며, 속성은 그러한 가능적 실존의 **지시, 기호**일 뿐이다. 스피노자가 『윤리학』에서 기호 개념에 가한 첫 번째 비판은 바로 실재적 구별과 관련해서 등장한다.[23] 각각의 속성이 그것에 대응하거나 대응할 수 있는 한 실체의 종적 특징이 아닌 것처럼, 속성들 간의 실재적 구별은 실체들의 다양함의 "기호"가 아니다. 실체는 유가 아니고, 속성들은 종차들이 아니며, 질이 부여된 실체들은 종들이 아니다.[24] 기호들을 통해 진행되는 사유와 유와 종차를 통해 진행되는 사유를 스피노자는 똑같이 비난한다.

레지는 스피노자에 반대하면서 데카르트를 옹호하는 한 책에서 두 종류의 속성들의 실존을 언급하는데, 그 하나는 상이한 종의 실체들을 구별하는 "종적인 것들"이고 다른 하나는 동일한 종의 실체들을 구별하는 "수적인 것들"이다.[25] 그러나 이는 정확히 스피노자가 데카르트주의에 대해 비판하고 있는 것이다. 스피노자에 의하면 속성은 결코 종적이거나 수적이지 않다. 우리는 스피노자의 테제를 다음과 같이 요약할 수 있을 것이다. 1) 우리가 동일한 속성의 여러 실체를 상정하면, 수

---

23 "만일 누군가가 지금 어떤 기호를 통해 우리가 실체들의 다양성을 식별할 수 있느냐고 묻는다면, 그에게 다음의 정리들을 읽도록 권고한다. 그 정리들은 자연에는 유일한 실체만 실존하며, 그 실체는 절대적으로 무한하기 때문에, 그러한 기호를 찾는 것이 헛된 일이라는 것을 보여 주게 될 것이다."(E1P10S)

24 *KV*, I, 7장, 9~10.

25 Régis, *Refutation de l'opinion de Spinoza touchant l'existence et la nature de Dieu*, 1974 참조.

적 구별을 실재적 구별로 간주하게 되는데, 그때 우리는 실재적 구별과 양태적 구별을 혼동하는 것이고, 양태들을 실체들로서 다루는 것이다. 2) 그리고 우리가 상이한 속성들의 수만큼 실체들이 있다고 상정하면, 실재적 구별을 수적 구별로 간주하게 되는데, 우리는 실재적 구별을 양태적 구별과 혼동하는 것만이 아니라 그것을 사고상의 구별들과도 혼동하는 것이다.

이러한 맥락에서 **처음 여덟 개의 정리가 가언적 의미만 갖는다고 보기는 어려운 것으로 보인다.** 이따금 사람들은 스피노자가 마치 자신의 것이 아닌 가설에서 추론하기 시작한다고, 마치 그가 반박하려고 하는 가설에서 출발한다고 생각한다.[26] 그들은 그런 식으로 처음 여덟 정리들의 정언적 의미를 놓친다. 동일한 속성의 여러 실체는 없으며, 수적인 구별은 실재적이지 않다. 우리는 절대적으로 무한한 실체를 발견하지 못한 동안에 유효한, 임시 가설 앞에 있는 것이 아니다. 반대로 우리는 필연적으로 우리가 그러한 실체를 정립하도록 인도하는 발생과 대면하고 있는 것이다. 그리고 처음 여덟 정리의 정언적 의미들은 소극적인 것만은 아니다. 스피노자가 말하듯이, "동일한 본성의 실체는 하나만 실존한다." 속성과 무한하게 완전한 하나의 실체의 동일시 자체는 『소론』에서와 마찬가지로 『윤리학』에서도 임시 가설이 아니다. 그것은 **질**質의 관점에서 적극적으로 해석되어야 한다. 질의 관점에서는 속성마다 하나의 실체가 있지만, **양**量의 관점에서는 모든 속성들에 대해 단 하나의 실체

---

26 (역주) 이 책보다 나중에 쓰인 것이지만, 가령 알튀세르는 무신론자인 스피노자가 『윤리학』을 신(실체)에서 시작하는 것(처음 여덟 정리는 이와 관련된 것이다)에 대해 이렇게 말한다. "그[스피노자]는 마치 자기 자신의 적인 양 거기 자리 잡았고, 따라서 그들의 불구대천의 원수라는 혐의를 받지 않으면서, 마치 점령군의 대표를 점령군 자신을 향해 돌려놓는 것처럼 적의 이론적 요새를 완전히 돌려놓는 방식으로 재배치했다."(「독특한 유물론적 전통」, 『철학과 맑스주의』, 새길, 1996, 162쪽)

만이 있다. 이 순수하게 질적인 다수성은 무엇을 의미하는가? 이 모호한 정식은 절대적으로 무한한 실체에 대한 포괄적 이해<sup>compréhension</sup>로 상승하지 못하는 유한한 지성의 어려움들을 표시한다.[27] 그 정식은 실재적 구별의 새로운 지위에 의해 정당화된다. 그 정식이 뜻하는 바는, 질이 부여된 실체들은 양적으로가 아니라 질적으로 구별된다는 것, 보다 정확히 말하자면, 실체들은 존재론적으로가 아니라 "형상적으로", "무엇임으로<sup>quidditativement</sup>"[28] 구별된다는 것이다.

### 구별 이론의 관점에서 본 스피노자와 데카르트와의 대립 ─ 스피노자에게 실재적 구별의 의의

스피노자의 반-데카르트주의의 원천 중 하나는 구별 이론에 있다. 『형이상학적 사유』에서 스피노자는 데카르트의 개념을 다음과 같이 제시했다. "사물들 간에 세 종류의 구별, 즉 실재적 구별, 양태적 구별, 사고상의 구별이 있다." 그리고 스피노자는 그것에 동의하는 듯했다. "그 외에 대해서, 우리는 소요학파의 난잡한 여러 구별들에는 관심이 없다."[29] 하지만 여기서 중요한 것은 어떤 구별들이 승인되었는지가 아니라 그 구별들이 어떤 의미를 갖는지, 어디에 적용되는지이다. 이 점에서 보면, 스피노자에게 데카르트적인 면은 전혀 없다. 실재적 구별의 새로

---

27 (역주) 유한한 우리는 무한자를 이해하지/포함하지(comprendre) 못하고 그것을 생각할 (concevoir) 뿐이다. 이것은 데카르트의 핵심적인 정식들 가운데 하나이다.

28 (역주) *quidditativement*의 명사 *quiddité*(*quidditas*)는 어떤 것이 "…이다"라고 할 때 그 "…임"을 뜻하는 ─ 따라서 본질과 거의 동의어로 쓰이는 ─ 말로, 우리말로 옮기면 "무엇임"이 될 것이다.

29 *CM*, II, 5(G I, 259).

운 지위는 본질적이다. 순수하게 질적인, 무엇임의$^{quidditative}$ 혹은 형상적인 실재적 구별은 어떠한 분할도 배제한다. 그런데 이는 겉보기에는 경멸의 대상인 소요학파의 구별들 중 하나가 데카르트의 이름으로 회귀하고 있는 것은 아닌가? 실재적 구별은 수적이지 않고 그럴 수도 없다는 것이 『윤리학』의 주요 동기 중 하나인 것으로 보인다. 따라서 다른 구별들이 그 심층에서 전복된다. 실재적 구별이 더 이상 수적으로 구별되는 **가능적** 실체들을 참조하지 않을 뿐만 아니라, 양태적 구별도 더 이상 **우연적** 규정들로서의 우유성들을 참조하지 않는다. 데카르트의 경우 양태들의 특정한 우연성은 실체들의 단순한 가능성과 공명한다. 데카르트가 우유성들이 실재적이지 않다는 것을 아무리 상기시켜도, 실체의 실재성은 우유성들을 갖는다. 양태들은, 산출되기 위해서, 그들이 관계되는 실체와는 다른 어떤 것을 필요로 한다. 양태들을 첫 번째 것에 놓는 다른 실체이건, 첫 번째 것을 그것에 의존하는 것들과 함께 창조하는 신이건 말이다. 스피노자의 관점은 완전히 다르다. 속성들과 관련하여 실체의 가능성이 없는 것과 마찬가지로, 실체와 관련하여 양태들의 우연성은 없다. 모든 것은 그것의 본질에 의해 혹은 그것의 원인에 의해 필연적이다. '필연성'은 '존재'의 유일한 변용, 유일한 양상이다. 이제 사고상의 구별도 변형된다. 우리는, 데카르트의 공리(가령 무는 특성을 갖지 않는다)가 새로운 구별 이론에서 시작해서 새로운 의미를, 데카르트에게 적대적인 의미를 갖는 것을 본다. 그 이론의 원리는 실재적 구별의 질적 지위에 있다. 실재적 구별은 수적인 구별 전체와 분리되어 절대적인 것에 적용된다. 그것은 존재상의 차이를 표현할 수 있게 되고, 그 결과 다른 구별들의 수정을 초래한다.

# 2장. 표현으로서의 속성

속성의 지위와 그것의 표현적 성격 ― 『소론』의 텍스트들

스피노자는 속성들이 속성 자신에 의해 실존한다거나, 그 실존이 그것들의 본질에서 따라 나오거나 혹은 파생한다고 생각된다고 말하지 않는다. 또한 속성이 실체처럼 그 자체로 존재하고 자신에 의해 생각된다고 말하지도 않는다. 다만 속성은 자신에 의해 그리고 자신 안에서 생각된다고 말한다.[1] 속성의 지위는 『소론』의 매우 복잡한 정식들을 통해서 윤곽을 드러낸다. 대단히 복잡해서 사실 독자는 여러 가설들을 선택할 수 있다. 각 정식이 각기 다른 날에 집필되었다고 가정해 보거나, 어떤 식으로든 초고가 갖는 불완전성이 있다고 보거나, 심지어 스피노자가 아직은 머뭇거리는 사유 상태에 있다고 할 수도 있다. 그런데 이 논변들이 성립하기 위해서는, 우선 『소론』의 정식들이 서로 일치하지 않고 『윤리학』에서 제시될 것들과도 일치하지도 않는다는 점이 확인되어야 한

---

1 「편지 2」(올덴부르그에게, III, p. 5): *quod concipitur per se et in se.* 따라서 「편지 2」에서 속성이 실체로서 정의되고 있다는 델보스의 말은 근거가 없어 보인다("La Doctrine spinoziste des attributs de Dieu", *Année philosophique*, 1912 참조).

다. 하지만 그런 것 같지가 않다. 『소론』의 텍스트들은 『윤리학』에 의해 지양되는 것이 아니라 오히려 변형된다. 그리고 이는 표현 관념의 보다 체계적인 활용 덕분이다. 따라서 우리는 도리어 『소론』의 텍스트들을 통해, 이 표현 관념에 의해 형식을 부여받게 될 개념적 내용을 알 수도 있다.

그 텍스트들은 차례로 이렇게 말한다. 1) "속성들의 본질에 실존이 속한다. 따라서 속성들 바깥에서는 어떤 본질, 어떤 존재도 실존하지 않는다." 2) "우리는 속성들을 오로지 본질의 측면에서 생각하지, 실존의 측면에서 생각하지 않는다. 즉 우리는 속성들을 그들의 본질에서 실존이 파생하는 방식으로 생각하지 않는다." "속성들을 자신에 의해 존속하는 것으로 생각하지 말라." 3) 속성들은 "형상적으로" 그리고 "현실적으로" 실존한다. "우리는 속성들이 실존한다는 것을 선험적으로 증명한다."[2]

첫 번째 정식에 따르면, 본질인 한에서 본질은 그것을 구성하는 속성 바깥에서 실존하지 않는다. 따라서 본질은, 그것이 실존하는 속성들 속에서 구별된다. 본질은 언제나 하나의 유genre 안에서 실존하는데, 속성들의 수만큼 유들이 있다. 따라서 각각의 속성이 영원하고 무한한 하나의 본질의 실존, 하나의 "특수한 본질"의 실존이다.[3] 이런 의미에서 스피노자는 속성들의 본질에 실존이, 정확히 말하면 속성들 속에서의 실존이 속한다고 말하고, 심지어 "속성들의 실존은 그것들의 본질과 다르지 않다"고까지 말할 수 있다.[4] 『윤리학』에서 표현 관념은 이 첫 번째 계

---

2 1) *KV*, 부록 I, 4, 따름정리. 2) *KV*, I, 2장, 17과 주5; 첫 번째 대화 9. 3) *KV*, I, 2장 여기저기와 17(주5) 참조.
3 *KV*, I, 2장, 17.
4 「편지 10」(드 브리스De Vries에게, III, p.34).

기를 인수한다. "실체의 본질은 그것을 표현하는 속성들 바깥에 실존하지 않으며, 그 결과 각각의 속성은 영원하고 무한한 하나의 어떤 본질을 표현한다." "표현된 것은 그것의 표현들 바깥에 실존하지 않는다. 각각의 표현은 표현된 것의 실존과 같다." (맥락이 다르긴 하지만 동일한 원리가 라이프니츠에게도 발견된다. "각각의 모나드는 세계의 표현이지만, 표현된 세계는 그것을 표현하는 모나드들 바깥에 실존하지 않는다.")

어떻게 속성들이 단지 어떤 본질이 아니라 실체의 본질을 표현한다고 말할 수 있는가? 본질은 속성의 본질이 아니라 실체의 본질로서 표현된다. 따라서 본질들은 그것들이 실존하는 속성들에서는 서로 구별되지만, 그것들이 본질인 실체에서는 하나의 동일한 것이다. 환위 가능성의 규칙은 모든 본질은 어떤 것의 본질임을 긍정한다. 본질들은 속성들의 관점에서는 실재적으로 구별되지만, 본질은 그것과 환위되는 대상의 관점에서는 하나이다. 속성들은 같은 유 혹은 종의 상응하는 실체들에 귀속되지 않는다. 반대로 속성들은 그들의 본질을 **다른 것**(모든 속성들에 대해 동일한 것으로 머물러 있는 것)에 귀속시킨다. 그래서 스피노자는 이렇게까지 말한다. "실체가 분리되어 생각되는 한에서, 그것은 분리되어 실존하는 것일 수 없고, 유일한 존재 혹은 전체 등, **다른 것**의 한 속성과 같은 것이어야 한다. … 그래서 현실적으로 실존하는 실체가 그 자체로 실존하는 것으로 생각될 수 없고, 그것은 어떤 **다른 것**에 속해야 하는 것이 된다."[5] 따라서 모든 실존하는 본질들은, 그들이 실존하는 속성들에 의해 표현되지만, 다른 것의 본질로서 표현된다, 즉 모든

---

5 *KV*, I, 2장, 17, 주5. (역주) 스피노자는 『소론』(G I, 116)에서 속성의 실존이 그것의 본질에 속한다고 말하고 있는 반면 여기서는(G I, 24) 속성이 분리되어서는 실존하지 않는다고 말하고 있다. 들뢰즈는 이 모순을 해결할 해석을 제시하려고 시도한다.

속성들에 대해서 유일하고 동일한 것의 본질로서 표현된다. 그래서 우리는 이렇게 묻는다. 자신에 의해 실존하는 것, 그래서 그 실존이 그 본질에서 따라 나오는 것은 무엇인가? 그것은 분명 본질의 상관자인 실체이지, 그 속에서 본질이 단지 본질로서 실존했던 속성은 아니다. 본질의 실존과 그것의 상관자의 실존을 혼동해서는 안 된다. 모든 실존하는 본질들은 실체에 관련되거나 귀속되지만, 그 실체는 그의 본질에서 필연적으로 그의 실존이 따라 나오는 유일한 존재다. 실체는 자신에 의해 실존할 특권을 갖는다. **속성이 아니라,** 각 속성이 자신의 본질을 관련시키는 것, 그래서 그렇게 구성된 본질에서 실존이 필연적으로 따라 나오는 것이 자신에 의해 실존한다. 따라서 그 자체로 고려된 속성들에 대한 스피노자의 언급은 완벽하게 일관된다. "우리는 속성들을 오로지 본질의 측면에서 생각하지, 실존의 측면에서 생각하지 않는다. 즉 우리는 속성들을 그들의 본질에서 실존이 따라 나오는 방식으로 생각하지 않는다." 이 두 번째 유형의 정식은 이전의 것과 모순되지 않는다. 이 정식은 문제가 심화되었고 관점이 변화했음을 측정하는 척도가 된다.

표현된 것은 그것의 표현 바깥에서 실존하지 않지만, 그것은 자기 자신을 표현하는 것의 본질로서 표현된다. 우리는 언제나 다음 세 항을 구별할 필요성에 직면한다. 자기 자신을 표현하는 실체, 표현들인 속성들, 표현된 본질. 속성들이 실체의 본질을 표현하는 게 사실이라면, 왜 그것들은 그 본질에서 필연적으로 따라 나오는 실존을 표현하지 않는가? 자신에 의한 실존이 인정되지 않는 이 속성들은, 그럼에도 불구하고 속성들로서 현실적이고 필연적인 실존을 갖는다. 게다가 어떤 것이 속성임을 증명할 때 우리는 그것이 실존함을 선험적으로 증명하는 것이다. 따라서 『소론』의 정식들의 다양성은 이렇게 해석되어야 한다. 그 정식들은 차례로 **본질의 실존, 실체의 실존, 속성 그 자체의 실존**에 관련된다. 그리고 『윤리학』에서 표현 관념은 이 세 가지의 계기들을 인수하여, 그것들에 체계적인 형식을 부여한다.

신의 이름의 문제 — 속성과 귀속과 질 — 속성들은 신과 "피조물"에 공통적인 형상들이다 — 이 테제는 어떻게 신과 사물들 간의 본질의 구별을 제거하지 않는가 — 다의성에 반대하고, 탁월성에 반대하고, 유비에 반대하는, 일의성 신봉자 스피노자 — 속성들과 신적인 이름들의 일의성

신의 속성들에 대한 문제와 언제나 신의 이름들에 대한 문제는 서로 밀접한 관계에 있었다. 우리가 신에 대한 어떠한 인식도 갖고 있지 않다면 어떻게 신을 명명할 수 있겠는가? 그러나 신 자신이 자기 자신을 드러내고 표현해서 그 자신이 인식되게 하는 것이 아니라면, 어떻게 우리가 신을 인식하겠는가? 신의 말씀, 계시verbe는 속성들과 이름들의 동맹을 확정짓는다. 속성이 표현인 한에서 이름은 속성이다. 사실 그것들이 무엇을 표현하는지를 아는 것이 문제다. 그 자체로 있는 신의 본성인가, 단지 창조주로서의 신의 작용들인가, 피조물들과 관련된 단지 외생적인 신의 질들인가? 스피노자는 이 전통적인 문제를 받아들이고 있다. 그는 매우 능통한 문법학자로서 이름들과 속성들의 친족관계를 경시하지 않는다. 『신학정치론』에서 그는 성서에서 신이 어떤 이름들로 혹은 어떤 속성들을 통해 "자기 자신을 드러내는지" 묻는다. 그리고 또 신의 말씀이 무엇인지, 신의 목소리에서 어떤 표현적 가치를 인식해야 하는지 묻는다. 그리고 스피노자가 속성이란 말을 개인적으로 어떻게 이해하는지 설명하고자 할 때, 그는 고유명사의 예를 떠올린다. "나는 이스라엘을 세 번째 족장으로 이해하고, 야곱을 동일 인물로 이해하

는데, 그 이름은 그가 형의 발뒤꿈치를 붙잡았기 때문에 그에게 부여되었다."[6] 스피노자주의와 이름 이론의 관계는 두 가지 방식으로 평가되어야 한다. 스피노자는 전통에 어떻게 편입되는가? 그런데 그는 전통을 어떻게 혁신하는가? 우리는 이미 그가 이중으로 전통을 혁신하고 있음을 예견할 수 있다. 그가 이름과 속성에 대해 이전과 다르게 생각하고 있기 때문이며, 속성을 다르게 규정하고 있기 때문이다.

스피노자에게 속성은 역동적이고 능동적인 형상이다. 그리고 본질적으로 보이는 것은 이것이다. 속성은 귀속되는attribué 것이 아니라, 이를테면 "귀속시키는 것attributeur"이다. 각각의 속성은 어떤 본질을 표현하며 그것을 실체에 귀속시킨다. 귀속된 모든 본질들은, 그것들이 자신의 본질인 실체에서 합쳐진다. 우리가 속성을 귀속된 어떤 것으로 생각하면, 바로 그 때문에 우리는 속성과 동일한 종이나 유에 속하는 실체를 생각하게 된다. 이러한 실체는 자신에 의해서는 가능한 실존만 갖는다. 왜냐하면 우리가 그 실체를 인식하게 하는 속성에 따라서 그 실체를 실존하게 하는 것은 초월적 신의 선한 의지에 달려 있기 때문이다. 반대로 우리가 속성을 "귀속시키는 것"으로 상정하면, 그와 동시에 우리는 그것을, 모든 속성들에 대해서 동일한 어떤 것(필연적으로 실존하는 실체)에 자신의 본질을 귀속시키는 것으로 생각하게 된다. 속성은 그 본질을 형이상학적 필연성의 원리이자 결과인 내재하는 신에 관련시킨다. 이런 의미에서 스피노자에게 속성들은 표현적 가치를 갖는 참된 **동사들**verbes이다. 즉 속성들은 역동적이며, 그것들은 더 이상 가변적 실체들에 귀속되지 않고 유일한 실체에 무언가를 귀속시킨다.

6 「편지 9」(드 브리스에게, III, p. 33).

그런데 속성들은 무엇을 귀속시키며, 무엇을 표현하는가? 각각의 속성은 무한한 본질, 즉 무제한적인 질을 표현한다. 이 질들은 실체적인데, 왜냐하면 그것들은 모두 모든 속성들을 갖는 하나의 동일한 실체에 대해 질적 규정을 하기 때문이다. 따라서 속성이 무엇인지는 두 가지 방식으로 알아볼 수 있다. 우리는 무제한적인 것이라고 생각하는 질들이 어떠한 것인지를 선험적으로 찾을 수 있다. 또는 우리는 제한된 것에서 출발해서, 유한자의 한계 속에 "함축된" 어떠한 질들이 무한까지 다다를 수 있는지를 후험적으로 찾을 수 있다. 가령 우리는 이러한 혹은 저러한 사유에서 출발해서 신의 무한한 속성으로서의 사유에 대한 결론을 내리거나, 개별 물체에서 출발해서 무한한 속성으로서의 연장에 대해 결론을 내린다.[7]

이 두 번째 후험적 방법은 자세히 연구되어야 한다. 그 방법은 무한의 함축 문제를 제기한다. 이는 "피조물들"에서 출발해서 신의 속성들을 인식하는 방법이다. 그러나 이 방식은 추상이나 유비에 의한 것이 아니다. 속성은 특수한 사물들의 추상이 아니며, 유비에 의해 신에게 이전되는 것은 더욱 아니다. **속성들은 피조물들과 신, 양태들과 실체에 공통적인 존재 형상들로서 직접 도달되는 것들이다.** 이러한 방식이 초래할 위험은 쉽게 알 수 있다. 신인동형론, 그리고 보다 일반적으로는 유한과 무한의 혼동이 그것이다. 유비의 방법은 명시적으로 신인동형론을 피하려고 한다. 성 토마스에 따르면 신에게 귀속되는 질들은 신적인 실체와 피조물들 간의 형상의 공통성이 아니라 단지 유비를, 비율 또는 비례의 "합치"를 포함할 뿐이다. 신은 피조물들에게 외생적인 완전성을 형상적으

---

7 스피노자는 사유와 연장이 속성들임을 증명한다. 후험적 절차는 정리의 증명에서, 선험적 절차는 주석에서 등장한다. (E2P1~2)

로 소유하기도 하고, 피조물들과 형상적으로 합치하는 완전성을 탁월하게 소유하기도 한다. 그런데 여기서 스피노자주의의 중요성은 이 문제를 뒤집는 방식에 있다. 우리는 유비를 활용할 때마다, 피조물들의 몇몇 특징들을 끌어와서 그것을 다의적으로, 탁월성의 형태로 신에게 귀속시킨다. 신은 '의지', '지성', '선'과 '지혜' 등을 갖는데, 다의적으로, 탁월하게 가질 것이다.[8] 유비에는 다의성이나 탁월성이 없을 수 없으며, 그 때문에 유비는 소박한 신인동형론만큼 위험한 교묘한 신인동형론을 포함한다. 삼각형이 말을 할 수 있다면, 그것은 신이 탁월하게 삼각형스럽다고 말할 것이다. 유비의 방법은 신과 피조물들에게 공통적인 형상들이 있다는 것을 부정한다. 그러나 그것은 자기가 비난하는 위험을 피하기는커녕, 피조물들의 본질과 신의 본질을 끊임없이 혼동한다. 때로는 사물들의 질들을 오로지 신과 내생적으로 합치하는 규정들로 환원해서 사물들의 본질을 제거한다. 때로는 피조물들이 형상적으로 소유하는 것을 탁월성의 형태로 신에게 돌려서 신의 본질을 제거한다. 반대로 스피노자는 피조물들과 신의 형상의 동일성을 긍정하지만, 본질의 혼동을 금한다.

속성들은 실체의 본질을 구성한다. 그러나 그것들은 양태들 혹은 피조물들의 본질을 구성하지는 않는다. **그럼에도 불구하고 속성들은 공통적인 형상들이다.** 왜냐하면 피조물들이 그 형상들을 그들의 실존 안에 내포하는 만큼 자신의 본질 안에도 내포하기 때문이다. 그래서 환위 가능

---

8 다의성 비판에 대해서는 E1P17C2 참조[(역주) 해당 내용은 따름정리2가 아니라 그것의 주석에 있다]. (만일 의지와 지성이 신에게 본질적으로 귀속된다면, 그것은 "개"라는 말이 천상의 별자리를 지칭하는 것처럼 다의적인 방식으로, 따라서 전적으로 언어적인 방식으로 그러할 것이다.) 탁월성에 대한 비판은 「편지 56」, (복셀Boxel에게, III, p. 190) 참조. (만일 삼각형이 말을 할 수 있다면, 그것은 신이 탁월하게 삼각형스럽다고 말할 것이다. — 스피노자는 여기서 우리가 오직 탁월성과 유비를 통해서 신인동형론에서 벗어날 수 있다고 생각한 복셀에게 대답하고 있다.)

성 규칙이 중요하다. 본질은, 그것 없이는 사물이 존재할 수도 생각될 수도 없는 어떤 것일 뿐만 아니라, 역으로 사물 없이는 존재할 수도 생각될 수도 없는 어떤 것이기도 하다. 이 규칙에 따르면 속성들은 분명 실체의 본질이지 결코 양태들(예컨대 인간)의 본질은 아니다. 그것들은 양태들 없이도 매우 잘 생각될 수 있기 때문이다.[9] 그럼에도 불구하고 양태들은 속성들을 함축 혹은 내포하며, 보다 정확히 말하면 속성들이 신의 본질을 구성하는 한에서 속성들을 양태들에 고유한 형상에 내포한다. 이것은 결국 속성들이 양태의 본질들을 포함하며, 그것들을 탁월성의 형태로 포함하는 것이 아니라 형상적으로 포함한다는 말이다. 따라서 속성들은 그들이 그의 본질을 구성하는 신, 그리고 그것들을 본질적으로 내포하는 양태들 혹은 피조물들에게 공통적인 형상들이다. 피조물들과 신은 실존의 측면에서 다른 만큼 본질의 측면에서도 다르지만, 동일한 형상들이 신과 피조물들에 대해 긍정된다. 정확히 말하면 차이는 이것이다. 양태들은 이러한 형상들 아래에서 이해될 수 있지만, 이 형상들은 신과 환위될 수 있는 것이다. 이 차이는 속성의 형상적 근거 자체에 영향을 주지는 않는다.

이 점에서 스피노자는 자신의 독창성을 강하게 의식한다. 사람들은 피조물들이 실존의 측면과 본질의 측면에서 신과 다르다는 이유로, 신은 피조물들과 형상적으로 공통적인 것을 갖지 않는다고 주장한다. 사실은 정반대이다. 동일한 속성들이 그것들 안에서 스스로를 설명하는 신과, 그것들을 내포하는(신과 합치하는 형상과 동일한 형상으로 그것들을 내포하는) 양태들에 대해 이야기된다. 게다가 형상의 공통성을 인정

---

9 E2P10S. 본질에 대한 불충분한 정의(그것 없이는 사물이 존재할 수도 생각될 수도 없는 것)는 수아레즈에서 찾을 수 있다. (E. Gilson, *Index scolastico-cartésien*, pp.105~106 참조)

하지 않는 한, 본질들은 혼동될 수밖에 없으며 유비에 의해 혼동된다. 그러나 형상의 공통성이 상정되는 순간, 본질들을 구별할 수단이 주어진다. 그래서 스피노자는 그때까지 신의 속성들로 간주된 것들을 피조물들의 지위로 끌어내린 것만이 아니라 그와 동시에 피조물로 간주된 것들을 신의 속성들의 지위로 끌어올린 것도 자랑한다.[10] 일반적으로 스피노자는 형상의 공통성에 대한 긍정과 본질들의 구별에 대한 설정 사이에 어떤 모순도 없다고 본다. 인접한 텍스트에서 그는 이렇게 말한다. 1) 서로 공통적인 것이 없다면 어떤 것이 다른 것의 원인이 될 수 없다. 2) 어떤 것이 다른 것의 본질과 실존의 원인이라면 그것들은 실존에서 다른 만큼 본질에서 달라야 한다.[11] 이 텍스트들의 화해는 스피노자주의에서 어떤 특수한 문제를 일으키는 것처럼 보인다. 스피노자의 서신교환자들이 놀라워하면, 스피노자도 놀란다. 그는 피조물들이 본질과 실존에서 신과 다르다는 것과, 신이 피조물들과 형상적으로 공통적인 어떤 것을 갖는다는 것을 동시에 말하는 것이 전적으로 옳다는 것을 상기시킨다.[12]

스피노자의 방법은 추상적이지도 유비적이지도 않다. 그것은 형상적 방법이고 공통성의 방법이다. 그것은 공통 개념들을 통해 작동한다.

10 「편지 6」(올덴부르크에게, III, p.25, G IV, 36).
11 1) E1P3, 2) E1P17S. 사람들은 이 텍스트들을 화해시키기 위해, 때때로 관점의 차이(내재적 인과성과 타동적transitive 인과성 등)를 제시한다(Lachièze-Rey, *op.cit.*, pp. 156~159, 주 참조).
12 "신이 피조물과 형상적으로 공통의 것을 갖지 않는다는 당신의 말에 대해, 나는 나의 정의에서 그와 상반된 말을 했다"(「편지 4」, 올덴부르크에게, III, p. 11) 문제는 무한히 많은 속성들로 구성된 실체로서의 신에 대한 정의이다. "한 사물이 본질과 실존에서도 구별되는 다른 사물에 의해 생산되는 일이 가능한가? 그리고 실제로 그런 식으로 서로 다른 사물들은 공통의 것을 갖지 않는 것 같다. 그러나 모든 개별 사물들이 그들과 유사한 것에 의해 생산되기는 하지만, 본질과 실존에서 그들의 원인과 다르기 때문에, 나는 여기서 이를 의심할 이유를 보지 못하겠다."(「편지 64」, 슐러Schuller에게, III, p. 206) 스피노자는 이때 E1P25C의 양태 정의를 참조한다.

그런데 스피노자의 공통 개념 이론 전체는 바로 이러한 속성의 지위에서 그것의 원리를 발견한다. 이 방법에 일종의 기저 이론으로서의 이름을 부여하고자 한다면, 여기서 위대한 일의성의 전통을 쉽게 알아볼 수 있을 것이다. 스피노자의 철학에서 다의성, 탁월성, 유비 이 세 가지 개념에 대한 부단한 투쟁을 보지 못한다면 스피노자의 철학은 부분적으로 이해할 수 없는 것으로 남을 것이다. 스피노자에 따르면, 속성들은 "주어"가 변해도, 즉 그것들이 무한한 존재의 술어가 되건 유한한 존재들의 술어가 되건, 실체의 술어가 되건 양태의 술어가 되건, 신의 술어가 되건 피조물들의 술어가 되건, 본성이 변하지 않는 일의적인 존재 형상들이다. 그러한 관점은 이미 둔스 스코투스의 것이었고, 그래서 스피노자를 그 계승자로 보더라도, 우리는 스피노자의 독창성이 전혀 손상되지는 않는다고 믿는다. 스피노자는 어떻게 자기 식으로 일의성 개념을 해석하는가? 그는 어떻게 둔스 스코투스와 전혀 다른 방식으로 그것을 이해하는가? 우리는 이 분석을 나중으로 미루어야 한다. 지금으로서는 속성에 대한 최초의 규정들을 아우를 수 있다면 그것으로 족하다. 속성들은 무한한 존재 형상, 무제한적인, 궁극적인, 환원 불가능한 형상 근거들이며, 이 형상들은 그것들로 그의 본질이 구성되는 신과 그들 자신의 본질 안에 그것들을 내포하는 양태들에 공통적인 것들이다. 속성들은 무제한적인 질들을 표현하는 동사들이다. 그런데 이 질들은 유한자의 한계들 안에 말하자면 함축되어 있다. 속성들은 신의 표현들이다. 그런데 이 신의 표현들은 일의적이다. 그것들은 능산적 자연으로서의 신의 본성을 구성한다. 그것들은 특정한 방식으로 그것들을 재-표현하는 소산적 자연 혹은 사물들의 본성 안에 함축되어 있다.

　　그래서 스피노자는 속성들과 특성들을 구별할 수 있다. 출발점은 아리스토텔레스적이다. 특성은 어떤 사물에 속하지만, 결코 그 사물이 무엇인지를 설명하지 않는다. 따라서 신의 특성들은 실체적 인식을 주지 않는 "형용사들"일 뿐이다. 그것들이 없다면 신은 신이 아닐 테지만, 그렇다고 해서 그것들에 의해 신이 신인 것은 아니다.[13] 오랜 전통에 따라서 스피노자는 특성에 속성이라는 이름을 붙일 수 있었다. 그에 따르면, 그럼에도 불구하고 두 종류의 속성 간에는 본성의 차이가 있다. 그러나 스피노자가 신의 특성들은 "신의 탓으로 돌릴 수 있는 양태들"일 뿐이라고 덧붙일 때 그가 말하려는 것은 무엇인가?[14] 여기서 양태는 스피노자가 그것에 자주 부여하는 특수한 의미가 아니라 보다 일반적인 의미, 즉 스콜라적인 의미인 "본질의 양상modalité"이라는 의미로 이해해야 한다. 무한, 완전, 불변, 영원은 모든 속성들에 대해 이야기되는 특성들이다. 전지, 편재는 특정 속성(사유, 연장)에 대해 이야기되는 특성들이다. 사실 모든 속성들은 실체의 '본질'을 표현하고, 각각의 속성은 실체의 어떤 본질을 표현한다. 그러나 특성들은 아무것도 표현하지 않는다. "우리는 이 특성들을 통해서 본질이 무엇인지, 이 특성들이 속하는 존재 속성들이 무엇인지 알 수 없다."[15] 그것들은 실체의 본성을 구성하는 것이 아니라, 단지 그 본성을 구성하는 것에 대해 이야기된다. 따라서 그것들은 '존재'의 본질을 형성하는 것이 아니라, 단지 형성된 본

---

13 *KV*, I, 7장, 6(또 I, 1장, 9, 주4; 3장, 1, 주1 참조).
14 *KV*, I, 7장, 1, 주1.
15 *KV*, I, 7장, 6.

질의 양상일 뿐이다. 무한은 실체의 특성, 즉 그의 본질을 구성하는 각 속성의 양상이다. 전지는 사유하는 실체의 특성, 즉 실체의 본질을 표현하는 사유 속성의 무한한 양상이다. 엄밀히 말해 특성들은 속성들이 아니다. 왜냐하면 그것들은 **표현적**이지 않기 때문이다. 그것들은 오히려 "인상 개념들", 모든 속성에 혹은 그것들 중 일부에 새겨진 특징들이다. 따라서 속성들과 특성들은 두 가지 점에서 대립한다. 속성들은 실체적 질들 혹은 본질들을 표현하는 동사들이지만, 특성들은 단지 그 본질들 혹은 그 질들의 양상을 가리키는 형용사들일 뿐이다. 신의 속성들은 그 것들과 환위되는 실체와 그것들을 일방적으로 내포하는 양태들에 공통적인 공통 형상들이지만, 신의 특성들은 정말로 신에게 고유하다. 그것들은 양태들에 대해서는 이야기되지 않고 단지 속성들에 대해서만 이야기된다.

특성의 두 번째 범주는 원인으로서의 신, 작용 혹은 생산하는 신에 관련된다. 무한한, 완전한, 영원한, 불변하는 신이 아니라, 만물의 원인, 예정, 섭리로서의 신에 관련되는 것이다.[16] 그런데 신은 그의 속성들상에서 생산하기 때문에 이 특성들은 앞의 것들과 같은 원리를 따른다. 어떤 특성들은 모든 속성에 대해 이야기되지만 다른 어떤 특성들은 이러저러한 속성에 대해 이야기된다. 이 두 번째 특성들도 형용사들이지만, 그것들은 이제 양상들을 가리키는 대신에 관계들을, 신과 그의 피조물들 혹은 그의 생산물들 간의 관계들을 가리킨다. 끝으로 세 번째 범주는 신에게 속하지도 않는 특성들을 지칭한다. 즉 최고로 선한 신, 자비로운 신, 정의로운 신.[17] 이 점에 관해서는 무엇보다도 『신학정치론』이 빛

16 *KV*, I, 3, 4, 5, 6장 참조.
17 *KV*, I, 7장.

을 비추어 줄 수 있다. 『신학정치론』은 "특정한 삶의 방식에 모델이 될 수 있는 속성들"로서의 신적인 정의와 자비에 대해 말한다.[18] 이 특성들은 원인으로서의 신에게 속하지 않는다. 이제 신과 그의 피조물들과의 관계가 아니라, 단지 피조물들이 신을 상상하는 방식을 가리킬 뿐인 외생적 규정들이 문제이다. 사실 이 명칭들은 극도로 가변적인 의미들과 가치들을 갖는다. 급기야는 온갖 종류의 탁월들, 신적인 눈과 입, 도덕적 성질들과 숭고한 정념들, 산과 하늘까지 신의 것으로 돌린다. 그러나 정의와 자비에 그친다면 신의 본성이나 원인으로서의 신의 활동들에는 닿지 못한다. 아담, 아브라함, 모세는 신의 참된 속성들뿐만 아니라 첫 번째와 두 번째 종류의 특성들에 대해서도 대부분 몰랐다.[19] 그들에게 신은 경고들, 계명들, 규칙들 혹은 삶의 모델이 되는 외생적 명칭들로 스스로를 드러낸다. 그 어느 때보다도 더 이 세 번째 특성들은 결코 표현적이지 않다고 말해야 한다. 그것은 신적인 표현들이 아니라, 우리를 복종시키기 위해서, 우리가 그 본성을 알지 못하는 신을 섬기게 하기 위해서 우리의 상상력에 새겨진 개념들이다.

---

18 *TTP*, 13장(III, p. 241).
19 *TTP*, 2장(II, p. 115). 예를 들어 아담은 신이 모든 사물들의 원인이라는 것을 알았지만 신의 전지와 편재는 알지 못했다.

# 3장. 신의 이름들과 속성들

부정 신학과 유비의 방법 ─ 둘 다 속성과 특성의 혼동을 내포한다. 신의 본성
과 단순 특성들의 혼동, 표현과 "계시"의 혼동 ─ 이러한 혼동은 왜 신학에서
일관되는가 ─ 기호와 표현의 대립 ─ 표현적 이름들과 명령적인 말씀들 ─ 순
수 긍정들로서의 속성들 ─ 실재적 구별과 긍정

오랜 전통에서 신의 이름들은 신의 현시와 관련이 있다. 역으로, 신의
현시는 신이 이러저러한 이름으로 자신을 인식시키는 말씀들이다. 따
라서 신을 지칭하는 이름들이 긍정인지 부정인지 묻는 것이나, 신을 현
시하는 질들과 신과 합치하는 속성들이 적극적(실정적)인지 소극적(부
정적)인지 묻는 것은 결국 같은 것이다. 말씀이자 현시이고, 빛이자 소
리인 표현 개념은 두 가지 가설을 두둔하는 고유한 논리를 지닌 것처럼
보인다. 때로는 적극성, 즉 표현 안에 표현된 것의 내재성이 강조되고,
때로는 "소극성(부정성)", 즉 모든 표현들에 대한 자신을 표현하는 것의
초월성이 강조된다. 감추는 것도 표현이지만, 표현하는 것 역시 어떤 것
을 감춘다. 그래서 신의 이름들 혹은 신의 속성들의 문제에서 모든 것은
섬세한 차이의 문제이다. 이른바 부정 신학도 가장 가까운 것에서 가장
먼 것으로 나아가는 내재성의 규칙들하에서 긍정을 통해 원인으로서의

신을 지칭할 수 있음을 인정한다. 그러나 실체 혹은 본질로서의 신은 먼저 가장 먼 이름들부터 가장 가까운 이름들까지 차례로 부정하는 초월성의 규칙에 따라서 소극적으로만 정의될 수 있다. 그리고 마침내 초-실체적 혹은 초-본질적 신성神性은 긍정과 부정으로부터 멀리 떨어져서 빛난다. 따라서 부정 신학은 부정의 방법을 긍정의 방법과 결합하며, 양자 모두를 지양한다고 주장한다.[1] 먼저 원인으로서의 신에 대해 무엇을 긍정해야 하는지 알지 못하면 본질로서의 신에 대해 무엇을 부정해야 하는지 어떻게 알겠는가? 따라서 부정 신학은 그것의 역동성에 의해서만 정의될 수 있다. 긍정들은 부정들 속에서 지양되고, 긍정들과 부정들은 미지의 탁월성 속에서 지양된다.

성 토마스의 신학처럼 보다 적극적 야망을 가진 신학은 새로운 긍정의 규칙들에 근거를 제공하기 위해 유비에 기댄다. 적극적 질들은, 그것들이 유비적으로 다루어지는 한에서, 단지 원인으로서의 신을 지칭하는 것만이 아니라, 실체적으로 신에게 합치하는 것이 된다. 신이 선하다는 것은 신이 악하지 않다는 것도, 신이 선의 원인이라는 것도 의미하지 않는다. 사실 우리가 피조물들에서 선이라고 부르는 것은 신적 실체에 합치하는 보다 높은 양상에 따라서 신 안에 "선재한다". 여기서도 역동성에 의해 새로운 방법이 정의된다. 이 역동성은 부정적인 것과 탁월한 것의 권리를 유지하지만, 그것들을 유비 안에 포함시킨다. 선행하는 부정에서 적극적 속성으로, 신에게 *formaliter eminenter*(탁월하게 형상적으로) 적용되는 속성으로 올라간다.[2]

---

1 (역주) 에우리게나에 따르면 "신은 본질이다"는 긍정이고 "신은 본질이 아니다"는 부정이다. 그리고 "신은 초본질적이다"는 긍정이면서 동시에 부정이다. 따라서 정립과 반정립은 종합에서 변증법적으로 지양된다(F. 코플스턴, 『중세철학사』, 박영도 옮김, 서광사, 1989, 166쪽).
2 이 모든 점들에 대해서는 M. de Gandillac, *Introduction aux œvres complètes du Pseudo-*

아랍 철학과 유대 철학도 동일한 문제에 부딪혔다. 이름들은 어떻게 원인으로서의 신만이 아니라 신의 본질에도 적용되는가? 그것들을 소극적으로 취해야(어떤 규칙들에 따라서 그것들을 부정해야) 하는가? 다른 규칙들에 따라서 그것들을 긍정해야 하는가? 그런데 스피노자주의의 관점에서 보면 이 두 가지 경향은 똑같이 잘못된 것으로 보인다. 왜냐하면 그것들의 문제 자체가 완전히 잘못되었기 때문이다.

스피노자가 특성들을 세 가지로 분할한 것은 신의 속성들에 대한 전통적 분류를 재생산한 것이다. 1) 상징적 명칭들, 형상들과 형태들, 기호와 의례들, 감각적인 것에서 신적인 것으로의 환유들. 2) 행위의 속성들. 3) 본질의 속성들. 다음은 신적인 속성들의 통상적 목록이다. 선, 본질, 이성, 생명, 예지, 지혜, 덕, 지복, 진리, 영원성, 또는 고귀함, 사랑, 평화, 통일성, 완전성. 사람들은 이 속성들이 신의 본질과 합치하는지, 그것들을 조건부 긍정들로 이해해야 하는지, 아니면 단지 결핍의 제거를 표시하는 부정들로 이해해야 하는지를 묻는다. 하지만 스피노자에 따르면 이러한 물음들은 성립하지 않는데, 왜냐하면 이 속성들 대부분이 단지 특성들일 뿐이기 때문이다. 여기서 특성이 아닌 것은 사고상의 존재들이다. 그것들은 소극적으로도 적극적으로도 신의 본성을 전혀 표현하지 않는다. **신은 그것들 안에 감추어져 있지도 그것들에 의해 표현되지도 않는다.** 특성들은 부정도 긍정도 아니다. 칸트 식으로 말하면 그것들은

---

*Denys*(Aubier, 1941)와 *La philosophie de Nicolas de Cues*(Aubier, 1943) 참조. 이 후자의 저서에서, 강디약은 한편에서 부정 신학이, 다른 한편에서 유비가 긍정과 부정 양자 모두를 어떻게 결합하는지(그러나 역관계로)를 잘 보여 준다. "긍정들 자체를 위장된 부정들로 환원시킨 위디오니시우스와 반대로, 성 토마스는 … 이러저러한 선행하는 부정으로부터 어떤 적극적 속성으로 상승하기 위해 아포파시스(형식적 부정)를 사용한다. 가령 그는 신 운동의 불가능성에서 신의 '영원성'의 근거를 이끌어 낸다. 그리고 그는 질료를 배제하여, 신에서 본질과 실존이 일치한다는 것을 활용해 결정적인 논변을 구성한다."

무한정하다. 우리가 신의 본성과 특성들을 혼동할 때, 신에 대해 무한정한 관념을 갖는 것은 불가피하다. 그래서 우리는 탁월성의 부정 개념과 유비적 긍정 개념 사이에서 동요한다. 각각은 자신의 역동성 속에서 다른 것의 일부를 내포한다. 긍정된 것 안에 유비를 도입하기 때문에 우리는 잘못된 부정 개념을 갖게 된다. 그리고 긍정이 일의적이기를 멈추거나, 그 대상들에 대한 형상적 긍정이기를 멈출 때, 그것은 더 이상 긍정이라고 할 수 없다.

신의 본성은 언제나 "특성들"과 혼동되어 왔기 때문에 정의된 적이 없다는 것이 스피노자의 주요 테제들 중 하나이다. 그것은 **신학자들**에 대한 스피노자의 태도를 설명해 준다. 그러나 철학자들은 신학을 따랐다. 데카르트는 신의 본성이 무한하게 완전함이라고 믿었다. 그렇지만 무한하게 완전함은 신의 본성을 구성하는 것의 한 양상일 뿐이다. 오로지 속성들(사유, 연장과 같은 참된 의미에서 속성)만이 신을 구성하는 요소들, 신의 구성적 표현들, 신의 긍정들, 신의 적극적이고 형상적 이유들, 한 마디로 신의 본성이다. 그런데 정확히 말해 이 속성들이 감춰져야 할 특별한 이유가 없는데도, 그것들은 왜 간과되었는지, 속성들이 신에게 무한정한 이미지를 부여하는 특성들과 혼동되어서 신이 왜 변성되었는지 의문이 들 것이다. 스피노자의 선배들이 뛰어난 재능에도 불구하고 왜 특성들에서 그치고 신의 본성을 발견하지 못했는지를 설명할 수 있는 이유를 찾아야 한다.

스피노자의 대답은 단순하다. 사람들에게는 성서를 해석할 수 있는 역사적·비판적·내적 방법이 없었다.[3] 사람들은 신성한 텍스트들의

---

3 "… (이 방법이) 가르쳐 주는 올바르고 참된 길을 사람들이 따르거나 개척하지 않았고, 그 결과 오랫동안 그 길은 지난하고 거의 통행이 불가능해졌다."(*TTP*, 7장, II, p.185) 그리고 "그럼에

기획이 무엇인지 묻지 않았다. 사람들은 그 텍스트들을 신의 '말씀'으로, 신이 자신을 표현한 방식으로 간주했다. 그 텍스트들에서 신에 대한 언급은 모두 "표현된 것"으로 여겨졌고, 그 텍스트들에서 언급되지 않은 것은 표현 불가능한 것으로 여겨졌다.[4] 우리는 한 번도 다음과 같이 묻지 않았다. 종교적 계시는 신의 본성에 대한 것인가? 신의 본성을 우리에게 인식시키는 것이 계시의 목적인가? 신의 본성에 대한 규정을 완성하기 위해 신에게 적용해야 한다고 사람들이 주장하는, 적극적이거나 소극적인 방법들을 계시가 받아들일 수 있는가? 사실 계시는 몇몇 특성들에만 관련된다. 그것은 결코 신적인 본성과 그의 속성들을 우리에게 인식시킬 뜻이 없다. 물론 성서에 있는 것들은 이질적이다. 때로는 특수한 의례에 대한 가르침이고, 때로는 보편적인 도덕적 가르침이고, 때로는 도덕적 가르침에 필요한 최소한의 사변적 가르침들이다. 그러나 신의 속성은 전혀 계시되고 있지 않다. 오직 신의 명령을 보증하는 외생적 명칭들, 가변적 "기호"들만 계시된다. 기껏해야 도덕적 가르침을 보증하는 신의 "특성들"(실존, 통일성, 전지, 편재)이 계시된다.[5] 성서의 목적이 우리가 삶의 모델들에 따르도록 하는 것, 우리가 복종하도록 하며, 그 복종에 근거를 제공하는 것이기 때문이다. 그래서 인식이 계시로 대체될 수 있다고 믿는 것은 부조리할 것이다. 인식되었다고 가정된 신의 본성이 어떻게 일상적 삶의 실천적 규칙이 될 수 있는가? 계시에 의

도 불구하고 나는 내 시도가 너무 늦은 것은 아닌가 걱정이다."(8장, II, p. 191)

4 "놀라우리만치 경솔하게, 모든 사람들은 예언자들이 인간의 지성이 파악할 수 있는 모든 것에 대한 앎을 갖고 있었다고 확신한다. 그리고 성서의 몇몇 텍스트들은 예언자들이 어떤 것들을 몰랐다는 것을 더없이 명료하게 우리에게 말해 주는 데도 불구하고, 사람들은 예언자들이 어떤 것을 몰랐다는 것을 인정하기보다는 차라리 자신들이 그 텍스트들을 이해하지 못한다고 말하고 싶어한다. 혹은 성서의 텍스트들을 왜곡해서 성서가 명시적으로 말하려 하지 않는 것을 말하게 하려고 노력한다."(TTP, 2장, II, p. 113)

해서 우리가 신의 본성 혹은 본질에 대해 뭔가 인식한다고 믿는 것은 더욱 부조리하다. 그렇지만 이 부조리가 신학 전체를 관류한다. 그리고 그에 따라 그것은 철학 전체를 위험에 빠뜨린다. 때로는 계시의 특성들에, 그것들과 이성을 화해시키는 특별한 조작이 가해지기도 하고, 때로는 계시의 특성과는 구별되는 이성의 특성들이 발견되기도 한다. 그러나 우리는 이렇게 해서 신학을 벗어나지 못한다. 우리는 여전히 신의 본성을 표현하기 위해서 특성들에 의존하고 있기 때문이다. 우리는 특성들과 실제 속성들의 본성적 차이를 인식하지 못하고 있다. 그런데 신이 그의 특성들과 관련해서 언제나 탁월하다는 것은 불가피하다. 특성들이 갖고 있지 않는 표현적 가치를 특성들에 부여하면, 신적 실체 역시 갖고 있지 않는 표현 불가능한 본성을 그것에 부여하게 된다.

계시와 표현, 이 두 영역을 구별하려는 노력을 이보다 더 멀리 밀고 나간 적이 없었다. 혹은 두 가지 이질적 관계, 기호와 기의의 관계, 표현과 표현된 것의 관계의 구별에 대해서도 그렇다. **기호는 언제나 특성과 결부되고, 언제나 명령을 의미하며, 복종의 근거가 된다. 표현은 언제나 속성과 관련되고, 본질, 즉 부정법**infinitif **형태의 본성을 표현하며,** 우리가 그것을 인식하게 만든다. 그래서 "신의 말씀"은 아주 다른 두 가지 의미를 갖는다. 우선 그것은 표현적 말씀으로, 단어도 기호도 필요로 하지 않고 오직 신의 본질과 인간의 지성만 필요로 한다. 그리고 그것은 각인된, 명령의 말씀으로, 기호와 명령을 통해 작동한다. 이것은 표현적이지 않고, 우리의 상상력을 자극하고, 우리에게 필요한 복종을 불러일으킨다.[6]

---

5 *TTP*, 14장. "신앙의 교리"의 목록 참조. "특성들"의 관점에서도, 계시가 제한적이라는 점에 주목할 필요가 있다. 모든 것이 정의와 자애에 집중되어 있다. 특히 무한성은 성서에 계시된 것 같지 않다. 스피노자가 아담, 아브라함, 모세의 무지를 해명하는 2장 참조할 것.
6 "신의 말씀"의 두 가지 의미에 대해서는, *TTP*, 12장 참조. 스피노자는 『소론』에서 이미 직접적

그런데 명령은 적어도 신의 의지를 "표현한다"고 말할 수 있지 않을까? 이 역시 의지를 신의 본성에 속하는 것으로 예단하는 것, 사고상의 존재, 외생적 규정을 신의 속성으로 착각하는 것이다. 두 가지 영역의 혼합은 파괴적이다. 기호가 표현으로 간주되면, 우선 성서를 포함해서 도처에 신비한 사건들이 있게 된다. 모든 것이 무조건 신을 표현한다고 생각하는 유대인들에게 그렇다.[7] 그래서 우리는 신비주의적 표현 개념을 갖게 된다. 이 표현은 표현하는 것을 드러내는 만큼 감추기도 하는 것으로 보인다. 수수께끼, 잠언, 상징, 유비, 환유들은 그렇게 순수한 표현의 합리적이고 적극적인 질서를 교란한다. 사실 성서는 분명 신의 말씀이지만 명령의 말씀이다. 명령법 형태의 그 말씀에 의해 어떠한 신의 속성도 인식할 수 없고, 그것은 그 어떤 것도 표현하지 않는다.

스피노자의 분석은 그 두 가지 영역이 서로 환원 불가능함을 표시하는 데 그치지 않는다. 그는 일종의 가상의 발생지인 기호들에 대한 설명을 제시한다. 사실 모든 것이 신을 표현한다고 말하는 것은 틀리지 않다. 전 자연의 질서는 표현적이다. 그러나 자연 법칙을 잘못 이해하면 그것은 즉각 명령으로 파악된다. 스피노자는 유명한 비례수의 예를 통해 상이한 인식 종류들을 설명할 때, 우리가 가장 낮은 단계의 인식에서는 비례의 규칙을 이해하지 못하고,[8] 그래서 규칙들을 기호(그 수를 가

소통과 기호들에 의한 계시를 대립시켰다(II, 24장, 9~11).

7 *TTP*, 1장, II, p.95.

8 (역주) "예를 들어 세 수(1, 2, 3)가 주어져 있고, 첫째 수와 둘째 수의 관계와 동일한 관계를 셋째 수에 대해 갖는 넷째 수(6)를 구하려 한다고 하자. 상인은 의심치 않고 둘째 수와 셋째 수를 곱해서 그 결과를 첫째 수로 나눌 것이다. 말하자면 그는 아무런 증명도 없이 선생님에게 들은 것을 아직도 기억하고 있거나, 그것이 매우 간단한 수이기에 그것을 자주 계산했거나, 또는 유클리드 제7권의 정리 19의 증명, 즉 비례수의 공통된 성질에 의거해 그렇게 했을 것이다."(E2P40S2)

지고 무엇을 **해야만 하는지** 알려주는 것)로서 받아들인다는 것을 보여 준다. 심지어 기술적인 규칙들도, 우리가 그 의미를 모르고 그것들을 단지 기호로만 받아들일 때 도덕의 양상을 띤다. 하물며 자연 법칙들은 더 말할 것도 없다. 신은 아담에게 사과의 섭취가 그에게 해로운 결과들을 초래할 것이라고 계시한다. 그러나 사물들의 구성 관계를 파악할 능력이 없는 아담은 이 자연 법칙을 그에게 과일 먹는 것을 금지하는 도덕 법칙으로 상상하고, 신을 자기가 그것을 먹었기 때문에 자기를 벌하는 주권자로 상상한다.[9] 기호는 예언자들의 것이다. 그러나 정확히 말하면 예언자들은 강한 상상력과 약한 지성을 갖고 있다.[10] 신의 표현들은 결코 상상 속에 들어가지 않는다. 상상은 모든 것을 기호와 명령의 측면에서 파악하기 때문이다.

신은 기호들이나 특성들에서 자신을 표현하지 않는다. 우리가 『출애굽기』에서 신이 아브라함과 이삭과 야곱에게 모습을 드러내지만 여호와로서가 아니라 (세 사람 각자의 필요에 충분한) 샤다이Sadaï로서 모습을 드러낸다는 것을 읽을 때, 네 글자의 신비[11]라는 결론을 내리거나 신의 절대적 본성에서 고려된 초-탁월성이라는 결론을 내려서도 안 된다. 우리는 오히려 그 본성 혹은 본질의 표현이 계시의 목적이 아니라고 결론지어야 한다.[12] 반면 자연적 인식은 신의 본질을 내포하는데, 그것이 신의 본질을 실제로 표현하는 속성들에 대한 인식이기 때문이다. 신은 그의 속성들 속에 자신을 표현하며, 속성들은 그들에게 의존하는 양태들 속에 자신을 표현한다. 이렇게 자연의 질서는 신을 현시한다. 따라

---

9 *TTP*, 4장, II, p.139. 「편지 19」(블레이은베르흐에게, III, p.65).
10 *TTP*, 2장과 3장 참조.
11 (역주) 히브리어에서 신의 이름을 표시하는 네 글자인 YAWH. 야훼, 여호와 등으로 읽힌다.
12 *TTP*, 13장, II, pp.239~240.

서 신의 표현적 이름, 신의 표현만이 속성이며, 실체와 양태들에 대해 공통적으로 이야기되는 형상이다. 우리가 그 형상들 중 두 가지만 인식하는 것은 정확히 말해 우리가 연장의 양태와 사유의 양태로 구성되어 있기 때문이다. 적어도 이 속성들은 어떠한 계시도 전제하지 않고, 자연의 빛을 참조한다. 우리는 속성들을 실체와 양태에 공통적인 존재로서 신 안에 있는 것으로 인식한다. 스피노자는, 그가 거의 일의성 선언으로 삼는 성 바울의 텍스트를 인용하면서 이 점을 강조한다. "세계의 창조 이래로 감추어진 신적인 것들이 신의 피조물 속에서 지성에 의해 포착된다."[13] 속성들의 일의성이 속성들의 표현성과 섞이는 것처럼 보인다. 분리할 수 없는 방식으로 속성들은 표현적이면서 일의적이다.

속성들은 본질에 대한 부정도 아니고, 무엇인가를 부정하는 데 쓰이지도 않는다. 또 그것들은 유비를 통한 신에 대한 긍정도 아니다. 유비를 통한 긍정이, 탁월성을 통한 부정보다 더 낫지 않다. (전자에는 여전히 탁월성이 있고, 후자에는 이미 유비가 들어가 있다.) 스피노자에 따르면 한 속성이 다른 속성에 대한 **부정**인 것은 사실이다.[14] 그러나 어떤 의미로 그러한가? "만일 연장이 연장에 의해서가 아니라 사유에 의해서 제한된다고 말한다면, 그것은 결국 연장이 절대적으로 무한한 것이 아니라 단지 연장으로서만 무한하다는 말 아닌가?"[15] 따라서 여기서 부정은 어떠한 대립이나 결핍도 내포하지 않는다. 연장 그 자체는 그의 본성에서 기인하는 불완전성이나 제한을 겪지 않는다. 게다가 연장을 "탁월

---

13 *TTP*, 4장, II, p.144. (역주 – 로마서 1:20, G III, 68)
14 "우리는 자신의 유 안에서만 무한한 것에 대해서는 무한히 많은 속성들을 부정할 수 있다." (E1Def6Exp)
15 「편지 4」(올덴부르그에게, III, p.10).

하게" 소유하는 신을 상상하는 것은 헛된 일이다.[16] 역으로 어떤 의미로 속성은 실체에 대한 긍정인가? 스피노자는 자주 이 점을 강조한다. 실체들 혹은 속성들은 자연 안에 **형상적으로** 실존한다. 그런데 우리는 "형상적"이라는 말의 많은 의미 중에서 "탁월한" 또는 "유비적"과 대립되는 것을 고려해야 한다. 실체는 그의 속성들을 탁월하게 포함하는 것으로 생각되어서는 안 된다. 속성들도 양태의 본질들을 탁월하게 담고 있는 것으로 생각되어서는 안 된다. 속성들은 실체에 대해 형상적으로 긍정된다. 속성들은, 그들이 그 본질을 구성하는 실체, 그리고 그들이 그것들의 본질들을 담고 있는 양태들에 대해 형상적으로 이야기된다. 스피노자는 실체를 정의하는 속성들의 긍정적 성격(모든 좋은 정의는 그 자체가 긍정적이어야 한다)을 끊임없이 상기시킨다.[17] 속성들은 긍정들이다. 그러나 긍정은 본질적으로 언제나 형상적, 현실적, 일의적이다. 이런 의미에서 그것은 표현적이다.

스피노자의 철학은 순수 긍정의 철학이다. 긍정은 『윤리학』 전체가 의존하는 사변적 원리다. 여기서 우리는 스피노자가 데카르트의 관념과 어떻게 마주치고 그것을 사용하는지를 추적해 볼 수 있다. 사실 실재적 구별은 긍정 개념에 실제적 논리를 제공하려는 경향이 있다. 실제로 데카르트가 활용한 실재적 구별은 우리를 심오한 발견의 길로 안내했다. 구별된 항들이 상호 대립에 의해 정의되지 않고, 각자 자신들의 실정성(적극성)을 그대로 간직한다는 것이다. *Non opposita sed*

---

16 *KV*, II, 19장, 5.
17 속성들은 긍정되며, 그 자체로 적극적인 자연 자체에 대해 긍정된다고 하는, 『소론』(특히 I, 2장)의 되풀이되는 정식들 참조. 그리고 "모든 정의는 긍정적이어야 한다."(*TIE*, 96)

*diversa*(대립이 아닌 차이),[18] 그것이 새로운 논리학의 정식이었다.[19] 실재적 구별은 한편으로 대립도 결핍도 없는 새로운 부정 개념을, 다른 한편으로 탁월성도 유비도 없는 새로운 긍정 개념을 예고하는 것처럼 보였다. 그런데 이 길이 데카르트주의에서 결실을 맺지 못한 이유는 우리가 앞에서 말한 것에 있다. 데카르트가 여전히 실재적 구별에 수적인 가치를 부여하며, 그것에 자연과 사물들을 실체적으로 분할하는 기능을 부여하기 때문이다. 그는 모든 질을 적극적 것으로, 모든 실재성을 완전성으로 생각한다. 하지만 그에게 모든 것이 질적으로 규정되고 구별된 실체 안에서 실재적인 것도 아니고, 모든 것이 사물의 본성에서 완전한 것도 아니다. 스피노자는 특히 데카르트를 염두에 두고 이렇게 쓴다. "사물의 본성은 제한을 요청했고, 그 결과 다르게 존재할 수 없었다고 말하는 것은 아무 것도 말하지 않는 것이다. 왜냐하면 사물의 본성은 그것이 존재하지 않는 한 아무것도 요청할 수 없기 때문이다."[20] 데카르트의 경우, 사물이 그의 본성에 의해 "요청하는" 제한들, 무無로부터 생겨난다고 말할 수 있을 정도로 거의 실재성을 갖지 않는 관념들, 무언가를 결여하고 있는 본성들이 있다. 그로써 실재적 구별의 논리가 내쫓았다고 여겨진 모든 것, 결핍, 탁월성 등이 다시 도입된다. 우리는 **탁월성이나 유비가, 그리고 어떤 다의성까지도 데카르트의 사유에 거의 자생적인 범주들로서 남아 있음을** 보게 된다. 반대로 실재적 구별에서 긍정의 논리라는 다른 극의 결과를 이끌어내기 위해서는, 실재적으로 구별되는 속성들 모두

---

18 (역주) 데카르트는 심신 문제와 관련하여 레기우스를 비판했고, 레기우스는 1647년에 익명의 짧은 글로 이에 대해 답한다. 이 글에 '대립이 아닌 차이(다양)'라는 표현이 나온다. (AT VIII, 342~343)

19 이 점에 대해서는 루이스 로빈슨(Lewis Robinson)의 지적들과 그가 인용하는 데카르트의 구절들 참조(*Kommentar zu Spinoza Ethik*, Leipzig, 1928).

20 데카르트의 연장 개념(가령 *Principes*, I, 23)의 불완전성에 대해서는 *KV*, I, 2장, 5, 주석 참조.

를 가지고 있는 단 하나의 실체라는 관념에 이르러야만 했다. 우선 모든 혼동을 피해야 했는데, 속성과 양태에 대한 혼동만이 아니라 속성과 특성에 대한 혼동도 피해야 했다.

어떻게 다양한 "표현들"이 단 하나의 동일한 것을 지칭하는가 — 의미의 논리 — 긍정 신학과 일의성 — 둔스 스코투스의 형상적 구별과 스피노자의 실재적 구별 — 일의성에서 내재성으로

속성들은 신의 긍정들, 로고스들*logoi* 혹은 신의 실제 이름들이다. 스피노자가 이스라엘을 예로 들었던 텍스트로 돌아가자. 이스라엘은 족장으로서 그러한 이름을 가졌지만, 그의 형과 관련해서는 야곱이라고 불렸다.[21] 이러한 맥락에서 실체와 속성 간에 있는 사고상의 구별의 예가 제시된다. "면*plan*"이, 그것을 보는 사람과 관련해서 "흰색"으로 일컬어지는 것처럼, 실체가, 그에게 이러저러한 본질을 "귀속시키는" 지성과 관련해서 이러저러한 것으로 일컬어지는 것처럼, 이스라엘은 그의 형제와 관련해서 야곱(찬탈자*Supplantator*)으로 일컬어진다. 이 구절은 분명 속성에 대한 주지주의적 해석, 심지어 관념론적 해석에 유리해 보인다. 그러나 철학자는 어떤 경우에는 자신의 사유를 단순화하게 되고, 그것을 단지 부분적으로 정식화하기 마련이다. 스피노자는 자기가 인용한 예들의 애매성을 강조하기를 잊지 않는다. 사실 속성은 단순히 보거나 생각하는 방식이 아니다. 속성과 지성의 관계는 분명 근본적이지

---

21 「편지 9」(드 브리스에게, III, p. 33).

만, 다르게 해석된다. 속성들은 그 자체가 **표현들**이기 때문에, 필연적으로 **표현된 것**을 지각하는 유일한 심급인 지성에 관련된다. 속성들은 실체를 설명하기 때문에, 그 속에서 모든 설명이 재생산되는 혹은 표상적으로 "설명되는" 지성에 관련된다. 이제 문제가 점점 명확해져 간다. 속성들은 표현들이다. 그런데 상이한 표현들이 어떻게 단 하나의 동일한 것을 지칭할 수 있는가? 상이한 이름들이 어떻게 하나의 동일한 지시체를 가질 수 있는가? "여러분은 단 하나의 동일한 것이 어떻게 두 개의 이름으로 지칭될$^{insigniri}$수 있는지를 내가 예를 들어 보여 주기를 바랄 것이다."

표현 논리학에서 지성에게 부여되는 역할이 있다. 이 논리학은 스토아와 중세의 오랜 전통에서 나온 결과이다. 하나의 표현에서(예컨대 하나의 명제에서) 그것이 표현하는 것과 그것이 지칭하는 것이 구별된다.[22] 표현된 것은 표현 바깥에서는 실존하지 않는 의미와 같은 것이다. 따라서 표현된 것은 그것을 표상적으로, 즉 관념적으로 파악하는 지성에 관련된다. 그러나 그것은 표현 자체에 대해서가 아니고 사물에 대해 이야기된다. 지성은 표현된 것을 지칭 대상의 본질에 그 대상의 본질로서 관련시킨다. 따라서 이름들은 그 의미에 의해 구별될 수 있지만, 그 상이한 의미들은 그들이 그 본질을 구성하는 동일한 지칭 대상에 관련

---

22 "표현된 것"(의미)과 "지칭된 것"(*designatum, denominatum*)의 구별은, 많은 현대 철학자들이 다루고 있지만, 명제 논리학에서 최근의 것은 아니다. 그것의 기원은 **표현 가능한 것**(l'exprimable dicible, *lekta*)과 그 대상을 구별하는 스토아 학파의 논리학에 있다. 오컴은 그 자체로서의 사물(*extra animam*, 역주- 정신 밖에서)과 명제 속에 **표현된 것**으로서의 사물을 구별한다(*declaratio, explicatio, significatio*는 *expressio*와 동의어이다). 오컴의 몇몇 제자들은 "표현된" 것을 사물로도 명제로도 환원이 불가능한 실존하지 않는 존재(entité)로 만들면서, 그 구별을 훨씬 더 멀리까지 밀고 나가서 스토아 학파의 역설에 도달한다(H. Elie, *Le Complexe signifiable*, Paris, 1936. 참조). 이 표현의 역설들은 현대 논리학(메이농, 프레게, 후설)에서 중대한 역할을 하지만, 그 원천은 고대에 있다.

된다는 것을 알 수 있다. 스피노자의 속성 개념에는 이 의미론의 치환과 같은 것이 있다. 각각의 속성은 구별되는 이름 혹은 표현이다. 그리고 속성이 표현하는 것은 그것의 의미 같은 것이다. 그런데 표현된 것이 속성 바깥에 실존하지 않는 게 사실이지만, 그럼에도 불구하고 그것은 속성들 모두에 의해 지칭된 대상으로서의 실체에 관계된다. 그래서 모든 표현된 의미들은 "표현 가능한 것" 혹은 실체의 본질을 형성한다. 실체도 속성들에서 자신을 표현한다고 이야기될 것이다.

실체를 상이한 이름들에 의해 지칭된 대상과 동일시함으로써, 우리가 본질적인 문제, 그 이름들 간의 차이의 문제를 해결하지 않은 것은 사실이다. 게다가 그 이름들이 일의적이고 적극적이며, 따라서 그들이 지칭하는 것에 형상적으로 적용되는 한에서, 어려움이 증가한다. 그것들 각각의 의미가 지시체의 통일성에 필연적으로 현실적인 다수성을 도입하는 것 같다. 유비적 관점에서는 그렇지 않다. 이름들은 유비를 통해 신에게 적용되고, 그것들의 의미는 신의 이해 불가능한 통일성, 표현 불가능한 통일성을 보증하는 탁월한 방식으로 신 안에 "선재한다." 그러나 만일 신의 이름들이 신에게 적용될 때와 피조물들 안에 내포되어 있을 때, 즉 그것의 모든 용법에서, 동일한 의미를 갖는다면, 그 구별의 근거가 더 이상 피조물들이 아니라, 그것들이 지칭하는 신에 있어야 하는가? 중세시대에 둔스 스코투스가 이 문제를 제기했고 그것에 심오한 해결책을 제시했다. 둔스 스코투스는 어쩌면 긍정 신학 기획을 가장 멀리까지 밀고 가는 사람일 것이다. 그는 신플라톤주의자들의 부정적 탁월성과 토마스주의자들의 유사-긍정을 동시에 고발한다. 그는 존재의 일의성을 그것들과 대립시킨다. **존재는 동일한 "양상"**으로는 아니지만, 유한하든 무한하든 존재하는 모든 것에 대해 **동일한 의미로 이야기된다.** 그러나 정확히 말하면 존재는 그 양상이 변해도, 즉 그 개념이 무한한 존재의 술어이든지, 유한한 존재의 술어이든지, 그 본성이 변하지는 않는다. (따라서 이미 둔스 스코투스에게 일의성은 어떠한 본질들의 혼동도 초래하지 않는 것이다.)[23] 그리고 존재의 일의성 자체가 신의 속성들의 일의성을 초래한다. 무한으로 고양될 수 있는 속성 개념은, 우리가 그것을 그것의 형상 이유 혹은 그것의 무엇임에서 고려한다는 조건에서, 신과 피조물들에 공통적이다. 왜냐하면 "무한성은, 그것에 덧붙여진 것의 형상 이유를 결코 없애지 않기 때문이다."[24] 그러나 무한한 속성들 혹은 신의 이름들이 신에 대해 형상적으로 그리고 적극적으로 이야기되면서도, 어떻게 그들의 형상 이유들, 즉 그들의 구별되는 무엇임에 상응하는 복수성을 신 안에 도입하지 않을 수 있는가?

스코투스는 일의성 개념을 보완하는 그의 가장 독창적인 개념들 중 하나인 형상적 구별이라는 관념을 이 문제에 적용한다. 형상적 구별은, 구별되지만 동일한 주어에 속하는 무엇임에 대한 포착과 연관된다.[25] 그것은 분명히 지성의 활동에 관련된다. 그러나 여기서 지성은 동일한 실재성을, 다른 주어들 속에 별개로 실존할 수 있는 두 측면에서 표현하거나, 동일한 것을 다양한 추상 정도로 표현하거나, 어떤 것을 다른 실재성들과 관련해서 유비적으로 표현하는 데 그치지 않는다. 그것은 현실적으로 구별되지만 단 하나의 동일한 주어를 합성하는 형상들을 표상적으로 포착한다. 동물과 이성적 사이에는 인간과 인간성*homo-*

---

23 둔스 스코투스, *Opus oxoniense*(ed. Vivès). 탁월성과 유비의 비판에 대해서는, I, D3, q. 1, 2, 3. 존재의 일의성에 대해서는, I, D8, q. 3. 일의적 '존재'가 그의 "양태들"의 구별을 존속시킨다는 점이 종종 지적되고 있다. 즉 존재가 '존재'인 한에서 그것의 본성에서 고려되는 것이 아니라, 그것의 개체화 양상들(무한, 유한)에서 고려될 때, 그것은 일의적이기를 멈춘다(E. Gilson, *Jean Duns Scot*, Vrin, 1952, p. 89, p. 629 참조).

24 *Op. ox.*, I부, D8, q. 4(a. 2, n. 13).

25 *Op. ox.*, I부, D2, q. 4; D8, q. 4(E. Gilson, 3장 참조).

*humanitas* 사이에 있는 사고상의 구별만이 있는 게 아니다. 사물 자체가 이미 "유와 종의 모든 다양성에 따라 구조화되어" 있어야 하기 때문이다.[26] 형상적 구별은 분명 실재적 구별이다. 왜냐하면 그것은 존재를 형성 혹은 구성하는 실재성들의 상이한 층위들을 표현하기 때문이다. 이런 의미에서 그 구별은 형상적 구별*formalis a parte rei* 혹은 현실적 구별*actualis ex natura rei*이라고 일컬어진다. 그러나 그것은 최소한으로 실재적인 구별이다. 왜냐하면 실재적으로 구별되는 두 무엇임은 서로 조화를 이루어 유일한 존재를 합성하기 때문이다.[27] **실재적이지만 수적이지 않음,** 그것이 형상적 구별의 지위이다.[28] 유한자의 경우에 동물과 이성적과 같은 두 무엇임은, 그것들과 동일한 제3항[29]을 통해서만 소통한다는 것을 인정해야 한다. 그러나 무한자의 경우에도 그런 것은 아니다. 무한자에게로 옮겨지는 두 속성은 존재론적으로는 동일하지만, 형상적으로는 여전히 구별될 것이다. 질송의 말처럼 "무한성은 존재의 (속성이 아니라) 양상이기 때문에, 무엇임의 측면에서 서로 환원이 불가능한 형상 이유들에 공통적일 수 있고, 그들의 형상의 구별을 없애지 않으면서 존재의 측면에서 동일성을 그 이유들에게 부여할 수 있다."[30] 따라서 신의 두 가지 속성, 예컨대 '정의'와 '선'은 구별되는 무엇임을 의미하면서도 절대

---

26 M. de Gandillac, "Dans Scot et la Via antiqua", *Le Mouvement doctrinal du IX<sup>e</sup> au XIV<sup>e</sup> siècle*(Bloud et Gay, 1951), p. 339.

27 *Op. ox.,* II, D2, q. 4(a.5, n.43). *La distinction formelle est minima in suo ordine, id est inter omnes quae praecedunt intellectionem.* (역주- 형상적 구별은 그것의 순서 속에서, 즉 지성에 앞서는 모든 것 사이에서 최소의 것이다.)

28 *Op. ox.,* II, D3, q. 1. *La forme distincte a une entité réelle, ista unitas est realis, non autem singularis vel numeralis.* (역주- 구별되는 형상은 실제 존재를 갖는다. 이 통일성은 실재적이지만, 개별적이거나 수적이지는 않다.)

29 (역주) 두 무엇임를 동일화하는 제3항, 예컨대 두 종들을 동일화하는 상위 차원으로서의 유.

30 E. Gilson, p. 251.

적으로 하나인 신을 지칭하는 신의 이름들이다. 거기에는 일종의 두 개의 질서가 있다. 형상 이유의 질서와 존재의 질서가 있고, 전자의 복수성은 후자의 단순성과 완벽하게 양립한다.

수아레즈는 바로 이 형상적 구별에 대해 공공연한 반대를 표명한다. 그는 형상적 구별이 어떻게 사고상의 구별이나 양태적 구별로 환원되지 않는지 알지 못한다.[31] 형상적 구별은 지나치거나 모자라게 말한다. 즉 그것은 사고상의 구별에 비해서는 지나치게, 그러나 실재적 구별에 비해서는 모자라게 말한다. 데카르트도 필요할 경우 동일한 태도를 취한다.[32] 데카르트가 서로 다른 주어들 속에 있지 않은 것들 간의 실재적 구별, 즉 존재의 분할 또는 수적 구별을 동반하지 않는 것들 간의 실재적 구별에 대해 생각하기를 주저한다는 것을 볼 수 있다. 그런데 스피노자의 경우에는 그렇지 않다. 그의 수적이지 않은 실재적 구별 개념에서 스코투스의 형상적 구별을 재발견하는 것은 그리 어려운 일이 아니다. 게다가 형상적 구별은 스피노자에게 와서는 최소한으로 실재적인 구별이기를 멈춘다. 그것은 실재적 구별에 독점적인 지위를 부여하면서 온전한 실재적 구별이 된다.

1) 스피노자에게 속성들은 실재적으로 구별되며, 실재적으로 구별된다고 생각되는 것이다. 실제로 그것들은 환원 불가능한 형상 이유들을 갖는다. 각각의 속성은 그의 형상 이유 혹은 무엇임으로서 무한한 본질을 표현한다. 따라서 속성들은 "무엇임의 측면에서", 형상적으로 구

---

31 Suarez, *Metaphysicarum disputationum*, D7.
32 카테루스(Caterus)는 「첫 번째 반론」에서 영혼과 신체에 대해서 형상적 구별을 내세웠다. 데카르트는 이렇게 답변한다. "이 매우 박식한 신학자가 스코투스로부터 취했다고 말하는 형상적 구별에 관한 한, 나는 그것이 양태적 구별과 조금도 다르지 않고, 단지 불완전한 존재들에만 적용된다고 간단하게 답변하는 바이다." (AT IX, pp. 94~95)

별된다. 순수하게 질적인 의미에서 그것들은 실체들이다. 2) 각각의 속성은 그의 본질을 그와 **다른 것**에, 실체에 귀속시킨다. 달리 말해 속성들간의 형상적 구별에는 어떠한 존재의 분할도 대응하지 않는다. 실체는 하나의 유類가 아니며 속성들은 종차種差들이 아니다. 따라서 속성들과 **동일한 종의 실체들은 없으며**, 각각의 속성(형상formalitas)과 **동일한 것**(사물res)인 실체는 없다. 3) 따라서 이 "다른 것"은 모든 속성들에 대해 동일한 것이다. 게다가 그것은 속성들 전부와 **동일한 것**이다. 이 뒤의 규정과 앞의 규정은 전혀 모순 관계에 있지 않다. 형상적으로 구별되는 모든 속성들은 지성을 통해 존재론적으로 하나인 실체에 관계된다. 그러나 지성은 그가 포착하는 형상들의 본성을 표상적으로 재생산하는 것만 한다. 형상적 본질들 전부가 절대적으로 하나인 실체의 본질을 형성한다. 질적으로 규정된 실체들 전부가 양量의 관점에서는 단 하나인 실체를 형성한다. 그 결과 속성들 자체가 존재의 동일성과 형상의 구별을 동시에 갖는다. 존재론적으로 하나이면서 형상적으로 여럿임, 그것이 바로 속성들의 지위이다.

스피노자는 "소요학파의 구별들의 난잡함"[33]이라고 말하지만 형상적 구별을 복원하고, 스코투스에게는 없었던 그것의 적용 범위를 확보한다. 형상적 구별은 실체의 통일성과 속성들의 복수성에 대한 절대적으로 정합적인 개념을 제공한다. 그것은 실재적 구별에 새로운 논리를 제공한다. 그러면 스피노자가 왜 이 용어를 사용하지 않고 단지 실재적 구별이란 말만 쓰는지 의문이 들 것이다. 그것은 형상적 구별이 곧 실재적 구별이기 때문이다. 그 다음으로, 스피노자로서는 데카르트가 거의 신학적으

---

33 (역주) G I, 259.

로 중화시켜서 사용하고 있는 용어를 사용하는 게 훨씬 유리했다. 그래서 "실재적 구별"이란 용어 덕분에 스피노자는 그가 무익할 뿐만 아니라 해롭기까지 하다고 생각한 고대의 논쟁을 되살리지 않으면서도 매우 과감할 수 있었다. 우리는 소위 말하는 스피노자의 데카르트주의가 이보다 더 나아갔다고 생각하지 않는다. 그의 구별 이론 전체는 근본적으로 반-데카르트주의적이다.

데카르트주의자가 아니라 스코투스주의자로서 스피노자의 이미지를 제시하면 어떤 과장에 빠질 위험이 있다. 실제로 우리가 말하려는 것은 스코투스의 이론들을 틀림없이 스피노자가 알고 있었다는 것, 그리고 그 이론들은 다른 테마들과 함께 스피노자의 범신론 형성에 관여한다는 것이다.[34] 따라서 가장 흥미로운 것은 스피노자가 형상적 구별 개념과 일의성 개념을 사용하고 갱신하는 방식이다. 둔스 스코투스가 "속성"이라고 부른 것은 실제로 무엇인가? 정의, 선, 지혜 등등, 요컨대 특성들이다. 그는 아마도 신의 본질이 이 속성들 없이도 생각될 수 있다

---

34 실제로 스피노자가 둔스 스코투스를 읽었는지 물을 필요는 없다. 그가 스코투스를 읽었을 가능성은 적다. 그러나 우리는 비록 그의 서가에 남아 있는 것의 목록에 의해서이긴 하지만, 논제(*quaestiones disputatae*) 유형의 형이상학과 논리학 논문들에 대한 스피노자의 기호를 알고 있다. 그런데 그 논문들에는 언제나 스코투스의 일의성과 형상적 구별에 대한 해명들이 포함되어 있다. 그러한 해명들은 17, 18세기의 논리학과 존재론에 공통적인 부분들이다.(예컨대 Heereboord, *Collegium logicum* 참조.) 우리는 또한 겝하르트(Gebhardt)와 르바(Revah)의 저작 덕분에 후안 데 프라도(Juan de Prado)가 스피노자에게 미쳤을 영향을 알고 있다. 그런데 후안 데 프라도는 둔스 스코투스를 알고 있었다(I.S. Revah, *Spinoza et Juan de Prado*, éd. Mouton, 1959, p. 45 참조).
부정 신학 혹은 긍정 신학의 문제, 유비 혹은 존재의 일의성의 문제, 구별들의 상응하는 지위의 문제는 결코 기독교적 사유에만 있는 것은 아니라는 점을 덧붙일 수 있다. 중세 유대교적 사유에서도 마찬가지로 생생하게 그 문제들을 볼 수 있다. 몇몇 주석가들은 연장 이론에 관해서 하스다이 크레스카스(Hasdaï Crescas)가 스피노자에게 미친 영향을 강조했다. 그런데 보다 일반적으로, Crescas는 신의 속성들 간의 형상적 구별과 등가의 것을 포함하는 긍정 신학을 구상한 것 같다(G. Vadja, *Introduction à la pensée juive du Moyen Age*, Vrin, 1947, p. 174 참조).

는 것을 알았을 것이다. 하지만 그는 신의 본질을 내생적 완전성들, 지성과 의지를 통해 정의했다. 스코투스는 "신학자"였고, 신학자로서 계속 특성들 및 사고상의 존재들과 싸웠다. 그래서 그에게 형상적 구별은 온전한 적용 범위를 갖지 못하고, 언제나 유와 종 같은, 영혼의 능력 같은 사고상의 존재들 혹은 소위 말하는 신의 속성들 같은 특성들에 대해 적용되었다. 게다가 스코투스의 일의성은 범신론을 피하려다가 위태로워졌다. 왜냐하면 신학적, 즉 "창조론적" 관점으로 인해 그는 일의적 존재를 **중화된, 무차별적 개념**으로 생각할 수밖에 없었기 때문이다. 그것은 유한자와 무한자에, 개별자와 보편자에, 완전한 것과 불완전한 것에, 창조된 것과 창조되지 않은 것에 무차별적이다.[35] 반대로 스피노자에게 일의적 존재는 자기 안에 존재하는 실체와 타자 안에 존재하는 양태들 모두에 대해 단 하나의 동일한 의미로 이야기되는 것으로서 그 개념에서 완벽하게 규정된다. 스피노자에 이르러 일의성은 순수 긍정의 대상이 된다. 동일한 것이 형상적으로*formaliter* 실체의 본질을 구성하고 양태들의 본질들을 포함한다. 따라서 스피노자의 경우, 내재인 관념이 일의성을 이어받고, 창조론에 의해 그것이 얽매여 있던 무차별성 및 중립성에서 해방시킨다. 그리고 일의성은 내재성에서 엄밀하게 스피노자적인 정식을 발견한다. 신은 자기 원인이라고 일컬어지는 것과 **동일한 의미로** *eo sensu* 모든 사물의 원인이라고 일컬어진다.[36]

---

35 *Op. ox.*, I, D3, q. 2(a. 4, n. 6). *Et ita neuter ex se, sed in utroque illorum includitur; ergo univocus.* (역주 – 그리고 그것은 그렇게 그 자체로 그것 중에서 어떤 것도 아니고, 그 각각에 포함되어 있다. 따라서 그것은 일의적이다.)

36 (역주) "*eo sensu, quo Deus dicitur causa sui, etiam omnium rerum causa dicendus est.*"(E1P25S)

# 4장. 절대적인 것

속성들의 동등성 — 무한하게 완전함과 절대적으로 무한함

스피노자는 (질적으로 규정된) 모든 실체는 무제한적이어야 한다는 것을 세심하게 증명한다. 『소론』과 『윤리학』의 논변들은 다음과 같이 제시된다. 실체가 제한된다면, 이는 자기 자신에 의해서이거나, 동일한 본성의 다른 실체에 의해서이거나, 그에게 불완전한 본성을 준 신에 의해서 그러해야 할 것이다.[1] 그런데 실체는 자기 자신에 의해서 제한될 수 없는데, 그러려면 "그의 본성을 완전히 바꿔야 했을 것이기 때문이다".[2] 다른 실체에 의해서도 제한될 수 없는데, 왜냐하면 그럴 경우 동일한 속성의 두 실체가 있을 것이기 때문이다. 신에 의해서도 제한될 수 없는데, 왜냐하면 신은 불완전하거나 제한된 것은 아무것도 갖지 않는 데다가 하물며 창조되기도 전에 어떠한 제한을 "요구"하거나 포함하는 것들과 직면하지도 않기 때문이다. 스피노자는 이 테마들의 중요성을 지적하

---

1 *KV*, I, 2장, 2~5(그리고 주2와 3). E1P8Dem.
2 (역주) "그것[실체]은 스스로를 제한했거나, 다른 실체가 그것을 제한했어야 한다. 그것은 스스로를 제한할 수 없는데, 왜냐하면 무제한적인 존재로서 그것은 자신의 전체 본질을 바꿨어야 하기 때문이다." (G I, 19, 주석 2)

긴 하지만 간결하게 한다. "어떠한 제한된 실체도 있을 수 없다는 것을 우리가 증명할 수 있다면, 모든 실체는 제한 없이 신적인 존재에 속해야 한다."[3] 논지 전개는 다음과 같다. 모든 실체가 무제한적이라면, 우리는 그것들 각각이 자신의 유類에서 혹은 자신의 형상에서 무한하게 완전하다는 것을 인정해야 한다. 따라서 모든 존재 형상들 혹은 유들 간에는 **동등성**이 있다. 어떠한 존재 형상도 다른 것보다 열등하거나 우월하지 않다. 스피노자는 이 논리전개를 다른 텍스트에서 다음과 같이 명시적으로 정식화한다. "속성들 간에는 어떠한 종류의 부등성도 없다."[4]

그러므로 신이 어떤 결과의 실재성 혹은 완전성을 담고 있을 때, 그 결과가 의존하는 형상보다 더 나은 형상 아래서 그렇게 한다고 생각할 수 없을 것이다. 왜냐하면 다른 것보다 더 나은 형상은 없기 때문이다. 이로부터 다음과 같은 결론에 도달한다. 모든 형상들(속성들)은 동등하므로 신은 여타의 것들을 소유하지 않으면서 어느 하나를 소유할 수 없으며, 다른 것보다 탁월하게 가치 있는 어떤 하나를 소유할 수 없다. 모든 존재 형상들은 **무한하게 완전하고**, 그것들은 **절대적으로 무한한 존재인** 신에게 제한 없이 속해야 한다.[5]

형상들 혹은 속성들의 동등성 원리는 일의성 원리와 형상적 구별 원리의 또 다른 측면일 뿐이다. 그럼에도 불구하고 그것은 특수하게 적용될 수 있다. 즉 동등성의 원리는 우리로 하여금 무한한 것에서 절대적인 것으로, 무한하게 완전한 것에서 절대적으로 무한한 것으로 이행하

---

3 (역주) *Ibid.*

4 *KV*, 부록 II, 11.

5 (역주) "무한하게 완전하다"라는 표현은 *KV*, I-19에, "자신의 유(*genus*) 안에서 무한하다"라는 표현은 E1D6Ex에 나온다. "절대적으로 무한하다"라는 표현은 여러 곳에서 나타난다 (가령 "신은 절대적으로 무한하다."(「편지2」) "연장 속성은 절대적으로 무한하지 않다."(「편지4」)

게 한다. 존재 형상들은 모두 완전하고 무제한적이며 따라서 무한하게 완전하기 때문에, 탁월한 원인, 작용인의 역할을 하는 구별된 존재, 무한하게 완전한 것을 지시하는 부등한 실체들을 구성할 수 없다. 그것들은 더 이상 동등한 실체들을 형성할 수도 없다. 왜냐하면 만일 그렇다면 동등한 실체들은 수적으로만 동등할 수 있다는 것이 되고, 그러면 그것들이 동일한 형상을 가져야 하는데, 그렇게 되면 "한 실체가 필연적으로 다른 실체를 제한해야 하고 그로 인해 그 실체는 무한할 수 없을 것"이기 때문이다.[6] 따라서 동등하게 무제한적인 형상들은, 그것들 모두를 소유하며 그것들을 현실적으로 소유하는 유일 실체의 속성들이다. 그러나 무한하게 완전함이 신의 "본성"을 정의하기에 충분하다고 믿는 것은 가장 심각한 오류일 것이다. 무한하게 완전함은 각 속성의 양상, 즉 신의 "특성"이다. 그러나 신의 본성은 무한히 많은 속성들, 즉 절대적 무한에 있다.

데카르트의 신 존재 증명의 "핵"으로서의 무한하게 완전함 — 데카르트의 존재론적 증명에 대한 반론들의 의미 — 라이프니츠와 스피노자: 무한하게 완전함의 불충분성 — 스피노자: 무한하게 완전함의 이유로서의 절대적으로 무한함 — 스피노자의 존재론적 증명; 『윤리학』의 초반 구도 — 『소론』과 『윤리학』의 차이

우리는 스피노자가 데카르트에 반하여 신 존재 증명들에 가할 변

---

6 *KV*, I, 2장, 6. '동등한 두 실체'는 없다는 것은 속성의 동등성과 모순되지 않는다: 이 두 테마는 서로를 함축한다.

형을 이미 예견할 수 있다. 왜냐하면 데카르트의 모든 증명들은 무한하게 완전함을 통해 진행되기 때문이다. 그리고 그 증명들은 그렇게 진행될 뿐만 아니라, 무한하게 완전함을 신의 본성과 동일시하면서 그 안에서 움직인다. 후험적 증명의 첫 번째 정식화는 이렇다. "나의 존재보다 더 완전한 존재에 대해 내가 가진 관념은 실제로 더 완전한 존재에 의해 필연적으로 내 안에 심어졌어야 한다."[7] 두 번째 정식화는 이렇다. "내가 실존한다는 것, 그리고 최고로 완전한 존재에 대한 관념(즉 신 관념)이 내 안에 있다는 것만으로도 신의 실존은 아주 명백하게 증명된다."[8] 마지막으로 존재론적 증명 혹은 선험적 증명은 이렇게 이야기된다. "[대전제] 우리가 어떤 사물의 불변하고 참된 본성이나 본질 혹은 형상에 속한다고 명석 판명하게 인식한 것은 그 사물과 관련하여 참되게 말해지거나 긍정될 수 있다. 그런데 [소전제] 우리는 신이 무엇인지를 충분히 엄밀하게 탐구하면, 신의 실존이 그의 참되고 불변하는 본성에 속한다는 것을 명석 판명하게 인식한다. 따라서 [결론] 우리는 신이 실존한다는 것을 참되게 긍정할 수 있다."[9] 그런데 소전제에서 데카르트가 언급한 탐구란 바로 "최고로 완전함"을 신의 형상, 본질 혹은 본성으로 규정하는 것이다. 실존은 완전성이므로 이 본성에 속한다. 그러면 대전제에 의해서, 우리는 신은 실제로 실존한다는 결론을 내릴 수 있다.

　　따라서 존재론적 증명 자체는 무한하게 완전함과 신 본성의 동일시를 전제한다. 실제로 데카르트에게 제기된 두 번째 반론들을 고찰해

---

7 (역주) 데카르트, 『성찰』, 이현복 옮김, 문예출판사, 2004, 73쪽(이하 이현복); Alquié, 448; AT IX, 38.

8 Descartes, *Méditation* III, AT IX 39~40[(역주) 이현복, 77쪽; Alquié, 452~453].

9 *Réponses aux premières objection*, AT IX, 91. [(역주) 데카르트, 『〈성찰〉에 대한 학자들의 반론과 데카르트의 답변』, 원석영 옮김, 나남, 2012, 51쪽(이하 원석영)]

보자. 사람들은 데카르트가 신의 본성은 가능하다는 것 혹은 모순을 포함하지 않는다는 것을 소전제에서 증명하지 않았다고 비난한다. 그 반론에 의하면 **신이 가능하다면**, 실존할 것이다. 라이프니츠도 유명한 텍스트들에서 이 반론을 반복한다.[10] 데카르트의 답변은 이렇다. 지적된 소전제의 난점은 대전제에서 이미 해결되었다. 대전제가 의미하는 것은, 우리가 어떤 사물의 본성에 속한다고 명석 판명하게 인식하는 것은 그 사물의 본성에 속한다고 참되게 말해질 수 있다는 것이 아니다. 이는 단순한 동어반복일 것이다. 대전제가 의미하는 것은 "우리가 어떤 사물의 본성에 속한다고 명석 판명하게 인식하는 것은 **그 사물과 관련하여** 참되게 말해지거나 긍정될 수 있다"는 것이다. 그런데 이 정리는 우리가 명석 판명하게 인식하는 모든 것의 가능성을 보증한다. 만일 대상 쪽의 충분이유로서 가능성의 다른 기준을 더 요구한다면, 우리는 그 이유에 도달할 수 없는 지성의 무능으로서의 우리의 무지를 인정한다.[11]

　데카르트는 반론의 의미를 감지하지만 그것을 이해하지 못하거나 이해하려고 하지 않는 것처럼 보인다. 데카르트는 "**무한하게 완전함**"이 단지 **그의 특성일 수밖에 없는** 존재의 본성이 가능함을 증명하지 않았다는 비판을 받는다. 아마도 그러한 증명 자체가 가능하지 않을 것이다. 그렇다면 그 존재론적 논변은 완결되지 않는다.[12] 어쨌든 무한하게 완전

<hr />

10 이 점과 관련된 라이프니츠의 첫 번째 텍스트들은 1672년의 것이다(*Leibnitiana*, éd. Jagodinsky, p.112). 1676년의 노트, *Quod ens perfectissimum existit*(G VII, p.261)도 참조.
11 *Réponses aux secondes objections*, AT IX, p.118 : "아니면 당신은, 대상 그 자체 쪽에서, 어떤 다른 가능성을 상상하는데 그것이 이전의 것과 일치하지 않는다면, 그것은 인간의 지성에 의해서는 결코 인식될 수 없는 것이다." [(역주) 원석영, 98~99, 다음은 이어지는 텍스트다. "그럼에도 불구하고 신 본성의 가능성을 정당하게 부정할 수 있다면, 삼각형의 세 각의 합이 두 직각과 같을 가능성이나 혹은 실제로 사유하는 자가 존재할 가능성 역시 정당하게 부정할 수 있다. … 따라서 아무런 근거도 없이 인간의 모든 인식이 제거될 수 있게 된다."]
12 이것이 두 번째 반론의 저자의 입장인 것 같다(AT IX, p.101 참조).

함은 그것이 속하는 존재의 본성에 대해서 우리에게 아무런 인식도 주지 않는다. 데카르트가 대전제에서 모든 난점을 해결했다고 생각한다면, 그것은 우선 그가 신의 본성을 특성과 혼동하고 있기 때문이다. 그래서 그는 특성에 대한 명석 판명한 개념만으로도 해당 **본성**의 가능성이 보증되기에 충분하다고 생각한다. 물론 데카르트가 신이 성서에서 제시되는 측면("분명 어떤 진리를 담고 있지만 인간들에게 관계되는 한에서만 진리를 담고 있는… 말하기 방식")과 자연의 빛을 통해 신 자신이 드러나는 측면을 대립시킬 때가 있다.[13] 그러나 그렇게 할 때 그는 단지 어떤 특성들을 다른 특성들과 대립시킬 뿐이다. 무한하게 완전함을 이성적 특성으로 갖는 어떤 존재와 관련하여, '그러한 존재는 가능한가?'라는 문제가 여전히 남아 있다. 끝으로 데카르트가 왜 그의 관점에서 특성을 신의 본성과 동일시할 수 있었는지를 묻는다면, 여기서도 우리는 그 이유가 탁월성과 유비를 원용하는 그의 방식에 있다고 믿는다. 데카르트는 "우리가 신 안에 그리고 우리 안에 있다고 생각하는 것들" 중에 어떤 것도 일의적이지 않다는 것을 상기시킨다.[14] 그런데 우리가 존재 형상들 간에 근본적인 부등성이 있다고 생각해야만, 무한하게 완전함이 (신의 본성이라고 혼동되는) 우월한 형상을 지칭할 수 있다. 데카르트는 신을 정의하면서, 특성들의 목록을 제시한다. "신이라는 이름으로 내가 이해하는 바는 무한한, 영원한, 불변의, 독립적인, 전지한, 전능한 … 실체이다."[15] 이 특성들 전체는 그것들의 탁월성의 안개 속에서는 단순 본성과 유사해 보일 수 있다.

---

13 *Réponses aux seconde objections*, AT IX, 112.
14 *Réponses aux seconde objections*, AT IX, 108. 이는 토마스주의의 기본 원리이다: *De Deo et creaturis nil univoce praedicatur*.
15 *Méditation* III, AT IX, 36.

라이프니츠의 경우, 다음 두 가지 테마가 깊이 연결되어 있다. 무한하게 완전함은 신의 본성을 구성하기에 충분하지 않다. 그리고 명석 판명한 관념은 자신의 실재성, 즉 그의 대상의 가능성을 보증하기에 충분하지 않다. 이 두 가지 테마는 충분이유 또는 실재적 정의의 요청 속에서 결합된다. 무한함과 완전함은 별개의 표시일 뿐이다. 우리가 그것들에 대해 갖는 명석 판명한 인식은 그 특징들이 양립가능한지 어떤지 우리에게 알려주는 바가 전혀 없다. "가장 큰 수"나 "가장 큰 속도"가 그렇듯이 가장 완전한 존재*ens perfectissimum*에도 모순이 있을 것이다.[16] 그러한 존재의 본질은 단지 추측될 뿐이다. 따라서 단지 완전성에 의한 신 정의는 모두 명목적 정의에 그친다. 이로부터 다음과 같은 라이프니츠의 극단적 비판이 나온다. 데카르트는 대체로 홉스를 넘지 못한다. 단어들의 단순 조합들보다 심리적 의식의 기준들(명석 판명)을 더 신뢰해야 할 이유는 없다.[17] 전혀 다른 맥락이지만 이 테마들은 스피노자의 테마들이기도 한 것처럼 보인다. 17세기 말의 반데카르트주의적 반발에 근본적인 공통점들이 있었다는 것은 놀랍지 않을 것이다. 스피노자에 따르면 무한하게 완전함은 하나의 특성일 뿐이다. 이 특성은 그것이 속하는 존재의 본성에 대해서 우리에게 아무것도 알려주지 않는다. 그것은 이 존재가 모순을 함축하지 않는다는 것을 증명하기에 충분하지 않다. 명석 판명한 관념이 "적합한*adéquate*" 것으로 파악되지 않는 한, 그 관념의 실재성이나 그 대상의 가능성은 의심될 수 있을 것이다. 어떤 사물의 특성

---

16 (역주) "속도"의 정의상 언제나 더 큰 가능한 속도가 있기 때문에, 최대 속도는 모순적인 개념이라고 라이프니츠는 말한다. 따라서 최대 속도는 무의미한 개념이다. 최대 수도 마찬가지이다.

17 Leibniz, *Lettre à la princesse Elisabeth*, 1678와 *Méditation sur la connaissance, la vérité et les idées*, 1684 참조.

들*propria*이 아닌 본질에 대해서 실재적 정의를 내리지 않는다면, 우리는 지성 바깥에 있는 사물의 실재성과 관계없이 단지 생각되고 있는 것의 임의성 속에 머물 것이다.[18] 따라서 라이프니츠 못지않게 스피노자에게서도 충분이유의 필요성이 강조되고 있는 것으로 보인다. 스피노자는 적합성을 명석 판명한 관념의 충분이유로, 절대적으로 무한함을 무한하게 완전함의 충분이유로 정립한다. 스피노자의 존재론적 증명은 무한하게 완전한 미규정적 존재가 아니라, 절대적으로 무한한 존재, 즉 무한히 많은 속성들로 구성된 것으로 규정된 존재에 대한 것이다. (무한하게 완전함은 이 속성들 각각의 양태이며, 각각의 속성에 의해 표현된 본질의 양상일 뿐이다.)

그럼에도 불구하고 우리의 가설이 정당하다면, 스피노자가 절대적으로 무한한 것, 즉 무한히 많은 속성들로 구성된 실체가 필연적으로 실존한다는 것을 선험적으로 증명하는 방식에 우리가 놀라는 것도 당연하다.[19] 첫 번째 증명은 이렇다. 그것이 실존하지 않는다면 그것은 실체가 아닐 것이다. 왜냐하면 모든 실체는 필연적으로 실존하기 때문이다.[20] 두 번째 증명은 이렇다. 절대적으로 무한한 존재가 실존하지 않는다면, 그 비-실존의 이유가 있어야 할 것이다.[21] 그 이유는 내적인 이유

---

18 무한하게 완전함에 의한 신 정의의 명목적 성격에 대해서는, 「편지 60」(취른하우스에게, III, p. 200) 참조.

19 E1P11에서 앞의 두 증명.

20 (역주) E1P11 : "신 혹은 무한히 많은 속성들(이것들 각각은 영원하고 무한한 어떤 본질을 표현한다)로 구성된 실체는 필연적으로 실존한다." 첫 번째 증명: "이 정리를 부정한다면, 가능할 수 있을지 모르겠지만, 신이 실존하지 않는다고 생각해 보라. 그렇게 될 경우 (공리 7에 의해) 신의 본질은 실존을 포함하지 않게 될 것이다. 그러나 이것은 (정리 7에 의해 - 실체의 본성에는 실존이 속한다) 불합리하다. 따라서 신은 필연적으로 실존한다."

21 (역주) 스피노자는 어떤 것이 실존하는 이유뿐만 아니라, 실존하지 않는 이유도 제시되어야 한다고 말하고 있다. "모든 사물에는 그것을 실존하게 하거나 실존하지 못하게 하는 원인 또는 이유(*causa seu ratio*)가 부여되어야 한다."(E1PDem2)

여야 할 것이고, 따라서 절대적으로 무한한 것은 모순을 내포해야 할 것이다. "그런데 절대적으로 무한하고 최고로 완전한 존재에 대해 이것을 긍정하는 것은 불합리하다." 이러한 논증들이 여전히 무한하게 완전함을 통해 진행되고 있음은 분명하다. 절대적으로 무한한 것(무한히 많은 속성들로 이루어진 실체)은 필연적으로 실존하며, 그렇지 않으면 그것은 실체가 아닐 것이다. 즉 그렇지 않으면 그것은 무한하게 완전하지 않을 것이다. 그러나 독자는 보다 근본적인 증명, 선결 문제에 대한 증명을 요구할 권리가 있다. 필연적으로 실존하는 실체의 본성은 그것이 무한히 많은 속성들로 구성된다는 것, 혹은 결국 같은 말이겠지만 무한하게 완전함의 이유는 절대적으로 무한함이라는 것이 증명되어야 한다.

그런데 스피노자는 정확히 독자가 마땅히 요구할 수 있는 것을 했다. 『윤리학』에서 스피노자는 신 안에 "자리 잡고" 신에서 "시작한다"는 관념은, 말 그대로 부정확한, 대략적인 관념일 뿐이다. 게다가 우리는 곧 스피노자에 따르면 신 관념에서 출발하는 것이 전적으로 불가능하다는 것을 알게 될 것이다. 신 존재 증명은 정리 11에 등장한다. 그런데 그 앞의 10개의 정리는 다음과 같은 점을 보여 주었다. 수적 구별은 실재적 구별이 아니므로 실재적으로 구별되는 모든 실체는 무제한적이고 무한하게 완전하다. 역으로 실재적 구별은 수적 구별이 아니므로 무한하게 완전한 모든 실체들은, 그것들을 속성으로 갖는 절대적으로 무한한 하나의 실체를 합성한다. 따라서 무한하게 완전함은 절대적으로 무한함의 특성이고, 절대적으로 무한함은 무한하게 완전함의 본성 혹은 이유이다. 그래서 이 처음의 증명들이 중요하며, 이들은 전혀 가설적이지 않다. 그래서 수적 구별과 실재적 구별에 대한 고찰들이 중요하다. 오로지 이 조건에서 정리11은 다음과 같이 결론내릴 수 있다. 절대적으로 무한한 실체는 모순을 포함하지 않으므로 필연적으로 실존한다. 만일 그것이 실존하지 않는다면 그것은 실체가 아닐 것이고, 마찬가지로 무한하게 완전함이 그것의 특성이 아닐 것이다.

따라서 『윤리학』 초반의 구도는 다음과 같다. 1) 정의 1-5는 앞으로 나올 증명들에서 활용될 단지 명목적인 정의들이다. 2) 정의 6은 절대적으로 무한한 '존재', 즉 "그것들 각각이 영원하고 무한한 본질을 표현하는 무한히 많은 속성들로 구성된 실체"라는 신에 대한 실재적 정의이다. 이 정의는 실체와 속성이라는 용어들을 다시 가져와서, 그것들에 실재적 지위를 부여한다. 그런데 이 정의 자체가 실재적이라고 해서, 그것이 그 대상의 가능성을 직접 보여 준다는 것을 의미하지는 않는다. 정의가 실재적인 것이 되려면, 정의하려는 대상의 가능성을 증명할 수 있으면 된다는 것이다. 그와 동시에 우리는 정의의 실재성 혹은 참을 증명하게 된다. 3) 정리 1-8은 그 정의가 실재적임을 증명하는 첫 단계다. 수적 구별은 실재적 구별이 아니므로, 실재적으로 구별되는 각각의 속성들은 무한하게 완전하며, 질적으로 규정된 각각의 실체는 유일하고 필연적이며 무한하다. 이 계열은 분명 처음 다섯 개의 정의에만 의지하고 있음이 분명하다. 4) 정리 9와 10은 정의의 실재성을 증명하는 두 번째 단계다. 실재적 구별은 수적 구별이 아니므로, [실재적으로] 구별되는 속성들 혹은 질적으로 규정된 실체들은 모든 질적 규정들(모든 속성들)을 다 가지는 단 하나의 동일한 실체를 형성한다. 이 두 번째 계열은 정리 10의 주석에서 완성된다. 그 주석에서 절대적으로 무한한 실체는 모순을 내포하지 않는다는 것이 확정된다. 그러므로 정의 6은 실재적 정의이다.[22] 5) 정리 11. 절대적으로 무한한 것은 필연적으로 실존한다. 그렇지

---

22 "하나의 실체에 여러 속성들을 귀속시키는 것은 불합리한 것과 거리가 멀다." (E1P10S)

않으면 그것은 실체일 수 없으며, 무한하게 완전함이 그것의 특성일 수 없을 것이다.

이를 『소론』과 대조해 볼 수 있다. 『윤리학』에 대한 잘못된 해석이 『소론』에는 잘 적용되기 때문이다. 『소론』은 신에서 시작하며 신의 실존 안에 자리 잡는다. 그때까지만 해도 스피노자는 신 관념에서 출발하는 것이 가능하다고 믿었다. 따라서 그의 선험적 논변은 데카르트의 서술에 전적으로 부합하는 첫 번째 정식화를 수용한다.[23] 하지만 그 논변은 그렇게 무한하게 완전함의 틀 안에서 움직이며, 해당 존재의 본성을 인식할 어떤 수단도 우리에게 주지 않는다. 『소론』의 1부 1장에 놓인 존재론적 증명은 엄밀히 말해서 아무것에도 쓸모가 없다. 그런데 스피노자는 거기에 아주 모호한 두 번째 서술("신의 실존은 본질이다")을 덧붙이고 있다.[24] 이 정식은, 문자 그대로 받아들이면, 더 이상 무한하게 완전한 것이 아니라 절대적으로 무한한 것의 관점에서만 해석될 수 있다고 우리는 믿는다. 실제로 신의 실존이 본질이 되기 위해서는, "속성들"이 신의 본질을 구성하는 동시에 신의 실존도 구성해야 한다. 그래서 스피노자는 『소론』의 속편을 예고하는, 그리고 이미 절대적으로 무한한 하나의 실체의 속성들을 언급하는 설명적 주를 덧붙인다. "무한한 속성들을 갖는 한 존재의 본성에는 '존재'라는 속성이 속한다."[25] 『소론』과 『윤리학』의 차이는 다음과 같은 것처럼 보인다. 1) 『소론』은 신에 대한 실재적 정의 이전에 "신이 존재한다는 것"에서 시작한다. 따라서 그것은 권리상 데카르트 방식의 증명만 활용할 수 있다. 그래서 이 증명의 정통

23 *KV*, I, 1장, 1.
24 *KV*, I, 1장, 2(이 정식의 애매함과 그 번역에 대해서는 Appuhn의 주, ed. Garnier, p. 506 참조).
25 *KV*, I, 1장, 2, 주2.

적 서술과, 2장("신은 무엇인가")을 예고하는 전혀 다른 서술이 병치되어야 했다. 2) 스피노자는 『윤리학』에서 무한하게 완전한 것을 통해 진행하는 서술과 절대적으로 무한한 것을 통해 진행하는 서술을 병치시키는 대신에, 여전히 무한하게 완전한 것을 통해 진행되는 증명을 제안하지만, 그 증명을 절대적으로 무한한 것을 선행적이면서 토대의 위치로 자리매김하는 과정에 완전히 종속시킨다. 그래서 『소론』의 두 번째 서술은 더 이상 필요하지 않게 되고, 그 모호함이나 무질서도 사라지게 된다. 『윤리학』에 그것의 등가물이 있지만, 그것은 더 이상 신 존재 증명에 대한 것이 아니라 단지 신의 불변성 증명에 대한 것일 뿐이다.[26]

### 존재론적 증명의 관점에서 본 라이프니츠와 스피노자 — 정의 6은 실재적 정의이다

우리는 이 점에서는 라이프니츠의 요청들과 스피노자의 요청들 간에 어떠한 차이도 둘 수 없다. 그들 모두는 신에 대한 실재적 정의를 요구하고, 무한하게 완전한 것의 본성 혹은 이유를 요구한다. 그들은 존재론적 증명을 신에 대한 실재적 정의에, 그리고 신에 대한 정의가 실재적이라는 증명에 종속시킨다. 그런 만큼 라이프니츠가 이야기하는 방식에 놀랄 것이다. 우리는 이 점에 관해 두 가지 텍스트를 활용한다. 우선 「가장 완전한 존재가 실존한다는 것*Quod Ens perfectissimum existit*」 초고에 덧붙인 주석에서 라이프니츠는 1676년 스피노자와의 만남에 대해서 이

---

26 E1P20&Cor. [(역주) "신의 실존과 본질은 동일한 것이다." "따라서 신 혹은 그의 모든 속성들이 불변한다는 것이 따라 나온다."]

렇게 말한다. "헤이그에 있을 때 나는 스피노자에게 이 논증을 보여 주었고 그는 그것을 견고하다고 판단했다. 그가 처음에는 반대했기 때문에 나는 이 페이지를 써서 그에게 읽어 주었다."[27] 다른 한편 『윤리학』에 관한 라이프니츠의 주석들에서, 그는 정의 6이 실재적 정의가 아니라고 비판한다. 그 정의는 "절대적으로 무한함"과 "무한히 많은 속성들로 구성됨"이라는 항들이 등가적임을 보여 주지 못한다. 그것은 속성들 간의 양립 가능성을 보여 주지 못한다. 그리고 그것은 정의된 대상의 가능성도 보여 주지 못한다.[28] 라이프니츠가 말하려는 것은 정의 6이 피정의항의 가능성을 직접적으로 보여 주지 못한다는 것이다. 물론 라이프니츠 자신도 스피노자와 마찬가지로 신에 대한 그러한 직관이 있다고 믿는 것은 아니다. 그가 말하려는 것은, 스피노자가 신 정의의 실재성을 증명해야 한다는 것을 스피노자가 깨닫지 못하고 있다는 것이다. 그래서 이 비판은 『윤리학』의 전반적 기획과 첫 열 개 정리의 의미를 완전히 무시하는 것이다. 실제로 라이프니츠가 신의 가능성을 증명하는 데 사용하는 정식들을 검토해 보면, 스피노자의 정식들과의 어떤 차이도 처음부터 보이지 않는다.

라이프니츠에 따르면 신은 가능하다. 왜냐하면 무한하게 완전함은, 모든 "속성"들, "절대적으로 취한 모든 단순 형상들", 모든 "가장 높은 정도일 수 있는 본성들", "어떤 한계도 없이 사물을 표현하는 모든 적극적 질들"을 자신 안에 포함하는 "절대적 '존재'"의 특성이기 때문이다.[29] 이 형상들은 왜 신의 가능성을 증명하기에 충분한가? 각각

27 G. Friedmann, *Leibniz et Spinoza*(NRF, 1946), pp. 66~70 참조.
28 Leibniz, *Ad Ethicam* … (G I), pp. 139~152.
29 *Quod ens* (…), *Lettre à princesse Elisabeth, Méditation sur la connaissance* (…) 참조.

의 형상은 단순하고 환원불가능하며, 자신에 의해 인식되는, **자기-지시자**<sup>index sui</sup>이다. 라이프니츠는 이렇게 말한다. 그들의 불일치(차이)<sup>disparité</sup> 자체가 그들의 양립가능성(그들의 모순의 불가능성)을 보증한다. 그들의 양립가능성이 그들이 속하는 '존재'의 가능성을 보증한다. 여기서 라이프니츠와 스피노자는 전혀 대립하고 있지 않다. 그들의 모든 것들이 말 그대로 공통적이다. 표현 관념의 활용, 표현적 형상들이 "사물들의 원천"이라는 테제를 포함해서 그렇다. 적어도 이점에 관해서는 라이프니츠가 스피노자에게 가르칠 것이 전혀 없다. 우리는 라이프니츠가 헤이그 대화를 정확히 전하지 않았다고 생각해야 된다. 스피노자가 라이프니츠의 생각과 자신의 생각이 일치한다는 것을 마음속으로만 확인하면서 거의 말하지 않고 듣기만 했을 수도 있다. 아니면 불일치가 선언되었는데, 그것이 무한하고 적극적인 형상들 혹은 질들을 해석하는 각자의 방식에 대한 것이었을 수도 있다. 왜냐하면 라이프니츠는 그것들을 신의 지성 안에 있는 첫 번째 가능태들이라고 생각하기 때문이다. 다른 한편 이 첫 번째 가능태들, "절대적으로 단순한 개념들<sup>notions</sup>"은 우리의 인식에서 벗어나 있다. 즉 우리는 그것들이 필연적으로 양립 가능함을 알지만, 그것들이 무엇인지는 모른다. 그것들은 어떤 논리적 관계보다 선행하고 우월한 것처럼 보인다. 다시 말해, 인식은 단지 "상대적으로 단순한 개념들"에 도달할 수 있을 뿐이며, 이것들은 우리의 사유 속에서 용어로 활용되고, 기껏해야 첫 번째 단순한 것들에 대한 상징이라고 이야기 될 수 있을 뿐이다.[30] 그 방법으로 라이프니츠는 그가 스

---

30 Leibniz, *Elementa calculi, Plan de la science générale, Introductio ad Encyclopaediam Arcanam*(éd. Conturat). 순수한 "불일치들"이고, 논리적 관계들보다 앞서는 절대적으로 단순한 것들에 대해서는, M. Gueroult, "La Constitution de la substance chez Leibniz", *Revue de métaphysique et de morale*, 1947 참조.

피노자주의의 위험이라고 비난하는 절대적 필연성에서 빠져나간다. 라이프니츠는 "형이상학적" 필연성이 신에서 나와서 피조물에게 전달되지 못하도록 막는다. 그는 일종의 목적성, 최선의 원리를 존재론적 증명 안에 도입한다. 스피노자와의 만남 이후 라이프니츠는 절대적 필연성을 적敵으로 생각한다. 그러나 반대로 스피노자의 입장에서는, 라이프니츠가 피조물들과 창조를 구제하기 위해 탁월성, 유비, 상징주의 일반 등 온갖 관점을 유지한다고 생각할 수 있지 않았을까? 라이프니츠는 어쩌면 겉으로만 무한하게 완전함을 넘어서고, 겉으로만 본성 혹은 이유에 도달한 것일지도 모른다.

스피노자는 자신이 제시하는 신에 대한 정의가 실재적 정의라고 생각한다. 정의의 실재성에 대한 증명을 피정의 대상의 실제적 발생으로 이해해야 한다. 그것이 『윤리학』 처음 정리들의 의미이다. 그것들은 **가설적이 아니라 발생적이다.** 속성들은 실재적으로 구별되고, 서로 환원 불가능하며, 그들 각자의 형상에서 혹은 그들의 유類에서 궁극적이기 때문에, 그리고 각각이 자신에 의해 파악되기 때문에, 속성들은 서로 모순될 수 없다. 그것들은 필연적으로 양립 가능하며, 그것들이 형성하는 실체는 가능하다. "그의 속성들 각각이 자기 자신에 의해 파악된다는 것은 실체의 본성에 속한다. 왜냐하면 실체가 소유하는 모든 속성들은 항상 실체 안에 동시에 존재하고 있기 때문에, 그리고 한 속성이 다른 속성에 의해 생산될 수 없기 때문에, 그러나 제각기 실체의 실재성 혹은 존재를 표현하기 때문이다. 따라서 여러 속성들을 단 하나의 동일한 실체에 귀속시키는 것은 불합리한 것과 거리가 멀다."[31] 속성들을 통해서

---

31 E1P10S.

우리는 기본적이고 실체적 요소들인, 유일 실체의 환원 불가능한 개념들에 도달한다. 여기서 실체의 논리적인 구성이라는 관념, 전혀 물리적이지 않은 "합성composition"이라는 관념이 등장한다. 속성들의 환원 불가능성은 모든 속성들을 다 가지는 유일한 실체로서 신이 非-불가능함을 증명할 뿐 아니라 구성한다. 적어도 항들 중 하나 이상이 자기 자신에 의해서 파악되지 않는 경우에만 그 항들 사이에 모순이 있을 수 있다. 그리고 스피노자에서 속성들의 양립 가능성의 근거는 논리적 관계들 자체보다 우월한 신적 지성의 영역이 아니라 **실재적 구별에 고유한 논리**에 있다. 속성들 간의 실재적 구별의 본성은 실체들에 대한 어떠한 분할도 배제한다. 그래서 이 실재적 구별의 본성은, 구별되는 항들을 상호 대립 속에서 정의하는 것을 금지하면서, 동시에 그것들 모두를 분할 불가능한 하나의 동일한 실체에 관련시키면서, 그것들 각각의 적극성을 고스란히 보존한다. 스피노자는 이 새로운 논리의 길에서 가장 멀리 간 사람처럼 보인다. 그것은 순수 긍정의 논리, 무제한적인 질質의 논리, 따라서 모든 질들을 다 소유하는 무제약적 전체의 논리, 즉 절대적인 것의 논리다. 속성들은 절대적인 것에서의 이러한 합성의 요소들로서 이해되어야 한다.

### 표현의 두 번째 삼항관계 : 완전한 것, 무한한 것, 절대적인 것

표현으로서 속성은 단지 "거울"이 아니다. 표현주의 철학은 두 가지 전통적 은유를 가지고 온다. 이미지를 반영하거나 반사하는 거울과 나무 전체를 "표현하는" 씨앗이라는 은유다. 속성들은 우리가 자리하는 관점에 따라서 전자이기도 하고 후자이기도 하다. 한편으로, 본질은 속성들 속에 반사되고 다수가 된다. 속성들은, 그들 각각이 자신의 유genus에서 실체의 본질을 표현하는 거울이다. 거울이 이미지를 보는 눈과 관련 되듯이 속성들은 필연적으로 지성과 관련된다. 그런데 나무가 씨앗 속에 함축되어 있듯이, 표현된 것은 표현 속에 함축되어 있다. 따라서 실체의 본질은 속성들에서 반사되기보다는, 그것을 표현하는 속성들에 의해 구성된다. 속성들은 거울이라기보다는 역동적 혹은 발생적 요소들이다.

　　신의 본성(능산적 자연Natura naturans)은 표현적이다. 신은 세계 속에서 표현되기 전에, 그의 본질을 형성하는 세계의 토대들 속에서 자신을 표현한다. 그리고 표현은 신의 현시이면서 동시에 자신의 구성이다. '삶Vie', 즉 표현성이 절대적인 것 안으로 이동된다. 실체에는 다양한 것의 통일성이 있고, 속성에는 일자의 현실적 다양성이 있다. 실재적 구별은, 이 두 계기를 통합하고 그 둘을 상호 관계시키기 때문에 절대적인 것에 적용된다. 그래서 스피노자가 가장 완전한 존재Ens perfectissimum보다 필연적인 존재Ens necessarium를 우선시한다고 말하는 것으로는 충분치 않다. 실제로 본질적인 것은 절대적 존재Ens absolutum이다. 가장 완전함perfectissimum은 단지 한 특성일 뿐이며, 각 속성의 양상으로, 우리의 출발점이 되는 특성이다. 필연적임necessarium 역시 한 특성일 뿐이며, 모든 속성을 다 가지는 실체의 양상으로, 우리의 도착지가 되는 특성이다. 그러나 그 둘 사이에서 [신의] 본성 혹은 절대적인 것의 발견이 일어난다. 그것은 사유, 연장 등 모든 일의적인 존재 형상들이 다 관계되는 실체다. 그래서 스피노자는 여러 편지에서 정의 6을 시야에서 놓치지 말고

---

32 「편지 2」(올덴부르그에게, III, p.5), 「편지 4」(올덴부르그에게, III, pp. 10~11), 「편지 35와 36」(위데Hudde에게, III, pp. 129~132).

부단히 거기로 돌아갈 필요성을 거듭 강조한다.[32] 오직 이 정의만이 우리에게 어떤 본성을, 절대적인 것의 표현적 본성을 우리에게 전한다. 그정의로 돌아가라는 것은 단지 그것을 기억 속에 간직하라는 것이 아니라, 그 이후에 실재성 증명이 완료된 것으로서의 그 정의로 돌아가라는 것이다. 그리고 이 증명은 실체 외부에 머물러 있는 지성의 작동과 같은 것이 아니다. 그것은 실체 자체의 삶, 혹은 실체의 선험적 구성의 필연성과 다르지 않다.

"내가 신을 최고로 완전한 '존재'로 정의할 때, 이 정의는 작용인(나는 작용인을 내적이면서 외적인 것이라고 이해한다)을 표현하지 않기 때문에, 나는 그 정의로부터 신의 모든 특성들을 이끌어낼 수 없을 것이다. 반면에 내가 신을 어떤 '존재' 등으로 정의할 때(E1Def6을 볼 것)…"[33] 이와 같이 선험적 증명이 변형된다. 스피노자는 무한하게 완전함을 넘어 절대적으로 무한함으로 향한다. 그리고 거기서 그는 자연 혹은 충분이유를 발견한다. 이 행보는 실체의 두 번째 삼항관계로 이어진다. 1) 모든 존재 형상들은 동등하고 동등하게 완전하다. 속성들 간에 완전성의 부등성은 없다. 2) 따라서 각각의 형상은 무제한적이고, 각 속성은 무한한 본질을 표현한다. 3) 따라서 모든 형상들은 단 하나의 동일한 실체에 속하고, 모든 속성들은 하나의 절대적으로 무한한 실체에 대해 제한 없이 동등하게 긍정된다. 첫 번째 삼항관계는 속성-본질-실체였다. 두 번째 삼항관계는 완전-무한-절대이다. 첫 번째 삼항관계는 논쟁적 논변인 '실재적 구별은 수적일 수 없다', 그리고 적극적 논증인 '실재적 구별은 단하나의 동일한 실체에 대해 긍정되는 속성들 간의 형상적 구별이다'에

---

33 「편지 60」( 쥐른하우스에게, III, p. 200).

근거를 두었다. 두 번째 삼항관계는 '특성들은 본성을 구성하지 않는다'를 논쟁적 논거로, '자연 속의 모든 것은 완전하다'를 적극적 논거로 삼는다. 어떤 사물에게 결여된 "본성"은 없다. 모든 존재 형상들은 제한 없이 긍정되고, 따라서 절대적인 것은 그의 본성상 모든 형상들 아래서 무한하므로 모든 형상들은 절대적인 어떤 것에 귀속된다. 절대적인 것의 삼항관계는 그렇게 실체의 삼항관계를 보완한다. 그것은 실체의 삼항관계와 교대해서 신에 대한 마지막 세 번째 규정을 발견하도록 우리를 이끈다.

# 5장. 역량

빠름 또는 쉬움으로 기소된 데카르트 — 데카르트의 후험적 증명의 공식들: "쉬운"이라는 개념 — 데카르트의 후험적 증명의 핵심인 실재성 혹은 완전성 양 — 실재성 양의 불충분성: 이유로서의 역량

데카르트에 대한 라이프니츠의 모든 비판에는 한 가지 주제가 부단히 되풀이된다. 데카르트는 "너무 빨리" 나간다는 것이다. 데카르트는 존재의 질서에서는 무한하게 완전함에 대한 고려로 충분하고, 인식의 질서에서는 명석 판명한 관념의 소유로 충분하며, 인식에서 존재로의 이행에서는 실재성 혹은 완전성 양에 대한 검토로 충분하다고 믿었다. 라이프니츠는 데카르트에게 성급하다는 비난을 즐겨한다. 데카르트는 항상 서두르다가 상대적인 것을 절대적인 것과 혼동하게 된다.[1] 우리가 반

---

1 "이 추론들[데카르트의 신 실존 증명들 — 들뢰즈]은 너무 빨리 나아가며, 설명도 없이 우리에게 폭력을 가하기 때문에 다소 의심스럽다는 것을 인정해야 합니다."(Leibniz, *Lettre à Princesse Elizabeth*, 1678) "너무 빠르게"라는 테마는 부단히 되풀이된다. 데카르트에 맞서서 라이프니츠는 느리고 묵직한 정신, "비약"을 금지하는 연속적인 것, 실재적 정의와 연결추리, 시간이 걸리는 발견의 기술을 선호한다. 라이프니츠가 운동량 보존에 대한 데카르트의 믿음을 비난할 때, 그 비판이 매우 일반적인 반론의 특수한(물론 매우 중요한) 경우임을 알 필요가 있다. 즉 모든 영역에서 데카르트는 너무 빨리 나아가는 나머지, 상대적인 것을 절대적인 것으로

反데카르트주의적 반발에서 공통적인 것을 좀 더 찾고자 한다면, 스피노자에서 데카르트의 쉬움에 대한 그의 비난을 볼 수 있다. 데카르트가 선뜻 "쉬운facile"이라는 개념과 "어려운"이라는 개념을 철학적으로 사용하는 것에 대해 이미 많은 동시대인들이 우려를 표했다. 스피노자는 "쉬운"이라는 말의 활용과 관련해 데카르트와 충돌할 때, "손톱"만큼이라도 다른 것은 말하지 않고 『철학의 원리』를 설명하겠다고 약속했던 선생으로서의 평정심을 잃는다. 그는 일종의 분개를 드러내기까지 한다.[2] 물론 라이프니츠가 이런 빠름을 고발한 최초의 인물이 아닌 것처럼 스피노자도 데카르트의 쉬움을 고발한 최초의 인물은 아닐 것이다. 하지만 라이프니츠와 스피노자에 의해서 그 비판은 가장 완전하고 가장 풍부하며 가장 효과적인 양상을 지니게 된다.

데카르트가 제시한 두 가지 후험적 신 존재 증명은 다음과 같다. 우리 안에 신 관념이 있기 때문에 신은 실존한다. 그리고 신 관념을 가진 우리 자신이 실존하기 때문에 신은 실존한다. 첫 번째 증명은 완전성 혹은 실재성 양에 대한 고려에 직접적으로 의존한다. 원인은 적어도 그것의 결과가 가진 만큼의 실재성을 가져야 한다. 어떤 관념의 원인은 적어도 그 관념이 함유하는 표상적 실재성과 같은 만큼의 형상적 실재성을 가져야 한다. 그런데 나는 무한하게 완전한 존재에 대한 관념(즉 "다른 어떤 것보다도 더 많은 표상적 실재성"을 함유하는 관념)을 갖고 있다.[3] 두 번째 증명은 다음과 같은 불합리한 가설에서 나온 것이기 때문에 더 복

---

간주한다.

2 "나는 그 말로 그가 말하려는 것을 알지 못하겠다. 그가 쉽다고 부르는 것과 어렵다고 부르는 것이 실제로 무엇인가? … 인간이 아주 큰 어려움 없이는 짤 수 없을 거미줄을 거미는 쉽게 짠다."(PPD, I, 7, 주석)
3 Descartes, Médiation III와 Principles I, 17~18.

잡하다.[4] "만일 나에게 나를 생산할 능력이 있다면, 내가 가지고 있는 관념의 특성들을 나에게 주는 것은 훨씬 더 쉬울 것이다. 그리고 나를 보존하는 것은 나를 생산하거나 창조하는 것보다 더 어렵지 않을 것이다."[5] 이번에 원리는 더한 것을 할 수 있는 자는 덜한 것도 할 수 있다는 것이다. "더한 것 혹은 더 어려운 것을 할 수 있는 것은 그보다 덜한 것도 할 수 있다."[6] 그런데 실체의 창조나 보존이 특성들의 창조나 보존보다 더 어려운 일이라면, 이 이유는 실체가 특성들 그 자체보다 더 많은 실재성을 가지고 있다는 점에 있다. 실체가 집합적으로 고려된 그의 특성들과 혼동되고 있다는 반론이 제기될 수 있다. 그러나 "개별적으로 distributivement" 속성들은 전체의 부분과 같다. 바로 그런 의미에서 그것들은 생산하기 더 쉽다. 두 번째로 어떤 실체(예컨대 유한한 실체)를 다른 어떤 실체(예컨대 무한한 실체)의 속성들과 비교하는 것은 불가능하다는 반론이 제기될 수 있다. 그러나 정확히 말해 나에게 나를 실체로서 생산할 능력이 있다면, 내가 가지고 있는 관념의 완전성들은 나 자신의 부분이 될 것이다. 따라서 나 전체를 온전히 생산하거나 보존하는 것보다 나에게 그 완전성들을 주는 것이 더 쉬울 것이다. 마지막으로, 자연에 의

---

4 (역주) 이 두 번째 증명은 다음과 같다. "신의 관념을 가지고 있는 나 자신이 실존한다. 그런데 나의 실존의 작자(auteur)는 신 외에 다른 어떤 것일 수 없다. 따라서 신은 실존한다." 증명의 순서는 이렇다. 신의 관념을 가지고 있는 나 자신의 실존의 작자가 신 외에 다른 것일 가능성들(나 자신일 가능성, 부모일 가능성, 신보다 덜 완전한 것일 가능성)이 각각 부정된다. 들뢰즈가 여기서 언급하는 것은, 이 중 첫 번째 것, 즉 내 실존의 작자가 나 자신일 가능성에 대한 부정이다.

5 *Méditation* III 및 *Principes* I, 20~21. (그러나 『철학의 원리』는 '쉬운'과 '어려운'이라는 개념에 대한 어떤 명시적 언급도 피하고 있다.)

6 *Abrége géométrique des seconde réponses*, 공리 8, AT IX, p.128. [(역주) 데카르트는 자신의 논증을 기하학적 방식에 따라서 제시해 달라는 요청에 따라, 두 번째 답변에서 철학적 논변으로 기하학적 방식이 적절하지 않다고 말하면서도, 간단한 논변(기하학적 방식에 따라 영혼과 신체의 구별을 증명하는 논변)을 제시한다. 원석영, 116쪽.]

해 이미 어떤 결과를 생산하도록 결정되어 있거나 운명지워진 원인이 그것과 다른 결과를, 심지어 더 작은 양의 결과라고 해도, "더 쉽게" 생산할 수는 없다는 반론이 제기될 수 있다. 그러나 제1원인의 관점에서 보면, 속성들과 양태들에 대응하는 실재성 양들은 더한 것과 덜한 것, 더 어려운 것과 더 쉬운 것의 결정을 가능케 하는 전체와 부분의 관계에 들어간다.[7]

동일한 논변이 두 증명에 생명력을 불어넣고 있음이 분명하다. 데카르트는 표상적 실재성 양을 형상적 실재성 양에 관계시키거나, 실재성 양들을 전체와 부분의 관계에 들어가게 한다. 후험적 증명 전체는 어떤 경우든 그 자체로 고려되는 실재성 혹은 완전성의 양에 대한 검토를 통해 진행된다. 스피노자는 데카르트를 해설할 때, 주저하지 않고 두 번째 증명을 공격한다. 그는 "쉬운"이라는 개념에 대한 반론들을 다시 꺼내고 이어 나간다. 그런데 그가 하는 방식을 보면, 그가 그 나름대로 말할 때 첫 번째 증명에 대해 더 관대한 것도 아닌 듯하다. 사실 스피노자의 저작에는 여러 가지 형태의 후험적 신 존재 증명들이 있다. 어떤 것들은 데카르트의 첫 번째 증명에 대한 비판을 함축하고 다른 것들은 두 번째 증명에 대한 비판을 함축하지만, **모두 실재성의 양 논변을 역량 논변으로 대체하는 것을 목적으로 삼고 있다는 점에서**, 그 모든 증명에는 무언가 공통적인 것이 있는 것 같다. 마치 스피노자가 다양한 방식이긴 하지만 항상 동일한 비판, 데카르트는 상대적인 것을 절대적인 것으로 간주한다는 비판을 하고 있는 듯하다. 선험적 증명에서 데카르트는 절대적인

---

7 데카르트의 몇몇 서신교환자들에 의해 데카르트에게 제기된 이 모든 반론들에 대해서, 그리고 데카르트의 답변들에 대해서는, *L'Entretien avec Burmann*, 또 Lettre 347, *à Mesland*, AT IV, p. 111 참조.

것을 무한하게 완전한 것과 혼동했다. 그러나 무한하게 완전한 것은 상대적인 것에 불과하다. 후험적 증명에서 데카르트는 실재성 혹은 완전성의 양을 절대적인 것으로 생각한다. 하지만 실재성 혹은 완전성의 양도 상대적인 것에 불과하다. 무한하게 완전한 것의 충분이유이자 본성으로서의 절대적으로 무한한 것, 실재성의 양의 충분이유로서의 역량, 이것이 스피노자가 데카르트의 증명들에 가하는 상관적 변형들이다.

『소론』에서의 후험적 증명 ― 역량 논변의 형성 ― 두 가지 역량:사유 및 인식 역량, 실존 및 작용 역량 ―『윤리학』에서의 후험적 증명:직접 고려된 실존 역량

　『소론』에서 데카르트의 두 번째 언표는 그 흔적도 남아 있지 않지만 첫 번째 언표는 데카르트의 용어와 유사한 용어로 보존된다. "신 관념이 주어져 있다면, 그 관념의 원인은 형상적으로 실존해야 하고 그 관념이 표상적으로 함유하는 모든 것을 자기 안에 함유해야 한다. 그런데 신 관념이 주어져 있다."[8] 그렇지만 이 첫 번째 언표의 증명은 근본적으로 변형된다. 삼단논법에 추가되는 설명이 있는데, 비록 모호하지만 거기서 스피노자의 어떤 사유 상태, 즉 그가 이미 실재성 양 논변을 넘어서 그것을 역량에 기초하는 논변으로 대체하려고 시도하고 있음을 볼 수 있다. 그의 추론 과정은 다음과 같다. 유한한 지성은 자기 자신에 의해서 무한한 것을 인식할 "능력$^{pouvoir}$"도 저것보다 이것을 인식할 능력

8 *KV*, I, 1장, 3~9.

도 갖지 못한다. 그런데 유한한 지성은 무언가를 인식"할 수 있다$^{peut}$." 따라서 유한한 지성이 저것보다 이것을 인식하도록 결정하는 어떤 대상이 형상적으로 실존해야 한다. 그런데 유한한 지성은 무한한 것을 생각"할 수 있다". 따라서 신이 형상적으로 실존해야 한다. 다시 말해서 스피노자는 이렇게 묻고 있는 것이다. 왜 신 관념에 표상적으로 함유되어 있는 모든 것이 신 관념의 원인 안에 형상적으로 함유되어 있어야 하는가? 즉 데카르트의 공리는 스피노자를 만족시키지 못한다. 데카르트의 공리에 의하면, 어떤 관념의 원인에는 "적어도" 그 관념 자체에 있는 표상적 실재성 "만큼"의 형상적 실재성이 있어야 한다(이것만으로도, 표상적 실재성의 양이 무한한 경우 [그보다 실재성의 양이] "더 큰" 것은 없다는 점이 보장된다). 그런데 우리는 스피노자가 보다 근본적인 이유를 찾고 있음을 예감할 수 있다. 『소론』의 텍스트는 **역량 공리**의 일부가 될 몇몇 요소들을 이미 예고하고 있다. 그 공리에 의하면, 지성의 인식 역량은 그의 대상들의 실존 및 작용 역량보다 더 크지 않으며, 사유 및 인식 역량은 필연적으로 상관적인 실존 역량보다 더 클 수 없다.

이는 정말로 **공리**의 문제일까? 늦게 쓰인 것이 확실한 『소론』의 다른 부분에서 이렇게 서술된다. "사유하는 것 안에 그 관념이 없는 사물은 없으며, 사물 없이는 그에 대한 관념도 있을 수 없다."[9] 이 정식은 스피노자주의 전체에서 기본적인 것이 된다. 이 정식이 증명되면, 그것은 두 역량의 동등성으로 이어지게 된다. 사실 미리 신의 실존이 주어지지 않으면 이 정식의 첫 부분은 증명하기 어렵다. 그러나 후반부는 쉽게 증명될 수 있다. 어떤 관념이 실존하는 어떤 것에 대한 관념이 아니라면,

9 *KV*, II, 20장, 4, 주3.

그것은 어떤 구별도 갖지 않을 것이고, 이것 또는 저것에 대한 관념이 아닐 것이다. 혹은 스피노자가 도달하게 될 더 나은 증명은 다음과 같다. 인식이란 원인에 의한 인식이고, 따라서 어떤 사물도, 실존이나 본질에서 그것을 존재하게 하는 원인 없이는 인식될 수 없다. 우리는 이미 이 논변으로부터, 모든 관념들이 분유하는 사유 역량은 모든 사물들이 분유하는 실존 및 작용 역량보다 우월하지 않다고 결론지을 수 있다. 그리고 이것이 후험적 증명의 관점에서 본질적인 부분이다.

우리는 신 관념을 가지고 있다. 따라서 우리는 이 관념에 대응하는 것으로서 무한한 사유 역량을 긍정해야 한다. 그런데 사유 역량은 실존 및 작용 역량보다 더 크지 않다. 따라서 우리는 신의 본성에 대응하는 것으로서의 무한한 실존 역량을 긍정해야 한다. 더 이상 신 관념으로부터 직접 신의 실존을 추론하지 않는다. 우리는 **역량들을 경유해서 간다.** 그래서 사유 역량에서 신 관념 안에 들어 있는 표상적 실재성의 이유를 찾고, 그리고 실존 역량에서 신 안에 들어 있는 형상적 실재성의 이유를 찾는다. 『소론』은 이런 종류의 증명의 요소들을 이미 준비하고 있는 것처럼 보인다. 그 다음 『지성개선론』은 그것에 대한 명시적인 정식을 제시한다.[10] 그러나 스피노자가 『소론』 이래로 추구했던 것, 즉 데카르트의 실재성의 양 공리를 역량 공리로 대체하는 일은, 모호하게 있다가 한 편지에서 가장 선명하게 드러난다. "사유하기 위해서, 사유 역량이 실존 및 작용을 위한 자연의 역량보다 더 커야 하는 것은 아니다. 이것은 명석하고 참된 공리로서, 그것에 의해서 신의 실존이 신 관념에서 아주

---

10 "자연의 기원이 … 지성 속에서 실재보다 더 연장될 수 없기 때문에, 그 관념에 관해서 어떠한 혼동도 두려워할 필요가 없다."(TIE, 76), "만약 그러한 존재가 실존하지 않는다면, 그것은 결코 생산될 수도 없을 것이며, 정신은 자연이 제시할 수 있는 것보다 더 많은 것을 이해할 수 있었을 것이다."(TIE, 76의 주석 2)

명석하고 실제적으로 따라 나온다."[11]

그럼에도 불구하고 우리는 스피노자가 뒤늦게서야 자신의 "공리"를 소유하게 된다는 점에 주목해야 한다. 게다가 그는 그 공리를 두 역량의 엄격한 동등성을 내포하는 완전한 방식으로 말하고 있지 않다. 게다가 그는 부분적으로만 증명 가능함을 알고 있는 정리를 공리로 제시한다. 이 모든 애매성들에는 이유가 있다. 역량의 동등성은 이미 실존하는 신에서 출발할 때 그만큼 더 잘 증명된다. 따라서 스피노자는 이 동등성에 대한 정식을 더 완전하게 소유하게 됨에 따라, 후험적으로 신의 실존을 정립하기 위해 그것을 더 이상 이용하지 않는다. 그는 그것을 다른 용도, 다른 영역을 위해 유보해 놓는다. 실제로 역량들의 동등성은 『윤리학』 2부에서 근본적인 역할을 하지만, 그것은 신의 실존이 증명된 이후에서야 평행론 증명에서 결정적 요소로서 한 역할을 담당한다.

따라서 『윤리학』의 후험적 증명이 『소론』 및 『지성개선론』의 그것과 다른 종류의 증명이라는 것에 놀랄 필요는 없다. 그것은 여전히 역량을 통해 진행된다. 하지만 그것은 더 이상 무한한 실존 역량이라는 결론에 도달하기 위해 신 관념을 경유하지도, 실존 역량에 상응하는 사유 역량을 경유하지도 않는다. 그것은 실존 역량을 통해 실존에 대해 직접 다룬다. 이런 의미에서 『윤리학』은 스피노자가 『철학의 원리』의 스피노자 판본[12]에서 이미 제공했던 지침들을 이용한다. 이 저작에서 스피노자는

---

11 「편지 40」(엘레스에게, 1667년 3월, III. p.142). [(역주) 스피노자는 3 성찰과 5 성찰의 공리가 모호하고 혼동된 것이라고 비판하면서, 데카르트가 이렇게 말했다면 보다 분명했을 것이라고 지적한다.]

12 (역주) 스피노자는 1663년경에 "자신과 한 지붕 아래 살면서 희망과 성가심을 동시에 준 한 젊은이를 위해" 한 권의 책을 쓰는데, 그것이 바로 『데카르트의 철학 원리』이며, 거기에는 스콜라 학파의 개념들에 대한 비판적 검토(『형이상학적 사유』)가 부록으로 첨부되어 있다(들뢰즈, 『스피노자의 철학』, 박기순 옮김, 민음사, 2001, 17쪽).

데카르트의 첫 번째 증명을 주해나 수정 없이 설명했다. 그러나 두 번째 증명은 전면 수정되었다. 스피노자는 데카르트가 "쉬운"이라는 말을 사용한 것을 크게 문제시했다. 그는 전혀 다른 추론을 제안했다. 1) 어떤 사물이 갖는 실재성 혹은 완전성이 크면 클수록 그 사물이 함축하는 실존도 그만큼 더 크다(유한한 완전성 정도들에 대응하는 가능적 실존, 무한하게 완전함에 대응하는 필연적 실존). 2) 자기 보존 역량(*potentia* 혹은 *vis*)을 가진 것은 실존하기 위해서("가능한 실존"이든 "필연적 실존"이든 간에) 어떤 원인도 필요로 하지 않는다. 따라서 자기 보존 역량을 가진 것은 필연적으로 실존한다. 3) 나는 불완전하고, 따라서 필연적 실존을 갖지 않으며, 따라서 나 자신을 보존할 역량도 갖지 않는다. 그러므로 나는 다른 것에 의해 보존되는데, 그 다른 것은 자기 보존 능력을 필연적으로 가진 것이며, 따라서 필연적으로 실존하는 것이다.[13]

『소론』에 데카르트의 두 번째 언표의 흔적은 없다. 첫 번째 언표는 보존되지만 전혀 다른 방식으로 증명된다. 반대로 『윤리학』에는 첫 번째 언표의 흔적이 없다(이는 정확히 역량 논변이 이제 더 나은 용도에 전용되기 때문이다). 그러나 『윤리학』에는 비록 암시적으로 비판되고 손질되고 있지만 데카르트의 두 번째 언표와 관련된 후험적 증명의 판본이 있다. 스피노자는 어떤 사물에 속하는 것이 많으면 많을수록 그 사물은 그만큼 더 생산하기 어렵다고 생각하는 자들을 비난한다.[14] 그러나 그는 『데카르트의 철학원리』에서보다 더 멀리 나간다. 그는 『철학의 원리』를 해설할 때, 가장 중요한 것을 말하지 않았다. 실존은, 그것이 가능적이든 필연적이든, 그 자체로서 역량이고, **역량은 본질 자체와 동일한 것이다**. 본

13 *PPD*, I, 7, 따름정리 1과 2, 그리고 7의 증명.
14 E1P11S.

질은 역량이기 때문에 (그 본질에서) 가능적 실존은 "가능성"과는 다른 것이다. 따라서 『윤리학』이 제시하는 논증은 다음과 같다. 1) 실존할 수 있음은 역량이다(여기서 문제 삼는 것은 유한한 사물의 본질에 함축된 가능적 실존이다). 2) 그런데 유한한 존재는 이미 필연적으로(즉 그것이 실존하도록 결정하는 외부 원인에 의해) 실존한다. 3) 만일 절대적으로 무한한 '존재'가 필연적으로 실존하지 않는다면, 그것은 유한한 존재들보다 역량이 작을 것이다. 이것은 불합리하다. 4)그러나 절대적으로 무한한 것의 필연적 실존은 외부 원인에 의한 것일 수 없다. 따라서 절대적으로 무한한 존재는 자기 자신에 의해 필연적으로 실존한다.[15] 이렇게 실존 역량에 기초한 후험적 증명은 새로운 선험적 증명을 야기한다. 어떤 사물의 본성에 속하는 실재성 혹은 완전성이 크면 클수록, 그 사물이 갖는 역량, 즉 실존하기 위한 힘도 그만큼 더 크다(*virium … ut existat*). "따라서 신은 절대적으로 무한한 실존 역량을 자기 자신에 의해 가지며, 그 결과로 절대적으로 실존한다."[16]

속성들:어떤 것에 역량이 귀속되는 조건들 — 절대적으로 무한한 실체의 경우, 유한한 존재들의 경우 — 역량과 본질 — 사물들은 양태들이다, 즉 역량을 갖는다

따라서 스피노자의 역량 논변에는 두 측면이 있으며, 이들 각각은 데카르트의 첫 번째 언표와 두 번째 언표에 대한 비판과 관련된다. 그러

15 E1P11의 세 번째 증명.
16 E1P11S.

나 우리는 두 경우에서, 특히 스피노자의 사유의 결정적인 상태를 나타
내는 두 번째 경우에서 스피노자의 역량 논변이 갖는 의의를 찾아야 한
다. 유한한 존재에 그의 본질과 동일한 것으로서의 실존 역량이 귀속된
다. 물론 유한한 존재는 자기 자신의 본질 혹은 역량에 의해서가 아니라
외부 원인에 의해 실존한다. 그럼에도 불구하고 그것은 비록 외부 사물
들의 작용을 통해서 필연적으로 실현되는 것이기는 하지만 그에게 고
유한 역량을 갖는다. 그러니만큼 이렇게 묻는 것은 더더욱 당연하다. 어
떤 조건에서 우리는 자신에 의해 실존하지 않는 유한한 존재에 그의 본
질과 동일한 **실존 및 작용 역량**을 귀속시키는가?[17] 스피노자는 다음과 같
이 대답하는 것으로 보인다. 우리가 어떤 유한한 존재의 실존 및 작용
역량을 긍정하는 것은 그 존재를 전체의 부분으로, 속성의 양태로, 실체
의 변양으로 고려하는 한에서이다. 따라서 이 실체 자신은 무한한 실존
역량을, 더 많은 속성들을 가질수록 더 큰 역량을 갖는다. 동일한 추론
이 사유 역량에도 적용된다. 우리는 판명한 관념에 인식 역량을 귀속시
키지만, 그 관념을 전체의 부분, 사유 속성의 양태, 그 자신이 무한한 사
유 역량을 소유하는 사유하는 실체의 변양으로 고려하는 한에서이다.[18]

『윤리학』에서 후험적 증명이 어떻게 선험적 증명을 야기했는지가

---

17 물론 스피노자는 존재 안에서 머무르려는 노력[코나투스]에 대해 매우 자주 말한다. 그러
나 이 코나투스(conatus) 자체는 작용 역량(potentia agendi)이다. "역량 혹은 코나투스
(potentia seu conatus)"(E3P57Dem), "작용 역량 혹은 실존하는 힘(agendi potentia sive
existendi vis)"(E3 감정에 대한 일반적 정의), "그것에 의해 인간이 실존하고 활동하는 역량
(hominis potentia qua existet et operatur)"(E4P29Dem) 참조.

18 "다른 관념들과 별개로 고려된, 즉 고립된, 이 관념은 어떤 특정 사물에 대한 관념 이상의 것
일 수 없으며, 또 그것은 그 사물에 대한 관념을 가질 수 없다. 왜냐하면 그렇게 고려된 관념
은 한 **부분일 뿐**이어서 자기 자신이나 그의 대상에 대해 어떠한 명석 판명한 인식도 가질 수
없기 때문이다. 그것은 오직 자연 전체라는 사유하는 것에게만 가능한데, 왜냐하면 그것이
속하는 전체의 바깥에서 고려된 조각은…"(KV, II 20장, 4, 주3)

보다 분명해진다. 모든 속성들을 가지고 있는 신이, 어떤 것에 대해서 긍정되는 역량의 **모든 조건**을 선험적으로 소유한다는 것을 확인하기만 하면 된다. 그러면 신은 "절대적으로" 무한한 실존 역량을 갖고, "절대적으로" 그리고 자신에 의해 **실존한다**. 게다가 앞으로 보겠지만 사유 속성을 가진 신은 또한 절대적이고 무한한 사유 역량을 소유한다.[19] 이 모든 것에서 속성들은 본질적으로 역동적인 역할을 하는 것처럼 보인다. 속성들 자체가 역량들인 것은 아니다. 그러나 집합적으로 취했을 때 속성들은, 절대적 실체에, 그의 형상적 본질과 동일한 절대적으로 무한한 실존 및 작용 역량이 귀속되는 조건들이다. 각각 취했을 때 그것들은, 유한한 존재들에, 이러저러한 속성 안에 들어 있는 한에서의 그들의 형상적 본질과 동일한 어떤 역량이 귀속되는 조건들이다. 다른 한편 그 자체로 취한 사유 속성은 절대적 실체에, 그의 표상적 본질과 동일한 절대적으로 무한한 사유 역량이 관계되는 조건이다. 우리는 또 그 조건 아래서 관념들에, 그것들 각각을 정의하는 표상적 본질과 동일한 어떤 인식 역량을 귀속시킨다. 이런 의미에서 유한한 존재들은 필연적으로 실체의 변양들 혹은 속성의 양태들로서 조건지어진 존재들이다. 실체는 일종의 무조건적 총체인데, 왜냐하면 그것은 무한히 많은 조건들을 선험적으로 소유 또는 실행하기 때문이다. 속성들은 공통의 조건들로, 그것들을 집합적으로 소유하는 실체와 그것들을 개별적으로 내포하는 양태들에 공통적이다. 스피노자가 말하듯이, 인간적 속성들(선, 정의, 자애 등)을 통해서 신이 인간들에게 그들의 완전성들을 "전달하지" 않는다.[20] 반대로 신은 자기 자신의 속성들을 통해서 모든 피조물들에게 자신의 역

---

19 E2P5Dem.
20 「편지 21」(블레이은베르흐에게, III, p. 86).

량을 전달한다.

『정치론』은 『데카르트의 철학원리』와 『윤리학』의 증명들과 동일한
계통의 후험적 증명을 제시한다. 유한한 존재는 자신의 역량을 통해서
실존하거나 자신을 보존하지 않는다. 유한한 존재는 실존하고 자신을
보존하기 위해서, 스스로 자신을 보존할 수 있고 자신에 의해 실존할 수
있는 존재의 역량을 필요로 한다. 따라서 유한한 존재가 실존하고 자신
을 보존하고 작용할 수 있게 하는 역량은 신의 역량이다.[21] 어떤 면에서
는 그러한 텍스트는 피조물들에게서 고유한 역량을 모두 제거하는 경
향이 있다고 생각할 수도 있다. 그러나 전혀 그렇지 않다. 스피노자주의
는 언제나 유한한 존재들에게 실존하고 작용하고 존속할 역량이 있음
을 인정한다는 점에서 일치한다. 그리고 『정치론』에서 이 증명의 맥락
도 사물들이 그들의 본질과 동일하고 그들의 "권리"를 구성하는 고유
한 역량을 갖는다는 점을 강조하는 데 있다. 스피노자가 말하려는 것은,
자신에 의해 실존하지 않는 존재는 어떠한 역량도 갖지 않는다가 아니
다. 그가 말하려는 것은, 그 존재는 오로지 그것이 전체의 부분인 한에
서, 즉 자신에 의해 실존하는 존재의 역량의 부분인 한에서, 자신의 고
유한 역량을 갖는다는 것이다.(후험적 증명 전체는 조건지어진 것에서 무조
건적인 것으로 이행하는 이 추론에 의지한다). 스피노자는 『윤리학』에서 "인
간의 역량은 신의 무한한 역량의 한 부분"이라고 말한다.[22] 그러나 이 부
분은 환원 불가능한 것이고, 다른 모든 것들과 구별되는 독특한 역량의
정도임이 드러난다. 우리는 신의 역량의 한 부분이지만, 정확히는 신의

21 *TP*, 2장, 2~3.
22 E4P4Dem.

역량이 우리의 본질 자체에 의해서 "설명되는" 한에서 그렇다.[23] 스피노자에게 분유는 언제나 역량들의 분유로 생각되어야 한다. 그러나 역량들의 분유는 결코 본질들의 구별을 제거하지 않는다. 스피노자는 양태의 본질과 실체의 본질을 결코 혼동하지 않는다. 나의 역량이 신의 역량의 부분일 때도 나의 역량은 나 자신의 본질로, 신의 역량은 신 자신의 본질로 있다.[24]

어떻게 이것이 가능한가? 본질들의 구별과 역량들의 분유를 어떻게 화해시키는가? 신의 역량 혹은 본질이 유한한 본질에 의해 "설명될" 수 있다면, 그것은 속성들이 신과 유한한 사물들(속성들은 신의 본질을 구성하고, 유한한 사물의 본질들을 함유한다)에 공통적인 형상이기 때문이다. 신의 역량은 각각의 속성에 포함된 본질들에 따라서 각각의 속성으로 분할 혹은 설명된다. 이런 의미에서 **전체-부분 관계는 속성-양태, 실체-변양 관계와 혼동되는 경향이 있다.** 유한한 사물은 신의 속성들의 양태이기 때문에 신의 역량의 부분이다. 그러나 "피조물들"을 양태들의 상태로 환원하면, 피조물들에서 고유한 역량이 사라지게 되는 것이 아니라, 반대로 역량의 일부분이 어떻게 그들의 본질과 일치하는 그들에게 고유한 것이 되는지를 보여 주게 된다. 역량과 본질의 동일성은 양태들과 실체에 대해 동등하게(동일한 조건들에서) 긍정된다. 이 조건들이란 속성들이며, 즉 그것들을 통해 실체는 그의 본질과 동일한 모든 역량을 소유하고, 그것들 아래서 양태들이 그들의 본질과 동일한 이 역량의 일부분을 소유한다. 그래서 신의 본질을 구성하는 바로 그 속성들을 내포하는 양

---

23 E4P4Dem.
24 "인간의 역량은, 그것이 그것의[인간의] 현실적 본질에 의해서 설명되는 한에서 신 또는 자연의 무한한 역량의, 다시 말해 그것의[신의] 본질의 한 부분이다."(E4P4Dem)

태들은 신의 역량을 "설명한다"고 혹은 "표현한다"고 이야기된다.[25] 사물들을 유일 실체의 양태들로 환원한다고 해서, 라이프니츠가 그렇게 믿었거나 믿는 척한 것처럼 사물들이 외관이나 환영으로 간주되는 것이 아니다. 반대로 스피노자에 따르면 오로지 그 방식에 의해 사물들은 힘 혹은 역량을 지닌 "자연적" 존재가 된다.

### 역량과 변용 능력 ─ 표현의 세 번째 삼항관계:역량으로서의 본질, 이 역량 ─ 본질을 자신의 것으로 갖는 어떤 것, 변용 능력

역량과 본질의 동일성은 이것을 의미한다. 역량은 언제나 현실태이며, 적어도 현실적이다. 오랜 신학 전통은 이미 신에서뿐만 아니라 자연에서도 잠재태와 현실태의 동일성을 긍정했다.[26] 다른 한편 오랜 자연학적, 유물론적 전통은 피조물들 자체에서 모든 역량의 현실적 성격을 긍정했다. 잠재태와 현실태의 구별은 작용 역량과 수동(겪는) 역량이라는 두 현실적 역량의 상관관계로 대체되었다.[27] 스피노자에 와서 두 가

---

25 E1P36Dem.

26 적어도 누스(Noûs)에서는 잠재태와 현실태가 동일하다는 것은 신플라톤주의의 빈번한 테마이다. 그것은 유대 사상뿐 아니라 기독교 사상에서도 볼 수 있다. 니콜라스 쿠자누스는 그로부터 *Possest* 개념을 끌어내어, 그것을 신에게 적용한다(*OEuvres choisies*, Aubier éd., pp.543~546; M. de Gandillac, *La Philosophie de Nicolas de Cues*, pp. 298~306). 브루노는 신에 있어서의 현실태와 잠재태의 이 동일성을 "시뮬라크르(simulacre)", 즉 우주 혹은 자연으로까지 확장시킨다(*Cause, Principe, Unité*, Alcan éd., 3 dialogue). (역주) 쿠자누스는 사물들의 존재가 Possest라고 말했다. 그것은 *pouvoir* 동사의 부정법에 해당되는 라틴어 *posse*와 *être* 동사의 3인칭 직설법 현재에 해당하는 *est*, 두 단어의 조합이다. 그래서 그것이 뜻하는 것은 *puissance d'être*가 아니라 *puissance qui Est*인 *puissance*, 현실태인 puissance이다.

27 이 전통은 이미 홉스에게서 이미 결실을 본다(*De Corpore*, X장 참조).

지 흐름, 실체의 본질에 관한 흐름과 양태의 본질에 관한 흐름이 합류한다. 스피노자주의에서 모든 역량은 그것에 상응하고 그것과 분리 불가능한 변용 능력과 연동되기 때문이다. 그런데 이 변용 능력은 언제나 필연적으로 실현된다. 역량에 소질$^{aptitudo}$ 혹은 능력$^{potestas}$이 대응하지만, 실현되지 않는 상태의 소질이나 능력은 없다. 따라서 현실적이지 않은 역량은 없다.[28]

양태의 본질은 역량이다. 양태의 경우 양태의 본질에 특정한 변용 능력이 대응한다. 그러나 양태는 자연의 일부분이기 때문에, 그의 변용 능력은 외부 사물들에 의해 산출되는 변용들(수동적이라고 일컬어지는 변용들)에 의해서든 자기 자신의 본질에 의해 설명되는 변용들(능동적이라고 일컬어지는 변용들)에 의해서든 언제나 실행된다. 그래서 양태의 수준에서, 잠재태와 현실태의 구별은 동등하게 현실적인 두 역량을 위해서 사라진다. 작용 역량과 수동 역량은 서로 반비례하지만, 그 합은 일정하고 끊임없이 실현된다. 그래서 스피노자는 양태의 역량을 때로는 본질과 동일한 불변량으로, 때로는 변이에 종속된 것으로 제시한다. 전자의 경우에는 능력이 일정하게 머물기 때문이며, 후자의 경우에는 변용 능력이 실행될 때 능동적 변용이 기여하는 비율에 따라 매순간마다 작용 역량(혹은 실존하는 힘)이 "증가"하거나 "감소"하기 때문이다.[29] 그렇다고 해도 양태가 현실적 역량 외에 다른 역량을 갖지 않는다는 점에는 변함이 없다. 매순간 양태는 그것일 수 있는 모든 것이고, 그의 역량이 그의

---

28 스피노자는 종종 신체의 역량에 대응하는 신체의 소질(aptitude)에 대해 말한다. 신체는 작용하고 겪는 데 능하다apte(aptus)(E2P13S). 그것은 많은 방식으로 변용될 수 있다(E3Ax1). 인간의 우월성은 그의 신체가 "보다 많은 수의 것들에 능하다"는 데서 온다(E5P39). 다른 한편 능력은 신의 역량에 대응한다. 신은 무한한 방식으로 변용될 수 있고, 그가 할 수 있는 모든 변용들을 필연적으로 생산한다(E1P35).

29 실존하는 힘(vis existendi)의 변화들에 대해서는 『윤리학』 3부 정서의 일반적 정의 참조.

본질이다.

다른 쪽에서, 실체의 본질은 역량이다. 이 절대적으로 무한한 실존 역량은 무한히 많은 방식으로 변용될 수 있는 능력과 연동된다. 그런데 이번에는 이 변용 능력이 능동적 변용들에 의해서만 실행될 수 있다. 수동 역량의 전제는 작용 역량의 제한인데, 어떻게 절대적으로 무한한 실체가 수동 역량을 갖겠는가? 실체는 그 자체로, 그 자신에 의해 전능하므로, 무한히 많은 변용을 필연적으로 할 수 있고, 그가 할 수 있는 모든 변용들의 능동적 원인이다. 신의 본질이 역량이라는 것은, 그의 실존 역량이 그가 무한히 많은 사물들을 생산하는 역량이기도 하다는 것이다. **따라서 신은 그가 실존하는 대로 사물들을 생산한다.** 자기 원인과 "동일한 의미에서" 만물의 원인인 신은 그의 속성들 속에서 모든 사물들을 생산하는데, 그 속성들이 그의 본질과 그의 실존을 모두 구성하기 때문이다. 따라서 다만 '신의 역량은 현실적이다'라고 말하는 것만으로는 충분치 않을 것이다. 신의 역량은 필연적으로 능동적이고 현실태다. 신의 본질이 역량이라는 것은, 그로부터 무한히 많은 사물들이 파생한다는 것, 보다 정확히 말하면 그것을 구성하는 속성들로 무한히 많은 사물들이 따라 나온다는 것이다. 그래서 양태들은 신의 변용들이지만, 신은 결코 그의 양태들로부터 작용을 받지는 않는다. 신은 능동적 변용들만 갖는다.[30]

모든 본질은 어떤 것의 본질이다. 따라서 우리는, 역량으로서의 본질, 역량으로서 본질이 자신의 본질인 것, 그리고 그 역량에 대응하는 변용 능력을 구별해야 한다. 그 본질이 자신의 본질인 것은 언제나 실재

---

30 *KV*, I, 2장, 22~25, E1P15S.

성 혹은 완전성의 양이다. 그러나 한 사물은 더 많은 방식으로 변용될 수 있으면, 그만큼 더 큰 실재성 혹은 완전성을 갖는다. **실재성 양의 이유는 언제나 본질과 동일한 역량**에 있다. 후험적 증명은 유한한 존재들에 고유한 역량에서 출발한다. 우리는 유한한 존재가 어떤 조건에서 역량을 갖는지 찾고, 절대적으로 무한한 실체의 무조건적 역량으로 올라간다. 실제로 유한한 존재의 본질은 이 존재를 그것의 양태로 갖는 실체와 관련해서만 역량이다. 그러나 우리에게 이 후험적 방식은 보다 근본적인 선험적 방식에 접근하기 위한 한 방법일 뿐이다. 실체는 어떤 사물에 역량이 귀속되는 모든 조건들을 선험적으로 소유하기 때문에 절대적으로 무한한 실체의 본질은 모든 역량(전능)이다. 그런데 양태들이 그들의 역량 덕분에 실체와 관련해서 이야기되는 것이 사실이라면, 실체는 그 자신의 역량 덕분에 양태들과 관련해서 이야기된다. 실체는 절대적으로 무한한 실존 역량에 대응하는 변용 능력을 무한히 많은 사물들을 통해 무한히 많은 방식으로 실행해 절대적으로 무한한 실존 역량을 갖는다.

이런 의미에서 스피노자는 우리를 실체의 마지막 삼항관계로 인도한다. 『윤리학』 1부는 그 마지막을 역량에 의한 증명들에서 출발해서 이 삼항관계의 발견에 할애한다. 그 삼항관계란, 절대적으로 무한한 실존 역량으로서의 실체의 본질, 자신에 의해 실존하는 가장 실재적인 존재 *ens realissimum*로서의 실체, 그 역량에 대응하는 것으로, 실체 자체가 능동적 원인인 변용들에 의해 필연적으로 실행되는, **무한히 많은 방식**으로 변용될 수 있는 능력이다. 이 세 번째 삼항관계는 이전의 두 삼항관계 옆에 자리하게 된다. 그것은 첫 번째 삼항관계처럼 모든 속성을 다 가진 실체의 필연성을 의미하지도, 두 번째 삼항관계처럼 그 실존하는 실체가 절대적으로 실존할 필연성을 의미하지도 않는다. 그것은 그 실존하는 실체가 무한히 많은 사물을 생산할 필연성을 의미한다. 그리고 그것은 우리를 양태들로 이행시키는 데 그치지 않고 양태들에 적용 혹은 전달된다. 그 결과 양태의 삼항관계가 제시된다. 그것은 역량으로서 양태의 본질, 실재성 혹은 완전성 양에 의해 정의되는 실존 양태, **많은 방식으로 변용될 수 있는 능력이다**. 이처럼 『윤리학』 1부는 세 가지 삼항관계의 전개 과정이며, 이 삼항관계는 표현에서 실체, 절대, 역량이라는 그것들의 원리를 발견한다.

# 2부 평행론과 내재성

# 6장. 평행론에서의 표현

재-표현으로서 생산 ─ 신은 그가 이해하는 대로 생산한다, 신은 그가 실존하
는 대로 생산한다 ─ 원인의 일의성:신, 자기-원인과 동일한 의미에서 만물의
원인 ─ 유비에 대한 반대 ─ 의미의 논리와 재-표현

신은 왜 생산하는가? 스피노자주의에서 생산의 충분이유 문제는 사라
지지 않고, 오히려 더 긴급해진다. 왜냐하면 신의 본성은 능산적 자연으
로서 그 자체로 표현적이기 때문이다. 이 표현은 신에게 자연적, 본질적
이어서 이미 완성된 신을 반영하는 데 그치지 않고, 일종의 신적인 것의
전개를, 신적 실체의 논리적, 발생적 구성을 형성한다. 각각의 속성은
형상적 본질을 표현한다. 모든 형상적 본질들은, 단 하나의 동일한 실체
의 절대적 본질로서, 그로부터 필연적으로 실존이 따라 나오는 것으로
서 표현된다. 따라서 이 실존 자체는 속성들에 의해 표현된다. 이 계기
들은 진정한 실체의 계기들이다. 신에서 표현은 신의 삶 자체이다. 그렇
기 때문에 신은 자신을 표현하기 위해서 세계, 우주, 혹은 소산적 자연을
생산한다고 말할 수 없을 것이다. 충분이유는 모든 목적론의 논변을 배
제하는 필연적인 것이어야 하는데, 신은 자신 안에서, 자신의 본성 안에
서, 신을 구성하는 속성들 안에서 자신을 표현한다. 신은 아무것도 결여

하고 있지 않기 때문에, 생산할 "필요"가 전혀 없다. 생산된 세계는 신의 본질에 아무것도 보태지 않는다는 것을 보여 주는 스피노자의 은유를 글자 그대로 받아들여야 한다. 예술가가 머리와 흉부를 조각하고, 그 다음 흉부를 머리에 붙일 때, 이 붙이기는 머리의 본질에 아무것도 보태지 않는다.[1] 그것은 동일한 본질, **동일한 표현**을 유지한다. 신이 자신 안에서 자신을 표현한다면, 우주는 단지 2단계의 표현일 수 있다. 실체는 능산적 자연을 구성하는 속성들에서 이미 자신을 표현하지만, 속성들은 소산적 자연을 구성하는 양태들에서 자신을 표현한다. 따라서 더욱 이렇게 물어야 한다. 왜 이 두 번째 수준인가? 신은 왜 양태적 우주를 생산하는가?

생산을 선험적으로 설명하기 위해서 스피노자는 첫 번째 논변을 제시한다. 신은 자신을 이해하는 *seipsum inteligit* 대로 작용 혹은 생산한다. 신은 필연적으로 자신을 이해하고, 신은 필연적으로 작용한다.[2] 두 번째 논변은 때로는 첫 번째 논변에 의존하는 것으로 나타나기도 하고, 때로는 첫 번째 논변과 구별되고 결합하는 것으로 나타난다. 신은 실존하는 대로 생산한다. 신은 필연적으로 실존하고, 필연적으로 생산한다.[3]

첫 번째 논변의 의미는 무엇인가? "자신을 이해한다"는 무엇을 의미하는가? 신은 그의 지성에서 **가능성들**에 대해 생각하는 것이 아니라

---

1 *KV*, I, 두 번째 대화, 5.
2 E2P3S. [(역주) "신이 자신을 이해하는 것이 신적 본성의 필연성에서 따라 나오는 것처럼, 신이 무한히 많은 것을 무한히 많은 방식으로 행하는 것 역시 그것과 똑같은 필연성에서 따라 나온다."]
3 "신이 자기 원인이라고 하는 의미에서, 신은 또한 만물의 원인이라고도 얘기되어야 한다." (E1P25S) "신이 작용하지 않는다고 생각하는 것은, 신이 실존하지 않는다고 생각하는 것만큼이나 불가능하다."(E2P3S) "신 또는 자연은, 그가 실존하는 필연성과 똑같은 필연성을 가지고 작용한다."(E4Pref)

자기 자신의 본성의 필연성을 이해한다. 무한한 지성은 가능한 것들의 장소가 아니라, 신이 자기 자신 또는 자기 자신의 본질에 대해 필연적으로 갖는 관념의 형상이다. 신의 앎은 가능한 것들에 대한 앎이 아니라 신이 자기 자신과 자기 자신의 본성에 대해 갖는 앎이다. 따라서 이해는 어떤 것을 가능한 것으로 생각하는 것과 대립한다. 그런데 이런 의미에서 이해는 필연적이라고 파악한 것에서 특성들을 연역하는 것이다. 그래서 우리는 원의 정의로부터, 그 정의에서 실제로 따라 나오는 여러 가지 특성들을 연역한다. 신은 자기 자신을 이해한다. 신의 지성에 들어가는[4] 무한히 많은 특성들이 따라 나온다. **정의에서 특성들이 따라 나오는 것처럼**, 신은 자기 자신의 본질에서 따라 나오는 무한히 많은 것들을 생산하지 않고서는 자기 자신의 본질을 이해할 수 없다. 보다시피 이 논변에서 양태들은, 이렇게 이해된 신의 본질에서 따라 나오는 논리적으로 필연적인 특성들과 동일시되고 있다. 스피노자가 신, 신의 지성, 그리고 신에 의해 이해되는 것들이 단 하나의 동일한 것임을 어렴풋이 느낀 몇몇 히브리인들을 칭찬할 때, 그는 신의 지성이 신이 자기 자신의 본성에 대해 갖는 앎이라는 것, 그리고 이 앎이 그 본성에서 필연적으로 따라 나오는 무한히 많은 것들을 포함한다는 것을 동시에 말하려 한 것이다.[5]

그러나 신은 왜 자기 자신을 이해하는가? 스피노자가 이 정리를 일종의 공리로 제시할 때가 있다.[6] 이 공리는 다음과 같은 아리스토텔레스적 발상을 참조한다. 신은 자기 자신에 대해 사유하며, 신 자신이 그 사

---

4 (역주) "무한한 지성 아래 들어올 수 있는 모든 것(*Omnia, quae sub intellectum infinitum cadere possunt*)."(E1P16)

5 E2P7S.

6 "모두가 만장일치로 인정하는 것처럼…"(E2P3S), 마찬가지로 「편지 75」(올덴부르흐에게, III, p. 228).

유의 대상이며, 신의 앎은 자기 자신 외에 다른 대상을 갖지 않는다. 이 원리는 "가능한 것들"을 사유하는 신의 지성 관념과 대립한다. 아리스토텔레스의 신은 자기 자신에 대해 사유하며, 그것에서 필연적으로 따라 나오는 다른 모든 것들도 사유한다는 것, 많은 연구자들이 이에 대한 설득력 있는 논증들을 제시했다. 아리스토텔레스의 전통은 이렇게 인식자, 인식, 인식된 것을 동일시하고, 때로는 유신론으로 때로는 심지어 범신론으로도 이어졌다(스피노자가 원용한 히브리인들은 아리스토텔레스주의 유대 철학자들이다).

그렇지만 스피노자의 신 관념 이론은 매우 독특해서 단순한 공리에서 그 근거를 찾거나 어떤 전통에서 볼 수 있는 것이 아니다. 신이 자기 자신을 이해한다는 것이 신 본성의 필연성에서 따라 나와야 한다.[7] 그런데 이 관점에서 표현 개념은 결정적 역할을 한다. 신이 자기 자신을 표현할 때, 자기 자신을 이해하는 것 없이는 자신을 표현하지 않는다. 표상적으로 신이 관념에서 자신을 이해하지 않고서는, 형상적으로 신은 그의 속성들에서 자신을 표현하지 않는다. 신의 본질이 관념에서 표상적 본질로서 표현되지 않고서는, 속성들에서 형상적 본질로서 표현되지 않는다. 그래서 속성의 정의에서부터 스피노자는 지각할 수 있는 지성을 불러온다. 속성은 지성에 의해 "귀속되는" 것이 아니다. "지각하다"라는 말은 지성이 자연 안에 있는 것만을 파악한다는 것을 충분히 보여 준다. 그러나 속성들은 그들을 표상적으로 이해하는 지성, 즉 그들이 표현하는 것을 지각하는 지성에 필연적으로 관계되지 않고는 실체의 본질을 표현하지 않는다. 그래서 신 관념은 신적 본성 자체에 근거를

---

7 이것은 이미 E1P16을 참조하는 E2P3Dem에 등장한다. 그리고 주석에서 이 참조가 강조된다. ("신 자신이 자신을 이해하는 것은… 신적 **본성의 필연성에서 따라 나온다**.")

둔다. 신은 그것들 각각이 무한한 본질을 표현하는 무한히 많은 속성들을 본성으로 갖기 때문에, 이 표현적 본성으로부터 신이 자신을 이해한다는 것, 그리고 신이 자기 자신을 이해하면서 무한한 지성에 "들어오는" 모든 것을 생산한다는 것이 따라 나온다.[8] 표현은 언제나 설명이다. 그런데 지성에 의한 설명은 단지 지각일 뿐이다. 지성이 실체를 설명하는 것이 아니라, 실체의 설명들이 그것들을 이해하는 지성과 필연적으로 관련되는 것이다. 신은 자신을 설명하는 대로 혹은 자신을 표현하는 대로 필연적으로 자신을 이해한다.

두 번째 논변(신은 실존하는 대로 생산한다)을 살펴보자. 여기서 양태들은 더 이상 논리적 특성들과 동일시되지 않고 오히려 물리적 변용들과 동일시된다. 따라서 이 논변의 자율적 전개는 역량에 근거를 둔다. 즉 어떤 것이 더 큰 역량을 가지면, 그것은 더 많은 방식으로 변용될 수 있다. 그런데 우리는 후험적으로든 선험적으로든 신이 절대적으로 무한한 실존 역량을 갖는다는 것을 증명했다. 따라서 신은 무한히 많은 방식으로 변용될 수 있는 능력, 즉 그의 역량 혹은 포텐치아*potentia*에 대응하는 포테스타스*potestas*를 갖는다. 이 능력은 필연적으로 실행되지만, 신 이외에 다른 것에서 유래하는 변용들에 의해 실행될 수 없다. 따라서 신은 무한히 많은 방식으로 그를 변용시키는 무한히 많은 것들을 필연적이고 능동적으로 생산한다.

신이 필연적으로 생산하리라는 것은 동시에 그가 어떻게 생산하는지도 말해 준다. 무한히 많은 속성들로 합성된 실체로서 자신을 이해하고, 무한히 많은 속성들로 합성된 실체로서 실존하는 신은 자기 자신을

---

8 E1P16&Dem.

이해하는 대로, 그리고 실존하는 대로, 따라서 그의 본질과 그의 실존을 동시에 표현하는 이 속성들에서 작용한다. 그는 무한히 많은 것들을 생산하지만 "무한히 많은 방식으로" 그렇게 한다. 즉 생산된 것들은 그들을 담고 있는 속성들의 바깥에서는 실존하지 않는다. 속성들은 신 실존의 일의적 조건들이자 또한 신 작용의 일의적 조건들이기도 하다. 속성들은 일의적이고 공통적인 형상들이다. 속성들은 생산자의 본질을 형상적으로 구성하고 생산물들의 본질을 형상적으로 담고 있으므로 피조물들과 창조자, 생산물들과 생산자에 대해 동일한 형상으로 이야기된다. 따라서 생산의 필연성 원리는 이중적 일의성에 의거한다. 원인의 일의성에 의하면, 신은 자기 원인과 **동일한 의미에서** 모든 사물의 원인이다. 속성들의 일의성에 의하면, 신은 그의 본질을 구성하는 바로 그 속성들에 의해서 그리고 그 속성들에서 생산한다. 그래서 스피노자는 일관되게 논쟁하고자 한다. 그는 선, 정의, 자애 등과 같은 도덕적 속성들을 통해서 혹은 심지어 지성, 의지 등과 같은 인간적 속성들을 통해서 신이 생산을 한다는 것의 불합리성을 끊임없이 보여 준다.

인간과 신의 **유비**에 의해서, 지성과 의지가 신 자체의 속성들이라고 가정해 보자.[9] 기껏해야 우리는 의지와 지성을 다의적으로만 신에게 귀속시킬 뿐이다. 인간과 신의 본질이 구별되기 때문에, 신의 의지와 지성은 "이름의 공통성"만을 가질 뿐이다. 마치 '별자리 개'와 '짖는 동물 개'가 이름의 공통성만을 가지듯이 말이다. 그로부터 수많은 불합리한 것들이 나오는데, 이에 따르면 신이 피조물을 생산할 때의 완전성들을 신이 탁월하게 함유한다는 것이다. 1) 지성의 관점. 신은 그가 사물들을

9 E1P17S.

이해할 때와 똑같이 완전하게, 즉 그에게 속하는 형상들과 동일한 형상들로 사물들을 창조"할 수 없기" 때문에 "전능하다"고 사람들은 말한다. 그렇게 그들은 무능을 통해 신의 전능을 증명하려고 한다.[10] 2) 의지의 관점. 신은 다른 것을 원할 수 있었다고 혹은 신이 원했다면 사물들이 다른 본성을 가질 수 있었다고 사람들은 말한다. 그들은 신에게 의지를 귀속시키고, 따라서 그 의지를 신의 본질로 삼는다. 그런데 신의 의지를 순수한 사고 상의 존재로 만드는 것이 아니라면, 그와 동시에 신이 다른 의지를, 따라서 다른 본질을 가질 수 있었다고 가정하는 것이 된다. 그로 말미암아 그들은 둘 또는 그 이상의 신이 주어질 수 있었다고 가정하게 된다. 이번에는 신의 탁월성을 증명하기 위해서 신이 가변화되고 복수화된다.[11]

우리는 스피노자의 비판들을 단순화했다. 그러나 그가 지성과 의지를 본질로 지닌 신의 이미지를 공격할 때마다 우리는 그가 그 일의성 이론에 담긴 비판을 전개한다고 생각한다. 그가 보여 주려는 것은 지성과 의지는 유비에 의해서만 신의 속성들로 간주될 수 있다는 것이다. 그러나 유비는 그것의 출발점인 다의성, 그것의 도달점인 탁월성을 은폐하는 데 실패한다. 그런데 다의적 속성들처럼 신 안의 탁월한 완전성들은 온갖 종류의 모순을 초래한다. 그것들을 내포하는 피조물에서도 그것들을 이해하는 신 안에서도 똑같이 완전한 형상들만이 신에게 귀속된다. 신은 원하기 때문에 생산하는 게 아니라 존재하기 때문에 생산한

---

10 E1P17S, E1P33S2, KV, I, 4장, 1~5. [(역주) "그들은 신을 현실적인 최고의 지성으로 생각하면서도 그가 현실적으로 이해하고 있는 모든 것을 실존하도록 할 수 있다고 믿지 않는다. 왜냐하면 그들은 그렇게 함으로써 자신들이 신의 역량을 파괴한다고 생각하기 때문이다. 만약에 신이 그의 지성 안에 있는 모든 것을 창조한다면, 그는 더 이상 아무것도 창조할 수 없게 될 것이라고 그들은 말한다. 그리고 그들이 믿기에 이것은 신의 전능에 상반되는 것이다."(E1P7S)]
11 E1P33Dem&S2, KV, I, 4장, 7~9.

다. 신은 생각하기 때문에, 사물들을 가능한 것들로 생각하기 때문에 생산하는 게 아니라, 자기 자신을 이해하기 때문에, 필연적으로 자기 자신의 본성을 이해하기 때문에 생산한다. 한마디로 말해 신은 오직 "그의 본성의 법칙들만을 따라서" 작용한다. 신은 다른 본성을 갖지 않고는 다른 것을 생산할 수도, 사물들을 다른 질서로 생산할 수도 없었을 것이다.[12] 스피노자가 창조 관념의 비정합성을 직접 고발할 필요도 거의 없었던 것은 아니냐는 지적이 있을 수 있다. 그로서는 이것을 묻는 것만으로 충분하기 때문이다. 신은 어떻게, 어떤 조건에서 생산하는가? 생산의 조건들 자체가 생산을 창조와 다른 것으로, "피조물들"을 피조물들과 다른 것으로 만든다. 신은 필연적으로 그리고 자기 자신의 속성들에서 생산하므로, 생산물들은 필연적으로, 신의 본성을 구성하는 이 속성들의 양태들이다.

생산의 질서 ― 상이한 속성의 양태들 간의 실재적 인과성의 배제 ― 평행론:질서의 동일성, 연관의 동일성, 존재의 동일성 ― 연관의 동일성과 동등성의 원리 ― 존재의 동일성:양태와 변양 ― 표현의 새로운 삼항관계:속성, 양태, 변양

마치 표현에 그것을 이중으로 만드는 논리가 있는 것처럼 모든 일이 진행된다. 스피노자는 문법에 매우 관심이 많았고, 우리는 "표현"의 언어학적 기원들을 소홀히 할 수 없다. 앞에서 보았듯이 속성은 이름이

---

12 E1P17, E1P33&Dem.

지만 형용사가 아니라 오히려 동사다. 각각의 속성은 하나의 동사, 첫 번째 부정사 절, 구별되는 의미를 지닌 하나의 표현이다. 그러나 모든 속성들은 단 하나의 동일한 것으로서의 실체를 지칭한다. 따라서 표현 된 의미와 (자신을 표현하는) 지칭된 대상의 전통적 구별이 스피노자주 의에 직접적으로 적용될 수 있다. 그런데 이 구별은 필연적으로 표현의 특정 운동을 정초한다. 첫 번째 절(주절)의 의미는 그 자체로 새로운 의 미를 갖는 두 번째 절(종속절)의 지칭 대상이 되어야 하기 때문이다 등 등. 그래서 지칭된 실체는 속성들에서 자신을 표현했고 속성들은 본질 을 표현했다. 이제는 속성들이 다시 자신을 표현한다. 속성들은 그들을 지칭하는 양태들에서 자신을 표현하고 이 양태들은 변양을 표현한다. 양태들은 부정사 주절들에서 파생된 진정한 "분사"절들이다. 이런 의 미에서 표현은 자기 자신의 운동에 의해 두 번째 수준의 표현을 발생시 킨다. 표현은 그 자체로 재-표현의 충분이유를 소유한다. 이 두 번째 수 준의 표현이 생산 그 자체를 정의한다. 신은 그의 속성들이 자신을 표 현하는 것과 동시에 생산한다고 이야기된다. 그 결과 층위의 차이가 있 지만, 결국 모든 사물들에 의해 지칭되는 것은 언제나 신이다. 속성들은 신을 지칭하지만, 양태들도 그들이 의존하는 속성 하에서 신을 지칭한 다. "몇몇 히브리인들은 마치 구름 사이로 이것을 본 것 같다. 그들은 신 과 신의 지성과 그것에 의해 이해된 것들이 단 하나의 동일한 것임을 인 정하니까 말이다."[13]

---

13 E2P7S. 우리는 앞서(3장) 어떻게 스피노자가 그의 표현 이론에서, 스토아적 기원을 가지
   며 오컴 학파에 의해 쇄신된 명제 논리학의 몇몇 주제와 다시 만나는지를 보았다. 그러나
   우리는 다른 요인들, 특히 히브리어를 감안해야 한다. 『히브리어 문법 개론*Compendium
   grammatices linguae hebreae*』에서 스피노자는, 히브리어 문법 구조에 따라서 진정한
   표현의 논리를 형성하며 명제 이론에 근거를 제공하는 몇몇 특징들을 끌어냈다. 주석이 붙
   은 판이 없으면, 그 책은 [히브리] 언어를 알지 못하는 독자에게는 거의 이해할 수 없는 것이

신의 필연적 생산에는 **질서**가 있다. 그 질서는 속성들의 표현의 질서이다. 우선 각각의 속성은 그의 절대적 본성 속에서 자신을 표현한다. 따라서 직접 무한 양태는 속성의 첫 번째 표현이다. 그 다음 변양된 속성들이 간접 무한 양태로 자신을 표현한다. 끝으로 속성은 "특정하고 규정된 방식으로",[14] 보다 정확히 말해 실존하는 유한 양태들을 구성하는 무한히 많은 방식으로 자신을 표현한다.[15] 만일 무한 양태들이, 각 속성의 유에서, 상응하는 유한 양태들 자체가 결정되고 질서지어지는 법칙들 혹은 법칙의 원리들을 함유하고 있지 않다면 이 마지막 층위는 설명 불가능한 것으로 남을 것이다.

생산의 질서가 존재한다면 그 질서는 모든 속성에게 동일한 것이다. 실제로 신은 그의 본성을 구성하는 모든 속성에서 동시에 생산한다. 따라서 속성들은 [무한 양태에서] 유한 양태까지 단 하나의 동일 질서로 자기 자신을 표현하며, 유한 양태들도 다양한 속성들 속에서 동일한 질서를 가져야 한다. 이 질서의 동일성이 양태들의 대응을 정의한다. 즉 한 속성의 모든 양태 각각에는 거기에 필연적으로 대응하는 다른 속성들의 양태들이 있다. 이 질서의 동일성은 어떠한 실재적 인과 관계도 배제한다. 속성들은 서로 환원 불가능하고 실재적으로 구별된다. 어떤 속성도 다른 속성의 원인이 아니며 다른 속성의 어떤 것의 원인도 아니다. 따라서 양태들은 오로지 그들 속성의 개념만 함축할 뿐 다른 속성의 개

---

다. 따라서 우리는 그것의 몇몇 단순한 소여들만을 파악할 수 있을 뿐이다 : 1) 부정사의 무시간적인 특징(5장, 13장); 2) 양태들의 분사적 특징(5장, 33장); 3) 그 중 하나가 주요 원인에 관계된 작용을 표현하는, 여러 종류의 부정사들의 규정(*constituere aliquem regnantem ou constitui ut regnaret*의 동의어인 것, 12장 참조).

14 (역주) "*certo, & determinato modo.*"(E2Def1)

15 E1P21~23의 정리와 증명.

념은 함축하지 않는다.[16] 따라서 질서의 동일성, 상이한 속성의 양태들 간의 대응은 속성들 사이에서 그러하듯이 그 양태들 사이에서도 그 어떤 실재적 인과 관계도 모두 배제한다. 그리고 이 점에서 우리가 스피노자의 사유에 변화가 있다고 믿을 어떤 충분한 근거도 없다. 스피노자가 한 속성이 다른 속성에 가하는 작용, 한 속성이 다른 속성에 초래하는 결과, 상이한 속성의 양태들 간의 상호작용에 대해 말하는 『소론』의 유명한 텍스트들은 실재적 인과성의 측면에서 해석하면 안 될 것 같다.[17] 문맥은 이 점을 명확히 한다. 두 속성(사유와 연장)은 "함께 취해질" 때 서로에게 작용한다는 것 혹은 상이한 속성의 두 양태(영혼과 신체)는 그것들이 "전체의 부분들"을 형성하는 한에서 서로에게 작용한다는 것이다.[18] 여기서 대응의 긍정을 실재적으로 초과하는 것은 없다. 전체의 두 부분 중 어느 하나에서 무언가 변하면 다른 하나에서도 상응하는 변화가 있어야 하고, 전체 자체가 변하지 않으면 안 된다.[19] 이 텍스트는 기껏해야 스피노자가 자기 자신의 학설과 외견상 비슷한 다른 학설들(기회원인론, 관념적 인과성)의 차이를 아직 적합하게 표현하지 못하는 시기의 표시 정도로 보인다. 결코 스피노자가 상이한 속성의 양태들 간의 관계를 설명하기 위해 실재적 인과성을 인정한 것으로 보이지는 않는다.

이러한 원리들은 우리를 다음의 결과로 이끈다. 그 결과 속에서 스

---

16 E2P6Dem.

17 *KV*, II, 19장, 7 이하, 20장, 4~5(알베르 레옹Albert Léon은 이미 『소론』의 원문들이 반드시 속성들 간의 혹은 신체와 영혼 간의 실재적 인과성의 가설을 함축하지는 않는다는 것을 보여 주었다: *Les éléments cartésiens de la pensée et de son objet*, Alcan, 1907, p. 200 참조.)

18 (역주) "이러한 것(역자─우리의 정신은 신체에 작용한다)의 원인은 오직 다음의 사실에 있거나 있을 수 있다. 정신은 신체의 관념으로서 신체와 통일되어 있어서, 그렇게 구성된 정신과 이 신체는 함께 전체를 형성한다."(*KV*, II 19; G I, 21)

19 "관념 역시 변화를 겪지 않으면 [관념의] 대상은 변화를 겪을 수 없고 그 역도 마찬가지이다." (*KV*, II, 20장, 4, 주3)

피노자의 첫 번째 평행론 정식(상이한 속성의 양태들 간에 **질서의 동일성 혹은 대응**이 있다)을 확인할 수 있다. 둘 사이에 어떠한 실재적 인과성도 배제되면서, 둘 중 어느 하나에 있는 것들 모두 다른 하나에 대응물이 있는 관계, 그러한 일정한 관계에 있는 두 사물 혹은 두 계열은 실제로 "평행적"이라 불릴 수 있다. 그러나 "평행론"이란 말에 주의해야 하는데 그것은 스피노자의 것이 아니기 때문이다. 자율적 혹은 독립적 계열들 간의 대응을 지칭하기 위해 그 말을 창조해서 독자적으로 사용하는 것은 라이프니츠인 것 같다.[20] 따라서 질서의 동일성만으로는 스피노자주의 체계를 충분히 특징지을 수 없다고 생각해야 한다. 어떤 의미에서 질서의 동일성은, 정도의 차이는 있지만, 대응을 실재적 인과성의 측면에서 해석하기를 거부하는 모든 학설에서 발견되기 때문이다. 평행론이라는 말이 스피노자의 철학을 적합하게 지칭한다면, 그것은 평행론이라는 말 자체가 단순한 질서의 동일성과는 다른 것, 대응과는 다른 것을 내포하기 때문이고, 그와 동시에 스피노자가 상이한 속성의 양태들을 연결하는 끈을 정의하기 위해서 이 대응 혹은 동일성이 충분하지 않다고 생각하기 때문이다.

바로 스피노자는 첫 번째 정식을 확장하는 두 가지 정식(연관 connexion의 **동일성 혹은 원리의 동등성, 존재의 동일성 혹은 존재론적 통일성**)을 제시한다. 따라서 엄밀하게 스피노자주의적인 이론은 다음과 같이 표현된다. "하나의 동일한 질서, 즉 하나의 동일한 원인들의 연관, 다르

---

20 "평행론"이란 말로 라이프니츠가 이해하는 것은, 영혼과 신체 양자 간의 실재적 인과 관계를 배제하면서도 그것들을 특정한 방식으로 분리 불가능하게 만드는 영혼과 신체 개념이다. 하지만 그가 그런 식으로 지칭하는 것은 라이프니츠 자신의 개념이다. *Considérations sur la doctrine d'un Esprit universel*, 1702, §12 참조.

게 말하자면 서로 따라 나오는 동일한 것들."[21] 성급하게 질서와 연관 (connexio 혹은 concatenatio)이 엄밀하게 동일한 의미라고 생각해서는 안 된다. 방금 인용한 구절에서 존재의 동일성에 대한 긍정은 틀림없이 단순한 연관의 동일성 이상의 어떤 것을 의미한다. 따라서 연관은 이미 질서 이상의 어떤 것을 내포하는 것으로 보인다. 실제로 연관의 동일성 은 대응하는 계열의 자율성만이 아니라 권리평등[isonomie] 즉 자율적 혹 은 독립적 계열들 간의 원리의 동등성도 의미한다. 대응하지만 한쪽의 원리가 다른 쪽의 원리에 비해 어떤 식으로든 탁월해서 양쪽의 원리가 부등한 두 계열을 생각해 보자. 입체와 그것의 사영射影, 선과 점근선 간 에는 질서의 동일성 혹은 대응이 있지만, 엄밀한 의미의 "연관의 동일 성"은 없다. 곡선의 점들은 직선의 점들처럼 연쇄되지[concatenantur] 않는 다. 그러한 경우에는 매우 불분명한 의미로만 평행론이란 말을 쓸 수 있 을 것이다. 정확한 의미의 "평행"은 대응하는 점들의 두 계열 간의 원리 의 동등성을 요구한다. 스피노자가 상이한 속성의 양태들은 동일한 질 서만이 아니라 동일한 연관 혹은 연쇄도 갖는다고 주장할 때, 그가 말하 려는 것은 상이한 속성의 양태들이 의존하는 원리들 자체가 동등하다 는 것이다. 이미 『소론』의 텍스트들에서 두 속성 혹은 상이한 속성의 두 양태가 "함께 취해지는" 것은 그것들이 전체의 동등한 부분들 혹은 전 체의 반반을 이루기 때문이다. 동일한 질서를 갖는 것들 간의 연관이 동 일한 것임을 보증하면서 평행론에 엄격한 의미를 부여하는 것은 속성 들의 동등성이다.

---

21 E2P7S. [(역주) "자연을 연장 속성 아래서 파악하든 사유 속성 아래서 파악하든 아니면 어떤 다른 속성 아래서 파악하든, 우리는 (1) 하나의 동일한 질서 혹은 (2) 하나의 동일한 원인들의 연관을 발 견하게 될 것이고, (3)동일한 사물들이 서로 따라 나오는 것을 발견하게 될 것이다." 들뢰즈는 이 구절을 근거로 질서의 동일성, 연관의 동일성, 존재의 동일성을 구별하고 있다.]

그래서 라이프니츠는 "평행론"이란 말을 만들었지만, 그 자신을 위해서 그것을 매우 일반적이고 별로 적합하지 않은 방식으로 사용한다. 라이프니츠의 체계는 분명 자율적 계열들, 즉 실체들과 현상들, 입체들와 사영들 간의 대응을 내포하지만 그 계열들의 원리들은 유난히 부등하다. (사실 라이프니츠가 보다 정확하게 말할 때는 평행 이미지보다 오히려 사영 이미지를 제시한다.) 반대로 스피노자는 "평행론"이란 말을 사용하지는 않지만, 독립적이고 대응하는 계열들을 파생시키는 원리들의 동등성을 상정하기 때문에 그 말은 스피노자의 체계에 적절하다. 여기서도 스피노자의 논쟁적 의도들이 잘 나타난다. 엄격한 평행론을 통해서 스피노자는 모든 유비, 모든 탁월성, 모든 형태의(다른 계열에 대한 한 계열의) 우월성, 우위 관계를 전제하는 모든 관념 작용을 거부한다. 연장 속성이 사유 속성보다 우월하지 않은 것처럼 이제 영혼이 신체보다 우월하지 않다. 그리고 세 번째 평행론 정식, 존재의 동일성을 긍정하는 평행론은 동일한 방향으로 훨씬 더 멀리 간다. 상이한 속성의 양태들은 동일한 질서와 동일한 연관뿐만 아니라 동일한 존재를 갖는다. **동일한 사물들**은 그들이 그 개념을 함축하는 속성에 의해서만 구별된다. 상이한 속성의 양태들은 단지 속성만 다른 하나의 동일한 변양이다. 이 존재의 동일성 혹은 존재론적 통일성을 통해 스피노자는 한 계열의 각 항을 다른 계열의 한 항과 일치시키거나 심지어 계열들을 그들의 부등한 원리들에 따라 서로 일치시키는 초월적 신의 개입을 거부한다. 스피노자의 학설은 분명 "평행론"으로 명명되지만, 그것은 스피노자의 독트린이 모든 유비, 모든 탁월성, 모든 초월성을 배제하기 때문이다. 엄격한 의미의 평행론은 기회원인의 관점이나 관념적 인과성의 관점이 아니라 오직 내재적 신과 내재적 인과성의 관점에 의해서만 이해된다.

표현의 본질이 이 모든 것에서 관건이 된다. 표현 관계는 인과 관계를 초과하기 때문이다. 표현 관계는 독립적 혹은 자율적임에도 불구하고 서로 정해진, 일정하고 규칙적인 대응이 있는 독립적 사물들 혹은 자율적 계열들에 적용된다. 스피노자의 철학과 라이프니츠의 철학이 자연적으로 충돌하는 영역이 있다면, 표현 관념에서, 그들 각자가 표현 관념을 사용하는 방식에서 그것을 찾을 수 있다. 그런데 앞으로 보겠지만 라이프니츠의 "표현" 모델은 언제나 점근선 모델 혹은 사영 모델이다. 반면 스피노자의 이론에서 나오는 표현 모델은 전혀 다른 것, 즉 "평행론" 모델이다. 그것은 동일한 제3자를 표현하는 두 사물의 동등성, 그리고 다른 두 사물에서 표현되는 제3자의 동일성을 내포한다. 스피노자의 철학에서 표현 관념은 평행론의 세 측면을 모두 취합하고 정초하는 것이다.

평행론은 양태들에 대해서, 오직 양태들에 대해서만 이야기되어야 한다. 그러나 그것은 실체와 실체의 속성들에 그 근거를 둔다. 신은 모든 속성에서 동시에 생산한다. 즉 신은 동일한 질서로 생산하며, 따라서 상이한 속성의 양태들 간에 대응이 있다. 그러나 이 속성들은 실재적으로 구별되기 때문에, 이 대응 혹은 질서의 동일성은 서로에 대한 어떤 인과 작용도 배제한다. 이 속성들은 모두 동등하기 때문에 속성이 다른 이 양태들 간에는 연관의 동일성이 있다. 이 속성들은 하나의 동일한 실체를 구성하기 때문에, 속성이 다른 이 양태들은 하나의 동일한 변양을 형성한다. 말하자면 실체의 삼항관계가 속성들로 "하강해서" 양태들에 전달되는 것을 볼 수 있다. 실체는 속성들로 자신을 표현했고, 각 속성은 표현이었고, 실체의 본질은 표현되었다. 이제 각 속성이 자신을 표현하고, 그에 의존하는 양태들은 표현들이며, 변양이 표현된다. 표현된 본질이 속성들 바깥에 실존하지 않고 대신에 모든 속성에게 동일한 것, 즉 실체의 절대적 본질로서 표현되었다는 것을 우리는 기억한다. 여기서도 마찬가지이다. 변양은 각각의 속성에서 그것을 표현하는 양태를 떠나서 실존하지 않고, 대신에 속성이 다른 모든 양태들에게 동일한 것, 즉 실체의 변양으로서 표현된다. 따라서 하나의 동일한 변양이, 무한히 많은 속성들에서, 속성만 다른 "무한히 많은 양태"로 표현된다. 그래서 "양태"와 "변양"이라는 용어가 강조되어야 한다. 원리상, 양태는 속성의 변용이고 변양은 실체의 변용이다. 전자는 형상적으로 이해되고 후자는 존재론적으로 이해된다. 모든 양태는 어떤 속성에서의 변양의 형상이고, 모든 변양은 속성이 다른 양태들의 자기 안에 있음être en soi이다 (여기서 자기 안에 있음은 우리에 대해 있음être pour nous에 대립하는 것이 아니라 형상적 존재와 대립한다). 그것들의 상관관계는 다음과 같이 언표된다. 속성이 다른 양태들은 하나의 동일한 변양을 표현하지만, 그 변양은 다양한 속성들에서 자신을 표현하는 양태들을 떠나서 실존하지 않는다. 그래서 스피노자에 의하면 다음 정식은 아직 모호한 것이다. "무한히 많은 속성들로 구성되어 있는 한에서 신은 확실히 **자신 안에 존재하는**ut in se sunt 사물들의 원인이다. 그리고 나는 지금으로서는 이것을 더 명료하게 설명할 수 없을 것 같다."[22] "자신 안에"는 분명 신에 의해 생산된 사물들이 실체들임을 의미하지 않는다. 여기서 자신 안의 사물res in se은 실체적 변양이다. 그런데 신은 이 변양을 모든 속성에서 동시에 그것을 표현하는 양태들의 바깥에 생산하지 않는다. 따라서 실체의 삼항관계는 양태의 삼항관계로 연장된다(속성-양태-변양). 그리고 그렇게 『윤리학』 2부 정리 7의 주석에서 스피노자는 평행론을 증명한다. 하나의 동일한 실체가 다양한 속성으로 "이해되는" 것과 마찬가지로 단 하나의 동일

22 E2P7S.

한 사물(변양)이 모든 속성에서 동시에 "표현된다." 이 사물이 각각의 속성에서 그를 표현하는 양태의 바깥에서 실존하지 않는 것처럼, 속성이 다른 양태들은 동일한 질서, 동일한 연관, 동일한 자기 안의 존재를 갖는다.

# 7장. 두 가지 역량과 신 관념

**평행론 증명의 복잡성:관념과 그 대상 — 인식론적 평행론과 존재론적 평행론**

따라서 평행론은 증명하기 쉬워 보일 것이다. 실체의 통일성을 변양으로, 속성들의 표현적 성격을 양태들로 이전하면 될 것이다. 이 이전은 생산의 필연성(표현의 두 번째 층위)에 근거할 것이다. 그런데 우리는 『윤리학』 2부 정리 7 전체에서 매우 더 복잡한 작업이 있음을 보고 당황하게 된다. 1)정리, 증명, 따름정리의 텍스트는 분명 질서의 동일성과 연관의 동일성, 심지어 존재의 동일성까지 긍정하지만, 각각의 속성에서 동일한 변양을 표현하는 양태들 간의 동일성은 긍정하지 않는다. 3중의 동일성은 사유의 양태인 관념과 특정 속성의 양태인 재현된 사물에 대해서만 긍정된다. 따라서 이 평행론은 **인식론적**이다. 즉 관념과 그 "대상"*res ideata, objectum ideae* 간에 수립된다. 2)반면에 주석은 이전에 보였던 진행 방식, 즉 속성을 달리하는 모든 양태들 간의 **존재론적** 평행이라는 결론에 도달하는 진행 방식을 따른다. 그러나 주석 자체는 증명과 따름정리를 통해서만 그 결론에 도달한다. 즉 관념과 그 대상의 경우를 일반화한다. 관념과 그 대상의 경우를 속성을 달리하는 **모든** 양태들로 확

장하여 적용하는 것이다.[1]

몇 가지 문제가 제기된다. 한편으로 두 평행론이 일치한다면 왜 하필 "인식론"으로 우회해야 하는가? 그것은 단지 우회일 뿐인가? 『윤리학』 전체에서 그것의 의미와 중요성은 무엇인가? 그러나 무엇보다도 두 평행론은 양립할 수 있는가? 인식론적 관점의 의미는 이렇다. 어떤 속성의 어떤 양태가 주어지면, 사유 속성의 한 관념이 그것에 대응하는데, 그것은 그 양태를, 그것만을 재현한다.[2] 인식론적 평행론은 우리를 상이한 속성의 모든 양태들에 의해 표현된 "변양"의 통일성으로 이끄는 것이 아니라, 오히려 특정 속성의 양태와 오로지 그 양태만을 재현하는 관념에 의해 형성된 "개체"의 단순한 통일성으로 인도한다.[3] 그것은 우리를 속성을 달리하는 모든 양태의 통일성으로 이끄는 것이 아니라, 오히려 상이한 속성의 양태들에 대응하는 관념들의 다수성으로 인도한다. 이런 의미에서 "심신" 평행론은 인식론적 평행론의 특수한 경우다. 영혼은 신체에 대한 관념, 즉 연장의 특정 양태에 대한 관념, 오로지 그 양태에 대한 관념이다.[4] 따라서 인식론적 관점은 이렇게 제시된다. 단 하나의 동일 개체가 특정 양태에 의해 그리고 그것에 대응하는 관념에 의해 표현된다. 그러나 존재론적 관점은 이렇다. 단 하나의 동일 변양이 속성을 달리하는 모든 대응 양태들에 의해 표현된다. 스피노자의 제자와 친구 중에서, 표현 체계의 한복판에 있는 난점을 알아차리고, 이를

---

1 "그리고 나는 다른 속성들에 대해서도 똑같이 이해한다."(E2P7S)
2 그래서 영혼은 연장의 특정 양태만을 배타적으로 재현하는 하나의 관념이다. E2P13 참조.
3 한 관념과 그 대상의 통일성을 의미하는 이 "개체"란 말의 사용에 대해서는 E2P21S 참조.
4 (역주) 심신 평행론이란 말 그대로 정신 혹은 영혼과 신체 간의 대응을 뜻한다. 따라서 그것은 사유의 양태(영혼)와 연장의 양태(신체) 간의 관계에만 국한된다. 그런데 어떤 관념은 연장 이외의 다른 속성의 양태에도 대응할 수 있다. 따라서 속성들이 있는 만큼 많은 인식론적 평행론이 있다. 이런 의미에서 심신 평행론은 인식론적 평행론의 특수한 경우인 것이다.

잘 강조한 사람은 취른하우스다.[5] 두 관점은 어떻게 양립하는가? 특히 인식론이 사유에 유별난 특권을 부여하는 것이 문제다. 사유 속성은 상이한 속성들의 양태들의 수만큼의 서로 환원불가능한 관념들을 가져야 하고, 나아가 속성들의 수만큼의 관념들을 가져야 한다. 이 특권은 존재론적 평행론의 모든 요구들과 명백하게 모순되는 것으로 보인다.

모든 관념에 어떤 사물이 대응한다:아리스토텔레스의 영향 ― 모든 사물에 어떤 관념이 대응한다 ― 왜 신은 필연적으로 자신을 이해하는가 ― 신 관념의 "필연성" ― 사유 역량은 필연적으로 실존 및 작용 역량과 동등하다

따라서 정리 7의 증명과 따름정리를 자세하게 검토할 필요가 있다. "관념들의 질서와 연관은 사물들의 질서와 연관과 동일하다."(정리 7) 그 증명은 단순하다. 즉 "결과에 대한 인식은 원인에 대한 인식에 의존하며 그것을 함축한다"라는 공리E1Ax4를 내세우는 데 그친다. 이는 다시 한 번 우리로 하여금 아리스토텔레스의 원리(인식하는 것은 원인을 통해 인식하는 것이다)를 참조하게 한다. 스피노자의 관점에서는 이런 결론에 이르게 된다. 1) 모든 관념에는 어떤 사물이 대응한다(실제로 어떤 사물도 본질이나 실존에서 그것을 존재하게 만드는 원인 없이는 인식될 수 없다). 2) 관념들의 질서는 사물들의 질서와 동일한 것이다(사물은 그것의 원인에 대한 인식을 통해서만 인식된다).

그럼에도 불구하고 스피노자의 독특한 이 관점은 아리스토텔레스

---

5 「편지 65」(취른하우스로부터, III, p. 207).

의 공리를 넘어서는 것이다. 그렇지 않다면 아리스토텔레스나 많은 다른 이들이 왜 평행론에 도달하지 못했는지 이해가 되지 않을 것이다. 스피노자는 그것을 기꺼이 인정한다. "우리는 참된 관념이… 어떤 것이 어떻게 그리고 왜 존재하는지 혹은 만들어졌는지를 드러낸다는 것, 그리고 그것의 표상적 결과들이 영혼 안에서 그 대상의 형상적 본질에 일치하면서 나아간다는 것을 보여 주었다. 이는 고대인이 말한 것과 동일하다. 즉 참된 앎은 원인에서 결과들로 나아간다. 다만 내가 알기로는, 고대인들은 우리가 여기서 한 것처럼 영혼을 결정된 법칙들에 따라 작동하는 것, 즉 정신적 자동기계와 같은 것으로 생각하지는 않았다."[6] "정신적 자동기계"는 우선, 관념은 사유의 양태이므로 그것의 원인(작용인과 형상인)이 사유 속성 아닌 다른 곳에 있지 않다는 것을 의미한다. 마찬가지로 어떤 대상이든 그 대상의 작용인과 형상인은 오로지 그 속성(대상이 그것의 양태이고, 대상이 그 개념을 함축하는 속성) 안에 있다. 따라서 바로 이 점에서 스피노자와 고대 전통은 갈라진다. 스피노자의 경우, 관념과 사물, 사물과 관념 간에 (질료적 인과성, 목적 인과성은 더 말할 것도 없고) 모든 작용 인과성 및 형상 인과성이 배제된다. 이 이중의 배제는 단지 공리에 근거하는 것이 아니라, 『윤리학』 2부 초반부에서 여러 증명들이 다루는 증명 대상이다.[7] 따라서 스피노자는 두 계열, 사물 계열과 관념 계열의 독립성을 긍정할 수 있다. '모든 관념에 어떤 것이 대응한다'는 이런 조건에서 평행론의 제1요소가 된다.

그러나 단지 제1요소일 뿐이다. 관념들이 사물들과 동일한 연관을 가지려면, 모든 사물에도 어떤 관념이 대응해야 한다. 우리는 『소론』의

6 *TIE*, 85.
7 E2P5~6.

두 가지 정식과 재회한다. "[대응하는] 사물이 있지 않고는 어떤 관념도 존재할 수 없다." 그러나 또한 "사유하는 것 안에 그것에 대한 관념이 없는 사물은 없다."[8] 그런데 우리는 모든 사물이 어떤 관념의 대상이라는 점을 증명할 때, 후험적 증명에서 우리를 가로막았던 난점들에 더 이상 부딪히지 않는다. 우리는 이제 실존하는 신에서 출발하니까 말이다. 이 신은 자기 자신을 이해한다는 것을 우리는 알고 있다. 이 신은 자기 자신에 대한 관념을 형성한다. 그는 무한한 지성을 소유한다. 그러나 이 신은 생산하기 위해서, 그리고 생산하면서 그가 생산하는 모든 것을 이해하기 위해서 자기 자신을 이해하기만 하면 된다.

신이 자신을 이해하는 대로 생산하는 한에서, 그가 생산하는 모든 것은 필연적으로 그의 무한한 지성에 "들어온다". 신이 자기 자신과 자기 자신의 본질을 이해하면 그는 반드시 그의 본질에서 따라 나오는 모든 것도 이해한다. 그래서 무한한 지성은 신의 모든 속성들을, 그러나 또한 모든 변용들도 포함한다.[9] 신이 형성하는 관념은 신 자신의 본질 관념이지만 또한 신이 그의 속성들에서 형상적으로 생산하는 모든 것의 관념이기도 하다. 따라서 사물들이 있는 만큼의 관념들이 있고, 모든 사물은 어떤 관념의 대상이다. 실제로 신적 실체에서 형상적으로 따라 나오는 모든 것은 "사물res"이라고 불린다. 사물은 그를 양태로 갖는 어떤 속성을 통해 자신을 펼친다. 그러나 신은 그가 생산하는 모든 것을 이해하기 때문에, 신의 지성 안의 관념은 어떤 속성에서 따라 나오는 각각의 양태에 대응한다. 이런 의미에서 양태들이 그들 각자의 속성에서 따라 나오는 혹은 파생하는 것처럼, 관념들 자체는 신 관념에서 파생한

8 *KV*, II, 20장, 4, 주3.
9 E1P30.

다. 따라서 신 자신이 만물의 원인인 것처럼 신 관념은 모든 관념의 원인일 것이다.

모든 관념에 어떤 사물이 대응하고, 모든 사물에 어떤 관념이 대응한다. 이 테마는 분명 스피노자가 **원리의 동등성** 즉 '신 안에 동등한 두 역량이 있다'를 긍정할 수 있게 해준다. 정리 7에서 바로 이 역량들의 동등성을 인정함으로써 따름정리는 증명과 연결된다. "그래서 신의 사유 역량은 그의 현실적 작용 역량과 동등한 것이다." 따라서 역량 논변은 더 이상 신의 실존을 후험적으로 증명하는 데 쓰이지 않고, 대신에 인식론적 평행론의 규정에서 결정적 역할을 하게 된다. 그것은 훨씬 더 멀리 가서, 마침내 대상들과 관념들 간의 **존재의 동일성**을 긍정할 수 있게 해준다. 이것이 따름정리의 목적이다. 동일한 것이 신의 무한한 본성에서 형상적으로(즉 이러저러한 속성에서) 따라 나오고, 신 관념에서 표상적으로 따라 나온다. 단 하나의 동일한 존재가, 그가 실존 및 작용 역량의 측면에서 의존하는 속성에서는 형상적이고, 그가 사유 역량의 측면에서 의존하는 신 관념에서는 표상적이다. 어떤 속성의 양태와 그 양태의 관념은 두 역량에서 두 가지 방식으로 하나의 동일한 것이다. 따라서 증명과 따름정리 전체에서 우리는 평행론의 세 가지 단계, 즉 여기서는 관념과 그 대상의 관계에만 적용되는 질서의 동일성, 연관의 동일성 혹은 원리의 동등성, 존재의 동일성과 재회한다.

두 가지 역량과 그것들의 동등성 — 역량과 속성의 구별 — 속성들과 실존 역량 — 사유 속성과 사유 역량 — 사유 속성의 "특권들"의 원천

스피노자의 신은 플라톤주의자들의 전일자 l'Un-Tout처럼 전체이

자 전체를 생산하는 신이다. 그러나 또한 아리스토텔레스의 원동자$^{le}$ premier moteur처럼 자신을 사유하고 전체를 사유하는 신이기도 하다. 한편으로 우리는 신에게 그의 형상적 본질과 동일한 혹은 그의 본성에 대응하는 실존 및 작용 역량을 귀속시켜야 한다. 그러나 다른 한편으로 우리는 신에게 그의 표상적 본질과 동일한 혹은 그의 관념에 대응하는 사유 역량을 귀속시켜야 한다. 그런데 이 역량들의 동등성 원리는 속성들에만 관련되는 다른 동등성 원리와 혼동할 위험이 있기 때문에 세심한 검토를 요한다. 그럼에도 불구하고 **역량들과 속성들의 구별은 스피노자주의에서 본질적 중요성을 갖는다.** 신, 즉 절대적 무한자는 동등한 두 가지 역량, 즉 실존 및 작용 역량과 사유 및 인식 역량을 소유한다. 베르그송의 공식을 사용할 수 있다면, 절대자에게는 두 "측면$^{côtés}$"과 두 반쪽$^{moitiés}$이 있다. 절대자가 그렇게 두 가지 역량을 소유한다면, 이는 그 역량들을 자신의 근원적인 통일성 안에 함축하면서, 자신 안에 그리고 자신에 의해서 그렇게 하는 것이다. 속성들은 그렇지 않다. 절대자는 무한히 많은 속성을 소유한다. 그러나 우리의 인식이 제한되어 있기 때문에, 우리가 연장의 양태와 사유의 양태로 구성되어 있기 때문에, 우리는 그 중 두 속성, 연장 속성 사유 속성만 인식한다. 반대로 두 역량의 규정은 우리 인식의 한계들과 관련되거나 우리의 구성 상태에 의존하지도 않는다. 우리가 신에 대해 긍정하는 실존 역량은 절대적으로 무한한 역량이다. 신은 "절대적으로" 실존하며, 그의 속성들의 "절대적 무한성" 속에서 (따라서 무한히 많은 방식으로) 무한히 많은 사물들을 생산한다.$^{10}$ 마찬가지로 사유 역량도 절대적으로 무한하다. 스피노자는 그것이 무

---

10 "절대적으로 무한한 속성들(*infinita absolute attributa*)." (E1P16Dem 참조)

한하게 완전하다고 말하는 데 그치지 않는다. 신은 절대적으로 자신을 사유하고 무한히 많은 사물들을 무한히 많은 방식으로 사유한다.[11] 그래서 사유 역량을 지칭하기 위한 절대적 사유*absoluta cogitatio*라는 표현과 무한한 지성을 지칭하기 위한 절대적으로 무한한 지성*intellectus absolute infinitas*이라는 표현이 나온다. 그리고 '신 관념으로부터 무한히 많은 것들이 무한히 많은 방식으로(표상적으로) 따라 나온다'는 테제가 나온다.[12] 따라서 두 가지 역량은 전혀 상관적이지 않다. 그것은 절대자의 반쪽들, 절대자의 차원들, 절대자의 역량들이다. 셸링이 실재적인 것과 관념적인 것을 자신의 역량으로 이해하는 상징 A³를 통해 신을 표상하면서 절대자 이론을 전개할 때, 그는 스피노자주의자이다.[13]

다음과 같은 의문이 생길 것이다. 어떤 **조건**에서 우리는 신에 대해 그의 본성에 대응하는 절대적으로 무한한 실존 및 작용 역량을 긍정하는가? 신이 그의 본성 자체를 동시에 구성하는 형상적으로 구별되는 무한히 많은 속성을 갖는다는 조건에서 그렇다. 우리가 두 속성만 인식하는 것은 사실이다. 그러나 우리는 실존 역량이 연장 속성과 혼동되지 않는다는 것을 알고 있다. 관념은 물체 못지않게 실존하며, 사유는 연장 못지않게 실존의 형상 혹은 "유類"이다. 그리고 함께 취해진 사유와 연장이 절대적 실존 역량을 비우거나 채우기에 충분한 것도 아니다. 우리는 여기서 신이 무한히 많은 속성들을 갖는 적극적 이유에 도달한다.

---

11 E2P3&Dem.

12 "절대적 사유(*absoluta cogitato*),"(E1P31Dem 참조), "절대적으로 무한한 지성(*intellectus absolute infinitus*)." (「편지 64」, 슐러에게, III, p. 206 참조)

13 "두 가지 통일 혹은 두 가지 역량은 절대적 '통일성'에서 새롭게 통일된다. 따라서 첫 번째 역량과 두 번째 역량의 공통적인 자리는 A³일 것이다. … 역량들은 이제는 신의 계시의 단계 périodes로서 동등하게 자리매김 된다." Schelling, "Conférences de Stuttgart", 1810(tr. fr. in *Essais*, Aubier éd., pp. 309~310)

『소론』의 중요한 텍스트에서, 스피노자는 "우리는 더 많을 뿐만 아니라 무한히 많은 완전한 속성들의 실존을 우리에게 명료하게 보여 주는 어떤 것을 우리 안에서 발견한다"고 단언한다. 미지의 속성들은 "그것들이 무엇인지는 말해 주지 않지만 그것들이 존재한다는 것을 우리에게 말해 준다."[14] 다시 말해서 우리가 실존한다는 사실 자체는 실존이 우리가 인식하는 속성들에 의해 비워지지 않는다는 것을 우리에게 보여 준다. 무한하게 완전한 것은 자신 안에 그것의 이유를 갖지 않으므로, 신은 무한하게 많은 무한하게 완전한 속성들을 가져야 하는데, 그것들은 서로 동등하며, 그 각각은 궁극적인 혹은 환원 불가능한 실존의 형상을 구성하는 것이다. 어떤 속성도 충분이유로서 신에게 귀속되는revenir 이 절대적 실존 역량을 비우지 못한다는 것을 우리는 안다.

절대적으로 무한한 것은 우선 형상적으로 혹은 실재적으로 구별되는 무한히 많은 속성들로 구성된다. 모든 속성은 동등하다. 어떤 것도 다른 것보다 우월하거나 열등하지 않다. 속성들 각각은 무한하게 완전한 본질을 표현한다. 이 모든 형상적 본질들은 속성들에 의해 실체의 절대적 본질로서 표현된다. 즉 존재론적으로 하나인 실체에서 동일시된다. 형상적 본질은 각각의 속성에서 실존하는 신의 본질이다. 절대적 본질은, 그로부터 필연적으로 실존이 따라 나오는 실체, 따라서 모든 속성을 소유하는 실체에 관계되는 동일 본질이다. 여기서 표현은 형상과 절대자의 관계로 제시된다. 각각의 형상은 절대자를 표현하거나 설명하거나 전개하지만, 절대자는 무한히 많은 형상들을 함유 혹은 "복합한다". 신의 절대적 본질은 절대적으로 무한한 실존 및 작용 역량이다. 그

---

14 *KV*, I, 1장, 7, 주3.

러나 정확히 말해 우리가 이 첫 번째 역량을 신의 본질과 동일한 것으로 긍정한다면, 그것은 형상적으로 혹은 실재적으로 구별되는 무한히 많은 속성들을 **조건으로** 해서다. 따라서 실존 및 작용 역량은 절대적-형상적 본질이다. 그리고 속성들의 동등성 원리를 그렇게 이해해야 한다. 모든 속성들은 그들이 조건이 되는 이 실존 및 작용 역량에 대해 동등하다.

그러나 절대자는 표현의 두 번째 정식 혹은 "시기"로서 두 번째 역량을 갖는다. 신은 자기 자신을 이해한다, 혹은 표상적으로 자기 자신을 표현한다. 신의 절대적 본질은 그의 본성을 구성하는 속성들에서는 형상적이고, 이 본성을 필연적으로 재현하는 관념에서는 표상적이다. 그래서 신 관념은 형상적으로 혹은 실재적으로 구별되는 모든 속성들을 재현하며, 구별되는 영혼 혹은 관념은 각 속성에 대응한다.[15] 신 안에서 형상적으로 구별되는 그 속성들이 신 관념에서는 표상적으로 구별된다. 그럼에도 불구하고 이 관념은 모든 속성으로 구성된 실체로서 절대적으로 하나다.[16] 따라서 절대적-표상적 본질은 절대자 자신의 두 번째 역량이다. 우리가 어떤 존재를 모든 사물의 원인으로 상정하면 그것의 표상적 본질 또한 모든 관념의 원인이어야 한다.[17] 신의 절대적 본질은 형상적으로는 실존 및 작용 역량이고 표상적으로는 사유 및 인식 역량이다. 그러니만큼 더더욱 이 새로운 경우에 이렇게 묻는 것은 당연하다. 어떤 조건에서 우리는 표상적 본질과 동일한 것으로서의 이 절대적으로 무한한 사유 역량을 신에게 귀속시키는가?

---

15 "연장과 마찬가지로 하나의 영혼을 갖는 모든 무한한 속성들…"(*KV*, 부록 II, 9) [(역주) 연장 양태에 대한 관념은 그것의 정신이다. 마찬가지로 연장 이외의 속성들의 양태들에 대한 관념들은 그것의 정신이라고 할 수 있다. (G I, 119)]

16 E2P4&Dem.

17 "우리는 모든 사물의 원인인, 그리하여 그것의 표상적 본질이 또한 우리의 모든 관념의 원인이기도 한 어떤 '존재'가 있는지, 또 [있다면] 그것이 무엇인지 탐구해야 한다."(*TIE*, 99)

연장 속성이 실존 역량과 혼동되지 않는 것처럼 사유 속성도 권리상 사유 역량과 혼동되지 않는다. 그렇지만 스피노자는 한 텍스트에서 사유 속성을 절대적 사유*absoluta cogitatio*와 동일시하면서 명백하게 반대되는 것을 말하는 것처럼 보인다.[18] 그러나 스피노자는 이 동일시가 어떤 의미로 해석되어야 하는지 명확히 밝힌다. 그것은 단지 사유 역량이 사유 속성 이외의 다른 조건을 갖지 않기 때문이다. 실제로 스피노자가 사유 역량의 조건에 대해, 혹은 결국 같은 말이지만 신 관념의 **가능성**에 대해 자문할 때가 있다. 신이 무한히 많은 사물들을 무한히 많은 방식으로 사유할 수 있으려면, 신이 그의 본질 관념과 그의 본질에서 따라 나오는 모든 것의 관념을 형성할 가능성을 가지려면, 신은 사유 속성을 가져야 하고, 사유 속성을 갖는 것만으로 충분하다.[19] 그래서 사유 역량이 실존 역량과 동등하고, 이 실존 역량이 (사유 속성이 포함된) 모든 속성들의 조건임에도 불구하고, 사유 속성은 사유 역량의 조건이 되기에 충분하다. 성급하게 스피노자주의가 비일관적이라고 비난해서는 안 될 것이다. 스피노자의 체계에서 아주 다른 두 가지 동등성 원리를 혼동할 때만, 비일관성을 발견할 테니까 말이다. 한편으로 모든 속성들은 동등하다. 그러나 이 동등성은 실존 및 작용 역량과 관련해서 이해되어야 한다. 다른 한편이 실존 역량은 절대자의 반쪽일 뿐이고 다른 반쪽은 그것과 동등한 사

---

18 지성은, 사유의 양태이므로 "**절대적 사유**에 의해서 생각되어야 한다. 다시 말해 그것은, 신의 영원하고 무한한 본질을 표현하는, 따라서 그것이 없다면 신이 존재할 수도 생각될 수도 없을, 신의 어떤 **속성**에 의해서 생각되어야 한다."(E1P31Dem)

19 "무한히 많은 것들을 무한히 많은 방식으로 사유할 수 있는 존재는 필연적으로 사유에 의해서(*virtute*) 무한하다"(E2P1S, 다시 말해 절대적 사유 역량을 가진 존재는, 사유라고 하는 무한한 속성을 필연적으로 갖는다). "우리는 신이, 그의 본질의 관념과 그의 본질에서 따라 나오는 모든 사물들의 관념을 형성할 수 있다고 결론짓는다. 그리고 우리는 신이 사유하는 것이라는 사실만으로 그렇게 결론짓는다."(E2P5Dem)

유 역량이다. 사유 속성이 특권을 누리는 것은 이 두 번째 역량과 관련해서이다. 사유 속성은 모든 속성들이 그 조건이 되는 역량과 동등한 역량에 대해서 혼자서 그 조건이 된다. 여기에는 어떤 모순도 없고 오히려 **궁극적 사실**이 있는 것 같다. 그 사실은 우리의 구성이나 우리 인식의 제한과 아무런 관계도 없다. 그 사실은 오히려 신의 구성 혹은 절대자의 전개에 대한 것이다. "사실은 이렇다." 어떤 속성도 실존 역량을 채우기에 충분치 않다는 것이다. 어떤 것이 연장되거나 사유하는 것이 아니더라도, 그것은 실존하고 작용할 수 있다. 하지만 사유를 통하지 않고는 어떤 것도 인식될 수 없다. 사유 및 인식 역량은 사유 속성에 의해 실제로 실행된다(채워진다). 스피노자가 먼저 모든 속성들의 동등성을 상정하고 나서 그 다음 동일한 관점에서 이 동등성에 반하는 능력들과 기능들을 사유 속성에 부여했다면 모순이 있었을 것이다. 그러나 스피노자는 그렇게 진행하지 않는다. 역량들의 동등성이, 더 이상 속성들의 동등성 영역이 아닌 영역에서 사유 속성에 특수한 능력들을 부여한다. 사유 **속성과 사유 역량의 관계는 (사유를 포함해서) 모든 속성들과 실존 및 작용 역량의 관계와 같다.**

　　신 관념의 "가능성" — 왜 무한한 지성이 생산물인가 — 사유 속성의 세 가지 특권의 원천들

　　사유 역량과 사유 속성 간의 관계로부터(따라서 그 차이로부터) 세 가지 결과가 나온다. 먼저 사유 역량은 본성 혹은 분유에 의해서 "표상적인" 모든 것에 대해 긍정된다. 신의 표상적 본질은 절대적으로 무한한 사유 역량이다. 그리고 이 본질에서 나오는 모든 것은 이 역량을 분유한

다. 그러나 **표상적 존재 자체가 사유 속성 안에서 형상적 존재를 갖지 않으면 표상적 존재는 아무것도 아닐 것이다.** 신에 의해 생산되는 것의 표상적 본질뿐만 아니라 속성들의 표상적 본질들, 신 자체의 표상적 본질도 사유 속성에서 "형성된다"는 조건에 따른다.[20] 이런 의미에서 **신 관념은 사유의 양태일 뿐**이고 소산적 자연의 일부이다. 사유 속성의 양태인 것은 엄밀한 의미에서 관념 자체의 표상적 본질 혹은 표상적 존재가 아니다. 양태 혹은 생산물인 것은 언제나 그것의 형상적 존재의 측면에서 취해진 관념이다. 그래서 스피노자는 사유의 첫 번째 양태에 무한한 지성이라는 이름을 부여하는 데 주의를 기울인다. 무한한 지성은 어떤 관점에서든 신 관념이 아니고, 정확히 말해 신 관념의 형상적 존재이기 때문이다.[21] 사실이 그렇고 우리는 이 점을 강조해야 하는데, 표상적 존재는 그를 사유 속성의 양태가 되게 하는 이 형상적 존재를 갖지 않으면 아무것도 아닐 것이다. 원한다면 이렇게 말해도 좋다. 표상적 존재는 이 역량이 실현되지 않으면 단지 잠재태로 있을 것이다.

그렇다고 해도 다음 두 관점을 구별해야 한다. **그것의 필연성에 따르면** 신 관념은 능산적 자연에 근거한다. 필연적으로, 자기 자신을 이해하는 것은 그의 절대적 본성에서 고려된 신에게 속하는 일이기 때문이다. 신의 표상적 본질과 동일한 절대적 사유 역량, 혹은 신 관념에 대응하는 절대적 사유 역량이 신에게 귀속된다. 따라서 신 관념은 신 안에서 표상적으로 따라 나오는 모든 것의 표상적 원리, 절대적 원리이다. 그러나 **그것의 가능성에 따르면** 신 관념은 그것이 속하는 소산적 자연에만 근

---

20 "*Deum ideam suae essentiae … formare posse.* 신은 자신의 본질에 대한 관념을 … 형성할 수 있다."(E2P5Dem)
21 양태라고 일컬어지는 것은 신 관념이 아니라 무한한 지성이다. E1P31&Dem, *KV*, I, 9장, 3.

거한다. 신 관념은 사유 속성에서만 "형성될" 수 있고, 그것이 의존하는 형상적 원리를 사유 속성에서 발견한다. 정확히 말해 사유 속성이 우리가 신에 대해 절대적으로 무한한 사유 역량을 긍정하는 조건이기 때문에 그렇다. 두 가지 관점, 필연성과 가능성의 구별은 신 관념 이론에서 중요한 것으로 보인다.[22] 실존 및 작용 역량에 대응하는 신의 본성은 **동시에 필연성에도 근거하고 가능성에도 근거한다.** 그것의 가능성은 형상적으로 구별되는 속성들에 의해 확립되고, 그것의 필연성은 존재론적으로는 "하나"인, 동시에 취해진 그 동일 속성들에 의해 확립된다. 신 관념의 경우는 그렇지 않다. 신 관념의 표상적 필연성은 신의 본성 속에서 확립되지만, 그것의 형상적 가능성은 오로지 사유 속성 속에서만 확립된다. 그렇기 때문에 신 관념은 하나의 양태로서 사유 속성에 속한다. 기억하겠지만 신의 역량은 언제나 현실적이다. 그러나 만일 신이 무한 지성을 신 관념의 형상적 존재로서 생산하지 않는다면, 신 관념에 대응하는 사유 역량은 실로 현실적이지 않게 될 것이다. 사실 무한한 지성은 신의 아들, 그리스도라고 불린다.[23] 그런데 신의 지혜, 말씀, 목소리처럼 스피노자가 그리스도에 대해 제시하는 비기독교적 이미지에서, 신의 절대적 본성과 표상적으로 일치하는 측면과, 단지 사유 속성에서만 고려된 신적 본성으로부터 형상적으로 따라 나오는 측면이 서로 구별

---

22 주석가들은 종종 신 관념 혹은 무한한 지성의 여러 측면들을 구별했다. 게오르그 부졸트 (Georg Busolt)는 무한한 지성이 유한한 지적 양태들의 원리로서는 소산적 자연에 속하지만, 그것이 그 자체로 고려되는 한에서는 능산적 자연에 속한다고 상정함으로써 가장 멀리 나아갔다(*Die Grundzüge der Erkenntnisstheorie und Metaphysik Spinoza's, Berlin*, 1895, II, pp. 127 sq.). 하지만 이 구별의 근거가 잘못된 것으로 보이는데, 왜냐하면 신 안에서 표상적으로 따라 나오는 것들의 원리인 한에서, 신 관념은 반대로 능산적 자연에 속해야 할 것이기 때문이다. 그래서 우리는 표상적으로 취해진 신 관념과 형상적으로 취해진 무한한 지성으로 구별하는 것이 보다 합법적이라고 생각한다.

23 *KV*, I, 9장, 3. 「편지 73」(올덴부르그에게, III, p. 226) 참조.

된다.[24] 그래서 스피노자의 신이 자기 자신을 사유하는가의 문제는 무한한 지성이 양태일 뿐임을 상기시키는 한에서는 해결되지 않는 미묘한 문제이다.[25] 왜냐하면 신이 지혜 혹은 앎을 갖는다면, 그것은 자기 자신과 자기 자신의 본성에 대한 앎이며, 신이 필연적으로 자신을 이해한다면, 그것은 자기 자신의 본성에 의한 것이기 때문이다. 따라서 사유 역량 및 자신을 사유하는 역량은 신에게 절대적으로 고유한 것이다. 그런데 신이 자신을 사유하는 관념의 형상적 존재를, 신이 사유 속성 속에서 창조하지 않았다면, 그 역량은 계속 잠재적인 것으로 있을 것이다. 그래서 사유 역량은 신의 본성에 속하지만 신의 지성은 신의 본성에 속하지 않는다. 신은 그가 표상적으로 자신을 이해하는 대로 생산한다. 그러나 자기 자신에 대한 이해는 필연적으로, 생산물로서의 형상을 갖는다.[26]

이것이 사유 속성의 첫 번째 특권이다. 사유 속성에는, 표상적으로 취해진 속성들 자체를 재현하는 양태들이 형상적으로 들어 있다. 이 첫 번째 특권은 거기서 파생하는 다른 특권과 혼동되지 않을 것이다. 특정한 속성에 의존하는 양태는 사유 속성의 어떤 관념에 의해 재현된다. 그러나 그것과 속성을 달리하는 양태[27]는 **다른 관념**에 의해 재현되어야 한

---

24 "우리가 신의 아들이라고 부르는 무한한 지성은 영원으로부터(de toute éternité) 자연 가운데 존재해야 한다. 왜냐하면 신은 영원으로부터 존재했고, 그의 관념 역시 사유하는 것 안에 혹은 그 자체 내에 영원하게 존재해야 하기 때문이다. 그 관념은 표상적으로는 신과 일치한다."(*KV*, II, 22장, 4, 주1 참조)

25 빅토르 브로샤르(Victor Brochard)는 이미 이 점에 관해 의심을 표현했다. *Le Dieu de Spinoza*(Etudes de philosophie ancienne et de philosophie moderne, Vrin), pp. 332~370 참조.

26 따라서 앞에서 개진된 두 테제(신은 그가 자신을 이해하는 대로 생산한다, 신은 그가 생산하는 모든 것을 이해한다)에 세 번째 테제를 덧붙여야 한다. 신은, 그것 아래서 자신을 이해하며 모든 것을 이해하는 형상을 생산한다. 이 세 가지 테제는 근본적인 점에서 일치한다. 즉 무한한 지성은 가능한 것들이 들어 있는 장소가 아니다.

27 (역주) 속성이 다르지만 같은 변양에 속하는 양태.

다. 실제로 이러저러한 속성으로 실존 및 작용 역량을 분유하는 모든 것은 사유 역량도 분유하지만, 동일한 사유 속성으로 그렇게 한다. 슐러가 말하는 것처럼 "사유 속성은 분명 다른 속성들보다 더 큰 외연을 갖는다".[28] 실체의 변양을 가정해 보면, 그것은 [사유 속성 아닌] 다른 속성들 각각에서는 단 한 번만 표현되지만, 무한한 지성에서는, 따라서 사유 속성에서는 무한 번 표현될 것이다.[29] 그리고 사유에서 그것을 표현하는 각각의 관념은 다른 속성이 아닌 바로 그 속성의 양태를 재현할 것이다. 그 결과 이 관념들 간에는, 속성들 자체 간의 혹은 상이한 속성의 양태들 간에 있는 만큼의 구별이 있을 것이다. 그것들은 "어떤 연관"도 갖지 않을 것이다.[30] 따라서 속성들 간의 혹은 상이한 속성의 양태들 간의 실재적-형상적 구별에 상응하는 관념들 간의 표상적 구별이 있을 것이다. 게다가 관념들 간의 이 구별 자체는 우리가 그것을 관념들 자체의 형상적 존재에 관계시키는 한 표상적이면서 형상적일 것이다. 따라서 사유에는, 동일한 속성에 속하지만 그럼에도 불구하고 양태적이 아니라 형상적 혹은 실재적으로 구별되는 양태들이 있을 것이다. 여기서도 이 특권은 사유 속성과 사유 역량과의 특수한 관계를 개입시키지 않으면 이해불가능한 것으로 남을 것이다. 신 관념에서 표상적-형상적 구별은 신의 본성에서 그러하듯이 **실재적-형상적 구별의 필연적 상관물이다.** 그것은 다양한 속성들 혹은 다양한 속성의 대응 양태들을 파악할 때의 무한한 지성의 활동을 지칭한다.

　세 번째, 형상적으로 실존하는 모든 것에는 표상적으로 그것에 대

28 「편지 70」(슐러로부터, III, p. 221).
29 「편지 66」(취른하우스에게, III, p. 207).
30 「편지 66」(취른하우스에게, III, p. 208).

응하는 관념이 있다. 그러나 사유 속성 자체는 실존의 한 형상이고, 모든 관념은 이 사유 속성에서 형상적 존재를 갖는다. 그래서 모든 관념도 다시 그것을 재현하는 어떤 관념의 대상이고, 이 다른 관념은 다시 제3의 관념의 대상이다. 이런 식으로 무한하게 간다. 다시 말해서, 사유 역량을 분유하는 모든 관념이 형상적으로는 사유 속성에 속하는 것이 사실이지만, 역으로 사유 속성에 속하는 모든 관념은 사유 역량을 분유하는 어떤 관념의 대상이다. 그래서 사유 속성은 무한하게 반성되는 관념의 힘capactité의 근거가 된다는 마지막 외견상의 특권을 갖는다. 스피노자가 "관념의 관념은 관념이 그 대상과 맺는 관계와 동일한 관계를 관념과 갖는다"고 말하는 일이 있다. 관념과 그 대상이 두 속성 아래서 생각된 동일한 것인 반면, 관념의 관념과 관념은 하나의 속성 아래서 생각된 동일한 것인 한에서 사람들은 놀라워한다.[31] 그러나 대상과 관념은 단지 두 속성만 참조하는 것이 아니라, 두 가지 역량, 실존 및 작용 역량과 사유 및 인식 역량도 참조한다. 관념과 관념의 관념도 마찬가지이다. 사유 속성은 한편으로는 실존의 형상이고 다른 한편으로는 사유 역량의 조건이기 때문에, 그것들은 하나의 속성을 참조하지만, 또한 두 역량도 참조할 것이다.

따라서 관념의 관념 이론이 상이한 두 방향으로 전개된다는 것을

---

31 E2P21S 참조. 알베르 레옹은 난점을 이렇게 요약한다. "어떻게 이 딜레마로부터 벗어날 것인가? '관념'과 '관념의 관념'은, 사유에 무관한(étranger) 대상과 그 대상을 재현하는 관념의 관계와 동일한 관계에 있는데, 후자의 것들은 상이한 속성의 하나의 동일한 내용에 대한 두 가지 표현이다. 그런데 그것들의 공통적인 내용이 단 하나의 동일한 속성에서 표현되고, 그때 관념의 관념은 고려된 그 관념과 절대적으로 동일한 것이어야 하고, 의식은 사유와 절대적으로 동일한 것이어야 하고, 사유는 의식과 떨어져서 정의될 수 없을 것이다."(Albert Léon, *Les Eléments cartésiens de la doctrine spinowiste sur les rapports de la pensée et de son objet*, p.154)

이해할 수 있다. 우리가 하나를 실존 역량과 관련해서 그것의 형상적 존재에서 고려하고 다른 하나를 사유 역량과 관련해서 그것의 표상적 존재에서 고려하는 한에서, 관념과 관념의 관념은 구별되기 때문이다. 『지성개선론』은 관념의 관념을 첫 번째 관념과 구별되는 다른 관념으로 제시한다.[32] 그러나 다른 한편으로 모든 관념은 사유 역량에 관계된다. 관념의 형상적 존재도 관념이 사유 역량을 분유하는 조건일 뿐이다. 이 관점에서, 동일한 사유 역량에 의해 동일한 필연성을 가지고 신 안에 주어지는 한에서 관념과 관념의 관념의 통일성이 나타난다.[33] 따라서 두 관념 간에는 이제 사고상의 구별만 있다. 관념의 관념은 그 자체로 사유 역량에 관계되는 관념의 형상이다.

**왜 인식론적 평행론을 경유하는 것이 필요했나 ― 오직 신 관념만이 실체의 통일성에서 변양의 통일성이라는 결론을 끌어내는 것을 가능케 한다 ― 표현의 이전**

매우 다른 두 가지 논변, 즉 역량들과 그것들의 동등성과, 속성들과 그것들의 동등성이 구별되면 평행론의 거짓 모순들은 사라진다. 인식론적 평행론은 역량들의 동등성에서 나온다. 존재론적 평행론은 속성들의 동등성(실존 역량과 관련해서)에서 나온다. 그렇지만 여전히 난점이

---

32 *TIE*, 34~35. 다른 관념(*altera idea*) 혹은 다른 표상적 본질(*altera essentia objectiva*)은 세 번 이야기된다. 관념과 관념의 관념의 구별은 삼각형 관념과 원 관념의 구별과 동일시되기조차 한다.
33 E2P21S(관념과 관념의 관념 사이에 단순한 사고상의 구별이 있다는 것에 대해서는 E4P8Dem과 E5P3Dem 참조).

남아 있다. 『윤리학』 2부 정리 7의 주석에는 인식론적 평행론에서 존재론적 평행론으로의 이행이 있다. 스피노자는 이 이행을 단순한 일반화를 통해 해결한다. "그리고 나는 다른 속성들에 대해서도 동일하게 이해한다." 그러나 이 이행을 어떻게 설명할 것인가? (어떤 속성의) 어떤 대상과 (사유 속성의) 어떤 관념이 단 하나의 동일한 사물(개체)이라는 것으로부터, 스피노자는 모든 속성 안의 대상들은 단 하나의 동일한 사물(변양)이라고 결론을 내린다. 그런데 논증은 변양의 통일성이 아니라 반대로 "관념-대상" 쌍들의 환원불가능하고 무한한 복수성으로 우리를 인도하는 것처럼 보일 것이다.

신 관념의 복합적 지위를 고려하지 않으면 난점은 해소되지 않는다. 표상적 필연성의 관점에서 신 관념은 절대적 원리이고, 절대적으로 무한한 실체 못지않은 통일성을 갖는다. 형상적 가능성의 관점에서 신 관념은 사유 속성에서 원리를 발견하는 하나의 양태일 뿐이다. 따라서 신 관념은 실체적 통일성의 무언가를 양태들에게 전달할 수 있다. 실제로 신 관념 자체에서 파생하는 관념들, 즉 무한한 지성의 일부를 이루는 사유의 양태들에는 고유하게 양태적인 통일성이 있을 것이다. 따라서 동일한 변양이 신의 무한한 지성에서 무한히 많은 방식으로 자신을 표현할 것이다. 그렇기 때문에 이 관념들이 재현하는 대상들은 속성만 달리하는 대상들일 것이다. 그들 관념과 마찬가지로 이 대상들은 단 하나의 동일한 변양을 표현할 것이다. 어떤 속성의 양태는 그것을 재현하는 관념과 함께 환원 불가능한 하나의 "개체"를 형성한다. 그리고 사유 속성의 관념 역시 그것이 재현하는 대상과 함께 그렇게 한다. 그러나 이 무한히 많은 개체들은 하나의 변양을 표현한다는 점에서 대응한다. 그래서 동일한 변양이 무한히 많은 양태로 실존할 뿐만 아니라 그 각각이 하나의 양태와 그 양태 관념에 의해 구성되는 무한히 많은 개체들로도 실존한다.

그러나 왜 인식론적 평행론을 경유해야 할까? 왜 실체의 통일성에서 실체적 변양의 통일성이라는 결론을 직접 끌어내지 않는가? 신이 형상적 혹은 실재적으로 구별되는 속성들에서 생산하기 때문이다. 속성들이 자신을 표현하는 것은 분명하지만, 속성들 각각은 궁극적이고 환원 불가능한 형상으로서 독자적으로 자신을 표현한다. 물론 이 모든 것을 고려하면, 생산은 실체 자체에서 따라 나오는 통일성의 혜택을 입는다고 생각하지 않을 수 없는데, 왜냐하면 각각의 속성이 독자적으로 자신을 표현하더라도 신이 모든 속성들에서 동시에 생산한다는 점에는 변함이 없기 때문이다. 따라서 이 모든 것을 고려하면, 동일한 변양을 표현하는 상이한 속성들의 양태들이 있음을 예견할 수 있다. 그렇지만 우리는 그것에 대한 절대적 확신을 갖지는 못한다. 나아가서 우리는 속성들이 있는 만큼의 많은 세계를 생각할 수도 있을 것이다. 어느 한 속성에서 생산되는 것은 다른 속성에서 생산되는 것과 절대적으로 다른 상태로 있을 것이므로, 자연은 그 실체로서 하나이지만 그 변양들로서 다수일 것이다. 양태들도 자신의 일관성consistance, 특수성spécificité을 갖기 때문에, 우리는 양태들이 가질 수 있는 통일성의 특수한 이유를 탐구해야 한다. 칸트는 스피노자가 양태에서 다자가 통일되는 특수한 원리를 찾지 않았다고 비난했다.[34] (그가 생각한 것은 동일한 속성의 양태들의 통일성이지만, 상이한 속성을 갖는 양태들의 변양이 지닌 통일성에 대해서도 동일한 문제가 제기된다.) 그런데 반론은 정당한 것 같지 않다. 스피노자는 특수한 문제인 양태들의 통일성 문제를 완벽하게 자각했고, 또 실체적 통

---

34 Kant, *Critique du Jugement*, §73.

일성에서 양태적 통일성으로의 이행을 설명하기 위해 독창적 원리들에 의존할 필요성도 완벽하게 자각했다.

분명 신 관념은 그것의 이중적 측면에 의해 우리에게 그러한 원리를 제공한다. 우리는 그의 본질을 표현하는 모든 속성들에 의해 구성된 실체의 통일성으로부터, 무한 지성에 포함되지만, 각 속성에서 그것을 표현하는 양태들에 의해 구성된 변양의 통일성으로 이행한다. 왜 신의 속성들만큼 많은 세계가 있지 않은가? 이 물음에 대해 스피노자는 『윤리학』 2부 정리 7의 주석을 참조하라는 말로 대답을 대신한다.[35] 그런데 정확히 말해 이 텍스트는 무한한 지성을 통해 진행하는 논변을 포함하고 있다. (그래서 "몇몇 히브리인들"에 대한 언급이 중요하다.) 신의 지성은 신적 실체 못지않은 통일성을 지니고, 따라서 신의 지성에 의해 이해된 사물들도 신의 지성 자체 못지않은 통일성을 지닌다.

---

35 그 문제를 제기한 것은 슐러이다. (「편지 63」, III, p. 203)

# 8장. 표현과 관념

방법의 첫 번째 측면, 형상적 혹은 반성적 측면:관념의 관념, 우리의 이해 역량에 의해 펼쳐지는 관념 ― 형상과 반성

스피노자의 철학은 "논리학"이다. 이 논리학의 성격과 규칙들이 방법의 대상이 된다. 『지성개선론』의 방법과 논리가 『윤리학』에 고스란히 유지되는지는 중요한 문제다. 그러나 그 문제는 『지성개선론』 자체에 대한 검토에 의해서만 풀릴 수 있다. 그런데 『지성개선론』에서 그것의 구별되는 두 부분이 제시된다. 첫 번째 부분은 방법 혹은 철학의 목적, 사유의 최종 목적에 관련된다. 즉 주로 참된 관념의 형상을 다룬다.[1] 두 번째 부분은 특히 이 목적을 달성하기 위한 수단에 관련된다. 즉 참된 관념의 내용을 다룬다.[2] 목적 달성의 수단은 목적에 의해 미리 결정되기 때문에, 첫 번째 부분에 필연적으로 두 번째 부분이 예견되어 있다. 이 점들 각각을 분석해야 한다.

---

1 *Una methodi pars*(*TIE*, 39), *Praecipua nostrae methodi pars*(106) 참조. 스피노자의 선언들에 따르면, 이 첫 번째 부분의 해명은 91~94에서 끝난다.
2 *Secundam partem*(*TIE*, 91) 그리고 94.

철학의 목적 혹은 방법의 첫 번째 부분은 우리에게 무언가를 인식시키는 것이 아니라 우리에게 우리의 이해 역량을 인식시키는 것, 즉 우리에게 자연을 인식시키는 것이 아니라 우월한 인간 본성을 생각하고 획득하게 하는 것에 있다.[3] 이는 첫 번째 측면에서 방법은 본질적으로 반성적임을 뜻한다. 즉 방법은 오직 순수 지성에 대한 인식에만, 그것의 본성, 그것의 법칙들 및 힘들에 대한 인식에만 있다.[4] "방법은 반성적 인식 혹은 관념의 관념 외에 다른 것이 아니다."[5] 이 점에서 『윤리학』과 『지성개선론』 간에는 어떤 차이도 보이지 않는다. 방법의 이러한 대상은 철학의 최종 목적이기도 하다. 『윤리학』 5부에서 이 목적은 무언가에 대한 인식이 아니라 우리의 이해 역량 혹은 우리의 지성에 대한 인식으로 기술된다. 그리고 그로부터 그 역량의 온전한 실현인 지복의 조건들이 도출된다. 그래서 『윤리학』 5부의 제목이 "지성의 역량 혹은 인간의 자유에 대하여 *De potentia intellectus seu de libertate humana*"이다.

"방법은 반성적 인식 그 자체이기 때문에 우리의 사유를 지도해야 하는 이 원리는 진리의 **형상**을 구성하는 것에 대한 인식 외에 다른 것일 수 없다."[6] 이 형상과 반성의 관계는 무엇인가? 반성적 인식은 관념의 관념이다. 앞에서 보았듯이 관념의 관념과 관념이 구별되는 것은, 우리가 그 형상적 존재의 측면에서 관념을 실존 역량에 관계시키고, 그 표상

---

3 *TIE*, 37(그리고 13 : *Naturam aliquam humanam sua multo firmiorem*[그보다 더 강한 어떤 인간의 본성]).

4 *Vires et potentiam intellectus*(*TIE*, 106) "참된 방법은 어떤 것이어야 하는지, 그리고 참된 방법은 본질적으로 어떤 것인지를, 즉 참된 방법은 순수 지성과 그것의 본성, 그리고 그것의 법칙들의 인식에만 있다는 것을 분명하게 알 수 있다."(「편지 37」, 바우메스터Bouwmeester에게, III, p. 135)

5 *TIE*, 38.

6 *TIE*, 105.

적 존재의 측면에서 관념의 관념을 사유 역량에 관계시키는 한에서이다. 그러나 다른 관점에서 볼 때 형상적 존재로 취해진 관념은 이미 사유 역량에 관계된다. 실제로 관념의 형상적 존재는 사유 속성에서의 관념의 실존이다. 그런데 이 사유 속성은 일종의 실존일 뿐 아니라 우리가 어떤 것에 사유 역량, 이해 역량 혹은 인식 역량을 관련시키는 조건이기도 하다. 사유 속성에서 신은 절대적으로 무한한 사유 역량을 갖는다. 사유 속성 안의 어떤 관념은 규정된 인식 역량 혹은 이해 역량을 갖는다. 어떤 관념에 속하는 이해 역량은, 그 관념을 통해 "설명되는" 한에서의 신 자신의 사유 역량이다. 따라서 관념의 관념은, (절대적 사유 역량의 일부분으로서의) 이해 역량 혹은 인식 역량을 소유하는 한에서, 그것의 형상에서 고려된 관념이다. 이런 의미에서 형상과 반성은 서로를 내포한다.

따라서 형상은 언제나 우리가 **갖는** 관념의 형상이다. 그래도 이 점을 명확히 해야 한다. 진리의 형상만이 있다. 만일 허위에도 형상이 있다면, 거짓을 참으로 착각하는 일, 따라서 우리가 틀리는 일이 불가능할 것이다.[7] 따라서 형상은 언제나 우리가 갖는 참된 관념의 형상이다. 참된 관념이 반성되고 그것의 인식 역량을 반성하기 위해서는 단지 참된 관념을 갖는 것만으로 충분하다. 즉 안다는 것을 알기 위해서는 아는 것만으로 충분하다.[8] 그래서 방법은 우리가 어떤 것이든 참된 관념을 하나는 갖고 있다고 가정한다. 그것은 틀림없이 **참된 관념을 적어도 하나는 갖**

---

7 E2P33Dem 참조.
8 "참된 관념을 가지고 있는 사람은 동시에 자신이 참된 관념을 가지고 있다는 것을 알며 그것의 진리를 의심할 수 없다"(E2P43) 이 구절은 『지성개선론』, 34~35와 완벽하게 일치하며, 그에 따르면 역으로 알기 위해서 안다는 것을 알 필요는 없다.

고 있을 지성의 "본유적 힘"을 가정한다.[9] 방법의 목적은 우리가 그러한 관념을 획득하게 하는 것이 아니라, 우리가 가진 참된 관념에 대해 "반성하게" 하는 것 혹은 우리의 인식 역량을 이해하게 하는 것이다.

그러나 이 반성은 어떠한 것인가? 형상(형식)은 일반적으로 내용과 대립하지 않는다. 형상적 존재가 표상적 혹은 재현적 존재와 대립한다. 즉 관념의 관념은 그것의 재현 대상과 무관하게 그것의 형상에서 관념이다. 실제로 모든 속성들이 그런 것처럼 사유도 자율적이다. 따라서 사유의 양태들인 관념들은 자동적이다. 이는 관념들이 그들의 형상적 존재에서는 오로지 사유 속성에만 의존한다는 것, 즉 "대상과 관계없이" 고려된다는 것을 뜻한다.[10] 따라서 관념의 형상은 관념의 표상적 혹은 재현적 내용과 대립한다. 그러나 그것은 자기가 재현하는 대상과 무관하게 관념 자체가 소유하는 다른 내용과 대립하지는 않는다. 사실 우리는 내용과 관련된, 그러나 또한 관념의 형상과도 관련된 이중의 오류를 경계해야 한다. 진리를 '관념과 그 대상의 대응'으로 정의해 보자. 그것이 우리에게 참된 관념의 형상에 대해서는 아무것도 알려주지 않는다는 것은 확실하다. 관념이 그 대상과 합치한다는 것을 우리가 어떻게 알 수 있겠는가? 그 정의는 참된 관념의 내용에 대해서도 아무것도 알려주지 않는다. 그 정의에 따르면 참된 관념이 거짓된 관념보다 더 많은

---

9 "우리가 참된 관념을 갖고 있기 때문에, 참된 관념은…"(*TIE*, 33). "무엇보다 먼저 **본유적 도구**로서 참된 관념이 우리 안에 실존해야 한다…"(39) 방법에 의해 가정된 이 참된 관념은 특별한 문제를 제기하지 않는다. 즉 "지성의 본유적 힘"에 의해 우리는 참된 관념을 가지며 그것을 식별한다(*TIE*, 31). 그래서 스피노자는 방법이 베이컨이 가르치는 것과 같은 종류의 "정신에 대한 매우 작은 인식(*mentis historialam*)" 외에 다른 아무것도 요하지 않는다고 말할 수 있는 것이다. 「편지 37」(바우메스터에게, III, p. 135, G IV, 189) 참조.
10 E2P21S.

내적 실재성 혹은 완전성을 갖지 않을 것이기 때문이다.[11] 대응으로서의 진리 개념은 우리에게 '참'에 대한 그 어떤 정의도, 질료적이거나 형상적 정의도 주지 않는다. 그것은 단지 명목적 정의, 외생적 명칭만을 제시할 뿐이다. 그런데 혹자는 "명석 판명"이 더 나은 규정, 즉 관념 안에 있는 참된 것의 내적 특징을 우리에게 준다고 생각할지 모른다. 사실은 그렇지 않다. 명석 판명 그 자체는 분명 관념의 내용을 다루지만, 단지 관념의 "표상적" 혹은 "재현적" 내용만 다룰 뿐이다. 마찬가지로 그것은 형상을 다루지만 단지 관념의 "심리적 의식"의 형상만 다룰 뿐이다. **그래서 명석 판명은 우리에게 참된 관념, 정확히는 방법이 가정하는 참된 관념을 확인시켜 줄 수는 있지만,** 그 관념의 질료적 내용이나 논리적 형상에 대한 인식은 주지 않는다. 더구나 명석 판명은 형상과 내용의 이원성을 넘어설 수 없다. 데카르트의 명석함은 단일한 것이 아니라 이중적이다. 데카르트 자신이 우리에게 다음 두 가지 것을 구별할 것을 권한다. 우선 질료적 명증성, 일종의 관념의 표상적 내용의 명석 판명함이 있고, 그리고 형상적 명증성, 그 관념에 대한 우리의 믿음의 "이유"와 관련된 명석함이 있다.[12] 이 이원론이 데카르트의 지성과 의지의 분할로 연장된다. 요컨대 데카르트주의는 관념의 질료적 내용으로서의 참의 내용과 논리적 형상으로서의 '참'의 형상을 생각하지 못할 뿐만 아니라, 그 둘의 동일성을 내포하는 "정신적 자동기계"의 위치에까지 이르지 못한다.

---

11 *KV*, II, 15장, 2 참조.
12 두 번째 반박에 대한 답변에서 데카르트는 일반적 원리를 제시한다. "우리가 우리의 믿음을 주는 **질료**나 사물과 그것에 믿음을 부여하는 우리의 의지를 움직이는 **형상** 이유를 구별해야 한다."(AT IX, p. 115) 데카르트에 따르면 이 원리는, 질료(종교의 질료)의 모호함에도 불구하고 우리는 동의의 명석한 이유(은총의 빛)를 갖고 있음을 설명해 준다. 그런데 이는 자연적 인식의 경우에도 적용된다. 명석·판명한 질료는 우리의 믿음의, 그 자체 명석 판명한 형상 이유(자연의 빛)와 혼동되지 않는다.

심리적 의식의 형상과 혼동되지 않는, 논리적 형식주의formalisme가 있다. 재현적 내용과 혼동되지 않는, 관념의 질료적 내용이 있다. 이 참된 형상과 내용에만 이르면 그와 동시에 형상과 내용의 통일, 즉 "정신적 자동기계"로서의 영혼 혹은 지성을 생각할 수 있다. **진리의 형상으로서 형상은 어떤 참된 관념의 내용과 일체가 된다.** 우리가 가진 참된 관념의 내용을 사유함으로써, 우리는 그 관념을 그것의 형상에서 반성하고 우리의 인식 역량을 이해한다. 이상으로부터 왜 방법이 두 번째 부분을 포함하는지, 그리고 왜 첫 번째 부분이 필연적으로 두 번째 부분을 예견하는지 알 수 있다. 방법의 첫 번째 부분 혹은 최종 목적은 참된 관념의 형상, 관념의 관념 혹은 반성적 관념에 관련된다. 두 번째 부분은 참된 관념의 내용, 즉 적합한 관념에 관련된다. 이 두 번째 부분은 목적에 종속된 수단이자 또한 목적 실현이 의존하는 수단이기도 하다. 그것은 이렇게 묻는다. 관념의 내용, 즉 적합한 것으로서의 관념은 어떠한 것인가?

두 번째 측면으로의 이행 ─ 방법의 두 번째 측면, 질료적 혹은 발생적 측면:참된 관념의 내용, 적합한 관념, 자기 자신의 원인을 표현하는 관념 ─ 적합한 관념과 발생적 정의 ─ 허구의 역할 ─ 발생은 어떻게 우리를 신 관념으로 인도하는가 ─ 세 번째 측면으로의 이행:신 관념에 가능한 한 빨리 도달하기 ─ 방법의 세 번째 측면:형식과 내용의 통일, 정신적 자동기계, 연쇄 ─ 표현과 재현

참된 관념은 형상의 관점에서는 관념의 관념이고, 질료의 관점에서는 적합한 관념이다. 관념의 관념이 **반성적 관념**으로 정의되는 것과 마찬가지로, 적합한 관념은 **표현적 관념**으로 정의된다. 스피노자에게 "적합한adéquate"이란 용어는 관념과 그 관념이 재현하는 혹은 지칭하

는 대상과의 대응을 의미하는 것이 아니라, 관념과 그 관념이 표현하는 어떤 것과의 내적인 합치를 의미한다. 관념은 무엇을 표현하는가? 우선 관념을 어떤 사물에 대한 인식으로 생각해 보자. 그것은 그 사물의 본질과 관련되는 한에서만 참된 인식이다. 즉 그 관념은 그 본질을 "설명해야" 한다. 그런데 관념은 사물을 그것의 근접인을 통해 이해하는 한에서만 그 본질을 설명한다. 즉 관념은 그 원인 자체를 "표현해야" 하고, 다시 말해 원인에 대한 인식을 "함축해야" 한다.[13] 이 인식 개념은 전적으로 아리스토텔레스적이다. 스피노자가 말하려는 것은 단지 인식된 결과가 원인들에 의존한다는 것이 아니다. 아리스토텔레스의 방식으로 그가 말하려는 것은 결과에 대한 인식 자체가 원인에 대한 인식에 의존한다는 것이다. 그러나 이 아리스토텔레스적 원리는 평행론적 영감에 의해 갱신된다. 인식이 그렇게 원인에서 결과로 가는 것은 자율적인 사유의 법칙으로, 모든 관념들이 의존하는 절대적 역량의 표현으로 이해되어야 한다. 따라서 그것은 결국 표상적으로 취해진 결과에 대한 인식이 원인에 대한 인식을 "함축한다"는, 혹은 형상적으로 취해진 관념이 자기 자신의 원인을 "표현한다"는 말이다.[14] **적합한 관념은 정확히 말해서 자신의 원인을 표현하는 관념이다.** 이런 의미에서 스피노자는 그의 방법이, 한 관념이 다른 관념의 "완전한 원인"이 되는 관념들의 상호 연쇄 가능성에 근거한다는 것을 상기시킨다.[15] 명석 판명한 관념에 그치는 한, 우리는 결과에 대한 인식만을 갖고, 다르게 말하자면 사물의 특성만

---

13 정의(혹은 개념)는 본질을 **설명하며** 근접 원인을 **포함한다**(comprend).(*TIE*, 95~96) 그것은 작용인을 **표현한다**.(「편지 60」, 취른하우스에게, III, p. 200) 결과의 인식(관념)은 원인의 인식을 **함축한다**.(E1Ax4, E2P7Dem)

14 "결과에 대한 인식은 오직 원인에 대한 보다 완전한 인식을 획득하는 것에 있다."(*TIE*, 92)

15 「편지 37」(바우메스터에게, III, p. 135). 그러한 것이 지성적 연쇄(*concatenatio intellectus*)이다(*TIE*, 95).

을 인식한다.[16] 표현적 관념으로서 적합한 관념만이 우리에게 원인을 통한 인식을 하게 하고, 혹은 사물의 본질에 대한 인식을 하게 한다.

이상으로부터 방법의 두 번째 부분이 어떤 것인지 알 수 있다. 우리는 언제나 참된 관념을 소유한다고 가정되었고, 우리는 그것을 분명하게 안다. 그러나 지성의 "본유적 힘"이 우리에게 이러한 앎과 소유를 보장한다 할지라도, 우리는 여전히 운*fortuna*에 좌우된다. 우리는 아직 적합한 관념을 갖고 있지 않다. 방법의 문제 전체는 이것이 된다. 어떻게 우리의 참된 사유들을 운에서 떼어놓을 것인가? 즉 어떻게 참된 사유를 다른 적합한 관념들로 연쇄되는 적합한 관념으로 만들 것인가? 우리는 참된 관념에서 출발한다. 우리의 목적을 고려하면, 예컨대 구(또는 원) 관념처럼 자연에 그 대상이 없기에 명백하게 우리의 사유 역량에 의존하는 명석 판명한 참된 관념을 선택하는 게 유리하다.[17] 우리는 그 관념을 적합하게 만들어야 하고, 따라서 그 관념을 그것의 원인과 결부시켜야 한다. 문제는 데카르트의 방법처럼 결과에서 출발하여 원인을 인식하는 것이 아니다. 그러한 방식에서 우리는 정확히 결과에서 고찰하는 것 말고는 원인에 대한 어떤 인식도 가질 수 없다. 반대로 원인에 대한 보다 완전한 인식 자체를 통해 우리가 결과에 대해 갖는 인식을 이해하는 것이 문제다.

어쨌든 인식된 결과, 즉 주어졌다고 가정된 관념에서 출발하지 않느냐는 반론이 제기될 수 있다.[18] 그러나 우리는 결과의 특성들에서, 그 결과와 관련하여 일종의 필요조건들일 뿐인 원인의 몇몇 특성들로 가

---

16 *TIE*, 19와 21(명석 판명한 관념의 불충분성에 대해서는 다음 장 참조).

17 *TIE*, 72.

18 예컨대 우리는 모든 반지름이 똑같은 도형으로서 원의 관념을 갖고 있다. 그런데 이는 단지 원의 한 '특성'에 대한 명석한 관념일 뿐이다(*TIE*, 95). 마찬가지로 지성의 정의에 대한 최종 연구에서 우리는 **명석하게 인식된 지성의 특성들**에서 출발해야 했다.(*TIE*, 106~110) 앞서 보았듯이 이러한 것이 방법의 **필수조건**(requisit)이다.

지 않는다. 결과에서 출발해서 우리는 비록 "허구"를 통해서이기는 하지만, 원인을 모든 특성들(그 결과가 소유한다고 우리가 생각하는 모든 특성들)의 **충분이유**로 규정한다.[19] 우리가 원인을 **통해** 인식한다는 것 혹은 원인이 결과보다 더 잘 인식된다는 것은 이런 의미에서이다. 데카르트의 방법은 역행적이고 분석적인 방법이다. 스피노자의 방법은 반성적이고 종합적인 방법이다. 원인에 대한 인식을 통해 결과에 대한 인식을 이해하기 때문에 반성적이고, 충분이유로서의 인식된 원인으로부터 결과의 모든 특성들을 발생시키기 때문에 종합적이다. 우리가 그것의 몇몇 특성들을 명석하게 생각하는 사물에 대해서 **발생적** 정의(적어도 인식된 모든 특성들 혹은 우리가 인식하지 못하는 다른 특성들까지, 그로부터 도출되는 정의)를 내리는 한에서, 우리는 적합한 관념을 갖는다. 스피노자에서 수학만이 그러한 발생 과정의 역할을 담당한다는 지적이 종종 있었다.[20] 충분이유로서의 원인은, 그것이 주어지면 사물의 모든 특성들도 같이 주어지고, 그것이 제거되면 사물의 모든 특성들도 같이 제거되는 것이다.[21] 우리는 선의 운동에 의해 면을, 한쪽 끝이 고정된 선의 운동에 의해 원을, 반원의 운동에 의해 구를 정의한다. 사물에 대한 정의가 피정의항의 작용인 또는 발생을 표현하는 한에서, 사물의 관념 자체는 자기 자신의 원인을 표현하는 것이고, 우리가 관념을 적합한 것으로 만드는 것이다. 스피노자가 방법의 두 번째 부분은 우선 정의 이론에 해당한다고 말

---

19 그래서 똑같은 반지름들을 갖는 도형으로서의 원**으로부터** 우리는 원인의 **허구**를 형성한다. 즉 직선이 그것의 한 끝점을 축으로 움직인다고 가정한다. 임의로 허구를 형성한다(*fingo ad libitum*). (*TIE*, 72)

20 수학에서 스피노자의 관심을 끄는 것은 데카르트의 분석 기하학이 아니라 유클리드의 종합적 방법과 홉스의 발생적 개념들이었다. *Lewis Robinson, Kommentar zu Spinozas Ethik*, Leipzig, 1928, pp. 270~273 참조.

21 *TIE*, 110.

하는 것은 이런 의미에서다. "방법의 이 두 번째 부분 전체에서 주안점은 오로지 좋은 정의의 조건들에 대한 인식에 있다…."[22]

이상에 따르면 스피노자의 방법은 이미 어떤 분석적 방식과도 구별된다. 그렇지만 스피노자의 방법에도 역행적 외관이 없지 않다. 우리가 우선 어떤 관념을 "가정하기" 때문에, 우리가 결과에 대한 가정된 인식에서 출발하기 때문에, 반성은 분석과 동일한 외관을 지닌다. 우리는 원의 몇몇 특성들을 명석하게 인식했다고 가정한다. 그 다음 우리는 그로부터 모든 특성들이 도출되는 충분이유로 올라간다. 그러나 원의 이유를 한쪽 끝을 축으로 하는 선의 운동으로 규정한다 해도, 우리가 자기 자신에 의해서 혹은 "절대적으로" 형성된 사유에 도달한 것은 아니다. 그러한 운동은 선 개념 안에 들어 있지 않고, 그 운동 자체는 **허구적**이며, 그것을 규정하는 원인을 요청하기 때문이다. 그래서 방법의 두 번째 부분은 우선은 정의 이론이지만, 정의 이론으로 환원되지 않는다. 마지막 문제는 이렇게 제시된다. **우리의 출발점이었던 가정을 어떻게 쫓아낼 것인가?** 그렇게 해서 허구적 연쇄에서 어떻게 벗어날 것인가? 수학적인 것들 혹은 사고상의 존재들의 층위에 머물러 있지 않고, 실재 자체를 어떻게 건설할 것인가? 우리는 가설에서 출발해서 원리의 자리에 도달한다. 그러나 원리는 완전히 가설에서 벗어나서, 스스로를 정초하고 우리가 원리에 도달케 하는 운동의 근거도 제공해야 한다. 원리는 그것을 발견하기 위해 우리가 출발점으로 삼았던 전제를 **가능한 한 빨리** 무효로 만들어야 한다. 데카르트에 반대한 스피노자의 방법은 칸트에 반발한 피히테의 문제와 대단히 유사한 문제를 제기한다.[23]

22 *TIE*, 94.
23 칸트 못지않게 피히테도 "가설"에서 출발한다. 그러나 칸트와는 반대로 피히테는 출발점의

스피노자는 자신이 "자연의 진리들"을 마땅한 순서(질서)로 직접 제시할 수 없다는 것을 알았다.[24] 즉 스피노자는, '실재'가 단지 사유 역량에 의해서 재생산될 수 있게 관념들이 연쇄되어야 하는데, 그러한 방식으로 관념들을 직접 연쇄시킬 수 없었다. 여기서 보이는 것은 방법의 불충분성이 아니라, 스피노자의 방법이 요청하는 것, 시간이 걸리는 그 방법의 방식이다. 왜냐하면 스피노자는 그가 그로부터 모든 관념이 마땅한 순서로 도출되는 절대적 원리에 아주 빨리 도달할 수 있다는 것 또한 알기 때문이다. 방법은 우리가 완전한 존재에 대한 관념을 소유할 때만 완전할 것이다. "따라서 처음부터 우리가 그러한 존재에 대한 인식에 가능한 한 빨리 도달하도록 주의를 기울여야 할 것이다." "우리는 될 수 있는 한 빨리 제1요소들, 즉 자연의 근원과 기원에서 시작해야" 한다. "순서에 맞게, 그리고 우리의 모든 지각들이 순서지워지고 통합될 수

가설을 사라지게 만드는 절대적 원리에 도달하고자 한다. 그래서 원리가 발견되자마자 소여는 소여의 구성에, "가언 판단"은 "정언 판단"에, 분석은 발생에 자리를 양보해야 한다. 게루(M. Gueroult)는 매우 적절하게 말한다. "어떠한 순간에든 [앎의 학설은 — 필자] 원리가 자기 자신에만 의존해야 하기 때문에 분석적 방법이 그 자신의 제거 이외에 목적을 추구해서는 안 된다고 단언한다. 따라서 그것은 모든 효력이 구성적 방법에만 남아 있어야 한다는 것을 잘 이해한다." (*L'Evolution et la structure de la Doctrine de la science chez Fichte*, Les Belle-Lettres, 1930, t. I, p.174)

24 스피노자는 "마땅한 순서(*debito ordine*)"를 내세웠다(*TIE*, 44). 46에서 그는 이렇게 덧붙인다. "일단 진리 자체가 자신을 드러낸다고 말했을 때, 왜 내 자신이 우선 무엇보다도 그 순서로 자연의 진리들을 해명하지 못했냐고 누군가 우연히 묻는다면, 나는 그에게 대답함과 동시에 권한다. … 우선 우리의 증명의 순서를 고려하라고 말이다." 대부분의 번역자들은 이 마지막 원문에 누락이 있다고 가정한다. 그리고 그들은 스피노자가 스스로에게 "적절한 반론"을 제기한다고 생각한다. 그들은, 더 나중에 『윤리학』에서야 스피노자가 "마땅한 순서로" 진리들을 해명할 수단을 찾았다고 생각한다(Koyré, trad. du *TIE*, Vrin, p. 105 참조). 그러나 우리가 보기에는 조금의 누락도 없는 것 같다. 스피노자는, 마땅한 순서는 증명들의 순서에 있어 특정한 순간에만 도달할 수 있는 것이기 때문에 자기가 처음부터 그러한 순서를 따를 수는 없다고 말한다. 18장에서 보겠지만 『윤리학』은 그 점을 수정하기는커녕 오히려 그것을 엄격하게 유지한다.

있도록, 될 수 있는 한 그리고 이성이 요구하는 만큼 빨리, 모든 사물들의 원인인 존재가, 그래서 그것의 표상적 본질이 또한 우리의 모든 관념들의 원인인 존재가 있는지, 또 있다면 그것이 어떤 것인지 우리는 탐구해야 한다."[25] 해석자들은 이 텍스트들을 변형하기도 한다. 또한 그 텍스트들을 마치 스피노자의 사유에서 불완전한 시기와 관계되는 것처럼 설명하는 일도 있다. 그러나 사실은 그렇지 않다. 신 관념에서 출발할 수 없는 것, 처음부터 신 안에 자리 잡을 수 없는 것은 스피노자주의에서 일관적이다. 『윤리학』과 『지성개선론』의 차이는 실재적이지만, 차이가 이 점에 관한 것은 아니다(차이는 단지 가능한 한 빨리 신 관념에 도달하기 위해 사용되는 수단에 있을 뿐이다).

『지성개선론』의 이론은 무엇인가? 무한 역행, 즉 자기 자신의 본성에 의해 실존하지 않는 사물들의 무한한 연쇄 혹은 그들의 관념들이 자기 자신에 의해 형성되지 않는 사물들의 무한한 연쇄를 고려하면, 그 역행 개념이 전혀 불합리하지 않다는 것을 우리는 인정한다. 그러나 동시에 (이것이 고전주의 시대의 후험적 증명의 참된 의미이다) 이 점을 인정하지 않는 것은 불합리할 것이다. 그들의 본성에 의해 실존하지 않는 사물들은, 자기 자신에 의해 필연적으로 실존하고 결과들을 산출하는 사물에 의해 실존하도록(그리고 그 결과를 산출하도록) 결정된다. 어떤 원인이 그의 결과를 산출하도록 결정하는 것은 언제나 신이다. 사실 신은 엄밀한 의미에서 "원인遠因" 혹은 "원격遠隔 원인"이 아니다.[26] 따라서 우리는 신 관념에서 출발하지는 않지만, 역행을 시작하자마자 아주 빨리 그것에

---

25 *TIE*, 49, 75, 99. (이 마지막 원문에서도, 많은 번역자들은 "이성이 요구하는*et ratio postulat*"이라는 구절이 문장 전체에 걸리게 하기 위해서 그것의 위치를 바꾼다.)
26 E1P26.

도달한다. 그렇지 않으면 우리는 계열의 가능성과 실효성과 현실성을 이해할 수조차 없을 것이다. 따라서 우리가 허구를 경유한다는 것은 문제될 게 없다. 그리고 심지어 무한 역행의 함정에 빠지지 않고 가능한 한 빨리 신 관념에 도달하기 위해서는 허구를 도입하는 것이 유리할 수도 있다. 예컨대 구를 생각해 보자. 우리는 자연 안에 그에 대응하는 대상이 없는 관념을 형성한다. 우리는 반원의 운동으로 그것을 설명한다. 자연에 그런 방식으로 산출되는 것이 없기 때문에 이 원인은 분명 허구적이다. 그럼에도 불구하고 그것은 "참된 지각"인데, 반원이 움직이도록 관념적으로 결정하는, 즉 이 원인이 구 관념을 산출하도록 결정하는 원리로서의 신 관념과 결합되는 한에서 그렇다.

그런데 우리가 그렇게 신 관념에 도달하는 순간 모든 것이 변한다. 왜냐하면 우리가 신 관념을 그 자체로 그리고 절대적으로 형성하기 때문이다. "만일 신 또는 어떤 전지적 존재가 있다면, 그는 절대로 어떤 허구도 형성할 수 없다."[27] 신 관념으로부터 우리는 모든 관념들을 "마땅한 순서 속에서" 차례차례 연역한다. 그 순서는 이제 순행적인 종합의 순서일 뿐만 아니라, 그 순서로 취해질 때 관념들은 더 이상 사고상의 존재가 아니고 어떤 허구도 배제한다. 그것은 필연적으로 "실재적 혹은 참된 사물"의 관념들, 자연 안에 대응하는 사물들이 있는 관념들이다.[28] 신 관념으로부터 관념들의 생산은 그 자체로 자연의 사물들의 재생산이다. 관념들의 연쇄는 사물들의 연쇄를 모사할 필요가 없다. 신 관념으로부터 관념들이 그 자체로 생산되는 한에서 관념들의 연쇄는 사물들

---

27 *TIE*, 54.
28 "…신의 본질에 의해 생각되는 한에서 사물들을 실재적으로 생각하는 것…"(E5P30Dem) 참조.

의 연쇄를 자동적으로 재생산한다.[29]

관념들이 어떤 사물을 "재현하는" 것은 틀림없지만, 정확히 말하면 그것은 관념들이 그들의 원인을 "표현"하고 그 원인을 결정하는 신의 본질을 표현하기 때문에 그 사물들을 재현한다. 모든 관념들은 신의 본질을 표현 또는 함축하며 그런 한에서 실재하는 사물들 혹은 참된 사물들의 관념들이라고 스피노자는 말한다.[30] 우리는 가능한한 빨리 신 관념에 이르기 위해서 참된 관념을 그것의 원인과 결부시키는 (심지어 허구에 의해서) 역행 과정 속에 더 이상 있지 않다. 그 과정은 단지 권리상으로만 참된 관념의 내용을 결정했다. 우리는 이제 어떤 허구도 배제하고, 실재하는 어떤 존재에서 실재하는 다른 존재로 가며, 신 관념으로부터 차례차례 관념들을 연역하는 순행적 방식을 따른다. 그래서 관념들은 그들의 고유한 내용에 따라 서로 연쇄된다. 게다가 그것들의 내용이 이 연쇄에 의해 규정된다. **우리는 형상과 내용의 동일성을 파악한다.** 우리는 관념들의 연쇄가 실재성 자체를 재생산한다는 것을 확신한다. 이 연역이 세부적으로 어떻게 이루어지는지는 나중에 볼 것이다. 지금으로서는 절대적 원리로서 신 관념이, 우리가 그것에까지 이르기 위해서 출발점으로 삼았던 가설에서 벗어나서 실재의 구성과 동일한 것인 적합한 관념들의 연쇄에 근거를 제공한다는 것을 고려하는 것만으로 충분하다. 따라서 방법의 두 번째 부분은 발생적 정의 이론에 그치지 않고 생산적 연역 이론에서 끝나야 한다.

---

29 *TIE*, 42.
30 "현실적으로 실존하는 어떤 물체 혹은 개별 사물의 모든 관념은 신의 영원하고 무한한 본질을 필연적으로 함축한다."(E2P45) 그 주석과 E5P29S에서, 스피노자는 현실적으로 실존하는 사물들이 "참된 혹은 실재적인" 사물들을 지칭하는데, 그 사물들은 신의 본성으로부터 따라 나오고, 따라서 그것들의 관념들은 적합한 관념이라는 것을 명확히 하고 있다.

따라서 스피노자의 방법은 하나가 다른 것들에 의해 긴밀하게 내포되는 세 개의 큰 챕터로 이루어진다. 방법의 첫 번째 부분은 사유의 목적에 관련된다. 사유의 목적은 어떤 사물을 인식하는 것이 아니라 우리의 인식 역량을 인식하는 데 있다. 이 관점에서 사유는 그것의 형상에서 고려된다. 참된 관념의 형상은 관념의 관념 혹은 반성적 관념이다. 진리에 대한 형상적 정의는 다음과 같다. 참된 관념은 **우리의 인식 역량에 의해 설명되는 한에서의 관념**이다. 이 첫 번째 측면에서 방법은 그 자체 반성적이다.

방법의 두 번째 부분은 이 목적의 실현 수단과 관련이 있다. 어떤 참된 관념이 주어진다고 가정되지만 우리는 그것을 적합한 관념으로 만들어야 한다. 적합성은 참의 질료를 구성한다. 적합한 관념에 대한 정의(진리에 대한 질료적 정의)는 이렇게 제시된다. 그것은 **자기 자신의 원인을 표현하는 한에서의, 그리고 그 원인을 결정하는 것으로서 신의 본질을 표현하는 한에서의 관념**이다. 따라서 적합한 관념은 표현적 관념이다. 이 두 번째 측면에서 방법은 발생적이다. 관념의 원인이 그 사물의 모든 특성들의 충분이유로서 결정된다. 방법의 이 부분이 우리를 최고의 사유로 데려간다. 즉 우리를 가능한 한 빨리 신의 관념으로 인도한다.

두 번째 부분은 형상과 내용, 목적과 수단의 통일에 관련된 세 번째이자 마지막 챕터에서 끝난다. 아리스토텔레스처럼 스피노자의 철학에서도 형상적 정의와 질료적 정의 일반이 완전한 정의의 실재적 통일을 분할한다. 관념과 관념의 관념 간에는 사고상의 구별만 있다. 즉 반성적 관념과 표현적 관념은 사실은 단 하나의 동일한 것이다.

이러한 통일성을 어떻게 이해할 것인가? 관념은 그것이 재현하는 대상을 원인으로 갖지 않으며, 반대로 관념은 그것이 **자기 자신의 원인**을 표현하기 때문에 대상을 재현한다. 따라서 사유 역량만 참조하는, 재현적이 아니라 표현적인 내용인 관념의 내용이 있다. 그러나 사유 역량은 관념 자체의 형상을 구성하는 것이다. 둘의 구체적 통일은 모든 관념들이, 질료적으로는 신 관념에서 시작하고, 형상적으로는 하나의 사유 역량 아래에서, 서로 연역될 때 나타난다. 이 관점에서 방법은 연역적이다. 논리적 형상으로서 형상과 표현적 내용으로서 내용이 관념들의 연쇄 속에서 통합된다. 스피노자가 연쇄 속의 이 통일을 얼마나 강조하는지를 눈여겨봐야 한다. 방법은 우리에게 무언가를 인식시키기 위한 것이 아니라 우리의 이해 역량을 인식시키기 위한 것이라고 말하는 순간에도, 스피노자는 서로 연결된 가능한 많은 사물들을 인식하는 한에서만 우리는 우리의 이해 역량을 인식한다고 덧붙인다.[31] 역으로 우리의 관념들이 서로의 원인이라는 것을 보여 줄 때, 그로부터 그는 모든 관념들은 우리의 이해 역량 혹은 사유 역량을 원인으로 갖는다는 결론을 내린다.[32] 그런데 특히 "정신적 자동기계"라는 용어에서 그 통일이 나타난다. 영혼은 일종의 정신적 자동기계이다. 즉 사유할 때 우리는, 참된 관념의 형상과 내용을 동시에 결정하며, 우리가 관념들을 그것들 자체의 원인들에 따라서 그리고 우리 자신의 역량에 따라서 연쇄되게 만드는 법칙들인 사유의 법칙들에만 복종한다. 그 결과 우리는 우리의 이해 역량에 들어오는 모든 것들을 원인들에 의해서 인식하지 않고서는 우리의 이해 역량을 인식하지 않는다.[33]

---

31 *TIE*, 40~41.

32 「편지 37」(바우메스터에게, III, p. 135).

33 "정신적 자동기계"는 *TIE*, 85에 나온다. 라이프니츠 자신은 1695년의 『신체계(*Systeme nouveau*)』 이전까지 그 표현을 사용하지 않았고, 이를 스피노자로부터 차용한 것 같다. 라이프니츠와 스피노자에게 정신적 자동기계는, 해석의 차이가 있지만, 공통적인 측면을 갖는다. 그것은 관념의 새로운 논리적 형상, 관념의 새로운 표현적 내용, 그리고 그 형상과 그 내용의 통일을 지칭한다.

### 진리에 대한 질료적 정의와 형상적 정의 ─ 표현, 적합한 관념과 반성적 관념 ─신 관념의 적합성

어떤 의미에서 신 관념은 "참된" 관념인가? 신 관념이 자기 자신의 원인을 표현한다고 말하지 않을 것이다. 절대적으로 즉 다른 관념의 도움 없이 형성된 신 관념은 **무한**을 **표현**한다. 따라서 신 관념에 관해 스피노자는 이렇게 선언한다. "참된 사유의 형상은 다른 사유들과 아무 관계없이 그 사유 자체에 있어야 한다."[34] 그렇지만 스피노자가 그러한 원리의 적용을 신 관념에 국한하지 않고 모든 사유로 확장하는 것은 이상해 보일 수 있다. 거기서 그는 이렇게 덧붙인다. "참된 사유가 사물을 그것의 제1원인을 통해 인식하는 것이라는 점에서 (참과 거짓의) 차이가 기인하거나, 그러한 점에서 참된 사유와 거짓 사유가 이미 크게 차이나고 있다고 말해서는 안 된다." 우리는 이 모호한 텍스트를 다음과 같이 해석해야 한다고 믿는다. 즉 스피노자는 참된 인식이 원인에 의해 이루어진다는 것을 인정하지만, 거기에는 여전히 참에 대한 질료적 정의만 있다고 평가한다. 적합한 관념이란 원인을 표현하는 관념이다. 그런데 우리는 아직 참의 형상을 구성하는 것, 진리 자체에 형상적 정의를 주는 것이 무엇인지 알지 못한다. 다른 곳에서처럼 여기서도 우리는 **자신을 표현하는 것**과 **표현된 것**을 절대로 혼동해서는 안 된다. 표현된 것은 원인이지만, 자신을 표현하는 것은 언제나 우리의 인식 역량 혹은 이해 역량, 우리 지성의 역량이다. 그래서 스피노자는 "참된 사유의 형상을 구성하는 것은 그 사유 자체에서 찾아야 하며, 지성의 본성으로부터 연역

---

34 *TIE*, 70~71 참조.

해야 한다"[35]고 말한다. 또한 3종 인식은 영혼 또는 지성 자체 외에 다른 형상 원인을 갖지 않는다고도 말한다.[36] 신 관념의 경우도 마찬가지이다. 표현된 것은 무한자이지만 자신을 표현하는 것은 절대적 사유 역량이다. 따라서 관념들의 연쇄가 드러내는 형상과 질료의 구체적 통일을 이해하기 위해서 결국 형상의 관점을 질료의 관점과 결합해야 했다. 오직 이 방식으로만 우리는 '참'에 대한 완전한 정의에 이르게 되고 관념에서의 표현 현상 전체를 이해하게 된다. 신 관념뿐만 아니라 모든 관념들이 형상적으로 사유 역량을 통해 설명된다. 표현된 것이 자신을 표현하는 것에 관계되거나 귀속되는 것처럼 관념의 내용은 형상에서 반성된다. 모든 관념들은 질료적으로 신 관념에서 따라나오고 동시에 형상적으로 사유 역량에서 따라 나온다. 관념들의 연쇄는 이 두 가지 도출의 통일을 표현한다.

우리는 절대적 사유 역량을 분유하는 한에서만 인식, 이해 혹은 사유 역량을 갖는다. 이는 우리의 영혼이 사유 속성의 한 양태이자 동시에 무한한 지성의 일부임을 내포한다. 이 두 가지 점은 '우리가 신에 대해 갖는 관념의 본성은 무엇인가'라는 고전주의 시대의 문제와 관련이 있으며 그것을 갱신한다. 예컨대 데카르트에 따르면 우리는 신을 "이해하지comprendre" 못하지만 그럼에도 불구하고 신에 대한 명석 판명한 관념을 갖고 있다. 사실 우리는 비록 소극적으로이긴 하지만 무한성을 "알고entendre", 비록 부분적으로이긴 하지만 무한한 것을 적극적으로 "생각한다concevons". 따라서 신에 대한 우리의 인식은 다음 두 가지 방식으로만 제한된다. 신에 대한 우리의 인식은 우리가 신 전체를 인식하지 못하

35 *TIE*, 71.
36 E5P31.

기 때문에 제한되고, 우리가 신에 대해 인식한 것이 어떻게 신의 탁월한 통일성 안에서 포함될 수 있는지 알지 못하기 때문에 제한된다.[37] 물론 스피노자가 모든 제한을 제거한다고 말할 수는 없다. 그러나 데카르트의 방식과 유사한 방식으로 자신을 표현할 때가 있기는 하지만, 그럼에도 불구하고 스피노자는 우리 인식의 한계들을 완전히 새로운 맥락에서 해석한다.

한편으로 데카르트의 개념화 방식에는 유비의 방법들에서 항상 발견되는 부정과 긍정의 혼합이 나타난다(우리는 일의성에 반대하는 데카르트의 명시적 선언들을 기억한다). 반대로 스피노자의 탁월성에 대한 급진적인 비판, 그리고 속성들의 일의성이라는 설정은 다음과 같은 즉각적인 귀결로 이어진다. 우리의 신 관념은 단지 명석 판명할 뿐만 아니라 적합하기도 하다. 실제로 우리가 신에 대해 인식하는 것들은 우리가 그것들을 인식할 때와 동일한 형상, 즉 그것들을 소유하는 신과 그것들을 내포하고 인식하는 피조물들에 공통적인 형상으로 신에게 속한다. 그렇다고 해도 데카르트의 관점에서 그런 것처럼 스피노자의 관점에서도 우리가 신의 일부분만 인식한다는 점에는 변함이 없다. 우리의 신체는 연장 속성 외에 다른 아무것도 내포하지 않고 우리의 관념은 사유 속성 외에 다른 아무것도 내포하지 않기 때문에, 우리는 그 형상들 중 두 가지 형상, 두 가지 속성들만 인식한다. "그리고 그 결과 신체에 대한 관념은 신이 연장 속성으로 고려되는 한에서만 신에 대한 인식을 함축한다.

---

37 (소극적으로 이해된) 무한성과 (적극적으로 생각되지만, 전체적으로 생각되지는 않는) 무한한 것 간의 구별에 대해서는, Descartes, *Réponses aux premières objections*, AT IX, p.90 참조 (원석영, 48쪽). 네 번째 답변에서 완전한 개념과 전체적 개념에 대한 데카르트의 구별은 어느 정도는 신의 인식의 문제에도 적용된다. 4성찰은 우리가 신에 대한 전체적 인식을 갖고 있지 않지만, "완전한 존재"의 관념으로서 신 관념을 가지고 있다고 말한다(AT IX, p.42).

… 그리고 그 결과 이 관념의 관념은 신이 다른 속성이 아닌 사유 속성으로 고려되는 한에서 신에 대한 인식을 함축한다."[38] 게다가 스피노자에게서 신의 통일성은 속성들 간의 실재적 구별과 완전하게 양립하므로 신의 부분들이라는 관념 자체도 데카르트의 것보다 쉽게 정당화될 수 있다.

그렇지만 이 두 번째 점에서도 데카르트와 스피노자의 차이는 여전히 근본적이다. 신의 한 부분을 인식하기에 앞서서 우리의 영혼이 그 자체로 "신의 무한한 지성의 한 부분"이기 때문이다. 즉 신 관념에 대응하는 절대적 사유 역량을 분유하는 한에서만, 우리는 이해 혹은 인식 역량을 실제로 갖는다. 따라서 **전체와 부분에 공통적인 것은, 우리에게 신에 대한 단지 명석 판명한 관념이 아니라 적합한 관념을 주기에 충분한 것이다.**[39] 우리에게 주어지는 그 관념은 신 전체에 대한 관념이 아니다. 그렇지만 그것은 적합한데, 전체에도 부분에도 있기 때문이다. 따라서 스피노자가 신의 실존이 그 자체로 우리에게 인식되지 않는다고 말하는 일이 있더라도 놀랍지 않을 것이다. 여기서 스피노자가 말하려는 것은 이렇다. 그 인식은 필연적으로 "공통 개념들"을 통해 우리에게 주어진다는 것이다. 공통 개념들 없이는 이 인식은 명석 판명하지도 못할 것이지만, 공통 개념들에 의해서 적합해질 것이다.[40] 반대로 신은 직접적으로 자신을 인식시킨다는 것, 신은 다른 것에 의해서가 아니라 그 자신에 의해서 인식된다는 것을 상기시킬 때, 스피노자가 말하려는 것은 신에 대한 인

---

38 「편지 64」(슐러에게, III, p. 205).
39 "신의 영원하고 무한한 본질에 대한 인식을 **주는** 것은 모든 사물들에 공통적이며 부분과 전체에 동등하게 있다. 따라서 그 인식은 적합할 것이다."(E2P46Dem)
40 "신의 실존은 그 자체로서 인식되지 않기에, 그것의 진리가 확고부동한 개념들로부터 필연적으로 도출되어야 한다."(TTP, 6장 II, p. 159) 그리고 TTP 주6(II, p. 315)은 그 개념들이 공통 개념들임을 상기시킨다.

식은 기호도, 유비적 절차도 필요로 하지 않는다는 것이다. 즉 신은 우리가 신에게 속하는 것으로 인식하는 모든 것을 소유하며, 그것들을 우리가 인식할 때의 바로 그 형상 아래에서 소유하기 때문에, 신에 대한 인식은 적합하다는 것이다.[41] 우리에게 신에 대한 인식을 주는 이 공통 개념들과 우리가 신을 인식할 때의 그 공통적 혹은 일의적 형상들 자체는 어떤 관계인가? 우리는 이 마지막 분석을 뒤로 미뤄야 한다. 그것은 적합성의 경계를 넘어선 문제이기 때문이다.

41 *KV*, II, 24장, 9~13.

# 9장. 부적합성

우리는 어떻게 "관념들"을 갖는가 ─ 우리가 관념들을 갖는 조건들로 인해 그 관념들은 적합할 수 없는 것 같다 ─ 어떤 의미에서 "함축하다"가 "표현하다" 와 대립하는가 ─ 부적합한 관념은 비표현적이다

스피노자의 이 진리 이론에서 어떠한 귀결이 나오는가? 우리는 먼저 부적합한 관념이란 개념에서 그것의 반면교사를 찾아야 한다. **부적합한 관념은 비-표현적 관념이다.** 그런데 우리가 부적합한 관념들을 갖는 것은 어떻게 가능한가? 그 가능성은 우리가 관념 일반을 갖는 조건들이 규정될 때만 드러난다.

우리 영혼은 그 자체로 하나의 관념이다. 이 점에서 우리 신체가 연장 속성에서 신의 변용 혹은 변양인 것처럼 우리 영혼도 사유 속성에서 신의 변용 혹은 변양이다. 우리 영혼 혹은 우리 정신을 구성하는 그 관념은 신 안에 주어져 있다. 신은 그 관념을 소유하지만, 정확히 말하면 그 관념의 원인인 다른 관념으로 변용되는 한에서 그것을 소유한다. 신은 그 관념을 갖지만, "그것과 함께" 다른 관념, 즉 다른 사물의 관념을 갖는 한에서 그것을 갖는다. "특수한 사물에 대한 관념의 원인은 다른 관념이다. 달리 말하면 다른 관념으로 변용된 것으로 고려되는 한에

서의 신이다. 그리고 이 다른 관념에 대해서, 신은 또 다른 관념에 의해 변용되는 한에서 그것의 원인이며, 그렇게 무한하게 간다."[1] 신은 사물들이 있는 만큼 모든 관념들을 소유할 뿐 아니라 신 안에 있는 모든 관념들은 자기 자신의 원인과 그 원인을 결정하는 신의 본질을 표현한다. "모든 관념들은 신 안에 있고, 신에 관계되는 한에서 그것들은 참되고 적합하다."[2] 반면에 우리 영혼을 구성하는 그 관념을 **우리가 갖지 못한다**는 것을 우리는 이미 예감할 수 있다. 적어도 우리는 그것을 매개 없이 갖지 못한다. 그것은 신 안에 있지만, 신이 다른 사물의 관념도 소유하는 한에서만 그렇기 때문이다.

양태는 신의 역량을 분유한다. 우리 신체가 실존 역량을 분유하는 것과 마찬가지로 우리 영혼은 사유 역량을 분유한다. 양태는 양태임과 동시에 부분이다. 즉 신의 역량의 부분, 자연의 부분이다. 따라서 그것은 필연적으로 다른 부분들의 영향을 받는다. 다른 물체들이 우리 신체에 작용하는 것처럼 다른 관념들도 필연적으로 우리 영혼에 작용한다. 여기서 두 번째 종류의 "변용"이 등장한다.[3] 즉 신체 자체가 아니라 신체에서 일어나는 일이, 영혼(신체에 대한 관념)이 아니라 영혼에서 일어나는 일(신체에서 일어나는 일에 대한 관념)이 문제이다.[4] 그런데 바로 이런 의미에서 **우리는 관념들을 갖는다**. 이때 변용들에 대한 관념들은 신 안에 있지만, 신이 가진 다른 관념들과 무관하게 단지 우리 영혼에 의해서

---

1 "인간 정신과 함께(conjointement) 다른 사물의 관념을 소유하는 한에서의…신"(E2P9Dem, E2P11Cor). "동시에 다른 사물들의 정신들도 담고 있는 한에서의 신"(E3P1Dem).

2 E2P36Dem.

3 (역주) 첫 번째 종류의 변용은 실체 혹은 속성의 변용, 즉 양태이고, 두 번째 종류의 변용은 양태의 변용이다.

4 "어떤 관념의 개별 대상에게 일어나는(contingit) 것…"(E2P9Cor)

만 신이 설명되는 한에서 그렇다. 따라서 그 관념들은 우리 안에 있다.[5] 우리가 외부 물체들, 우리 자신의 신체, 우리 영혼 자체에 대한 인식을 갖는다면, 그것은 오로지 그 변용들에 대한 관념들을 통해서이다. 오직 그 관념들만이 우리에게 주어진다. 우리는 외부 물체들이 우리를 변용하는 한에서만 외부 물체들을 지각하고, 우리 신체가 변용되는 한에서만 우리 신체를 지각하며, 변용 관념에 대한 관념을 통해서 우리 영혼을 지각한다.[6] 우리가 "대상"이라고 부르는 것은 단지 어떤 대상이 우리 신체에 초래하는 결과일 뿐이다. 우리가 "나"라고 부르는 것은 단지 우리 신체와 영혼이 어떤 결과를 겪는 한에서 우리가 우리 신체와 영혼에 대해 갖는 관념일 뿐이다. 여기서 주어진 것은 물체들에 대한 인식, 신체에 대한 인식, 그리고 자기 자신에 대한 인식 간의 가장 내밀하고 체험적이며 또한 가장 혼동된 관계로서 나타난다.

어떤 대상이 우리 신체에 초래하는 결과에 대응하는, 우리가 갖고 있는 이 관념들을 고찰해 보자. 한편으로 그 관념들은 그들의 형상 원인으로서 우리의 인식 역량, 즉 우리의 영혼 혹은 정신에 의존한다. 그러나 우리는 우리가 겪은 결과와 무관하게 우리의 신체에 대한 관념 또는 영혼에 대한 관념을 갖지 않는다. 따라서 우리는 우리 자신을 우리가 갖는 관념들의 형상 원인으로 이해할 수 없다. 그 관념들은 전적으로 운의 산물로서 나타난다.[7] 다른 한편 그 관념들은 외부 사물들의 관념들을 질료 원인으로 갖는다. 그러나 우리가 이 외부 사물들의 관념들을 갖고 있

---

5 "인간 정신을 구성하는 관념의 대상에서 일어나는 모든 것에 대한 인식은, 신이 인간 정신의 본성을 구성하는 한에서 필연적으로 신 안에 주어져 있다. 다시 말해, 이러한 것에 대한 인식은 필연적으로 정신 안에 있을 것이며, 달리 말하자면 정신은 그것을 지각한다."(E2P12Dem)
6 E2P19, 23, 26.
7 적합하지 않은 지각들에서 운(hasard, *fortuna*)의 역할에 대해서는, 「편지 37」(바우메스터에게, III, p. 135) 참조.

는 것은 아니다. 그 관념들은 신 안에 있지만, 신이 우리 영혼 혹은 정신을 구성하는 한에서는 아니다. 따라서 우리의 관념들이 그들 자신의 (질료) 원인을 표현할 수 있는 조건 속에서 우리가 우리의 관념들을 소유하고 있지 않다. 확실히 우리의 변용 관념들은 그들 자신의 원인, 즉 외부 물체의 표상적 본질을 "함축"하지만, 그것을 "표현하거나" 그것을 "설명하지는" 않는다. 마찬가지로 그 관념들은 우리의 인식 역량을 함축하지만, 그것에 의해 설명되지 않고 운을 참조한다. 이 경우에 **"함축하다"**라는 말은 더 이상 **"설명하다"**나 **"표현하다"**의 상관어가 아니다. 이 말은 우리가 그것의 관념을 가지는 변용에서의 외부 신체와 우리 신체의 혼합을 지칭하므로 오히려 그것들과 대립한다. 스피노자가 자주 사용한 정식은 다음과 같다. 우리의 변용 관념들은 우리의 신체 상태를 **지시하지만**, 외부 물체의 본성 혹은 본질을 **설명하지는** 않는다.[8] 우리가 갖는 관념들은 기호들, 우리 안에 새겨진 지시적 이미지들이지 우리 자신이 형성한 표현적 관념들이 아니다. 즉 지각 혹은 상상이지 이해가 아니다.

가장 엄밀한 의미에서 이미지는 자국, 흔적 혹은 물리적 인상, 신체의 변용 그 자체, 어떤 신체가 우리 신체의 유동적이고 무른 부분들에 초래하는 결과이다. 반면에 비유적 의미에서 이미지는 변용에 대한 관념이며, 이는 단지 대상을 그것의 결과를 통해 우리에게 인식하게 한다. 그러나 그러한 인식은 인식이 아니라 기껏해야 재인식récognition일 뿐이다. 그로부터 지시 일반의 특징들이 따라 나온다. 주된(직접) "지시대상"

---

8 *"Indicare"*(E2P16Cor2, E4P1S). 여기서 '지시하다' 혹은 '함축하다'는 '설명하다'와 대립한다. 그래서 바울 안에 있는 베드로에 대한 관념은 "바울의 신체 상태를 지시하는" 반면 베드로에 대한 관념 그 자체는 "베드로의 신체의 본질을 직접 설명한다"(E2P17S). 마찬가지로 "인간 신체에서 외부적인 사물들의 본성을 함축할 뿐인" 관념들은 "바로 그 사물들의 본성을 설명하는" 관념들과 대립한다(E2P18S).

은 우리의 본질이 아니라 우리의 가변적 구성<sup>constitution</sup>의 순간적인 상태이다. 이차 (간접) 지시대상은 외부 사물의 본질 혹은 본성이 아니라 외관이며, 그로써 우리는 단지 사물을 그것의 결과에서 시작하여 재인식할 수 있고, 따라서 맞거나 혹은 틀리게 사물의 현존을 긍정할 수 있을 뿐이다.[9] 우리가 갖는 관념들은 재인식에서 그 역할을 하는데, 순전히 지시적인 운과 마주침의 산물이며, 비표현적이고, 다시 말해 부적합하다. 부적합한 관념은 절대적 결핍이나 절대적 무지가 아니다. 그것은 인식의 결핍을 함축한다.[10]

우리의 이 인식은 이중으로 결핍되어 있다(우리 자신에 대한 인식, 우리가 가지고 있는 관념의 대상인 변용을 우리 안에 산출한 대상에 대한 인식). 따라서 부적합한 관념은 그 관념의 원인에 대한 인식의 결핍을 형상적으로도 질료적으로도 함축하는 관념이다. 이런 의미에서 부적합한 관념은 비표현적인 상태로 있다. 즉 전제들 없는 결론처럼 "절단되어 있다".[11] 그런데 결론이 **어떻게** 그렇게 두 전제와 분리되었는지를 스피노자가 보여 주었다는 점이 중요하다. 우리에게 주어지는 관념들은 그들의 원인을 표현할 수도 우리의 인식 역량을 통해 설명될 수도 없기 때문에 자연적으로 우리는 우리에게 주어진 관념들이 필연적으로 부적합할 수밖에 없는 상황에 놓인다. 우리 신체의 부분들과 우리 신체 자체에 대한 인식, 외부 물체들에 대한 인식, 우리 영혼 혹은 정신에 대한 인식, 우

---

9 주된 지시대상에 대하여, 우리의 변용 관념들은 첫 번째로 우리 신체의 구성, **현재의** 가변적인 구성을 지시한다(E2P16Cor2, 3부 감정에 대한 일반적 정의, E4P1S). 이차 지시대상(혹은 간접 지시대상)에 대하여, 우리의 변용 관념들은 외부 물체의 본성을 함축하지만, 간접적으로 그러하며, 그래서 우리는 우리의 변용이 지속되는 한에서만 그 물체의 **현존**을 믿게 된다.(E2P16Dem, E2P17&Dem&Cor)

10 E2P35&Dem.

11 E2P28Dem.

리의 지속 및 사물들의 지속에 대한 인식, 이 모든 점에서 우리는 부적합한 관념들만 갖는다.[12] "태양을 바라볼 때 우리는 태양이 200 걸음 정도 떨어져 있다고 상상한다. 그리고 이 오류는 그러한 상상 자체에 있는 것이 아니라, 우리가 그렇게 태양을 상상하면서 그것의 실제 거리와 **그러한 상상의 원인을 모른다**는 것에 있다."[13] 이런 의미에서 이미지는 자기 자신의 원인, 즉 우리 안에 그것을 도출하지만, 우리에게 주어지지 않은 관념을 표현할 수 없는 관념이다. 즉 질료 원인이 문제인 것이다. 더구나 이미지는 자신의 형상 원인을 표현하지도 않고 우리의 인식 역량에 의해 설명될 수도 없다. 그래서 스피노자는 이미지 혹은 변용 관념이 전제 없는 결론과 같다고 말한다. 분명 두 가지 전제, 질료적 전제와 형상적 전제가 있고, 이미지는 그 전제들에 대한 인식의 결핍을 함축한다.


### 스피노자의 문제:우리는 어떻게 적합한 관념들을 갖게 되는가? — 부적합한 관념 안의 실정적인 어떤 것


따라서 우리의 문제가 변형된다. 문제는 더 이상 '우리는 왜 부적합한 관념들을 갖는가?'가 아니라 반대로 '우리는 어떻게 적합한 관념들을 형성하게 되는가?'이다. 스피노자에게 진리와 자유는 같다. 진리와 자유는 원리상 주어지는 것이 아니라 우리가 외적 필연성의 연쇄에서 풀려나면서 적합한 관념들을 생산하는 오랜 활동의 결과물로서 나

---

12 E2P24, 25, 27, 28, 29, 30, 31.
13 E2P35S.

타난다.[14] 그 때문에 스피노자의 영감은 근본적으로 경험주의적이다. 경험주의자들과 합리주의자들 간의 영감의 차이를 확인하는 것은 언제나 인상적이다. 한쪽이 놀라지 않는 것에 다른 쪽이 놀란다. 합리주의자들의 말에 의하면, 진리와 자유는 무엇보다도 먼저 권리이다. 그들은 "우리는 어떻게 이 권리를 잃거나 오류에 빠지거나 자유를 상실할 수 있는가?" 묻는다. 그래서 합리주의는 원리상 이성적이고 자유로운 아담의 이미지를 상정하는 아담 전통에서 자신의 관심사와 특히 잘 맞는 테마를 발견했다. 반면에 경험주의적 관점에서는 모든 것이 뒤집힌다. 놀랍게도 인간들은 가끔 참된 것을 이해하고, 가끔 서로를 이해하며, 가끔 속박에서 해방되기도 한다. 스피노자는 시종일관 아담 전통에 단호하게 반대했으며, 이미 여기서 우리는 자유와 진리를 끝에 가서야 출현하는 최종 산물로 생각하는 경험주의적 영감을 알아챌 수 있다. 스피노자의 역설 중 하나는 (이것은 이 역설이 나타나는 유일한 경우는 아니다) 경험주의의 구체적 힘들을 재발견해서 그 힘들을 새로운 합리주의, 누구도 생각한 적 없는 가장 엄격한 합리주의의 하나에 봉사하게 만든 것이다. 스피노자는 이렇게 묻는다. 우리의 역량을 분산시키고 우리를 우리가 할 수 있는 것에게서 분리하는 그렇게 많은 부적합한 관념들이 필연적으로 우리에게 주어지는데, 우리는 어떻게 적합한 관념을 형성하고 생산하게 될 수 있는가?

우리는 부적합한 관념에서 두 측면을 구별해야 한다. 부적합한 관념은 원인에 대한 인식의 "결핍을 함축한다". 그러나 그것은 특정한 방

---

14 지성의 순서와 연관과 대립되는, 부적합한 관념들 상호간의 연쇄(질서*ordo*와 연관 *concatenatio*)가 있기 때문이다. 부적합한 관념들은, 그것들이 우리 안에 새겨지는 순서로 연쇄된다. 그것은 '기억'의 질서다. E2P18S 참조.

식으로 그 원인을 "함축하는" 결과이기도 하다. 첫 번째 측면에서 부적합한 관념은 거짓이다. 그러나 두 번째 측면에서는 **무언가 적극적인 것**, 따라서 무언가 참된 것을 담고 있다.[15] 예컨대 우리는 태양이 200 걸음 떨어져 있다고 상상한다. 이 변용 관념은 자기 자신의 원인을 표현할 수 없다. 즉 태양의 본성 혹은 본질을 설명하지 않는다. 그렇다고 해도 "신체가 태양에 의해 변용되는 한에서" 그것은 태양의 본질을 함축한다. 우리가 태양의 실제 거리를 알아도, 계속 태양은 우리에게 그것이 언제나 200 걸음 떨어져 있게끔 보이게 하는 조건 속에서 우리를 변용할 것이다. 스피노자의 말처럼 오류는 제거되겠지만 상상은 제거되지 않을 것이다. 따라서 부적합한 관념에는 무언가 적극적인 것, 우리가 명석하게 파악할 수 있는 일종의 '지시'가 있다. 바로 그래서 우리는 원인 관념을 가질 수 있다. 즉 우리가 태양을 보는 조건들을 명석하게 파악한 후에 그로부터 우리는 태양이 가까이에서 본 작은 대상이 아니라 작아 보일 정도로 아주 멀리 떨어져 있는 대상이라는 것을 명석하게 추론한다.[16] 이 적극성을 고려하지 않으면 스피노자의 여러 테제들을 이해할 수 없게 된다. 우선 방법이 그것의 실행에 앞서 요구하는 것, 우리는 자연적으로 참된 관념을 가질 수 있다는 테제가 그렇다. 게다가 무엇보다도, 거짓의 형상은 있을 수 없는데도, 부적합한 관념 자체가 관념의 관념을 야기한다는 것, 즉 우리의 사유 역량을 참조하는 형상을 갖는다는 테제가 그러하다.[17] 상상 능력faculté은 우리가 자연적으로 갖는 관념들, 따라서 부적합한 관념들을 갖게 되는 조건들에 의해 정의된다. 그럼

---

15 E2P33&Dem, E2P35S, E4P1&Dem&S.
16 유비적인 예는 *TIE*, 21.
17 E2P22, 23 참조.

에도 불구하고 상상 능력은 한 측면에서는 덕$^{vertu}$이다. 부적합한 관념은 우리의 사유 역량에 의해 설명되지 않지만 그것을 함축한다. 이미지는 자기 자신의 원인을 표현하지 않지만 그것을 함축한다.[18]

물론 적합한 관념을 갖기 위해서는 변용 관념에 적극적인 것이 있음을 파악하는 것만으로는 충분하지 않다. 하지만 그것은 첫걸음이다. 사실 이 적극성으로부터 우리는 변용하는 물체와 변용되는 신체에 공통적인 것, 외부 물체와 우리 신체에 **공통적인 것**에 대한 관념을 형성할 수 있을 것이다. 그런데 우리는 이 "공통 개념"은 필연적으로 적합하다는 것을 보게 될 것이다. 즉 공통 개념은 외부 물체 관념 안에 있고, 우리 신체 관념 안에 있다. 따라서 그것은 신 안에 있는 것처럼 우리 안에 있다. 그것은 신을 표현하며 우리의 사유 역량에 의해 설명된다. 그런데 이 공통 개념에서 다시 그 자체로 적합한 변용 관념이 파생한다. 공통 개념은 필연적으로, 우리의 출발점이었던 변용 관념과 "사고상으로"만 구별되는 적합한 변용 관념의 원인이다. 따라서 이 복잡한 메커니즘은 우리가 가진 부적합한 관념을 제거하는 것이 아니다. 오히려 그것은 그 관념들 안에 있는 적극적인 것을 이용해서, 가능한 많은 적합한 관념을 형성하는 것, 나아가 존속하는 부적합한 관념들이 우리 안에서 최소 부분만 차지하게 하는 것이다. 요컨대 우리가 적합한 관념을 생산할 수 있는 조건에 우리 자신이 이르러야 한다.

---

18 "정신이 실존하지 않는 사물들이 현존한다고 상상하는데, 그와 동시에 그 사물들이 실제로는 실존하지 않음을 안다면, 정신은 전적으로 그 상상 역량을 그의 본성의 결함(vice)이 아니라 덕으로 간주하게 될 것이다. 특히 그 상상 능력이 자신의 본성에만 의존한다면(다시 말해, 이 능력(faculté)이 우리의 사유 역량을 함축하는 데 머물지 않고, 그것에 의해 설명된다면) 더욱 그렇다."(E2P17S)

명석 판명의 불충분함 ― 명석 판명은 재인식에만 쓸모 있다 ― 명석 판명에는
충분이유가 없다 ― 데카르트는 관념의 재현적 내용에 그치고 관념의 표현적
내용에는 도달하지 못한다. 그는 심리적 의식의 형식에 그치고 논리적 형식에
는 도달하지 못한다 ― 명석 판명은 본질과 원인을 놓친다 ― 명석 판명한 관
념에 대한 비판의 관점에서, 라이프니츠와 스피노자

우리의 목적은 아직 적합한 관념에 도달하는 이 메커니즘을 분석
하는 것이 아니다. 우리의 문제는 단지 '적합한 관념은 무엇인가?'와 반
면교사로 '부적합한 관념은 무엇인가?'였다. 적합한 관념은 자기 자신
의 원인을 표현하고 우리 자신의 역량에 의해 설명되는 관념이다. 부적
합한 관념은 표현적이지 않고 설명되지 않은 관념, 즉 아직 표현이 아닌
인상, 아직 설명이 아닌 지시이다. 스피노자의 진리론 전체를 주재하는
의도가 그렇게 드러난다. 그것은 **데카르트의 명석 판명을 적합성으로 대체
하는 것이다.** 그리고 확실히 그 점에 관해 스피노자는 다양하게 용어를
사용하고 있다. 때로는 그는 "적합한"이란 말을 명석 판명의 불충분성
을 표시하기 위해 사용하면서, 그렇게 데카르트의 기준들을 넘어설 필
요성을 강조한다. 때로는 스피노자 자신도 "명석 판명"이란 말을 사용
하지만, 그것을 적합한 관념에서 파생하는 관념들에만 적용한다. 끝으
로, 그는 때로는 적합한 관념을 지칭하기 위해 그 말을 사용하지만, 말
할 것도 없이 그때는 거기에 데카르트의 것과는 완전히 다른 내포적 의
미를 부여한다.[19]

19 「편지 37」(바우메스터에게) 참조. 거기서 스피노자는 적합성을 지칭하기 위해 "명석 판명"
이라는 말을 사용한다. 보다 정확하게 말하자면, 스피노자는 "명석 판명"이라는 말을 적합
한 것에서 따라 나오는 것, 따라서 적합한 것에서 그것의 이유를 찾아야 한다는 뜻으로 사용
한다. "우리 안의 적합한 관념에서 따라 나오는 모든 것을 우리는 명석하고 판명하게 이해

어쨌든 스피노자의 진리론은 데카르트의 이론을 겨냥한 직간접적 논쟁과 분리되지 않는다. 명석 판명 그 자체로는 기껏해야 우리가 가진 참된 관념, 즉 여전히 부적합한 관념 안에 있는 적극적인 것을 우리가 알아차리게 할 뿐이다. 그러나 적합한 관념을 형성하면 우리는 명석 판명 너머로 이끌린다. 명석 판명한 관념 자체에 그것의 이유가 들어 있지 않은 것처럼, 명석 판명한 관념만으로는 진정한 인식을 구성하지 못한다. 명석 판명은 적합성에서만 그것의 충분이유를 발견한다. 명석 판명한 관념은 그 자체로 적합한 관념에서 파생하는 한에서만 진정한 인식을 형성한다.

우리는 반-데카르트적 반발을 정의하는 데 주요 역할을 하는 스피노자와 라이프니츠의 공통점을 다시 발견한다. "인식은 **일종의 표현이다**"라는 라이프니츠의 말에는 스피노자의 서명이 있을지 모른다.[20] 그들이 표현 개념을 동일한 방식으로 이해하거나 사용하지 않기 때문에, 아마도 적합성의 성격을 동일한 방식으로 생각하지는 않을 것이다. 그러나 세 가지 본질적인 항목에서 그들의 의도하지 않은 일치가 있다. 한편으로 데카르트는 명석 판명 개념을 관념의 재현적 내용으로 한정한다. 그는 무한하게 더 근원적인 표현적 내용으로 상승하지 않는다. 그는 적합성을 명석 판명의 필요충분 이유로 생각하지 않았다. 즉 표현을 재현의 토대로 생각하지 않았다. 다른 한편으로, 데카르트는 관념의 심리적 의식이라는 형식을 넘지 않았다. 그는 그것을 통해 관념이 펼쳐지고, 그것에 따라 관념들이 서로 연쇄되는 논리적 형식에 도달하지 않았다. 끝으

한다."(E5P4S) 이 텍스트는 적합한 관념에서 따라 나오는 모든 것 또한 적합하다고 말하는, E2P40에 의거한다.

20 Leibniz, *Lettre à Arnauld*(Janet I, p. 593). "표현은 모든 형상들에 공통적이며, 자연적 지각과 동물적 감각과 지성적 인식을 종으로 갖는 유(類)이다."

로, 데카르트는 형식과 내용의 통일, 즉 자신의 관념들을 마땅한 순서로 산출하면서 실재를 재생산하는 "정신적 자동기계"를 생각하지 않았다. 데카르트는 참된 것이 관념 안에 현존한다는 것을 가르쳐 주었다. 그러나 참된 관념 안에 현존하는 것이 무엇인지 모르는데 그 앎이 무슨 소용인가? 명석 판명한 관념은 여전히 비-표현적이며 계속 설명되지 않은 채로 있다. 그것은 재인식에는 쓸모 있지만 진정한 인식 원리를 제공하지 못한다.

우리는 스피노자의 관념 이론의 세 가지 주요 요소를 보았다. 첫째, 재현적 내용은 보다 근원적인 표현적 내용과 관련하여 외관에 불과하다. 둘째, 심리적 의식이라는 형식은 참된 논리적 형식에 비해 피상적이다. 셋째, 관념들의 연쇄에서 나타나는 정신적 자동기계는 논리적 형식과 표현적 내용의 통일이다. 그런데 이 세 가지 점은 라이프니츠의 대명제들을 형성하는 것들이기도 하다. 그래서 라이프니츠는 스피노자의 "정신적 자동기계"라는 말을 좋아한다. 라이프니츠 자신은 개체적 사유 실체들의 자율성이라는 의미에서 그것을 해석한다. 그러나 스피노자에게서도 사유 양태의 자동성automatism이 그것의 이해 역량에서 일종의 자율성을 배제하는 것은 아니다(실제로 이해 역량은 절대적 사유 역량의 일부분이지만, 절대적 사유 역량이 그 이해 역량에 의해 설명되는 한에서 그렇다). 라이프니츠와 스피노자 사이에 존재하는 그 어떤 차이도, 탁월하게 반데카르트적 혁명을 구성하는 이 기본 테제들에 대한 그들의 일치를 손상시키지 않는다.

데카르트에 대한 라이프니츠의 비판은 잘 알려져 있다. 명석 판명 그 자체는 우리가 어떤 대상을 재인식하게 할 수 있을 뿐, 그 대상에 대한 진정한 인식을 주지는 않는다. 명석 판명은 본질에는 도달하지 못하고, 단지 본질에 대한 "추측"만을 허락하는 외관 혹은 외생적 특징들과 관련된다. 명석 판명은 왜 사물이 필연적으로 그러한 것인지를 우리에게 보여 주는 원인에는 도달하지 못한다.[21] 덜 주목받았지만 스피노자의 비판도 다르지 않다. 그는 우선 데카르트의 관념의 불충분함을 알린다. 명석 판명 그 자체는 우리에게 미규정된 인식만 준다. 명석 판명은 사물의 본질에는 도달하지 못하고 단지 특성들*propria*에만 관련된다. 명석 판명은 그 사물의 모든 특성들이 함께 도출되는 원인에는 도달하지 못하고, 우리에게 생겨난 결과에 비추어 우리가 대상 및 대상의 현존을 재인식하게 만들 뿐이다. 그러므로 명석 판명한 관념은 자기 자신의 원인을 표현하지 못하며, 그것은 "우리가 결과에서 고찰하는 것의 바깥에서는"[22] 우리로 하여금 원인에 대해 아무것도 이해하게 만들지 않는다. 이 모든 것에서 스피노자와 라이프니츠는, 전에 그들을 데카르트의 존재론적 증명과 맞서게 했던 전투의 연장이요, 데카르트주의 전체에 유독 결여된 충분이유의 추구인 공통의 전투를 수행한다. 그들은 상이한 과정을 통해 각자 **관념의 표현적 내용, 관념의 설명적 형식**을 발견한다.

---

21 Leibniz, *Méditations sur la connaissance...*; *Discours de métaphysique*, §24 참조.

22 명석한 관념에 대한 비판은 스피노자에 의해서 *TIE*, 19와 그 주, 21과 그 주에서 명시적으로 행해진다. 여기서 스피노자가 "명석 판명"이라고 말하지 않는 것은 사실이다. 그러나 그것은 그가 데카르트와는 전혀 다른 의미에서 자기 나름대로 그 말들을 사용하려고 그 말들의 사용을 유보하기 때문이다. 우리는 다음 장에서 어떻게 스피노자의 비판이 사실상 데카르트의 개념 전체를 겨냥하는지 볼 것이다.

# 10장. 데카르트에 반대하는 스피노자

데카르트의 방법은 어떤 의미에서 분석적인가 — 스피노자의 관점에서 데카르트의 방법의 불충분성 — 종합의 방법 — 아리스토텔레스와 스피노자:원인에 의한 인식 — 원인 자체는 어떻게 인식되는가

데카르트주의는 명석 판명한 관념들이 지닌 얼마간의 충분성suffisance에 의존한다. 그 충분성은 한편으로 데카르트의 방법의 근거이지만, 다른 한편으로는 그 충분성이 그 방법 자체의 실행을 통해 증명된다. 데카르트는 **분석**에 대한 선호를 분명하게 드러낸다. 그는 어떤 중요한 텍스트에서 분석적 방법이 "어떻게 결과가 원인에 의존하는지"를 보여 주는 장점이 있다고 말한다.[1] 이 선언은 종합에 돌려야 할 것을 분석에 돌리고 있기 때문에, 그것의 정확한 함의를 측정하지 않으면 역설적으로 보일 수 있을 것이다. 데카르트에 따르면, 우리는 원인에 대한 명석 판명한 인식을 갖기 **전**에 결과에 대한 명석 판명한 인식을 갖는다. 예컨대 나

---

1 Descartes, *Réponses aux secondes objections*, AT IX, p. 121. 클레르슬리에(Claerselier)의 프랑스어 번역본에만 있는 이 구절은 중대한 난점들을 초래한다. 알키에는 자신의 데카르트 판본에서 그 난점들을 강조한다(Garnier, t. II, p. 582). 하지만 우리는 다음 페이지에서 그 구절이 글자 그대로 해석될 수 있는지를 물을 것이다.

는 나의 실존 원인을 인식하기 전에 내가 사유하는 존재로서 실존한다는 것을 안다. 아마 결과에 대한 명석 판명한 인식은 그 원인에 대한 어떤 인식을 전제하겠지만, 그것은 단지 혼동된 인식일 뿐이다. "내가 4 + 3 = 7 이라고 말한다면, 이 개념은 필연적인데, 왜냐하면 우리는 7이라는 수에 3과 4를 어떤 혼동된 방식으로<sup>confusa quadam ratione</sup>포함시키지 않고는 7이라는 수를 판명하게 생각할 수 없기 때문이다."² 따라서 결과에 대한 명석 판명한 인식은 원인에 대한 혼동된 인식을 전제하지만, 어떤 경우에도 원인에 대한 더 완전한 인식에 의존하지는 않는다. 반대로 원인에 대한 명석 판명한 인식이 결과에 대한 명석 판명한 인식에 의존한다. 이러한 것이 『성찰』의 기반, 특수하게는 성찰들의 순서의 기반이고 일반적으로는 분석적 방법, 즉 추론 혹은 내포 방법의 기반이다.

따라서 결과가 어떻게 원인에 의존하는지를 그 방법이 보여 준다면, 다음과 같은 방식으로 그렇다. 우리는 결과에 대한 명석한 인식에서 출발하여 그것에 혼동되게 내포된 원인에 대한 인식을 명석하게 이끌어내고, 그로써 우리는 결과가 필연적으로 의존하는 그러한 원인을 갖지 않으면 그 결과는 우리가 인식한 바와는 다르게 된다는 것을 보여 준다.³ 따라서 데카르트에서 두 테마가 근본적으로 연결되어 있다(명석 판

---

2 Descartes, *Regulae, Règle*12(AT X, p. 421). 언제나 데카르트에서 명석 판명한 인식은, 그러한 것으로서, 원인 혹은 원리에 대한 혼동된 지각을 내포한다. 라포르트(Laporte)는 *Rationalisme de Descartes*(PUF, 1945, pp. 98~99)에서 온갖 종류의 예들을 제공한다. 데카르트가 "나는 **어떤 방식으로** 내 안에 유한자의 개념보다 무한자의 개념을 먼저 갖고 있다"(*Méd*, III)고 말할 때, 이 말을 신 관념이 자아 관념에 내포되어 있으되, 하지만 혼동되게 혹은 암묵적으로 그렇다는 뜻으로 이해해야 한다. 마치 4와 3이 7 안에 내포되어 있는 것처럼 말이다.

3 예를 들어, "…나는 나의 본성이, 그것이 현 상태로 존재하는 것이 가능하지 않다는 것, 즉 신이 진짜로 실존하지 않는다면 내가 내 안에 신 관념을 갖는 것이 가능하지 않다는 것을 안다."(*Méditation*, III, AT IX, p. 41) [(역주) 나는 신 관념을 가지고 있다(결과). 그런데 그 관념을 내 안에 심어 준 신이 존재하지 않는다면, 내가 신 관념을 갖는 것은 불가능할 것이다. 즉 나는 내가 인

명한 관념의 이론적 충분성, 결과에 대한 명석 판명한 인식에서 원인에 대한 명석 판명한 인식으로 가는 실천적 가능성).

결과가 원인에 의존한다는 것은 문제가 되지 않는다. 문제는 그것을 보여 주는 최선의 방법이다. 스피노자는 이렇게 말한다. 우리가 결과에 대한 명석한 인식에서 출발하는 것은 가능하지만, 그렇게 해서 우리는 단지 원인에 대한 명석한 인식에 도달할 뿐이다. 우리는 우리가 결과에서 고찰한 것 말고는 원인에 대해 아무것도 인식하지 못한다. 우리는 결코 적합한 인식을 얻지 못할 것이다. 『지성개선론』에는 데카르트의 방법에 대한 근본적인 비판, 그 방법이 이용하는 추론 혹은 내포, 그 방법이 내세우는 명석 판명함의 충분성에 대한 비판이 들어 있다. 명석한 관념은 사물의 특성들에 대한 얼마간의 인식 외에 다른 인식을 주지 않으며, 원인에 대한 소극적 인식 외에 다른 어떤 인식으로도 우리를 데려가지 않는다. "어떤 사물의 본질이 다른 사물로부터 추론되지만 적합한 방식은 아닌 지각이 있다." "우리는 결과에서 고찰하는 것 말고는 원인에 대해 아무것도 이해하지 못한다. '따라서 무언가가 있다', '따라서 어떤 힘이 있다' 등과 같이 가장 일반적인 용어들로만 원인이 지칭된다는 사실로부터 또는 '그러므로 그것은 이것저것이 아니다' 등과 같이 소극적 방식으로 원인이 지칭된다는 사실로부터 이를 충분히 알 수 있다." "우리는 다음과 같은 방식으로 어떤 것을 다른 것으로부터 추론한다. 우리가 다른 신체가 아니고 그 신체를 느낀다는 것을 명석하게 지각한 후에, 그로부터 영혼은 신체와 합일되어 있으며 이 합일이 그 감각의 원인이라고 추론한다. 그러나 그것으로는 그 감각과 그 합일이 어떤 것인지를 절

식하는 것과는 다를 것이다.]

대적인 방식으로 이해할 수가 없다." "그러한 결론은 확실하더라도 [많은 주의를 기울이지 않는다면] 충분히 안전한 것은 아니다."[4] 이 인용문들에서 데카르트와 그의 방법을 겨냥하지 않는 것은 한 줄도 없다. 결과에 대한 인식에서 원인에 대한 인식으로 만족스러운 방식으로 갈 수 있다고 믿지 않기 때문에 스피노자는 명석 판명이 충분하다고 믿지 않는다.

명석 판명한 관념으로는 충분하지 않으며, 적합한 관념까지 가야 한다. 즉 결과들이 어떻게 원인들에 의존하는지 보여 주는 것으로는 충분하지 않고, 결과에 대한 참된 인식 자체가 어떻게 그 원인에 대한 인식에 의존하는지 보여 주어야 한다. 이것이 **종합** 방법의 정의이다. 이 모든 점에 관련하여 스피노자는 데카르트에 반대하여 다시금 아리스토텔레스주의자가 된다. "이는 고대인들이 말한 것, 즉 참된 앎은 원인에서 결과들로 나아간다는 것과 동일하다."[5] 아리스토텔레스는 학적 scientifique 인식이 원인을 통한 인식이라는 것을 보여 주었다. 그가 단지 인식은 원인을 발견해야 한다, 인식된 결과가 의존하는 원인에 도달해야 한다고 말한 것은 아니다. 그가 말한 것은 원인 그 자체가 먼저 그리고 더 잘 인식되는 한에서만 결과가 인식된다는 것이다. 원인이 결과보다 앞서 있는 이유는 단지 원인이 결과의 원인이라는 것만이 아니라, 인식의 관점에서 원인이 결과보다 더 잘 인식되어야 한다는 것에 있다.[6] 스피노자는 이 테제를 다시 취한다. "결과에 대한 인식은 사실은 원인

---

4 *TIE*, 19(§III)와 21(그리고 그 주석들). 이 모든 텍스트들은 스피노자가 세 번째 "지각 방식"이라고 부른 것의 일부를 기술한다. 여기서 문제가 되는 것은 귀납 절차가 아니다. 귀납은 두 번째 지각 방식에 속하며, *TIE*, 20에서 기술되고 비판된다. 여기서는 반대로 데카르트적인 유형의 추론 혹은 내포가 문제가 된다.

5 *TIE*, 85.

6 Aristoteles, *Seconde Analytique*, I, 2, 71b, 30 참조.

에 대한 더 완전한 인식의 획득에 다름 아니다."[7] 여기서 "더 완전한"을 그것이 우리가 앞서 가지고 있던 인식보다 더 완전하다는 의미가 아니라 우리가 결과 자체에 대해 갖는 인식보다 더 완전하다는 것, 즉 우리가 결과에 대해 갖는 인식에 앞선다는 뜻으로 이해해야 한다. 결과에 대한 인식은 명석 판명하다고 이야기될 수 있지만, 원인에 대한 인식은 더 완전하다. 즉 적합하다. 그리고 명석 판명은 적합성 자체에서 파생하는 한에서만 근거를 갖는다.

원인을 통한 인식은 본질을 인식하는 유일한 수단이다. 원인은 속성과 기체의 연결 근거인 중간항,[8] 사물에 속한 모든 특성들이 파생하는 원리 혹은 이유와 같다. 그 때문에 아리스토텔레스에서 원인 찾기와 정의 찾기가 혼동된다. 그래서 그 전제들이 현상의 형식적 원인 혹은 정의를 주고, 그 결론이 현상의 질료적 원인 혹은 정의를 주는 학적인 삼단논법이 중요하다. 전체 정의는 연속된 명제들 속에서 형상과 질료를 통합하는데, 그 대상의 통일성이 더 이상 깨지지 않지만 오히려 하나의 직관적 개념 속에서 긍정되는 방식으로 그러하다. 이 모든 점과 관련하여 스피노자는 외관상으로는 계속 아리스토텔레스주의자로 있다. 스피노자는 정의 이론의 중요성을 강조하고, 정의 찾기와 원인 찾기의 동일성을 상정하며, 참된 관념의 형상인과 질료인을 포괄하는 전체 정의의 구체적 통일성을 긍정한다.

데카르트는 아리스토텔레스적인 종합 방법의 야망을 모르지 않았

---

7 *TIE*, 92.

8 (역주) 중간항(매개념)moyen terme이란 통상 중명사로도 번역되는 말로, 삼단논법에서 대전제와 소전제에 공통적으로 있고 결론에는 없는 명사를 지칭한다. 예컨대 "모든 인간은 죽는다(대전제). 소크라테스는 인간이다(소전제). 따라서 소크라테스는 죽는다(결론)"에서 '인간'이 그것으로, 본문에서 말하는 것처럼 그것은 빈사 '죽는다'와 주어 '소크라테스'와의 연결에 근거를 제공한다.

다. 그는 아리스토텔레스적인 종합 방법에 들어 있는 증명은 종종 "원인을 통해 결과"를 증명한다고 말한다.[9] 데카르트가 말하려는 것은 종합 방법은 항상 원인을 통해 인식하겠다고 주장하지만 항상 성공하지는 못한다는 것이다. 근본적인 반론은 다음과 같다. 어떻게 원인 자체가 인식되는가? 기하학에서 우리는 원인을 통해 인식할 수 있지만, 기하학의 경우 그 질료가 명석하고 감각과 합치하기 때문이다. 데카르트는 이 점을 인정한다(그래서 "종종"이라는 말을 사용한다).[10] 아리스토텔레스도 마찬가지이다. 점과 선은 물론 단위도 직관에 의해 도달하는 분할 불가능한 것들, 원리들 혹은 "기체-유類"이다. 그것들의 실존은 그것들의 의미가 이해됨과 동시에 인식된다.[11] 그러나 다른 경우, 예컨대 형이상학에서 실제 존재들의 경우 무슨 일이 일어나는가? 원인, 원리, 혹은 중간항은 어떻게 발견되는가? 아리스토텔레스는 추상작용과 거의 구별되지 않는, 그리고 결과에 대한 혼동된 지각에서 그 출발 지점을 찾는 귀납적 절차에 의지하라고 말하는 것처럼 보인다. 이런 의미에서 결과는 가장 잘 인식되는 것, 즉 "절대적으로 가장 잘 인식되는 것"과 대비되는 우리에게 가장 잘 인식되는 것이다. 아리스토텔레스가 중간항 혹은 인과적 정의[12]에 이르는 수단들을 상세하게 설명할 때, 그는 혼동된 집합에서 출발해서 그로부터 "적절한proportionné" 보편자를 추상한다. 그래서 형상인은 언제나 감각적이고 혼동된 질료에 기원을 둔 추상적인 종

---

9 Descartes, *Réponses aux secondes objections*, AT IV, p. 122(이것도 클레르슬리에의 번역이다).

10 *Ibid*.

11 Aristoteles, *Secondes Analytiques*, I, 32, 88 b, 25~30 참조. [(역주) 분석론 후서에서 아리스토텔레스는 원리들을 구별한다. 기하학에서 다루는 점이나 직선, 산술에서 다루는 단위 등은 그 실존과 의미가 증명될 수 없으며, 그것들은 이미 가정되는 것, 혹은 직관되는 것이다.]

12 (역주) 원인에 의한 정의.

적 특징이다. 이런 관점에서 아리스토텔레스에게 형상인과 질료인의 통일은 직관적 개념의 통일과 같은 이유로 순수 이념으로 머문다.

따라서 데카르트의 테제는 이렇게 제시된다. 종합 방법은 거대한 야심을 갖고 있을 뿐, 실재 원인들을 인식할 수단을 제공하지 않는다. 그것은 결과에 대한 혼동된 인식에서 출발해서 그 인식에 의해 우리에게 원인들로 잘못 제시되는 추상으로 상승한다. 그래서 그 야망과 달리 결과를 통해 원인을 검토하는 데 그친다.[13] 반대로 분석 방법은 보다 겸손한 의도를 갖고 있다. 그러나 그 방법은 우선 결과에서 명석 판명한 지각을 끌어내기 때문에, 그 지각에서 원인에 대한 참된 인식을 추론할 수단을 제공한다. 그래서 그것은 결과들 자체가 어떻게 원인들에 의존하는지 보여 주는 데 적합하다. 따라서 종합 방법은 다음과 같은 조건에서만 정당하다. 즉 그것이 혼자 도맡지 않을 때, 다시 말해 분석 방법 뒤에 올 때, 그래서 실제 원인들에 대한 사전 인식에 의지할 수 있을 때 그러하다. 종합의 방법만으로는 우리는 아무 것도 인식할 수 없다. 그것은 발견의 방법이 아니다. 그것의 유용성은 인식의 제시, 이미 "발견한" 것의 제시에 있다.

데카르트가 종합을 존재의 질서에, 분석을 인식의 질서에 관계시킴으로써 두 가지 방법을 판별하려고 한 적이 없다는 점을 유의할 필요가 있다. 스피노자도 그렇다. 따라서 데카르트는 인식의 질서를 따르고 스피노자는 존재의 질서를 따른다고 말함으로써 데카르트를 스피노자와 대립시키는 것은 불충분할 뿐만 아니라 부정확할 것이다. 물론 종합

13 "종합은 반대로, 전혀 다른 길을 통해서, 그리고 원인들을 그 결과들을 통해 검토함으로써(비록 그것이 담고 있는 증명이 종종 원인들을 통한 결과들의 증명임에도 불구하고)…"(Descartes, *Réponses aux secondes objections*, AT IX, p. 122)

방법의 정의에서 그 방법이 존재의 질서와 일치한다는 사실이 따라 나온다. 그러나 이 귀결은 그다지 중요하지 않다. 단지 문제는 종합의 방법이 처음부터 그리고 그것만으로 그것이 전제하는 원리들을 우리에게 인식시킬 수 있는지의 여부다. 정말로 종합 방법은 존재하는 것을 우리에게 인식시킬 수 있는가? 따라서 유일한 문제는 이렇다. 인식의 관점에서 참된 방법은 무엇인가?[14] 여기서 스피노자의 반-데카르트주의가 제 모습을 드러낸다. 스피노자에 따르면 종합적 방법은 참된 발견의 유일한 방법, 인식의 질서에서 유효한 유일한 방법이다.[15] 그런데 스피노자가 데카르트의 반론을 반박하고 아리스토텔레스주의의 난점도 극복하는 수단이 있다고 생각했어야 이런 입장이 가능할 것이다. 정확히 말해 스피노자가 『지성개선론』에서 세 번째 "지각 방식"이라고 부르는 것을 제시할 때, 그는 매우 상이한 두 가지 절차를 이 방식 아래로 혹은 **불완전한** 종류로 묶고, 이 두 방식이 동등하게 불충분하다고 말한다.[16] 첫 번째 절차는 명석하게 지각된 결과로부터 원인을 추론하는 것이다. 여기서 우리는 데카르트의 분석 방법과 내포 과정을 발견한다. 그러나 두 번째 절차는 "언제나 특정한 특성을 수반하는 보편자로부터 결론을 끌어내는" 것이다. 여기서 우리는 아리스토텔레스의 종합 방법, 즉 종적 특징으로 간주된 중간항에서 출발하는 연역 과정을 발견한다. 스피노자가 다소 아이러니하게도 이렇게 데카르트와 아리스토텔레스를 함께 묶

---

14 페르낭드 알키에는 데카르트를 주제로 한 구두 토론에서 이 점을 잘 조명했다. "나는 종합의 질서가 사물의 질서라고 보지 않는다. … 사물은 정말로 통일체이다. 그것은 존재이고, 혼동된 통일체이다. 내가 인식할 때, 질서를 부여하는 것은 나 자신이다. 수립해야 하는 것은, 언제나 인식의 질서인 나의 인식의 질서가, **종합적인 것이든 분석적인 것이든** 참이라는 것이다." (Descartes, *Cahiers de Royaumont*, éd. de Minuit, 1957, p. 125)
15 "올바른 **발견**의 길은 주어진 어떤 정의에서 출발하여 사유들을 형성하는 데 있다."(*TIE*, 94)
16 *TIE*, 19, §III.

을 수 있는 이유는 결과에 대한 혼동된 인식으로부터 보편자를 추상하는 것이나 결과에 대한 명석한 인식으로부터 원인을 추론하는 것이나 결국에는 거의 같은 것이기 때문이다. 이 절차들 중 어떤 것도 적합한 것에 이르지 않는다. 데카르트의 분석 방법은 불충분하고, 아리스토텔레스는 종합 방법의 충분성을 알지 못했다.

　　고대인들에게 없는 것은 영혼을 일종의 정신적 자동기계로 생각하는 것, 즉 사유를 자체의 법칙들에 의해 결정되는 것으로 생각하는 것이라고 스피노자는 말한다.[17] 스피노자는 아리스토텔레스주의의 난점들을 뛰어넘는 수단을 평행론에서 제공받는다. 관념의 형상인은 결코 추상적 보편자가 아니다. 보편자는, 가령 유와 종 등은 분명 상상 역량을 지시하지만, 이 역량은 우리가 더 많은 사물들을 이해함에 따라서 감소한다. 참된 관념의 형상인은 우리의 이해 역량이고, 우리가 더 많은 사물들을 이해하면 할수록, 우리는 이 유와 종의 허구들을 그만큼 더 적게 형성하게 된다.[18] 아리스토텔레스가 형상인을 종적 보편자와 동일시하는 것은 그가 사유 역량이 "추상적인 것들을 경유하지 않고" 한 실제적 존재에서 다른 실제적 존재로 갈 수 있게 해 주는 법칙들을 발견하지 못하고, 사유 역량의 **최저 단계**에서 머물고 있기 때문이다. 다른 한편 관념의 질료인은 혼동된 감각적 지각이 아니다. 특수 사물에 대한 관념의 원인은 언제나 그 관념을 산출하도록 결정된 다른 특수 사물에 대한 관념이다.

---

17 *TIE*, 85.
18 "정신은, 이해하는 것이 적으면 적을수록, 허구를 형성하는 더 큰 역량을 소유한다.… 그리고 정신이 이해하는 것이 많으면 많을수록, 그 역량은 그만큼 더 감소한다."(*TIE*, 58) 정신이 더 많이 상상하면 할수록, 그것의 이해 역량은 그만큼 더 **함축된** 상태에 있고, 따라서 정신이 실질적으로 이해하는 것은 그만큼 더 적기 때문이다.

데카르트는 아리스토텔레스의 모델과 마주하고도 종합 방법의 가능성들을 파악할 수 없었다. 종합 방법의 한 측면에서 보면, 그것을 통해 우리가 무언가를 인식할 수 없음은 사실이다. 그러나 그로부터 종합 방법은 단지 제시exposition 역할만 맡는다는 결론을 끌어내는 것은 잘못일 것이다. 그 첫 번째 측면에서, 종합 방법은 반성적이다. 즉 그 방법을 통해 우리는 우리의 이해 역량을 인식한다. 종합 방법이 결과와 관련하여 원인을 만들고 꾸며내는 것도 사실이다. 그러나 그것을 모순이 아니라, 다른 모든 관념의 원천으로서의 신 관념에 가능한 한 빨리 도달할 수 있게 해주는 최소한의 역행으로 보아야 한다. 이 두 번째 측면에서, 방법은 구성적 혹은 발생적이다. 끝으로, 신 관념에서 파생하는 관념들은 실재 존재들의 관념들이다. 그것들의 생산은 생산인 동시에 실재의 연역이기도 하다. 관념들의 연쇄 속에서 참의 형상과 질료는 동일시된다. 이 세 번째 측면에서 방법은 연역적이다. 반성, 발생, 연역, 이 세 계기가 모두 함께 종합 방법을 구성한다. 스피노자는 그 세 계기에 기대서 데카르트주의를 넘어서는 동시에 아리스토텔레스주의의 불충분성에 대처한다.

데카르트의 관점에서, 자기 원인으로서의 신: 다의성, 탁월성, 유비 — 스피노자의 관점에서, 자기 원인으로서의 신: 일의성 — 일의성과 내재성 — 데카르트의 공리들과 스피노자 철학에서 그 공리들의 변형

이제 존재에 대한 이론을 고찰해 보자. 스피노자가 데카르트에 반대하는 지점은 변하지만, 그것은 여전히 전면적이다. 사실 분석 방법과 종합 방법이 동일한 존재 개념을 내포한다는 것은 놀라울 것이다. 스피

노자의 존재론을 지배하는 개념은 **자기 원인, 자기 안의 원인이면서 자기에 의한 원인**이다. 이 용어들은 데카르트에서도 나타난다. 그러나 이 용어들을 사용할 때 데카르트가 마주치는 어려움들은 데카르트주의와 스피노자주의가 양립불가함을 알려준다.

카테루스와 아르노가 이미 데카르트에 대해 이런 반론을 제기했다. "자신에 의한"은 소극적인 것으로, 원인의 부재만을 의미하는 것이 아닌가.[19] 아르노의 말처럼, 신이 원인을 갖지 않는 이유가 신적 본질의 충만한 적극성에 있으며 우리 지성의 불완전성에 있지 않다고 해도, 그로부터 신이 "원인에 의해 존재하는 것처럼 적극적으로" 자신에 의해 존재한다는 결론, 즉 신은 자기 원인이라는 결론이 도출될 수 있는 것은 아니다. 데카르트가 이 논쟁을 무엇보다도 언어적인 논쟁으로 봤다는 것은 사실이다. 그는 단지 신적 본질의 충만한 적극성에만 동의해 달라고 요구한다. 그렇게 하면 신적 본질이 원인과 **유비적인** 역할을 한다는 점을 확인할 수 있다는 것이다. 신이 원인을 갖지 않는 적극적 이유. 따라서 신이 작용인을 갖지 않게 하는 형상인이 있다. 데카르트는 자신의 테제를 다음과 같은 말로 명확히 밝힌다. 신은 자기 원인이지만, 작용인이 결과의 원인이라는 의미와 **다른 의미로** 자기 원인이다. 신은 그의 본질이 형상인이라는 의미로 자기 원인이다. 그리고 신의 본질은 직접적으로가 아니라 유비적으로 형상인이라 일컬어지는데, 이는 신의 본질이 작용인이 그 결과에 대해 하는 것과 유비적인 역할을 신의 실존에 대해서 수행하는 한에서 그렇다.[20]

---

19 *Premières objections*, AT IX, p. 76; *Quatrièmes objections*, AT IX, pp. 162~166 참조.
20 Descartes, *Réponses aux premières objections*, AT IX, pp. 87~88(Alquié, pp. 528~530). "작용(efficient)이라는 말의 고유하고 엄밀한 의미에만" 집착하는 사람들은 "작용 원인과 관계 및 유비를 갖는 어떤 다른 종류의 원인에도 주목하지 않는다." 그들은 "(신이) 어떤 방식으

이 이론은 긴밀하게 연결된 세 가지 개념에 기초한다. 첫째, **다의성**(신은 자기 원인이지만, 그가 창조한 사물들의 작용인이라는 의미와 다른 의미로 자기 원인이다. 따라서 존재는 존재하는 모든 것에 동일한 의미로 쓰이지 않는다. 즉 신적 실체와 창조된 실체들, 실체와 양태들에 동일한 의미로 쓰이지 않는다). 둘째, **탁월성**(따라서 신은 모든 실재를 포괄하고 있는데, 탁월한 방식으로, 즉 그가 창조한 사물들의 형상과 다른 형상 아래서 그러하다). 셋째, **유비**(따라서 자기 원인으로서 신은 그 자체로서는 파악되지 않고 유비에 의해서만 파악된다. 작용인과의 유비에 의해서 신은 자기의 원인 혹은 원인에 의한 것 "처럼" 자신에 의한 원인이라고 일컬어진다). 데카르트가 이 테제들을 명시적으로 정식화했다기보다는 스콜라주의와 토마스주의의 유산을 수용하고 받아들인 것이다. 이 테제들이 데카르트에 의해 논의된 적은 없지만 본질적 중요성을 갖으며, 데카르트의 철학 곳곳에 나타나며, 그의 존재 이론에서, 신과 피조물의 존재 이론에서 필수불가결하다. 데카르트 형이상학의 의미가 그 테제들에 있는 것은 아니지만, 그 테제들이 없다면 데카르트의 형이상학은 많은 의미를 잃을 것이다. 그래서 데카르트주의자들은 매우 흔쾌히 유비 이론을 제시한다. 그들은 스승의 저작과 토마스주의를 화해시키려는 시도를 넘어, 데카르트에서 암묵적으로 담겨 있던 데카르트주의의 핵심적 부분을 발전시킨다.

데카르트와 스피노자 간의 공상적 계보를 상상하는 것은 언제나 가능하다. 예를 들어 실체에 대한 데카르트의 정의("실존하기 위해 자기 자신만 필요로 하는 것")에서 일원론적 경향, 심지어 범신론적 경향까지

---

로, 작용 원인이 그 결과에 대해 하는 것과 동일한 것을 자기 자신에 대해 한다고 생각하는 것이 전적으로 우리에게 허락된다는 것"을 알아차리지 못한다. *Réponses aux quatrièmes objections*, AT IX, pp.182~188 ("작용 원인과 관계 및 유비를 갖는, 그 모든 말하는 방식들⋯")

찾아볼 수 있다. 이는 그러한 종류의 온갖 유혹을 충분히 방어하고 있는, 데카르트의 철학에서 유비가 맡고 있는 암묵적 역할을 무시하는 것이다. 성 토마스에게 그런 것처럼, 창조된 실체에서 실존의 행위는, 그 행위가 신적 실체에서 의미하는 바와 유비적인 어떤 것이다.[21] 그리고 분석 방법은 자연스럽게 유비적 존재 개념으로 귀착되는 것으로 보인다. 분석 방법의 방식 자체가 자생적으로 유비적 존재라는 입장으로 인도한다. 따라서 데카르트주의가 정통 토마스주의에 이미 있었던 난점을 자기 식으로 다시 만나는 것은 놀랍지 않다. 그 야망과 달리 유비는 그것의 출발점인 다의성과 그것의 도달점인 탁월성에서 벗어나는 데 성공하지 못한다.

　스피노자에 따르면 신은 만물의 원인이라는 의미와 다른 의미로 자기 원인이 아니다. 반대로 자기 원인이라는 의미와 동일한 의미로 신은 만물의 원인이다.[22] 데카르트는 그와 관련하여 과도하게 말하거나 부족하게 말한다. 그는 아르노에 비해서는 과도하게, 스피노자에 비해서는 부족하게 말한다. 우선 "자기 원인"을 단순한 유비로 사용하면서 동시에 "자신에 의한"을 적극적인 의미로 사용하는 것은 가능하지 않기 때문이다. 신의 본질이 신의 실존의 원인이라면 그것은 작용인의 의미가 아니라 형상인의 의미로 그렇다는 것을 데카르트도 인정한다. 형상 원인은 정확히 말해 결과와 공존하고 결과와 분리되지 않는 내재적 본질이

---

21 "실체란 무엇인가, 그리고 이름은 신과 피조물들에게 동일한 의미로 귀속시킬 수 없다." (Descartes, *Principes*, I, 51)

22 E1P25S. 라쉬에즈-레이(P. Lachièze-Rey)가 스피노자의 이 구절을 반대 순서로 인용한다는 것은 흥미롭다. 그는 마치 스피노자가 신은 사물들의 원인이라는 의미에서 자기 원인이라고 말한 것처럼 인용한다. 이렇게 변형된 인용에는 단순한 실수가 아니라, 작용 인과성을 우선적으로 내세우는 '유비적' 관점의 잔재가 있다(*Les Origines cartésiennes du Dieu de Spinoza*, pp. 33~34).

다. 그러나 여전히 왜 신의 실존이 작용인을 갖지 않는지, 그리고 그것이 본질과 동일한지에 대한 적극적인 이유가 있어야 한다. 그런데 데카르트는 그 이유를 신의 광대함, 과잉, 무한성 등, 단순한 특성에서 찾는다. 그러나 그러한 특성은 유비 판단에서 비례 규칙의 역할을 할 뿐이다. 이 특성은 신의 본성에서 그 어떤 것도 지칭하고 있지 않기 때문에, 데카르트는 자기 원인을 간접적으로 규정하고 있을 뿐이다. 자기 원인은 작용인과 다른 의미로 이야기되지만, 그것과 유비적으로 이야기된다. 따라서 데카르트에게는 어떤 이유 아래서 자기 원인이 그 자체로 파악될 수 있으며 신 개념 혹은 신의 본성 속에서 직접적으로 정초될 수 있는지가 결여되어 있다. 스피노자는 신의 본성과 절대성, 무한성과 같은 특성들을 구별할 때 그 이유를 발견한다. 속성들은 신의 절대적 본성을 구성하는 내재적인 형상적 요소들이다. 이 속성들은 신의 실존을 구성하지 않고는 신의 본성을 구성하지 않는다. 그것들은 본질에서 필연적으로 파생하는 실존을 표현하지 않고서는 본질을 표현하지 않는다. 그래서 실존과 본질은 하나이다.[23] 그래서 속성들은 실체 그 자체를 유비에 의해서가 아니라 직접적으로 자기 원인으로 만드는 형상 이유를 구성한다.

우선 자기 원인은 그 자체로 접근해야 하는 것이며, 이 조건 속에서 "자기 안에서"와 "자신에 의해"는 완벽하게 적극적인 의미를 지닌다. 그로부터 다음과 같은 결과가 나온다. 자기 원인은 더 이상 작용인과 다른 의미로 이야기되지 않는다. 반대로 작용인이 자기 원인과 동일한 의미로 이야기된다. 따라서 신은 그가 실존하는 대로 생산한다. 한편으로

---

23 E1P20Dem.

신은 필연적으로 생산하고, 다른 한편으로 신이 속성들 속에서 필연적으로 생산하는데, 바로 그 속성들이 신의 본질을 구성한다. 여기서 우리는 스피노자 철학의 일의성의 두 측면, 원인의 일의성과 속성의 일의성을 재발견한다. 스피노자주의는 우리가 분석을 시작할 때부터 부정 신학과의 전투를, 또 다의성, 탁월성, 유비에 기대는 모든 방법과의 전투를 피할 수 없는 것으로 보였다. 스피노자는 존재에 부정을 도입하는 것만이 아니라, 부정이 잔존하는 긍정에 대한 모든 잘못된 개념화도 비판한다. 스피노자는 데카르트와 데카르트주의자들에게서 그 잔존물들을 재발견하고 그것과 싸운다. 스피노자의 내재성 개념의 의미는 다른 어떤 것이 아니다. 그것은 원인과 속성들의 이중적 일의성, 즉 작용인과 형상인과의 통일성, 실체의 본질을 구성하는 것으로서의 속성과 피조물들의 본질들에 내포된 것으로서의 속성의 동일성을 표현한다.

그렇게 피조물들을 변양들 혹은 양태들로 만들어 버림으로써 스피노자가 피조물의 고유한 본질 혹은 역량을 전부 박탈한다고 생각해서는 안 된다. 원인의 일의성이 갖는 의미는 **자기 원인과 작용인이 단 하나의 동일한 의미를 갖는다는 것이 아니라, 둘 다 원인인 것에 대해 동일한 의미로 이야기된다는 것이다.** 속성들의 일의성이 갖는 의미는 실체와 양태들이 동일한 존재 혹은 동일한 완전성을 갖는다는 것이 아니다. 실체는 자기 안에 있고, 변양들은 다른 것으로서의 실체 안에 있다. 다른 것 안에 있는 것과 자기 안에 있는 것이 동일한 의미로 이야기되는 것이 아니라, 존재가 자기 안에 있는 것과 다른 것 안에 있는 것에 대해 형상적으로 동일한 의미로 이야기되는 것이다. 동일한 의미로 취해진 동일한 속성들이 전자의 본질을 구성하고, 후자의 본질에 내포되어 있다. 게다가 스피노자에게 이 공통적인 존재는 둔스 스코투스에게 그런 것처럼 유한자와 무한자에, 자기 안에 있는 것*in-se*과 다른 것 안에 있는 것*in-alio*에 무차별적인, 중화된 존재가 아니다. 반대로 그것은 질적으로 규정된 실체의 존재이며, 그 안에서 실체는 자기 안에 머물고, 양태들은 또한 타자로서의 그것 안에 있다. 따라서 내재성은 스피노자의 일의성 이론이 갖는 새로운 모습이다. 종합 방법은 자연스럽게 이 공통의 존재 혹은 내재인이라는 입론으로 이끈다.

데카르트 철학에서는 몇몇 공리들이 끊임없이 나타난다. 그중 주요 공리는 "무無는 특성을 갖지 않는다"이다. 그로부터 여러 귀결들이 도출된다. 양의 관점에서 보면, 모든 특성은 존재의 특성이다. 따라서 모든 것은 존재 혹은 특성, 실체 혹은 양태다. 그리고 또 질의 관점에서 보면, 모든 실재성은 완전성이다. 인과성의 관점에서 보면, 원인은 결과 이상의 실재성을 가져야 한다. 그렇지 않다면 무에서 무언가가 산출될 것이다. 끝으로 양상의 관점에서 보면, 우유성은 그것과 관계된 존재를 필연적으로 내포하지는 않는 특성이므로 엄밀하게 말해서 우유성이란 있을 수 없다. 반면에 내재성 이론과 종합 방법의 요구들에 따라 이 모든 공리들을 새롭게 해석하는 것이 스피노자가 하는 일이다. 스피노자가 보기에 데카르트는 이 정리(무는 특성을 갖지 않는다)의 의미와 귀결들을 파악하지 못했다. 한편으로 실체의 복수성은 불가능해진다. 부등하고 제한된 실체들도 동등한 무제한적 실체들도 없다. 왜냐하면 그런 실체들이 있다면 "그것들은 무로부터 무언가를 끌어내야 할 것"[24]이기 때문이다. 다른 한편 단지 모든 실재성은 완전성이라고 말하는 것은 만족스럽지 못할 것이다. 사물의 본성에서 모든 것은 실재성, 즉 완전성이라는 것도 인식해야 한다. "여기서 사물의 본성은 이것(제한)을 요구했고,

---

24 *KV*, I, 2장, 2, 주2.

그 결과 다르게 존재할 수 없었다고 말하는 것은 아무것도 말하지 않는 것이다. 어떤 사물의 본성은 그 사물이 존재하지 않는 한 아무것도 요구할 수 없으니까 말이다."[25] 따라서 우리는 실체가 자기 자신의 가능성 때문에 본성의 제한을 겪는다고 믿는 것을 삼가야 한다.

속성과 관련하여 실체의 가능성이 없는 것처럼, 실체와 관련하여 양태들의 우연성도 없다. 데카르트와 함께 우유성들은 실재적이지 않다는 것을 보여 주는 것만으로는 충분하지 않다. 데카르트에게 실체의 양태들은 어떤 식으로든 그들을 그 실체 자체 안에 "놓는" 외적 인과성을 필요로 하기 때문에 우유적인 것으로 머문다. 그러나 사실 양태와 우유성의 대립은 필연성이 존재의 유일한 변용, 유일한 양상임을 이미 보여 준다. 신은 자기 원인과 동일한 의미로 만물의 원인이다. 따라서 모든 것은 그의 본질에 의해 혹은 그의 원인에 의해 필연적이다. 끝으로 원인이 결과보다 더 완전하고, 실체가 양태들보다 더 완전한 것은 사실이다. 그러나 원인이 더 많은 실재성을 가진다 하더라도, 결과 자체가 의존하는 것과 다른 형상으로 혹은 다른 방식으로 원인이 그 결과의 실재성을 담고 있는 것은 아니다. 데카르트에서 원인의 우월함은 어떤 존재 형상들이 다른 것들보다 우월함으로 이어지고, 따라서 (신은 피조물 안에 내포되어 있는 것보다 우월한 형상 아래서 실재성을 포함하고 있기 때문에) 실재의 다의성 혹은 유비가 있다. 이 이행이 탁월성 개념의 근거가 된다. 그러나 이 이행은 전적으로 부당하다. 데카르트에 반대해서 스피노자는 모든 존재 형상의 동등성을, 그리고 그 동등성에서 나오는 실재의 일의성을 정립한다. 모든 관점에서 내재성의 철학은 하나의-존재, 동등

25 *KV*, I, 2장, 5, 주3.

한-존재, 일의적이고 공통적인 존재 이론으로 나타난다. 내재성의 철학은 존재에서 그것의 충만한 적극성, 즉 그것의 형상적 공통성을 박탈하는 모든 접근방식을 고발하면서 진정한 긍정의 조건들을 찾는다.

# 11장. 내재성과 표현의 역사적 요소들

신플라톤주의에서 분유 문제 — 증여와 유출

두 가지 문제가 제기된다. 내재성과 표현의 논리적 연관성은 무엇인가? 그리고 표현적 내재성 관념은 어떻게 특정한 철학 전통들 안에서 역사적으로 형성되는가? 그 전통들은 복합적일 수 있고 그 전통들 자체가 여러 가지 다양한 영감들을 동시에 지닐 수도 있다.

　모든 것은 플라톤 철학의 분유 문제와 함께 시작되는 것 같다. 플라톤은 가설로서 여러 가지 분유 도식을 제시했다. 분유하는 것은 부분이 되는 것이기도 하고 모방하는 것이기도 하고 다이몬^démon[1]을 영접하는 것이기도 하다…. 이 도식들에 따라 분유는 때로는 질료적으로, 때로는 모방적으로, 때로는 '다이몬적'으로 해석된다. 그러나 어떤 경우이든 난점들은 동일한 이유를 갖는 것 같다. 즉 플라톤은 분유의 원리를 무엇보다도 먼저 분유자 쪽에서 찾는다. 분유는 대개의 경우 외부에서 피분유자에게 닥쳐오는 사건으로, 피분유자가 당하는 폭력으로 나타난다. 먼

---

1 (역주) 다이몬(위대한 신령, 정령)은 고대 그리스 전통에서 신적인 존재 혹은 신과 인간 사이에 있는 중간적 존재를 뜻한다.

저 분유가 부분 되기라면, 피분유자가 분할 혹은 분리를 겪지 않는다고 보기 어렵다. 그 다음으로 분유가 모방이라면, 이데아를 모델로 삼는 외부의 예술가가 필요하다. 끝으로 예술가나 다이몬 같은 매개자 일반이 맡는 역할이 다음과 같은 것이 아니라면 무엇이겠는가. 그 역할은, 가지계를 재생산하도록 감각계를 강제하는 것, 그런데 이데아도 자신의 본성에 반하는 어떤 것에 의해 분유되도록 이데아를 강제하는 것이다. 플라톤이 이데아들 상호간의 분유를 다룰 때도, 상응하는 역량은 분유되는 역량이 아닌 분유하는 역량으로 파악된다.

후기플라톤주의는 무엇보다도 이 문제를 뒤집고자 했다. 사람들은 분유를 가능하게 하는 원리를 찾았지만 피분유자의 관점에서 그것을 찾았다. 신플라톤주의자들은 더 이상 분유자의 특징들(다수, 감각적 등)에서 출발해서 어떤 폭력에 의해 분유가 가능하게 되는지 묻지 않는다. 반대로 피분유자에서 분유를 정초하는 원리와 내적 운동을 발견하려고 한다. 플로티노스는 플라톤이 작은 쪽에서 분유를 보았다고 비난한다.[2] 사실 피분유자가 분유자 안으로 들어가는 것은 아니다. 피분유자는 자기 안에 머물러 있다. 하지만 그것은 생산하는 한에서 분유되고 증여하는 한에서 생산한다. 그런데 그것은 증여하거나 생산하기 위해서 자신을 벗어날 필요가 없다. 이것이 플로티노스에 의해 정식화된 프로그

---

2 Plotin, [엔네아데스], VI, 6, IV, § 2, 27~32. "우리들[즉 플라톤주의자들 ─ 필자]은 존재를 감각적인 것으로 정립해 놓고, 편재해야 하는 것을 **거기에**(là-bas) 놓는다[(역주) 존재와 같이 편재하는 것을 구체적인 장소와 같은 것으로 생각한다]. 그때 우리는 감각적인 것을 무언가 거대한 것으로 상상하면서, '거기에'의 이러한 본성이 어떻게 그러한 거대한 것으로 확대될 수 있는지를 묻고 있다. 그러나 사실 우리가 거대하다고 명명한 것은 작고, 우리가 작다고 믿은 것은 거대하다. 왜냐하면 존재는 전체로서 첫 번째로 감각적인 것의 모든 부분에 도달하기 때문이다." 여기서 플로티노스는 플라톤의 문제 설정을 역전시킬 필요성, 분유되는 것에서 출발해서 분유를 분유되는 것에서 정초할 필요성을 강조하고 있다.

램이다. 가장 높은 것에서 출발하기, 모방을 발생 혹은 생산에 종속시키기, 폭력 관념을 **증여물**don 관념으로 대체하기. 피분유자는 분할되지도, 외부에서 모방되지도, 그의 본성에 폭력을 가하는 매개에 의해 강제당하지도 않는다. 분유는 질료적이지도 모방적이지도 다이몬적이지도 않다. 그것은 유출적이다. 유출은 원인과 선물을 동시에 의미한다. 그것은 증여에 의한 인과성이면서 생산적 증여다. 진정한 활동은 피분유자의 활동이다. 분유자는 단지 결과일 뿐이고, 원인이 증여하는 것을 수령한다. 유출인은 증여하는 원인, 증여하는 선, 증여하는 덕이다.

우리가 피분유자 쪽에서 분유의 내적 원리를 찾으면, 그것을 필연적으로 "저 너머에서au-delà" 혹은 "저 위에서au-dessus" 찾게 된다. 분유를 가능케 하는 원리 자체가 분유된다거나 혹은 분유 가능하다는 것은 생각할 수 없다. 그 원리에서 모든 것이 유출되며, 그 원리가 모든 것을 증여한다. 하지만 그 원리 자체는 분유되지 않는다. 사실 분유는 원리가 증여하는 것에 따라서만, 그리고 원리가 증여하는 것에만 일어난다. 프로클루스Proculus는 이런 의미로 심오한 분유 불가능자 이론을 구상했다. 분유는 오로지 그 자체는 분유 불가능하지만 분유할 것을 증여하는 원리에 의해서만 행해진다. 그리고 플로티노스는 이미 일자는 필연적으로 그의 증여물들보다 우월하다는 것, 일자는 그가 갖고 있지 않은 것을 증여한다는 것, 혹은 일자는 그가 증여하는 것이 아니라는 것을 보여주었다.[3] 유출 일반은 삼항관계의 형태로 제시된다. 증여자, 증여되는 것, 수령자. 분유는 언제나 증여되는 것을 통한 분유이다. 따라서 우리

---

3 Plotin, VI, 7, § 17, 3~6 참조. '분유 불가능자'와 증여자와 증여물에 대한 이론은 프로클루스와 다마스키우스(Damascius)에 의해, 파르메니데스에 대한 그들의 주석에서 계속 발전·심화되었다.

는 분유자의 발생만이 아니라, 피분유자가 분유된다는 사실을 설명해 주는 피분유자 자체의 발생에 대해서도 말해야 한다. 즉 증여된 것과 그 것을 수령하는 것이라는 이중의 발생. 수령자-결과는 그에게 증여되는 것을 온전히 소유할 때 그 실존을 결정한다. 그러나 수령자는 증여자에 게 기대고 있을 때만 그것을 온전히 소유한다. 증여자는 생산물보다 우 월하듯이 증여물보다 우월한데, 그가 증여하는 것을 통해 분유 가능하 고, 그 자체로는 혹은 그 자체로서는 분유 가능하지 않다.


### 유출인과 내재인의 이중적 차이


우리는 이제 유출인과 내재인이 어떤 특성들에서 논리적으로 무언 가 공통적인 것을 가지면서 또한 근본적 차이들도 갖는지 규정할 수 있 다. 이들의 공통 특성은 자신을 벗어나지 않는다는 것, 생산하기 위해 **자기 안에 머물러 있다는 것이다.**[4] 스피노자는 내재인을 정의할 때, 내재 와 유출이 얼마간 동일시될 수 있는 근거가 되는 이 정의를 강조한다.[5] 그러나 두 원인들의 생산 방식에서 차이가 있다. **유출인은 자기 안에 머물**

---

4 생산하기 위해 '자기 안에 머무는' 원인 혹은 이유에 대해서는, 그리고 플로티노스에게 이 테 마가 갖는 중요성에 대해서는 R. Arnou, *Praxis et Théoria*, Alean, 1921, pp. 8~12 참조.

5 『소론』은 내재인을 **그 자체 내에서 작용하는 것으로** 정의한다(I, 2장, 24). 그 점에서 그것은 유 출인과 유사하며, 스피노자는 원인 범주에 대한 연구에서 그 둘을 가까이 놓는다(*KV*, I, 3장, 2). 『윤리학』에서도 그는 양태들이 실체로부터 따라나오는 방식을 지시하기 위해 *effluere*(흘 러나오다)란 말을 사용한다(I, 17, 주석). 그리고 「편지43 (오스텐Osten에게, III, p. 161)에서는 만물은 신의 본성으로부터 필연적으로 유출된다(*omnia necessario a Dei natura emanare*) 고 쓰고 있다. 여기서 스피노자는 자신이 잘 아는 전통적 구별로 되돌아 가고 있는 것처럼 보 인다. 전통적으로 내재인은 그것의 실존과 구별되는 인과성을 갖는 반면, 유출적 인과성은 원인의 실존과 구별되지 않는다고들 말한다(Heereboord, *Meletemata philosophica*, t. II, p. 229 참조). 그러나 정확히 말하면, 스피노자는 그 차이를 받아들일 수 없다.

러 있지만, 생산된 결과는 유출인 안에 있지 않고 유출인 안에 머물지 않는다. 제1원리 혹은 원인들의 원인으로서의 일자에 대해 플로티노스는 이렇게 말한다. "아무것도 그 안에 있지 않기 때문에 모든 것이 그것에서 나온다."[6] 결과는 절대로 원인과 분리되지 않는다는 것을 상기시킬 때, 플로티노스가 생각하는 것은 흐름flux과 방사의 연속성이지, 내용의 현실적 내속內屬, inhérence이 아니다. 유출인은 그가 증여하는 것을 통해 생산하지만, 그가 증여하는 것 너머에 있다. 그래서 결과는 원인을 벗어나고, 원인을 벗어남으로써만 실존하며, 그가 떠나 온 원인에 기대는 한에서만 그의 실존을 결정한다. 그래서 결과의 실존 결정은 초월적 목적론의 관점에서 원인이 선으로 나타나는 전향(conversio, 되돌아감 - 역자)과 분리 불가능하다. 반면에 결과 자체가 원인에서 유출된다기보다는 원인에 "내재할" 때, 그 원인은 내재인이다. 내재인을 정의하는 것은 이것이다. 내재인이란, 결과가 분명히 다른 것 안에 있는 것처럼 그것(원인) 안에 있지만, 그것 안에 있고 머물러 있는 것이다. 원인이 자기 자신 안에 머무르고 있는 것처럼 결과도 계속 원인 안에 머무르고 있다. 이 관점에서 원인과 결과 간의 본질의 구별은 결코 퇴락으로 해석되지 않을 것이다. 내재성의 관점에서 본질의 구별은 존재의 동등성을 배제하지 않고 반대로 그것을 내포한다. 원인 속에서 자기 안에 머물러 있는 존재와, 다른 것 안에 있는 것처럼 원인 안에 그 결과가 머물러 있는 존재는 동일한 존재다.

플로티노스는 또 이렇게 말한다. 일자와 일자에서 나오는 것들은 "아무런 공통점도" 갖지 않는다.[7] 사실 유출인은 결과보다 우월할 뿐만

6 Plotin, V, II, §1, 5.
7 Plotin, V, 5, §4. 물론 플로티노스에 따르면 모든 사물에 공통적인 형상이 있다. 하지만 그것

아니라 그가 결과에게 증여하는 것보다도 우월하다. 그런데 왜 제1원인은 정확하게 일자인가? 존재하는 모든 것에게 존재를 증여하므로 그것은 필연적으로 존재 혹은 실체 너머에 있다. 따라서 유출은 그것의 순수한 상태에서 존재보다 우월한 일자의 체계와 분리 불가능하다. 파르메니데스의 첫 번째 가설[8]이 신플라톤주의 전체를 지배한다.[9] 그리고 유출은 원리 혹은 원인의 탁월성을 존중하는 부정 신학 혹은 유비 방법과도 분리될 수 없다. 일자 자체의 경우에 부정이 일자가 증여하는 것과 일자에서 나오는 것에 적용되는 긍정들을 발생시킨다는 것을 프로클루스는 보여 준다. 나아가 유출의 각 단계마다 사물들이 그것에서 나오고 그것으로 되돌아가는 분유 불가능자가 있음을 알아야 한다. 따라서 유출은 위계화된 우주의 원리 역할을 한다. 거기서 존재들의 차이는 일반적으로 위계적 차이로 간주된다. 각 항은 그것보다 앞서 있는 우월한 항의 이미지와 같으며, 그것과 제1원인 혹은 제1원리를 분리시키는 거리의 정도에 의해 정의된다.

따라서 유출인과 내재인 간의 두 번째 차이가 등장한다. 내재성은 자신 안에 순수 존재론, 즉 일자가 실체와 존재자의 특성일 뿐인 존재 이론을 포함한다. 그리고 또 순수한 상태의 내재성은 존재의 동등성 원리 혹은 동등한-존재라는 입론을 요청한다. 존재는 그 자체로 동등할 뿐만 아니라, 모든 존재자들 안에 동등하게 현존하는 것으로 보인다. 그

---

은 유비적인 의미로 해석되어야 하는 목적성의 형상, 선(善)의 형상이다.

8 (역주) 플라톤, 『파르메니데스』(대화편), 137c~142a.

9 E. Gilson, *L'Etre et l'Essence*, Vrin, 1948, p.42 참조. "존재 학설에서 열등한 것은 우월한 것의 존재에 의거해서만 존재한다. 반대로 일자 학설에서는 우월한 것이 아닌 것에 의거해서만 열등한 것이 존재한다는 것이 일반적 원리다. 실제로 우월한 것은 자기가 갖고 있지 않은 것만을 증여하는데, 이러한 것을 증여하기 위해서는 우월한 것이 증여하는 것 위에 존재해야 하기 때문이다."

리고 원인이란 어디서나 동등하게 가까운 것이다. 즉 떨어진 원인, 원인遠因은 없다. 존재들은 위계상의 서열에 의해 정의되지 않고, 존재들과 일자 사이에 거리의 정도차가 없다. 그러나 각 존재자들은 동등하게 존재를 분유하면서, 그 거리와 완전히 무관하게 자기 본질의 소질에 따라 신으로부터 수령할 수 있는 모든 것을 매개 없이 수령하면서 신에게 직접 의존한다. 게다가 순수한 상태의 내재성은, 자연을 형성하며, 생산자와 생산물, 원인과 결과에 공통적인 적극적인 형상들로 구성되는 일의적 존재를 요청한다. 내재성이 본질들의 구별을 없애지 않는다는 것을 우리는 안다. 그런데 공통의 형상들이 결과들로서의 양태들의 본질들을 담고 있으면서도, 원인으로서의 실체의 본질을 구성해야 한다. 그래서 내재성의 관점에서도 원인의 우월성은 존속하지만, 그것이 탁월성, 즉 결과들 안에 현존하는 형상들 너머에 원리를 설정하는 방식을 초래하지는 않는다. 내재성은 어떠한 원인의 탁월성, 어떠한 부정 신학, 어떠한 유비 방법, 어떠한 위계적 세계관에도 반대한다. 내재성에서 모든 것은 긍정이다. '원인'은 결과보다 우월하지만, 결과에게 증여하는 것보다 우월하지는 않다. 아니 보다 정확히 말해 결과에게 아무것도 "증여하지" 않는다. 분유는 '탁월한 증여물'이 아니라 본질들의 구별이 존속하게 되는 형상적 공통성에서 출발하여 완전히 적극적으로 사유되어야한다.

신플라톤주의에서 내재인은 어떻게 유출인과 합류하는가:존재 혹은 지성 ─ 복합하다complicare 펼치다explicare ─ 내재성과 동등성 원리

유출과 내재 간에 그렇게 큰 차이가 있다면, 비록 부분적으로이긴

하지만 어떻게 그 둘을 역사적으로 동일시할 수 있는가? 진정으로 내재적인 원인은 신플라톤주의 자체에서 스토아 철학의 영향을 받아 유출인과 사실상 합류하기 때문이다.[10] 일자의 층위에서 이미 구와 방사의 은유가 엄격한 위계 이론을 독특하게 교정하고 있다. 그렇지만 무엇보다 첫 번째 유출이 내재인 관념을 제공한다. '일자'에서 '지성' 혹은 '존재'가 유출된다. 그런데 존재와 지성의 상호 내재성이 있을 뿐만 아니라, 존재가 모든 존재들과 모든 종류의 존재를 담고 있는 것처럼 지성은 모든 지성들과 모든 지성적인 것들을 담고 있다. "자기가 낳은 존재들로 가득 찬 지성은 그 존재들을 자기 안에 붙잡아두면서 이를테면 그것들을 삼킨다."[11] 물론 지성에서도 새로운 실체hypostasis, 위격가 유출될 것이다. 그러나 지성은 완전한 상태에 도달하는 한에서만 그렇게 유출인으로 작용하며, 오직 내재인으로서만 거기에 도달한다. 존재와 지성도 일자이지만, 존재하고 인식하는 일자이며, 파르메니데스의 두 번째 가설의 일자, 다자le multiple가 그 안에 현존하고 그 자신이 다자 안에 현존하는 일자이다. 존재는 통일 상태의 수數와 동일하며, 존재들은 전개상태의 수(즉 "펼쳐진" 수)와 동일하다는 것을 플로티노스는 보여 준다.[12] 플로티노스에게는 이미 일자의 초-탁월성과 결합되는 존재의 동등성이 있다.[13] 다마스키우스는 존재의 상태에 대한 기술을 멀리 밀고 나가는데, 거기서 다자는 일자 안에 모이고, 집중되고, **포함**compris되지만, 일

---

10 강디약(M. de Gandillac)은 *La Philosophie de Nicoleas de Cues*, Aubier, 1942에서 이 테마를 분석했다.

11 Plotin, V, 1, §7, 30.

12 Plotin, VI, 6, §9. *exelittein*(펼치다expliquer, 전개하다développer)이라는 용어는 플로티노스와 그 계승자들에게, 존재와 지성 이론의 층위에서 큰 중요성을 갖는다.

13 Plotin, VI, 2, §11, 15 참조. "어떤 것은 다른 것보다 적은 통일성을 갖는데도, 더 적지 않은 존재를 가질 수 있다."

자 또한 다수의 것들에서 **자신을 펼친다**.

이것이 중세와 르네상스 시대의 철학들을 통해서 점점 더 중요해지는 개념 쌍인 **복합하다**$^{complicare}$ – **펼치다**$^{expliquer}$[14]의 기원이다.[15] 만물은 그들을 복합하는 신에 현존하고, 신은 그를 펼치고 내포하는 만물에 현존한다. 계기적이고 종속적인 유출물들의 계열이 서로 상관적인 두 가지 운동의 공-현존으로 대체된다. 신이 사물들을 복합하면서 자기 안에 머물러 있는 것처럼, 사물들도 신을 펼치고 내포하는 한에서 신 안에 머물러 있기 때문이다. 사물들에서 신의 현존이 내포를 구성하는 것처럼, 신에서 사물들의 현존이 내속을 구성한다. 실체들$^{hypostses}$의 위계가 존재의 동등성으로 대체된다. 그 안에서 사물이 현존하는 존재와, 사물 안에 그 자체로 현존하는 존재는 동일한 존재이기 때문이다. 내재성은 복합과 펼침, 내속과 내포의 통일에 의해 정의된다. 신이 그를 펼치는 사물들에 의해 내포되어 있는 것처럼, 사물들도 그들을 복합하는 신에게 내속해 있다. 복합하는 신은 모든 사물들을 통해 자신을 펼친다. "모든 것이 신 안에 있다는 의미에서 신은 보편적 복합이고, 신이 모든 것 안에 있다는 의미에서 신은 보편적 펼침이다."[16] 분유는 그 원리를 더 이상, 일자를 가깝거나 먼 기원으로 삼는 유출이 아니라, 모든 존재들을

---

14 (역주) "pli"가 들어간 동사는 다양한 방식으로 번역되고 있다. 여기서 우리는 compliquer는 "복합하다"(함께 접다, 포괄하다, 온-주름운동하다)로, expliquer는 "펼치다"(설명하다, 밖-주름운동하다), impliquer는 "내포하다"(접다, 함축하다, 안-주름운동하다)로 번역한다. 반면에 스피노자와 당대의 텍스트가 주가 되는 다른 장에서는 복합하다, 설명하다, 내포하다로 번역한다. (들뢰즈 『차이와 반복』, 김상환 옮김, 민음사, 2004, 705쪽의 용례 참조)

15 보에티우스(Boèce)는 *comprehendere, complectiri*라는 용어들을 영원한 존재에 적용한다(*Consolidation de la philosophie*, prose 6 참조). 명사 *complicatio-explicatio* 혹은 부사 *complicative-explicative* 쌍은 보에티우스 주석가들에게, 그리고 특히 17세기의 샤르트르(Chartres) 학파에서 크게 중요해진다. 그러나 이 개념들이 엄격한 철학적 지위를 얻는 것은 무엇보다도 니콜라우스 쿠자누스와 브루노에 의해서다. M. DE Gandillac, *op. cit.* 참조.

16 Nocolas de Cues, *Docte Ignorance*, II, 3장.

포함하고 그 존재들 각각의 본질을 통해 자신을 펼치는 절대적 존재의 무매개적이고 적합한 표현에서 찾는다. 표현은 이 모든 측면들, 즉 복합, 펼침, 내속, 내포를 포함한다. 표현의 이 측면들이 내재성의 범주들이기도 하다. 두 개념이 상관된 논리적 관계들의 체계에서 내재성은 표현적인 것으로, 표현은 내재적인 것으로 드러난다.

이런 관점에서 표현 관념은 피분유자의 진정한 활동(능동성)과 분유의 가능성을 해명한다. 표현 관념에서 새로운 내재성 원리가 긍정된다. 표현은 다자의 통일로, 다자의 복합과 일자의 펼침으로 나타난다. 신은 스스로 세계 속에 자신을 표현한다. 세계는 표현, 즉 신-존재 혹은 존재하는 일자의 펼침이다. 세계가 신으로 격상되어서 자신의 한계들 혹은 자신의 유한성을 상실하고, 매개 없이 신적인 무한성을 분유한다. 어디에나 중심이 있고 어디에도 원주가 없는 원의 은유는 세계 자체에 잘 들어맞는다. 신과 세계 간의 표현 관계는 본질의 동일성이 아니라 존재의 동등성의 근거가 된다. 신 자신의 본질에 따라 모든 사물들을 복합하는 신 안에 현존하는 존재와, 그들 자신의 본질 혹은 양태에 따라 신을 펼치는 사물들에 현존하는 존재는 동일한 존재이기 때문이다. 그래서 신은 **복합적인**complicative 자연과 동일한 것으로 정의되고 자연은 **펼쳐지는**explicative 신과 동일한 것으로 정의되어야 한다. 그러나 이 구별 속의 동등성 혹은 동일성은 표현 전체의 두 계기를 구성한다. 신은 그의 '말씀' 속에 자신을 표현하고, 그의 '말씀'은 신의 본질을 표현한다. 그러나 그 말씀은 다시 우주 속에서 표현되고, 우주는 각 사물에게 본질적으로 속하는 방식에 따라 모든 사물들을 표현한다. 말씀은 신의 표현, 표현-언어이다. 우주는 이 표현의 표현, 표현-모습 혹은 표정physionomie 이다(이중 표현이라는 고전적 테마는 에카르트Eckhart에게 다시 발견된다. 신은 말씀 속에서 자신을 표현하는데, 이 말씀은 내적이고 고요한 말이다. 말씀은 세

계 속에서 표현되는데, 세계는 외재화된 모습 혹은 말이다).[17]


유출에서 표현 관념 — 창조에서 표현 관념:표현과 유사 — 창조론에서 내재

인은 어떻게 범형인과 합류하는가


우리는 존재의 표현적 내재성이 어떻게 일자의 유출적 초월성에 접목되는지를 보여 주려고 했다. 그렇지만 플로티노스와 그 계승자들에서 내재인은 유출인에 종속되어 있다. 존재 혹은 지성이 "자신을 펼치는" 것은 사실이지만 이미 다자이며 제1원리가 아닌 것만이 그 자신을 펼친다. "지성은 자신을 펼친다. 지성이 모든 존재들을 소유하길 원하기 때문이다. 그러나 지성이 그것을 원하지 않는 편이 더 좋았을 것인데, 지성이 그렇게 하면 제2원리가 되기 때문이다."[18] 내재적 존재, 내재적 사유는 절대자를 형성할 수 없지만, 모든 것이 그것에서 파생하고 모든 것이 그것으로 되돌아가는 제1원리, 유출인, 그리고 초월적 목적을 전제한다. 물론 이 제1원리, 존재보다 우월한 일자는 모든 사물들을 잠재적으로 담고 있긴 하다. 즉 그것은 펼쳐지지만, 지성과 달리, 존재와 달리, 그 자신이 자신을 펼치는 것은 아니다.[19] 그것은 그를 표현하는 것에 의해 변용되지 않는다. 그래서 내재인이 점점 더 중요하게 되고, 존재가 일자와 경합하며, 그리고 표현이 유출과 경합하다가 때로는 그것을 밀


---

17 에카르트의 표현 범주에 관해서는 Lossky, *Théologie négative et connaissance de Dieu chez matre Eckhart*(Vrin, 1960) 참조.

18 Plotin, III, 8, §8 및 V, 3, §10. "자신을 펼치는 것은 다수이다."

19 Plotin, VI, 8, §18, 18. "중심은, 그것이 존재하는 그대로, 그것이 펼쳐지는 그대로, 광선들을 통해 자신을 현시하지만, 그 자신이 자신을 펼치지 않으면서 그렇게 한다."

어내기까지 하는 것을 보려면, 중세, 르네상스, 종교 개혁기를 거쳐서 신플라톤주의가 극단적으로 진화하기를 기다려야 한다. 사람들은 종종 어떻게 르네상스 철학에서 근대 철학이 나올 수 있었는지를 찾곤 한다. 우리는 표현이라는 특수한 범주가 르네상스 철학의 사유 방식을 특징 짓는다는 알렉상드르 코이레의 테제를 전적으로 따른다.

그렇지만 이 표현주의적 경향이 온전히 실현되지 않는 것은 틀림 없다. 기독교는 말씀 이론에 의해, 그리고 특히 존재를 제1원리로 삼는 존재론적 요청들에 의해 표현주의적 경향을 촉진한다. 그러나 신 존재의 초월성을 유지하라는 훨씬 더 강력한 요청에 의해 표현주의적 경향을 억압하는 것도 기독교다. 그래서 우리는 철학자들이 내재론과 범신론이라는 고발에 의해 계속 위협받고 있고, 무엇보다도 이 고발을 피하기 위해 애쓰고 있는 모습을 목격할 수 있다. 이미 스코투스 에리우게나Scot Erigène에서 볼 수 있는, 표현적 내재성, 유출적 초월성, 무nihilo로 부터의 범형적exemplaire 창조를 화해시키는 철학적으로 교묘한 조합들은 감탄스럽기도 하다. 사실 창조주 신의 초월성은 존재에 대한 유비적 개념 덕분에 혹은 적어도 동등한 존재라는 함의를 제한하는 탁월한 신 개념 덕택에 구제된다. 존재의 동등성이라는 원리 자체를 유비로 해석하며, 온갖 상징의 수단을 활용하여 초월성을 보존한다. 따라서 표현 자체 내부에 표현 불가능한 것이 유지된다. 이는 플로티노스로 되돌아가는 것도, 형언할 수 없고 존재보다 우월한 일자라는 입론으로 되돌아가는 것도 아니다. 사실 내재인으로서 세계 속에서 자신을 긍정하고 자신을 표현하는 것과, (그의 내재성에서는 긍정된 모든 것을 그에 대해 부정하는 부정 신학의 대상으로서) 표현불가능하고 초월적으로 머물러 있는 것은 동일한 신이고 동일한 무한 존재이다. 그런데 이 조건들에서도 내재성은 유출과 창조의 관점에 의해 교정된 이론적 한계로 나타난다. 그 이유는 단순하다. 일의성에 대한 온전한 개념, 일의적 존재에 대한 온전한 긍정과 함께 하지 않으면, 표현적 내재성은 그 자체로서 충분할 수 없기 때문이다.

표현적 내재성은 유출 테마에 접목되는데, 이 테마는 내재성을 부분적으로는 촉진하면서 부분적으로는 억압한다. 그런데 그것은 또한 유비적 조건들에서 창조 테마와 엮여 있다. 창조는 한 측면에서는 유출과 동일한 관심에 답하는 것처럼 보인다. 문제는 언제나 피분유자 자체 쪽에서 분유의 원리를 발견하는 것이다. 이데아들이 신 안에 놓인다. 이데아들은 그들을 모델로 간주하거나 그들로 하여금 감각계로 내려가도록 강요하는 하위 심급에 관련되는 대신, 그 자체가 범형적 가치를 갖게 된다. 이데아들은 신의 무한한 존재를 재현하면서, 신이 하고 싶어 하는 것 그리고 할 수 있는 모든 것 또한 재현한다. 신 안의 이데아들은 **범형적 유사성들**similitudes이고, 창조된 사물들은 **모방적 유사성들**이다. 분유는 모방이지만, 모방의 원리는 모델 혹은 모방되는 것 쪽에서 발견된다. 즉 이데아들은 신과 관련해서는 서로 구별되지 않지만, 이데아들을 근거로 신 자체를 분유할 수 있는 사물들과 관련해서는 서로 구별된다. (말브랑슈는 신을 분유될 수 있고 모방될 수 있는 것으로 재현하면서, 신 안의 이데아들을 표현의 원리들로 정의한다.)

이 길을 닦은 사람은 성 아우구스티누스이다. 그런데 여기서도 표현 개념이 등장해 범형적 유사성과 모방적 유사성의 지위를 동시에 규정한다. 성 보나벤투라Bonaventure는 성 아우구스티누스를 이어 이 이중의 규정에 최고의 중요성을 부여한다. 두 유사성은 "표현적" 유사성의 구체적 전체를 형성한다. 신은 그의 말씀 속에서 혹은 범형적 이데아 속에서 자신을 표현하지만, 범형적 이데아는 창조 가능한 사물들과 창조된 사물들의 다수성을 표현한다. 그것이 표현 자체의 역설이다. 내생적

이고 영원한 역설, 표현 자체는 자신을 표현하는 것과 관련해서는 하나
이면서, 표현된 것과 관련해서는 다수이다.[20] 표현은, 자신을 표현하는
신으로부터 표현된 사물들로 우리를 인도하는 방사와 같다. 표현은 표
현되는 것이 아니라 표현하는 것으로서 신적인 본질 그 자체처럼 제한
없이 모든 것으로 동등하게 확장된다. 여기서, 성 보나벤투라가 신 안에
있는 이데아의 모든 위계를 부정하게 한 동등성 원리가 다시 등장한다.
사실 표현적 유사성 이론은 어떤 내재성을 내포한다. 이데아들은 신 안
에 있고, 따라서 사물들은 그들의 범형적 유사성들을 통해서 신 안에 있
다. 그러나 사물들 자체가 모방들로서 신 안에 있으면 안 되는가? 거기
에 모델과 복사본의 어떤 내속이 있는 것은 아닌가?[21] 존재에 대한 엄격
하게 유비적인 개념를 견지할 때만 이 귀결을 피할 수 있다(성 보나벤투
라 자신은 표현적 유사성, 일의적 혹은 일의성의 유사성을 항상 대립시킨다[22]).

20 성 보나벤투라는 자신을 표현하는 진리, 표현된 것, 표현 자체를 포함하는 표현의 삼항관계
를 발전시킨다. *In hac autem expressione est tria intelligere, scilicet ipsam veritatem,
ipsam expressionem et ipsam rem. Veritas exprimens una sola est et re et ratione;
ipsae autem res quae exprimuntur habent multiformitatem vel actualem vel
possibilem; expressio nero, secundum id quod est, nihil aliud est quam ipsa veritas;
sed secundum id ad quod est, tenet se ex parte rerum quae exprimuntur*(De Scientia
Christi, Opera omnia, V, 14a). 성 아우구스티누스와 성 보나벤투라에게 있어 "표현하다",
"표현"이라는 말에 대해서는 E. Gilson, *La Philosophie de saint Bonaventura*(Vrin, 3e
éd.), pp. 124~125 참조.
21 이런 의미에서 니콜라우스 쿠자누스는 이렇게 말한다. "이미지는 그것의 모델 안에 담겨 있
어야 하는데, 그렇지 않으면 그것은 정말로 이미지는 아닐 것이다. … 따라서 모델은 모든 이
미지들 안에 있으며, 그 모델 안에 모든 이미지들이 있다. 그래서 모든 이미지는 모델 이상
의 것도 이하의 것도 아니다. 그러므로 모든 이미지들은 어떤 유일한 모델의 이미지들이다."
("Le Jeu de la boule", *OEuvres choisies*, Aubier, p. 530)
22 (역주) 보나벤투라에 의하면 "유사"는 두 개의 것이 제3의 것에서 일치함(일의적 또는 분유적
유사)을 의미하든가 또는 어떤 것이 다른 것과 유사하나 제3의 것에서는 일치하지 않음(모
방적 또는 표현적 유사)을 의미한다. 피조물들이 신의 유사물이라고 말하는 것은 후자의 의미
에서이다. 그가 말하려는 것은 신과 피조물은 존재를 일의적으로 분유하지 않는다는 것이
다. 다시 말해 그는 일의적 공통성을 배제하고자 하는 것이다.

스피노자에 의해 표현은 창조설과 유출설에 종속되는 것을 멈춘다 — 표현과 기호의 대립 — 내재성:속성들의 구별과 일의성 — 스피노자의 위계 이론 — 동등성 원리와 표현의 상이한 의미

이상에서 거론된 저자들 대부분은 다음 두 가지 전통에 동시에 결부된다. 유출과 모방, 유출인과 범형인, 위僞-디오니시우스와 성 아우구스티누스. 그러나 중요한 것은 이 두 갈래 길이 표현 개념에서 합류한다는 것이다. 그것은 스코투스 에리우게나에게 이미 보인다. 그는 때로는 "유사한similitudinaire", 때로는 "유출적인" 표현의 철학을 만들어 낸다. 유출은 우리를 펼침-표현으로 이끈다. 창조는 우리를 유사-표현로 이끈다. 그리고 표현에는 실제로 이 이중적인 측면이 있다. 표현은 한편으로는 거울, 모델, 닮음ressemblance이고, 다른 한편으로는 씨앗, 나무, 나뭇가지다. 그러나 이 은유들은 결코 결실을 맺지 못한다. 표현 관념은 야기되자마자 억압된다. 창조나 유출 테마는 "표현주의"가 그것이 내포하는 내재성을 끝까지 밀고 나가지 못하도록 막는 최소한의 초월성 없이는 지낼 수 없기 때문이다. 내재성은 정확히 표현 개념과 분리 불가능한 철학적 현기증이다(자신을 표현하는 것에 표현이 내재하고, 표현 속에 표현된 것이 내재하는 이중적 내재성).

스피노자주의의 의의는 다음과 같은 것으로 보인다. 내재성을 원리로서 긍정하고, 표현을 유출인이나 범형인에 대한 종속에서 빼내기. 표현 자체는 유출하는 것도 어떤 것을 닮는 것도 멈춘다. 그런데 그 결과는 일의성의 관점에서만 획득될 수 있다. 신은 자기 원인과 동일한 의미에서 모든 사물의 원인이다. 신은 형상적으로 실존하는 대로 혹은 표상적으로 자신을 이해하는 대로 생산한다. 따라서 신은 자기 자신의 본질을 구성하는 바로 그 형상들 속에서 사물들을 생산하며, 자기 자신의 본질에 대

한 관념 속에서 관념들을 생산한다. 그러나 신의 본질을 형상적으로 구성하는 그 동일한 속성들은 양태들의 모든 형상적 본질들을 담고 있고, 신 본질에 대한 관념은 모든 표상적 본질들 혹은 모든 관념들을 포함한다. 사물들 일반은 신적 존재의 양태들이다. 즉 신적 존재의 본성을 구성하는 속성들과 동일한 속성들 자체를 내포한다. 이런 의미에서 모든 유사성은 원인과 결과에 공통적인 질質의 현존에 의해 정의되는 일의성에 속한다. 생산된 사물이 모방도 아니고, 이데아(관념)가 모델도 아니다. 신에 대한 관념조차 그 자신의 형상적 존재에서 생산되는 것이므로 전혀 범형적이지 않다. 역으로 관념이 사물을 모방하는 것도 아니다. 형상적 존재로서 관념들은 사유 속성에서 따라 나온다. 그런데 관념들이 재현적이라면, 그것들이 그 자체로 절대적 생산 혹은 작용 역량과 동등한 절대적 사유 역량을 분유하는 한에서만 그렇다. 그래서 어떠한 모방적 혹은 범형적 유사성은 표현적 관계에서 배제된다. 신은 그의 본질을 반영하는 관념 속에서 자신을 표현하는 것처럼, 그의 본질을 구성하는 형상들 속에서 자신을 표현한다. 표현은 존재와 인식 모두에 대한 것으로 이야기된다. 그러나 오직 일의적 존재, 일의적 인식만이 표현적이다. 실체와 양태들, 원인과 결과들은, 전자의 본질을 현실적으로 구성하면서 후자의 본질도 현실적으로 담고 있는 공통 형상들을 통해서만 존재하고 인식된다.

그래서 스피노자는 이전 전통들에서는 항상 혼동되었던 다음 두 가지 영역을 대립시킨다. 표현 혹은 표현적 인식(유일하게 적합하다)의 영역, 그리고 기호, 형식적 부정apophase,[23] 유비에 의한 인식의 영역. 스

23 (역주) 화자가 어떤 주제를 제기하기 위해서 그것을 오히려 부정하는 수사법.

피노자는 상이한 종류의 기호들을 구별한다. 지시적 기호들, 그것들에 의해서 우리는 우리의 신체 상태에 따라 무언가를 판단한다. 명령적 기호들, 그것들에 의해서 우리는 법칙들을 도덕 법칙들로 이해하게 된다. 계시의 기호들, 그것들에 의해 우리는 복종하게 되고, 신의 몇몇 "특성들"만을 발견하게 된다. 그러나 어쨌든 기호들에 의한 인식은 결코 표현적이지 않으며, 1종 인식에 그친다. 지시는 표현이 아니라, 관념이 설명될 수 없거나 자기 자신의 원인을 표현하지 못하는 혼동된 함축 상태다. 명령은 표현이 아니라, 신의 참된 표현들, 자연의 법칙들을 모두 계율이라고 믿게 만드는 혼동된 인상이다. 계시는 표현이 아니라, 표현 불가능한 것의 문화, 상대적이고 혼동된 인식으로, 그것을 통해 우리는 우리의 것(지성, 의지)과 유사한 규정을 신에게 돌려서, 온갖 종류의 탁월성(초-탁월한 일자 등)에서 신의 우월성을 구출하게 될 수도 있다. 일의성 덕분에 스피노자는 표현을 세 종류의 기호들과 대립시키면서 표현 관념에 적극적 내용을 부여한다. 표현들과 기호들의 대립은 스피노자주의의 기본 테제들 중 하나이다.

게다가 표현은 모든 유출의 흔적들에서 풀려나야 했다. 신플라톤주의가 갖는 힘의 일부는 다음과 같은 테제에서 온다. 생산은 합성(유에 종을 더하기, 질료 안에 형상을 받아들이기)이 아니라 구별과 분화를 통해 일어난다. 그러나 신플라톤주의는 다양한 요청들에 사로잡히게 된다. 구별은 구별되지 않는 것 혹은 절대적 일자로부터 생산되어야 하지만 현실적 구별이어야 한다, 또는 구별은 현실적이지만 수적이어서는 안 된다. 이런 요청들이 구별되지 않는 구별들, 분할되지 않은 분할들, 복수화될 수 없는 복수성들의 상태를 정의하려는 신플라톤주의의 노력을 설명해 준다. 스피노자는 반대로 그의 구별 이론에서 다른 길을 발견한다. 일의성과 관련하여 형상적 구별이라는 관념, 즉 수적인 구별이 아니고 수적인 구별일 수도 없는 실재적 구별이라는 관념 덕분에, 스피노자는 실체의 존재론적 통일성과 속성들의 질적인 복수성을 매개 없이 화해시킬 수 있다. 실재적으로 구별되는 속성들은 탁월한 '통일성'에서 유출되기는커녕 오히려 절대적으로 하나인 실체의 본질을 구성한다. 실체는 그로부터 역설적 구별이 생기는 일자 같은 것이 아니고 속성들도 유출들이 아니다. 실체의 통일성과 속성들의 구별은 표현을 함께 구성하는 상관적인 것들이다. 속성들의 구별은 존재론적으로 하나인 실체의 질적 합성과 동일한 것이다. 실체는 무한한 속성들로 구별되는데, 이들은 그것의 현실적 형상들, 혹은 그것을 합성하는 질들과 같다. 따라서 모든 생산 이전에 어떤 구별이 있지만, 이 구별은 실체 자체의 합성이기도 하다.

양태들의 생산이 분화를 통해 일어나는 것은 사실이다. 그런데 그때 분화는 순수하게 양적이다. 실재적 구별이 절대로 수적 구별이 아니라면, 역으로 수적 구별은 본질적으로 양태적 구별이다. 아마도 수는 양태들 자체보다 사고상의 존재들에 더 잘 맞을 것이다. 그렇다고 해도 양태적 구별이 양적 구별임에는 변함이 없다. 수가 이 양의 본성을 잘 표현하지 못한다고 하더라도 말이다. 그것은 분유에 대한 스피노자의 이해에 잘 나타난다.[24] 유출론과 창조론은 분유에 어떤 질료적 의미도 허락하지 않는 데 의견을 같이한다. 반대로 스피노자에서 분유의 원리 자체는 우리로 하여금 분유를 질료적이고 양적인 것으로 해석하도록 강제한다. 분유는 참여이고, 부분 되기이다. 속성들은 신의 절대적 역량과 상응하는, 말하자면 역동적 질들이다. 양태는 그 본질에서 언제나 어떤

---

24 분유(신의 본성의 분유, 신의 능력의 분유)라는 말과 개념은 『윤리학』과 편지들의 변함없는 테마를 형성한다.

질의 특정한 정도, 특정한 양이다. 바로 그 때문에 양태는 그를 담고 있는 속성에서 신의 역량의 한 부분과 같은 것이다. 공통 형상들로서 속성들은, 실체가 그의 본질과 동일한 것인 전능(모든 역량)을 소유하게 되는 조건들이고, 또한 양태들이 그들 본질과 동일한 것인 신적 역량의 부분들을 소유하게 되는 조건들이다. 신의 역량은 자신을 표현하고 혹은 양태적으로 자신을 펼치는데, 오직 이 양적 분화를 통해서만 그리고 그 속에서만 그렇게 한다. 그래서 스피노자주의에서 인간은 소위 그의 고유한 질 덕분에 갖는 특권들, 그리고 모방적 분유의 관점에서만 그에게 속하는 모든 특권을 상실한다. 양태들은 양적으로 서로 구별된다. 신의 본질 자체가 양태의 본질을 통해 자신을 펼치는 한에서, 즉 신의 본질이 그 양태에 상응하는 양에 따라 자신을 분할하는 한에서, 각 양태는 신의 본질을 표현하거나 혹은 펼친다.[25]

동일 속성의 양태들은 그들의 서열에 의해, 신으로부터 가깝고 먼 정도에 의해 구별되지 않는다. 그들은 신적 실체를 언제나 직접적으로 분유하는 그들의 본질 각각의 양 혹은 용량$^{capacité}$에 의해 양적으로 구별된다. 스피노자에게도 직접 무한 양태, 간접 무한 양태,[26] 유한 양태들 간에 위계가 존속하는 것처럼 보일 것이다. 그러나 스피노자는 끊임없이 신은 절대로 엄밀한 의미에서 원인遠因이 아님을 상기시킨다.[27] 특정 속성에서 고려된 신은 그 속성에 상응하는 직접 무한 양태의 근인이다. 스피노자가 간접 무한 양태라고 부르는 것의 경우, 그것은 이미 변양된 속성에서 파생하는 것이다. 그러나 첫 번째 변양은 유출 체계의 매개 원인으로

---

25 E4P4Dem 참조.
26 (역주) 원문에는 le mode fini médiat라고 되어 있는데, infini의 오식으로 보인다.
27 스피노자는 "최종의 혹은 떨어져 있는 원인"에 대해 말할 때마다 그 정식을 글자 그대로 받아들여서는 안 된다는 점을 명확히 한다. KV, I, 3장, 2; E1P28Sc 참조.

서 개입하는 것이 아니라, 신 자신이 자신 안에 두 번째 변양을 생산할 때의 양상으로서 제시된다. 유한 양태들의 본질들을 생각해 보면, 그 본질들에 의해 위계적인 체계가 형성되지는 않는다는 것을 알 수 있다. 작은 역량을 갖는 것이 큰 역량을 갖는 것에 의존하는 위계적 체계가 아니라, 현실적으로 무한한 집합, 상호 내포의 체계가 형성된다. 그 체계에서 각 본질은 다른 본질들과 합치하고, 각 본질의 생산에 모든 본질이 포함된다. 이처럼 신은 본질들 각각을 다른 모든 본질들과 함께 직접적으로 생산한다. 끝으로 실존하는 양태들 자체는 신을 직접 원인으로 갖는다. 물론 실존하는 유한 양태는 속성이 아닌 다른 것에 준거할 것이다. 이 양태의 원인은 다른 실존 양태고, 이 다른 실존 양태의 원인은 다시 또 다른 실존 양태다. 이런 식으로 무한하게 간다. 그런데 각 양태에게, 신은 그러한 결과를 낳게끔 원인을 결정하는 역량이다. 그래서 우리는 결코 무한 역행에 빠지지 않는다. 한 양태의 원인이 어떤 결과를 낳도록 결정하는 원리로서의 신에 직접적으로 도달하기 위해서는 그 양태와 그 원인을 함께 고려하는 것만으로 충분하다. 이런 의미에서 신은 실존 양태들에 대해서조차 원격 원인이 아니다. 여기서 스피노자의 유명한 문구 "…하는 한에서en tant que"에 주목할 수 있다. 신은 언제나 직접적으로 생산하지만 그러나 다양한 양상으로 그렇게 한다. 신이 무한한 한에서, 신이 무한한 변양 자체로 변화되는 한에서 신은 생산한다. 또한 신이 특수한 변양으로 변용되는 한에서 신은 생산한다. 유출물들의 위계가 신 자체 내의 양상들의 위계로 대체된다. 그러나 어떤 양상으로든 신은 매개 없이 자신을 표현한다. 혹은 결과들을 직접적으로 생산한다. 그래서 모든 결과는 신 안에 있고 신 안에 머물러 있으며, 그래서 신 자신이 그의 모든 결과들 각각에 현존한다.

　　실체는 우선 자기 자신 안에서 자신을 표현한다. 이 첫 번째 표현은 형상적 혹은 질적이다. 실체는 형상적으로 구별되고, 질적으로 구별되며, 실재적으로 구별되는 속성들 속에서 자신을 표현한다. 속성들 각각은 실체의 본질을 표현한다. 여기에 복합과 펼침의 이중 운동이 있다. 실체는 속성들을 "복합하고", 속성들 각각은 실체의 본질을 펼치며, 실체는 모든 속성들을 통해 자신을 펼친다. 모든 생산에 앞서는 것으로서 이 첫 번째 표현은 실체 자체의 구성과 같다. 여기서 동등성 원리를 첫 번째로 적용해 볼 수 있다. 실체와 모든 속성들이 동등할 뿐 아니라, 모든 속성이 서로 동등하다. 어떤 속성도 다른 속성보다 우월하거나 열등하지 않다. **실체는 자기 자신에 대해서 자신을 표현한다.** 실체는 모든 속성들을 포함하는 신 관념 속에서 자신을 표현한다. 신은 자신을 이해하지 않고는 자신을 펼치지 않는다, 혹은 자신을 표현하지 않는다. 이 두 번째 표현은 표상적이다. 여기에 동등성 원리의 새로운 용법이 포함되어 있다. 신 관념에 대응하는 사유 역량은 속성들에 대응하는, 실존 역량과 동등하다. 신 관념(성자 혹은 말씀[28])은 복합적 지위를 갖는다. 신 관념은 표상적으로는 신과 동등하지만 형상적 존재로서는 생산된 것일 뿐이다. 그래서 그것은 우리를 세 번째 표현으로 인도한다. **실체는 자신을 재-표현하는데, 이는 속성들이 양태들에서 자신을 표현하는 것이다.** 이 표현은 양태들 자체의 생산이다. 신은 자신을 이해하는 대로 생산한다. 신은 무한한 사물들을 생산하지 않고서는 자신을 이해하지 않고, 그가 생산한 모든 것을 이해하지 않고서는 그것들을 생산하지 않는다. 신은 그의 본질을 구성하는 바로 그 속성들에서 생산하며, 그의 본질을 이해하는 바로 그 관념에서 그가 생산하는 모든 것을 사유한다. 그래서 모든 양태들은 표현

---

28 (역주) 성자와 말씀 둘 다 삼위일체의 제2위격인 예수 그리스도를 가리킨다.

적이고, 그 양태들에 대응하는 관념들도 표현적이다. 신 관념이 모든 관념들을 포함하고 그것들을 통해 자신을 펼치는 것처럼, 속성들은 양태들의 본질들을 "복합하고" 그것들을 통해 자신을 펼친다. 이 세 번째 표현은 양적이다. 그래서 양 자체와 마찬가지로 두 가지 형상을 갖는다. 이 표현은 양태들의 본질들의 경우에는 강도적 형상, 양태들이 실존으로 이행하는 경우에는 외연적 형상을 갖는다. 여기에서 동등성 원리가 마지막으로 적용된다. 양태들이 실체 자체와 동등하다는 것이 아니라, 실체의 우월성이 어떤 탁월성도 초래하지 않는다는 것이다. 양태들은 정확히 말해 실체의 본질을 구성하는 질적 형상들과 동일한 질적 형상들을 내포하는 한에서 표현적이다.

3부 **유한양태이론**

# 12장. 양태의 본질 : 무한에서 유한으로의 이행

부분이라는 말의 의미 — 질, 강도량, 외연량 — 「메이에르에게 보낸 편지」에
서 두 가지 무한 양태

스피노자에게서 우리는 속성과 질 사이의 고전주의적 동일성을 볼 수
있다. 속성은 영원하고 무한한 질이다. 이런 의미에서 속성들은 분할 불
가능하다. 연장은 실체적 질 혹은 속성인 한에서 분할 불가능하다. 각
속성은 질인 한에서 분할 불가능하다. 그러나 각 속성-질은 특정한 조
건에서 분할 가능한 무한한 양 또한 갖는다. 속성의 이 무한한 양은 질
료를, 그러나 단지 양태적 질료를 형성한다. 따라서 한 속성은 실재적으
로가 아니라 양태적으로 분할된다. 속성은 양태적으로 구별되는 부분
들, 즉 실재적 혹은 실체적이 아니라 양태적인 부분들을 갖는다. 이는
여타의 속성들과 마찬가지로 연장에도 유효하다. "연장에는 그 양태들
에 앞서서 부분들이 있지 않은가? 결코 그렇지 않다고 나는 답한다."[1]

그런데 『윤리학』에서는 "부분"이라는 말을 두 가지 방식으로 이해

---

1 *KV*, I, 2장, 19, 주6.

해야 하는 것으로 보인다. 어떤 때는 그것은 역량의 부분들이다. 다시 말해 내생적 혹은 강도적強度的 부분들, 실제적 정도들, 역량 혹은 강도의 정도[2]들이 문제다. 그래서 양태의 본질은 역량의 정도로서 정의된다(스피노자는 오랜 스콜라 전통을 불러오는데, 그 전통에 따르면 *modus intrinsecus* = *gradus* = *intensio*다).[3] 그러나 또 어떤 때는 외생적 혹은 외연적 부분들, 서로에게 외부적이고, 바깥으로부터 서로에게 작용하는 부분들이 문제다. 그래서 가장 단순한 물체들은 연장에 대한 궁극적인, 외연적이고 양태적인 분할들이다(외연이 연장의 특권이라는 생각은 피해야 할 것이다. 왜냐하면 연장의 양태들은 본질적으로 역량의 정도들로 정의되며, 역으로 사유와 같은 속성도 외연적인 양태적 부분들을, 즉 가장 단순한 물체들에 대응하는 관념들을 갖기 때문이다).[4]

따라서 마치 각각의 속성이, 그 자체는 무한하지만 특정한 조건에서는 각자의 방식으로 분할 가능한 두 가지 양으로 변용되는 듯이 모든 일이 진행된다. 강도적 양은 강도적 부분들 혹은 정도들로 분할되고, 외연적 양은 외연적 부분들로 분할된다. 그러므로 스피노자가 실체에 관계되는 속성들의 질적 무한 외에, 양태에 고유한 두 가지 양적 무한을 암시하는 것은 놀랍지 않다. 그는 메이에르에게 보낸 편지에서 이렇게 쓴다. "어떤 것들은 그들이 의존하는 원인에 의해 그렇지만(무한하지만),

---

2 (역주) 원어는 *degré d'intensité*로서, 강도(強度, intensité)와 구별하기 위해서 동어반복을 무릅쓰고 강도(強度)의 정도(程度)로 옮겼다. 참고로 강도량이라고 옮긴 것은 *intensive quantité*다.

3 강도 혹은 정도의 문제는 특히 13세기와 14세기에 중요한 역할을 한다. 하나의 질은 형상 이유 혹은 본질의 변화 없이도 상이한 정도들에 의해서 변용될 수 있는가? 그리고 이 변용들은 본질 자체에 속하는가 아니면 그저 실존에만 속하는가? 정도 혹은 내생적 양태 이론은 특히 스코투스 철학에서 전개된다.

4 E2P15&Dem 참조.

추상적으로 파악될 경우 그것들은 부분들로 분할될 수 있고, 유한한 것으로 간주될 수 있습니다. 그리고 마지막으로 **다른 어떤 것들**이 무한하다고, 또는 당신이 더 선호한다면 무한정indéfinies하다고 할 수 있는데, 왜냐하면 그것들은 더 크거나 더 작은 것으로 파악될 수 있지만 어떤 수와도 등치될 수 없기 때문입니다."[5] 그러나 그때 많은 문제가 제기된다. 이 두 가지 무한은 어떠한 것인가? 어떻게 그리고 어떤 조건에서 그 두 가지 무한은 부분들로 분할되는가? 그것들의 관계는 무엇이며, 또 그것들의 각 부분들의 관계는 무엇인가?

자연학적 실재로서의 양태의 본질: 역량의 정도 혹은 강도량 ─ 비실존 양태의 지위 ─ 본질과 실존 ─ 본질과 본질의 실존 ─ 양태들의 본질의 구별 문제 ─ 구별 혹은 양적 차이 이론 ─ 본질들의 생산: 양태의 본질과 복합화

스피노자가 양태의 본질, 즉 특수한particulière 또는 개별적singulière 본질이라고 부르는 것은 무엇인가? 그의 테제는 이렇게 요약된다. 양태의 본질은 논리적 가능성도, 수학적 구조도, 형이상학적 실체entités도 아닌, 자연학적 실재, 자연학적인 사물res physicae이다. 스피노자가 말하려는 것은 본질은 본질로서 실존을 갖는다는 것이다. **양태의 본질은 해당 양태의 실존과 혼동되지 않는 실존을 갖는다.** 양태의 본질은 해당 양태가 실존하지 않더라도 실존한다. 그것은 실재적이고 현실적이다. 그래서 스피노자는 비-실존 양태에 대한 개념을 갖는다. 비-실존 양태란 결코 가

5 「편지 12」(메이에르에게, III, p. 42, G IV, 61).

능한 어떤 사물이 아니라, 그것의 본질이 필연적으로 속성에 담겨 있는 것과 같이 그것에 대한 관념이 필연적으로 신 관념에 포함되어 있는 것이다.[6] 따라서 실존하지 않는 양태에 대한 관념은 양태의 본질에 대한 필연적인 표상적 상관물이다. 모든 본질은 어떤 것의 본질이고, 양태의 본질은 무한한 지성 안에서 파악되어야 하는 어떤 것의 본질이다. 본질 자체에 대해, 그것이 가능태라고 말할 수 없으며, 또 비-실존 양태가 그의 본질에 의해 실존으로 이행하려는 경향을 띤다고 말할 수도 없다. 이 두 가지 점에서 스피노자와 라이프니츠 간의 대립은 첨예하다. 라이프니츠에게 본질 혹은 개체 개념은 논리적 가능성이며, 특정한 형이상학적 실재성, 즉 실존 요청, 실존하려는 경향과 분리되지 않는다.[7] 스피노자의 경우에는 그렇지 않다. 본질은 가능성이 아니라 그것에게 고유한 실재적 실존을 소유한다. 비-실존 양태는 무언가를 결여하거나 요청하지 않고, 신의 지성 안에서 실재적 본질의 상관물로서 생각된다. **양태의 본질**은 형이상학적 실재도 논리적 가능성도 아닌, **순수한 자연학적 실재**다.

그래서 실존 양태와 마찬가지로 양태의 본질도 작용인을 갖는다. "신은 사물들의 실존의 작용인일 뿐 아니라 사물들의 본질의 작용인이기도 하다."[8] 스피노자가 양태의 본질은 실존을 함축하지 않는다는 것을 보여줄 때, 물론 그가 우선적으로 말하려는 바는 본질이 양태의 실존

---

6 E2P8&Cor. (그리고 E1P8S2 : 우리는 실존하지 않는 변양들에 대한 참된 관념을 갖는다. 왜냐하면 "그것들의 본질은 다른 것 안에 포함되어 있어서, 그것들이 그 다른 것에 의해 생각될 수 있기" 때문이다.)

7 "가능한 것들, 다시 말해 가능성 자체 혹은 본질에는 실존에 대한 어떤 요청, 달리 말해 실존에 대한 어떤 요구가 있다. 한마디로 말해, 본질에는 그 자체에 실존으로 향하는 경향이 있다." (Leibiniz, *De l'origine radicale des choses*)

8 E1P26.

의 원인은 아니라는 점이다. 하지만 본질이 자기 자신의 실존의 원인이 아니라는 것 또한 그가 말하고자 한 것이다.[9]

본질과 **본질 자신**의 실존 간에 실재적 구별이 있는 것은 아니다. 그런데 본질과 실존의 구별은, 본질이 그 자체로 구별되는 원인을 갖는다는 것이 인정되면 충분한 근거를 갖게 된다. 그래서 실제로 본질은 필연적으로 실존하지만, (자기 자신에 의해서가 아니고) 그것의 원인에 의해 실존한다. 여기서 둔스 스코투스의, 더 멀게는 아비센나의 유명한 테제의 원리를 볼 수 있다. 즉 실존은 필연적으로 본질을 수반하지만, 그 본질의 원인에 의해 그렇게 한다. 따라서 실존은 본질 안에 포함 혹은 함축되지 않고, 그것에 덧붙여진다. 실존은 실재적으로 구별되는 현실태가 아니라, 단지 본질의 원인에서 기인하는 일종의 최종 규정으로서 본

9 E1P24&Dem에서, 스피노자는 "신에 의해 생산된 사물들의 본질은 실존을 함축하고 있지 않다"고 말한다. 다시 말해 한 사물의 본질은 그 사물의 실존을 함축하고 있지 않다. 그러나 E1P24Cor에서 그는 이렇게 덧붙인다. "사물들이 실존하든 실존하지 않든, 우리가 그것들의 본질에 주의를 기울일 때마다, 우리는 그 본질이 실존도 지속도 함축하고 있지 않다는 것을 발견하며, 따라서 사물들의 본질은 자기 자신의 실존의 원인도 그 자신의 지속의 원인도 될 수 없다 (neque suae existentiae neque suae durationis)." 번역자들은 스피노자에게 "따라서 사물들의 본질은 그들[사물들]의(leur) 실존의 원인도 그들의 지속의 원인도 될 수 없다"고 말하게 함으로써 놀라운 오역을 범하는 것 같다. 설령 이 번역이 가능하다고 해도(이것은 절대로 가능하지 않다. [역주─ 들뢰즈에 따르면 suae existentiae를 "본질(단수)의 실존"으로 번역해야 하는데, 번역자들은 "그 사물들(복수)의 실존"으로 오역하고 있다.]), 우리는 따름정리가 증명과 관련해 어떤 새로운 것을 가져오는지 이해하지 못한다. 아마도 이 오역은 지속에 대한 언급에 의해 유발될 것이다. 본질이 지속하지 않는데, 어떻게 스피노자는 본질의 "지속"에 대해 말할 수 있는가? 그러나 본질이 지속하지 않는다는 것은 1부 정리 24에서는 아직 알려져 있지 않다. 그리고 스피노자가 그것을 말할 때조차, 그는 이 지속이란 말을 아주 일반적인 방식으로, 글자 그대로 부정확한 의미로 사용할 것이다(E5P20S 참조 [역주─ "신체와 관련 없는 정신의 지속Mentis durationem sine relatione ad Corpus"]). 따라서 우리가 보기에는 E1P24 전체는 다음과 같이 조직되는 것 같다. 1) 생산된 사물의 본질은 그 사물의 실존의 원인이 아니다(증명); 2) 그런데 본질인 한에서 그것은 그 자신의 실존의 원인도 아니다(따름정리); 3) **그러므로** 신은 사물들의 본질의 원인이기도 하다(E1P25).

질에 덧붙여진다.[10] 한마디로 말해 본질은 언제나 그의 원인에 의해 그에 합당한 실존을 갖는다. 그래서 스피노자에게서 다음 두 정리가 합쳐진다. **본질들은 실존 혹은 자연학적 실재성을 갖는다. 신은 본질들의 작용인이다.** 본질의 실존은 본질이 야기됨l'être-causé과 동일한 것이다. 따라서 스피노자의 이론은 외견상 유사한 데카르트의 이론과 혼동되지 않을 것이다. 데카르트가 신은 본질들까지도 생산한다고 말할 때, 그는 신이 어떤 법칙에도 구속되지 않으며, 모든 것, 심지어는 가능태까지도 창조함을 말하려는 것이다. 반면에 스피노자가 말하려는 것은 본질들은 가능태들이 아니라, 그들 원인에 의해 그들에게 귀속되는 온전하게 현실적인 실존을 갖는다는 것이다. 양태들의 본질들은 추상적으로 고려되는 한에서만, 즉 그것들을 실재적인 것 혹은 실존하는 것으로 정립하는 원인과 분리되는 한에서만 가능태로 간주될 수 있다.

모든 본질들이 서로 **합치한다면**, 이는 정확히 그것들이 서로의 원인이기 때문이 아니라 그것들 모두가 신을 원인으로 갖기 때문이다. 본질들을 그들이 의존하는 원인에 관계시켜 구체적으로 고려할 때, 우리는 그것들을 모두 함께 공존하며 합치하는 것으로 상정한다.[11] 모든 본질들은 그들의 원인에서 기인하는 실재성 혹은 실존에 의해 서로 합치한다. 어느 한 본질은 추상적으로만, 즉 본질들 모두를 포괄하는 생산의 원리와 독립적으로 따로 고려될 때만 다른 본질들과 구별될 수 있다. 그래서 본질들은 하나의 총체적 체계, 현실적으로 무한한 집합을 형성하는 것이다. 메이에르에게 보낸 편지(무한에 관한 편지)에서처럼 이 집합에 대

---

10 아비센나와 둔스 스코투스에 대한 결정적인 지면들에서, E. 질송은 본질과 실존의 구별이 어떻게 해서 반드시 실재적 구별은 아닌지 보여 주었다(*L'Etre et l'essence*, Vrin, 1948, p. 134, p. 159 참조).
11 본질들의 합치에 대해서는, E1P17S 참조.

해 우리는 그것이 그것의 원인에 의해 무한하다고 말할 것이다. 따라서 우리는 이렇게 물어야 한다. 양태의 본질은 서로 분리될 수 없으면서 어떻게 서로 구별되는가? 그것들은 하나의 무한한 집합을 형성하는데 어떻게 개별적일 수 있는가? 이는 결국 다음과 같이 묻는 것이다. 본질들 자체의 자연학적 실재성은 어떠한 것인가? 개체성 문제이자 동시에 실재성 문제인 이 문제가 스피노자주의에서 많은 난점을 일으킨다는 것은 잘 알려져 있다.

스피노자가 처음부터 분명한 해결책을 가졌던 것은 아니다. 어쩌면 분명한 문제 설정조차 하지 않았던 것 같다. 『소론』의 유명한 두 구절에서 이렇게 주장한다. 양태들 자체가 실존하지 않는 동안, 그들의 본질들은 그들을 담고 있는 속성과 구별되지 않으며 또 상호간에도 구별되지 않는다. 따라서 본질들은 그 자체로는 어떤 개체성 원리도 가지고 있지 않다.[12] 개체화는 양태의 실존에 의해서만 일어날 뿐 양태의 본질에 의해서는 일어나지 않는다. (그럼에도 『소론』은 이미 그 자체로 개별적인 양태들의 본질들이라는 가설을 필요로 하며 그 가설을 십분 활용한다.)

그러나 『소론』의 두 텍스트가 본질들 자체의 모든 개별성과 모든

---

12 a) *KV*, 부록 II, 1 (G I, 119 [11]) : "이 양태들은, 실재적으로 실존하지 않는 한에서도, 모두 그들 속성 안에 포함되어 있다. 그리고 속성들 사이에, 양태의 본질 사이에 어떤 종류의 부등성도 없기 때문에, 자연 안에 구별[특수성, 개체성]이 없으므로 '관념' 안에서도 어떤 구별도 있을 수 없다. 그러나 이 양태들 중 몇몇이 특수한 실존을 부여받고 (그 양태가 속성 속에서 갖는 특수한 실존은 양태 본질의 기체이기 때문) 그렇게 해서 어떤 방식으로 그들 속성과 구별되면, 그때 양태의 본질들 사이에 구별이 생기고, 그에 따라 '관념' 안에 필연적으로 담겨 있는 그들의 표상적 본질들 사이에도 구별이 생길 것이다."

   b) *KV*, II, 20장, 4, 주3 (G I, 97, 12) : "우리가 어떤 사물을 지칭할 때 사물의 실존 없이 그 본질을 파악할 수 있는 한에서, 본질의 관념은 특수한 어떤 사물로 생각될 수 없다. 이는 본질과 함께 실존이 주어질 때만 가능한데, 그것은 이전에는 실존하지 않았던 대상이 그때 비로소 실존하기 때문이다. 예컨대 벽 전체가 희다면, 그 위에서는 이것저것이 구별되지 않을 것이다."

구별을 철저하게 배제한다고 말하기에는 애매한 구석이 있다. 첫 번째 텍스트는 이렇게 말하는 것처럼 보이기 때문이다. 어떤 양태가 실존하지 않는 동안, 그 양태의 본질은 속성 안에 담겨진 채로만 실존한다. 그런데 본질 관념은 자연 안에 없는 구별을 가질 수 없다. 따라서 본질 관념은 비-실존 양태가 속성과 그리고 다른 양태들과 구별되는 것으로 비-실존 양태를 재현하지 못한다. 두 번째 텍스트도 마찬가지이다. 어떤 양태가 실존하지 않는 동안 그 양태의 본질 관념은 구별되는 실존을 함축할 수 없다. 벽 전체가 흰색인 한에서 벽과 구별되거나 벽 안에서 구별되는 어떤 것을 포착할 수 없다. (『윤리학』에서도 이 테제는 폐기되지 않는다. 어떤 양태가 실존하지 않는 동안 그 양태의 본질은 속성 안에 담겨 있고, 그것의 관념은 신 관념 안에 포함되어 있다. 따라서 그 관념은 구별되는 실존을 함축할 수도 다른 관념들과 구별될 수도 없다.)[13]

이 모든 것에서 "구별되다"는 "담겨 있다"와 난폭하게 대립한다. 단지 속성 안에 담겨 있을 때는 양태들의 본질들은 그 속성과 구별되지 않는다. 이때 구별은 외생적 구별의 의미를 지닌다. 논증은 다음과 같다. 양태들의 본질들은 속성 안에 담겨 있다. 어떤 양태가 실존하지 않는 동안 그 양태의 본질과 속성 사이에, 그리고 그것의 본질과 다른 본질들 사이에 어떤 외생적 구별도 가능하지 않다. 따라서 어떤 관념도 양태들의 본질들을 속성의 외생적 부분들로도 서로 외재하는 부분들로도 재현하거나 포착할 수 없다. 이 테제는 이상해 보일 수 있는데, 왜냐하면 그것은 역으로 외생적 구별이 실존 양태들과 모순되지 않으며, 심지어 실존 양태들에 의해 요청된다고 가정하기 때문이다. 우리는 이 점에 대한 분석

---

13 E2P8&S.

을 뒤로 미룰 것이다. 여기서는 다만 실존 양태가 지속을 갖는다는 것, 그리고 실존 양태가 지속하는 동안 실존 양태의 관념이 단순히 신 관념 안에만 포함되어 있기를 멈추는 것처럼, 실존 양태도 단순히 그것의 속성 안에만 담겨 있기를 멈춘다는 것만 알아두자.[14] 바로 이 지속에 의해서(그리고 연장의 양태들의 경우에는 모양figure과 장소lieu에 의해서) 실존 양태들은 실제로 외생적인 개체화를 갖는다.

벽이 흰색인 한에서, 어떤 모양도 벽과 구별되지 않고 벽 안에서 식별되지 않는다. 즉 그 상태에서 질은 그것과 외생적으로 구별되는 어떤 것에 의해 변용되지 않는다. 그러나 개체화의 내생적 원리로서 다른 유형의 양태적 구별도 없는지 물을 수 있다. 게다가 모든 것을 고려할 때 양태의 실존에 의한 개체화로는 불충분하다는 생각이 든다. 실존하는 사물들의 본질들이 구별된다고 전제되는 한에서만 우리는 그 사물들을 구별할 수 있다. 마찬가지로 모든 외생적 구별은 내생적 구별을 전제하는 것처럼 보인다. 따라서 어떤 양태의 본질은 해당 양태가 실존하지 않을 때도 그 자체로 개별적이라는 주장이 설득력을 얻는다. 그러나 어떻게 그런가? 둔스 스코투스에게 되돌아가자. 그에 따르면 흰색은 다양한 강도를 갖는다. 어떤 사물이 다른 사물에 덧붙여지는 것처럼, 어떤 모양이 그것이 그려지는 벽 위에 덧붙여지는 것처럼, 강도들이 흰색에 덧붙여지는 것은 아니다. 강도의 정도들은 내생적 규정들, 흰색의 내생적 양태들이며, 흰색은 어떤 양상에서 고려되든 일의적으로 동일한 것으로

14 "개별 사물들이, 신의 속성들 안에 포함되어 있는 한에서뿐만 아니라 지속한다고 일컬어지는 한에서도 실존한다고 일컬어질 때, 그것들에 대한 관념들도 역시, 그것에 의해 지속한다고 일컬어지는 실존을 함축한다."(E2P8Cor) 그리고 원 안에 포함되어 있는 몇몇 직각 선분들[직사각형]이 실제로 그려질 때, "그때 그것들에 대한 관념들 역시, 단지 원의 관념 안에 포함되어 있는 한에서뿐만 아니라 그 직각 선분들의 실존을 함축하는 한에서도 실존한다. 이것이 그 관념들을 다른 직각 선분들에 대한 관념들과 구별되게 만드는 것이다."(E2P8S)

있다.[15]

스피노자의 경우에도 그런 것처럼 보인다. 양태들의 본질들은 내생적 양태들 혹은 강도량들이다. 속성-질은 그것의 형상 이유는 변경하지 않은 채 그것을 변용하는 모든 정도들을 담고 있으면서, 일의적으로 그것인 바를 유지한다. 따라서 질의 강도로서 양태들의 본질들은 속성과 구별되고, 상이한 강도의 정도들로서는 서로 구별된다. 우리는 스피노자가 이 이론을 명시적으로 전개하지 않고서 양태들의 본질들 자체에 고유한 구별 혹은 개별성 관념으로 향하고 있다고 생각할 수 있다. 존재들(양태들의 본질들)의 차이는 내생적이며 동시에 순수하게 양적이다. 여기서 문제가 되는 양은 강도량이기 때문이다. 존재들의 양적 구별만이 절대적인 것의 질적 동일성과 화해한다. 그러나 이 양적 구별은 환영[16]이 아니라, 내적 차이, 강도의 차이이다. 그러므로 각각의 유한한 존재는 그의 본질을 구성하는 강도량에 의해서, 즉 그의 역량의 정도에 의해서 **절대적인 것을 표현**한다고 이야기되어야 한다.[17] 스피노자에게 개체화란 질적이지도 외생적이지도 않다. 그것은 양적-내생적이고 강도적이다. 이런 의미에서 양태 본질들의 구별이 있다. 즉 그 본질들은 그것들을 담고 있는 속성과 구별되며 동시에 서로간에도 구별된다. 양태들의 본질들은 속성 안에 담겨 있을 때는 외생적으로 구별되지 않는다. 그럼에도 불구하고 양태들의 본질들은 그들을 담고 있는 속성 안에서 그

---

15 Duns Scot, *Opus exoniense*, I, D3, q. 1과 2, a. 4, n. 17 참조. 스피노자를 스코투스와 가까이 놓는 것은 여기서는 다만 강도량 혹은 정도의 주제와 관련해서일 뿐이다. 우리가 다음 단락에서 스피노자의 것으로 제시할 개체화 이론은 둔스 스코투스의 그것과는 전혀 다르다.

16 (역주) φἀντᾰσμᾰ, 외관(外觀) 혹은 환영(幻影).

17 피히테와 셸링에게서도, 절대적인 것의 현시와 그것들의 관계 속에서 **양적 차이와 양화 가능성의 형식**이라는 문제와 유사한 것을 볼 수 있다(*Letter de Fichte à Schelling*, octobre 1801, Fichte's Leben II, *Zweite Abth*, IV, 28, p. 357 참조).

들에게 고유한 어떤 유형의 구별 혹은 개별성을 갖는다.

강도량은 무한한 양이고, 본질들의 체계는 현실적으로 무한한 계열이다. 여기서 "원인에 의한" 무한이 문제이다. 이런 의미에서 속성은 모든 양태의 본질들을 담고, 복합한다. 속성은 모든 양태의 본질들을 그것의 강도량에 대응하는 정도들의 무한한 계열로서 담고 있다. 그런데 이 무한은 어떤 의미에서는 분할 가능하지 않다. 추상에 의하지 않고서는 그것을 외연적 혹은 외생적 부분들로 분할할 수 없다. (그러나 추상에 의해 우리는 본질들을 그들의 원인과 분리하고 또 그들을 담고 있는 속성과 분리하며, 그것들을 단순한 논리적 가능성들로 간주하고, 그것들의 자연학적 실재성을 전부 박탈한다.) 그래서 사실 양태들의 본질들은 서로 분리될 수 없다. 양태들의 본질들은 그들의 전적인 합치에 의해 정의된다. 그럼에도 불구하고 양태들의 본질들은 개별적이거나 특수하며, 내생적 구별에 의해 서로 구별된다. 모든 본질들은 그들의 구체적 체계에서 각각의 생산 활동 안에 포함된다. 즉 그 계열은 현실적으로 무한하므로 낮은 정도의 본질뿐만 아니라 높은 정도의 본질도 그러하다. 그렇지만 그 구체적 체계에서 각각의 본질은 환원 불가능한 하나의 정도로 생산되며, 필연적으로 개별적 통일체로 이해된다. 그것이 본질들의 "복합화"의 체계다.

### 양적 표현

양태들의 본질들은 분명히 무한한 계열의 부분들이다. 그런데 아주 특별한 의미에서, 그것이 강도적 혹은 내생적 부분들이라는 의미에서 그렇다. 스피노자의 특수한 본질들을 라이프니츠의 방식으로 해석하는 것을 피해야 한다. 특수한 본질들은 소우주들이 아니다. 모든 개별 본질들이 각각의 본질 안에 담겨 있는 것이 아니라, 모든 본질들이 각 본질의 생산 활동 안에 담겨 있다. 양태의 본질은 전체의 부분*pars totalis*이 아니라 강도적 부분*par intensiva*이다.[18] 그러한 것으로서 양태의 본질은 표현 능력을 갖지만, 이 힘은 라이프니츠의 그것과는 아주 다른 방식으로 이해되어야 한다. 왜냐하면 절대적으로 무한한 실체라는 관점에서 양태 본질의 지위는 스피노자주의에 고유한 문제가 되기 때문이다. 그 문제는 무한에서 유한으로의 이행의 문제이다. 실체는 모든 질들의 절대적인 동일성, 절대적으로 무한한 역량, 모든 형상에서 실존할 수 있고 모든 형상을 사유하는 역량과 같은 것이다. 속성들은 그 자체로는 분할 불가능한 무한한 형상들 혹은 질들이다. 따라서 유한자는 실체적이지도 질적이지도 않다. 그렇다고 그것이 환영에 불과한 것도 아니다. 그것은 양태적이다. 즉 양적이다. 각각의 실체적 질은 그 자체로 무한한 양태적-강도적 양을 갖는데, 그것은 무한히 많은 내생적 양태들로 현실적으로 분할된다. 속성 안에 모두 함께 담겨 있는 이 내생적 양태들은 속성 자체의 강도적 부분들이다. 바로 그 때문에 그것들은 그들을 담고 있는 속성하에서는 신의 역량의 부분들이다. 이미 이런 의미에서, 신적인 속성의 양태들은 필연적으로 신의 역량을 분유한다는 것을 우리는 보았다. 즉 양태들의 본질들 자체는 신의 역량의 일부분, 다시 말해 역량의 정도 혹은 강도적 부분이다. 여기서도 피조물을 양태로 환원하는 것이 그들의 본질이 역량, 즉 신의 역량의 환원 불가능한 부분이 되는 조건으로 나타난다. 그래서 양태들은 그들의 본질에서 표현적이다. 양태

---

18 사람들은 스피노자의 본질에 대해 이따금 과도하게 라이프니츠의 방식으로 해석을 했다. 후 안(Huan, *Le Dieu de Spinoza*, 1914, p. 277)이 그렇다. 본질들은 "각각 특수한 관점에서 무한한 실재성을 포함하고, 그들의 내밀한 본성 속에 전 '우주'의 소우주적 이미지를 나타나게 한다."

들은 그들의 본질을 구성하는 역량 정도에 따라 각각 신의 본질을 표현한다. 스피노자에게 유한자의 개체화는 유, 종에서 개체로, 일반에서 특수로 가는 것이 아니다. 개체화란 무한한 질에서 거기에 대응하는 양으로, 환원 불가능하고 내생적이고 강도적인 부분들로 분할되는 양으로 나아가는 것이다.

# 13장. 양태의 실존

양태의 실존은 어떤 것인가: 실존과 외연적 부분들 — 외연량, 두 번째 형식의

양 — 양과 수의 차이

우리는 양태 본질의 실존이 그 양태의 실존이 아니라는 것을 알고 있다. 양태 자체가 실존하지 않아도, 양태의 본질은 실존한다. 본질은 양태 실존의 원인이 아니다. 따라서 양태의 실존은 그 자신도 실존하는 다른 양태를 원인으로 갖는다.[1] 그러나 이 무한 역행은 우리에게 실존이 어떤 것인지 말해주지 않는다. 그럼에도, 실존 양태가 많은 수의 다른 실존 양태들을 "필요로 하는" 것이 사실이라면, 우리는 이미 그 양태 자체가 많은 수의 부분들로 합성되어 있다는 것을 예감할 수 있다. 그 부분들은 다른 곳에서 그 양태에게 오고, 그가 외부 원인 덕분에 실존하는 순간 그에게 속하기 시작하며, 그가 실존하는 동안 원인들의 작용 아래서 갱신되고 그가 죽는 순간 더 이상 그에게 속하기를 멈추기 때문이다.[2] 이

---

1 E1P28&Dem.
2 많은 수의 외부 원인들에 대한 관념과 많은 수의 합성 부분들에 대한 관념은 서로 연관된 두 가지 주제를 형성한다. E2P19Dem 참조.

제 우리는 양태의 실존이 어떤 것인지 말할 수 있다. **실존한다는 것은 매우 많은 수의**$^{plurimae}$ **부분들을 현실적으로 갖는 것이다.** 이 합성 부분들은 양태의 본질에 외적이며, 서로에게 외적이다. 그것은 외연적 부분들이다.

우리는 스피노자의 철학에서 매우 많은 수의 외연적 부분들로 현실적으로 합성되어 있지 않은 실존 양태는 없다고 믿는다. 연장 안에는, 매우 많은 수의 단순한 물체들로 합성되어 있지 않은 실존하는 물체는 없다. 그리고 실존하는 신체에 대한 관념인 한에서 영혼 자체는, 신체를 합성하는 부분들에 대응하며 외생적으로 서로 구별되는 많은 수의 관념들로 합성된다.[3] 게다가, 실존하는 신체에 대한 관념인 한에서 영혼이 소유하는 능력들$^{facultés}$은 신체 자체가 실존하기를 멈추는 순간 영혼에 속하기를 멈추는 엄밀하게 외연적 부분들이다.[4] 따라서 여기서 스피노자의 도식의 최초의 요소들은 다음과 같다. [첫째] 양태의 본질은 어떤 결정된 강도, 환원 불가능한 역량의 정도이다. [둘째] 양태는 그의 본질 혹은 역량의 정도에 상응하는 매우 많은 수의 외연적 부분들을 현실적으로 소유할 때 실존한다.

여기서 "매우 많은 수"란 무엇을 의미하는가? 메이에르에게 보내는 편지는 귀중한 단서를 준다. "그것의 부분들을 어떤 수에 의해서도 결정하거나 재현할 수 없기 때문에" 무한하다고, 좀 더 정확하게는 무한정하다고 불리는 크기가 있다. "그것들은 어떤 수와도 등치될 수 없고, 어떤 지정가능한 수도 초과해 버린다."[5] 우리는 여기서 메이에르에

---

3 E2P15&Dem. 블레이은베르흐를 거북하게 하는 것이 특히 이 점이다. "영혼이 합성체라면, 사후의 신체와 마찬가지로 분해될 것이다. 이는 영혼이, 그리고 신체 또한 외연적 부분들과는 전혀 다른 본성인 강도적 본질을 갖는다는 것을 망각하는 것이다."(「편지 24」, III, p. 107)
4 상상, 기억, 정념 등이 그렇다(E5P21, P34 참조). 그리고 "우리가 보여 주었던 소멸하는 이 부분에 대해서…"(E5P40Cor)
5 「편지 12」(메이에르에게, III, pp. 41~42).

게 보내는 편지가 말하는 두 번째 양태적-양적 무한, 고유하게 외연적인 무한을 본다. 스피노자는 기하학적인 한 예를 제공한다. 두 이심원 사이에 포함된 부등한 거리들의 합은 어떤 지정가능한 수도 초과한다. 이 무한한 양은 사실 적극적이기보다는 소극적인, 독특한 세 가지 특징을 갖는다. 첫 번째로, 그 양은 일정하거나 동일한 것이 아니다. 우리는 그것을 더 크거나 더 작은 것으로 생각할 수 있기 때문이다. (스피노자는 다른 텍스트에서 이 점을 명확히 한다. "우리는 중심이 다른 두 원[이심원] 사이에 포함된 전체 공간이, 그 공간의 절반보다 부분들의 다수성에서 두 배 크다고 생각하지만, 총 공간이나 그 절반 공간이나 그 부분들의 수는 어떤 지정가능한 수보다도 더 크다.")[6] 따라서 외연적 무한은 필연적으로 더 크거나 덜 큰 것으로 생각되는 무한이다. 그런데 두 번째로, 그것은 엄밀한 의미에서 "무제한적illimité"인 것은 아니다. 왜냐하면 그것은 제한된 어떤 것에 관련되기 때문이다. 두 이심원 사이에 포함된 거리에는 최대와 최소가 있으며, 그 거리는 완전하게 제한되고 결정되어 있는 공간에 관련된다. 마지막 세 번째로, 이 양은 그 부분들의 다수성으로 인해 무한한 것이 아니다. 왜냐하면 "만일 무한성이 부분들의 다수성에서 도출된다면, 그 다수성이란 주어진 그 어떤 다수성보다도 더 커야만 하기 때문에, 우리는 그것보다 더 큰 다수성을 생각할 수 없을 것"이기 때문이다. 그 부분들의 수에 의해서 이 양이 무한한 것이 아니다. 반대로 그것이 항상 무한하기 때문에 그 어떤 수도 초과하는 부분들의 다수성으로 분할되는 것이다.

---

6 「편지 81」(취른하우스에게, III, p. 241). 이 이심원들과 그 "부등한 거리들"의 합의 예에 대해서는, M. Gueroult, "La Lettre de Spinoza sur l'infini", *Revue de métaphysique et de morale*, octobre 1966, n° 4 참조.

수는 양태들의 본성을 결코 적합하게 표현하지 않는다는 점이 주의를 끌 것이다. 양태적 양과 수의 동일시가 유용할 수도 있다. 그리고 이 동일시는 양태를 실체 및 실체적 질들과 대립시키는 경우 필수적이기도 하다. 양태적 구별을 수적 구별로 제시할 때마다 우리는 그렇게 했다. 그러나 확실히 수는 양을 상상하는 방식이거나 양태를 추상적으로 사유하는 방법일 뿐이다. 양태는 실체와 속성들에서 도출되는 한에서, 상상의 환영들과는 다른 것이며 사고상의 존재들과도 다른 것이다. 양태들의 존재는 양적이지만, 엄밀히 말해서 수적이지는 않다. 첫 번째 종류의 양태적 무한, 즉 강도적 무한을 생각해 보면, 그것은 외생적 부분들로 분할될 수 없다. 그것이 내생적으로 포함하는 강도적 부분들, 즉 양태들의 본질들은 서로 분리될 수 없다. 그런데 수에 의해서 양태들의 본질들은 서로 분리되고, 그 생산 원리에서 분리되며, 따라서 추상적으로 파악된다. 두 번째 종류의 무한, 즉 외연적 무한을 생각해 보면, 그것은 확실히 실존을 합성하는 외생적 부분들로 분할될 수 있다. 그러나 이 외생적 부분들은 언제나 무한한 집합으로 다니며, 그러므로 그것들의 합은 언제나 어떤 지정 가능한 수도 초과한다. 수에 의해 그것들을 설명할 때, 우리는 실존 양태들의 실제 존재는 놓치고, 단지 허구들만을 붙잡는다.[7]

따라서 다른 것들 가운데서도 특히 메이에르에게 보내는 「편지 12」는 외연적, 가변적, 그리고 분할 가능한 양태적 무한의 특별한 경우를 제시하고 있다. 이는 그 자체로도 중요하다. 이와 관련해서 라이프니츠는 스피노자가 많은 수학자들보다 멀리 갔다고 칭찬했다.[8] 그러나 스

---

7 「편지 12」(메이에르에게, III, pp. 40~41).
8 라이프니츠는 「편지 12」 대부분을 알고 있었다. 그는 세부적인 것들을 비판한다. 그러나 더 크

피노자주의 자체의 관점에서 문제는 이것이다. 체계 전체에서 이 두 번째 양태적 무한의 이론은 무엇에 관계되는가? 대답은 이런 것 같다. 외연적 무한은 양태들의 실존에 관계된다. 실제로 『윤리학』에서 스피노자가 합성된 양태는 **매우 큰 수**의 부분들을 갖는다고 주장할 때, 그가 말하는 "매우 큰 수"란 지정불가능한 수, 다시 말해 모든 수를 초과하는 다수성을 뜻하는 것이다. 그러한 양태의 본질 자체는 역량의 정도다. 하지만 양태는 그의 본질을 구성하는 역량의 정도가 어떻든 간에 무한히 많은 부분들을 현실적으로 갖지 않고서는 실존하지 않는다. 그의 역량의 정도가 이전의 양태보다 두 배인 어떤 양태를 보면, 그의 실존은 그 자체 이전 것보다 두 배로 무한히 많은 부분들로 합성된다. 결국에 가서는 무한히 많은 무한 집합들, 그리고 동시적이거나 연속적인 모든 실존 사물들의 집합, 즉 모든 집합들의 집합이 있다. 요컨대 「편지, 메이에르에게」에서 스피노자가 두 번째 양태적 무한에 할당하는 특징들은, 『윤리학』에서 등장하는 것과 같은 실존 양태 이론에서만 적용될 수 있으며, 거기서 비로소 온전하게 적용된다. 무한히 많은 부분들(매우 많은 수)을 갖는 것은 실존 양태이다. 언제나 한계(최대와 최소)를 형성하는 것은 그것의 본질 혹은 역량의 정도이다. 그 자체가 더 크거나 덜 큰 무한들로 분할될 수 있는 가장 큰 무한을 구성하는 것은 동시적일 뿐 아니라 연속적이기도 한 실존 양태들의 집합이다.[9]

거나 덜 큰 무한에 관해서는, 그는 이렇게 주석을 단다. "대부분의 수학자들, 특히 카르다노(Cardan)가 모르는 이것이, 우리의 저자에 의해서 훌륭하게 관찰되고, 매우 세심하게 설명된다."(G I, p. 137, n.21 참조.)

9 「편지 12」의 기하학적인 예(두 원 사이에 포함된 거리의 부등성들의 합)는 E2P8S의 예(하나의 원 안에 포함된 직각 사각형의 선분들 집합)와 그 성질이 다르다. 첫 번째 경우에는, 그 부분들이 더 크거나 덜 큰 무한들(이 모든 무한들의 집합은 우주의 모습에 대응한다)을 형성하는 **실존 양태들의 상태**를 예시하는 것이 문제다. 그래서 「편지 12」에서 부등한 거리들의 합이 물질의 변

이밖에도 그 외연적 부분들이 어디서 오는지, 그리고 그것들이 어떤 것인지 알아야 할 것이다. 먼저 그것은 원자가 아니다.[10] 왜냐하면 원자론은 진공을 함축하며, 뿐만 아니라 무한히 많은 원자들은 제한된 어떤 것에 관계될 수도 없을 것이기 때문이다. 그것은 무한히 분할 가능한 잠재적 항도 아니다.[11] 이러한 항은 더 크거나 덜 큰 무한들을 형성할 수 없을 것이다. 무한 분할 가능성의 가설에서 원자의 가설로 가는 것은 "진퇴양난"에 빠지는 것이다.[12] 궁극적인 외연적 부분들은 실은 그 자신도 현실적인 무한의, 무한히 작은 현실적 부분들이다. 자연에서 현실적인 무한의 지위는 라이프니츠 못지않게 스피노자에게도 중요하다. 분할이 **현실적으로 무한**하기만 하다면, 절대적으로 단순한 궁극적 부분들이라는 관념과 무한 분할의 원리 간에는 아무런 모순도 없다.[13] 속성이 강도량만이 아니라 무한한 외연량도 갖는다는 것을 잊지 말아야 한다.

---

이들의 합과 동일화된다(III, p. 42). 그러나 『윤리학』의 경우(두 번째 경우)에는, 속성 안에 담겨 있는, 양태들의 **본질들의 상태**를 예시하는 것이 문제다.

10 (역주) 스피노자의 원자론에 대한 명시적 비판은 PPC 2부 정리 5(G I, 190) 참조.

11 (역주) 데카르트는 연장의 무한정한 분할(AT VIII, 60), 즉 잠재적인 분할에 대해 말한 반면, 라이프니츠는 그러한 무한한 분할이 현실적이라고 본다(A VI, ii. 264).

12 스피노자는 「편지 12」(III, p.41)에서와 마찬가지로, 「편지 6」에서도 무한 분할과 진공의 실존을 동시에 거부한다(「유체에 대하여」, III, p. 22).

13 우리는 왜 여기서 A. 리보(Rivaud)가 스피노자의 자연학에 대한 그의 연구에서 모순을 보고 있는지 이해할 수 없다. "연장이 현실적으로 무한히 분할되면 어떻게 매우 단순한 물체들에 대해 말할 수 있는가! 그러한 물체들은 우리 지각과 관련해서만 실재적일 수 있다."("La physique de Spinoza", *Chronicon Spinozanum*, IV, p. 32). 1) 단순 물체 관념과 무한 분할 가능성 원리 간에는 아무런 모순도 없을 것이다. 2) 단순 물체들은 모든 가능한 지각이 도달하지 못하는 곳에서만 실제적이다. 왜냐하면 지각은 무한히 많은 부분들로 합성된 양태들에만 속하며, 지각 자체는 그런 합성체만을 파악하기 때문이다. 단순한 부분들은 지각되지 않고 추론에 의해 포착될 뿐이다. 「편지 6」(올덴부르그에게, III, p. 21) 참조.

무한히 많은 외연적 부분들로 현실적으로 분할되는 것은 그 외연량이다. 그 부분들은 외부에서 서로에게 작용하고 외부에서 구별되는 외생적 부분들이다. 외연적 부분들은 모두 함께 그리고 그것들의 모든 관계들 아래서, 신의 전능에 대응하며, 무한하게 변하는 우주를 형성한다. 그러나 그 부분들은 특정하게 결정된 관계 아래서, 특정한 역량의 정도, 즉 특정한 양태의 본질에 대응하는 더 크거나 덜 큰 무한 집합들을 형성한다. 그것들은 언제나 무한개씩 다닌다. 그 무한한 부분들은 언제나 어떤 역량의 정도에 (역량이 아무리 작더라도) 대응한다. 우주 전체는 모든 정도들을 포괄하는 '역량'에 대응한다.

이런 의미에서 연장의 양태들에 대한 분석을 이해해야 한다. 연장 속성은 무한히 많은 단순 물체들로 현실적으로 분할되는 양태적 외연량을 갖는다. 이 단순 물체들은 오로지 운동과 정지에 의해서만 서로 구별되고 서로 관계 맺는 외생적 부분들이다. 운동과 정지는 다름 아니라 단순 물체들 간의 외생적 구별과 외부적 관계들의 형상이다. 단순 물체들은 운동하거나 정지하도록 외부에서 결정되며, 그러한 결정 과정은 무한하며, 그렇게 결정된 운동이나 정지에 의해서 서로 구별된다. 그것들은 항상 무한 집합들로서 무리를 구성하는데, 그 각 집합은 **운동과 정지의 어떤 특정한 관계**$^{ratio}$에 의해 **정의된다**. 그 관계 아래서 하나의 무한 집합은 특정 양태의 본질(즉 특정 역량의 정도)에 대응하고, 따라서 연장 안에서의 양태의 실존 자체를 구성한다. 모든 관계 아래서 모든 무한 집합들의 집합을 고려하면, 우리는 연장 속성 아래서 "운동 중인 물질의 모든 변이들의 합", 혹은 "우주 전체의 모습$^{figure}$"을 갖게 된다. 이 모습 혹은 합은, 신의 전능이 바로 그 연장 속성 안의 모든 역량의 정도들, 혹

은 모든 양태들의 본질들을 포함하는 한에서 신의 전능에 대응한다.[14]

이 도식은 사람들이 스피노자의 자연학에, 혹은 『윤리학』 자체에 있다고 생각한, 물체의 자연학과 본질 이론 간의 특정한 모순들을 해소할 수 있는 것으로 보인다. 그래서 리보는 하나의 단순 물체는 운동하고 정지하도록 결정되지만, 언제나 외부에서 그리고 오직 그렇게만 결정된다는 점에 주목했다. 즉 하나의 단순한 물체는 단순 물체들의 무한 집합에 준거한다. 그러나 그때 어떻게 단순 물체들의 이러한 상태와 본질들의 지위가 서로 화해할 수 있는가? "따라서 특수한 하나의 물체는, 혹은 적어도 하나의 단순 물체는 영원한 본질을 갖지 않는다. 그것의 실재성은 원인들의 무한한 체계의 실재성에 흡수되는 것으로 보인다." "우리는 특수한 본질을 찾지만, 그것의 어떤 항도 고유한 본질적 실재성을 갖는 것으로 보이지 않는, 무한한 원인들의 연쇄만을 발견할 뿐이다." "방금 인용한 텍스트들이 제시하는 듯한 해결책은 스피노자의 체계의 가장 확실한 원리들과 모순되는 것으로 보인다. 그러면 계속 반복적으로 주장된 본질들의 영원성은 어찌 되는가? 어떻게 하나의 신체가, 아무리 작고 또 그 존재가 아무리 순간적이라고[15] 하더라도, 자신의 고유한 본성이 있어야 멈추거나 자신이 받은 운동을 전할 수 있는데, 그러한 본성 없이 실존할 수 있단 말인가? 본질을 전혀 갖고 있지 않은 것은 실

---

14 자연학적 해명은 E2P13 이후에 등장한다(혼동을 피하기 위해서, 그 해명을 표기할 때 별표를 붙인다. 단순 물체 이론은 ★공리1과 2, 보조정리 1, 2와 3, 공리1과 2에서 다루어진다.[(역주) 자연학 소론에는 공리 1, 2가 두 번 나타난다.] 거기서 스피노자는 순전히 외생적인 결정을 강조한다. 그가 단순 물체의 수준에서도 물체의 "본성"에 대해 말하는 것은 사실이지만, 여기서 "본성"은 단지 이전 '상태'를 의미할 뿐이다.

15 (역주) 가장 단순한 물체들은 운동과 정지에 의해서만 서로 구별된다. 즉 상호충돌에 의해 결정된 단순체의 운동과 정지는 구별 원리이자, 각자의 정체성의 원리가 된다. 그런데 스피노자에 따르면 공간에는 진공이 없으므로, 단순체는 매순간 다른 단순체와 충돌하게 된다. 충돌 즉시 단순체의 상태는 변하고, 따라서 단순체의 정체성(혹은 상태)은 순간적(fugitif)이다.

존할 수 없고, 모든 본질은 그 정의상 불변한다. 어떤 주어진 순간에 실존하는 비눗방울도 필연적으로 영원한 본질을 가지고 있고, 그렇지 않으면 그것은 존재할 수 없다."[16]

우리가 보기엔 반대로 각각의 외연적 부분마다 하나의 본질을 찾을 필요는 없는 것 같다. 본질은 강도의 정도이다. 그런데 외연적 부분들과 강도의 정도들(강도적 부분들)은 결코 항 대 항으로 대응하지 않는다. 모든 강도의 정도에는 그것이 아무리 작을지라도, 서로 단지 외생적인 관계를 갖고 또 가져야 하는, 무한히 많은 외연적 부분들이 대응한다. 외연적 부분들은 크거나 작은 무한으로 있는데, 그것들은 항상 무한에 의해서 그렇다. 그래서 가장 작은 본질에도 무한히 많은 부분들이 대응하고, 그 부분들 각각이 본질을 갖는지는 문제가 되지 않는다. 비눗방울도 하나의 본질을 갖지만, 어떤 특정한 관계 아래서 그 비눗방울을 합성하는 무한 집합의 각 부분은 그렇지 않다. 달리 말하면, 스피노자에게는, 그것의 본질 혹은 역량의 정도가 어떻든 간에, **현실적으로 무한하게 합성되지 않은 실존 양태는 없다**. 스피노자는 합성된 양태들이 "매우 많은 수의" 부분들을 갖는다고 말하지만, 그가 합성된 양태에 대해 말하는 것을 모든 실존 양태에 대한 것으로 이해해야 한다. 왜냐하면 합성되지 않은 실존 양태는 없으며, 모든 실존은 정의상 합성되는 것이기 때문이다. 그렇다고 할 때, 외연적인 단순한 부분들이 실존한다고 말할 수 있는가? 단순 물체들이 연장 속에 실존한다고 말할 것인가? 만일 그것들이 하나씩 혹은 몇 개씩 실존한다는 뜻이라면, 이는 명백하게 불합리하다. 엄격히 말해, 단순한 부분들은 그들의 고유한 본질도 실존도 갖

16 A. Rivaud, *op. cit.*, pp. 32~34.

고 있지 않다. 그것들은 내적인 본성 혹은 본질을 갖고 있지 않아서, 서로 외생적으로 구별되고 서로 외생적으로 관계 맺는다. 그것들은 고유한 실존을 갖고 있지는 않지만, 실존을 합성한다. 실존이란 무한히 많은 외연적 부분들을 현실적으로 갖는 것이다. 크거나 작은 무한에 의해서, 단순 물체들은 상이한 관계 아래서, 크거나 작은 정도의 본질을 갖는 양태들의 실존을 합성한다. 본질에 속하는 것과 실존에 속하는 것, 그리고 결코 항 대 항의 대응이 아닌 그 둘의 대응 유형을 구별하지 않는다면, 스피노자의 자연학뿐만 아니라 스피노자주의 전체가 이해할 수 없게 된다.

우리는 이 물음, '어떻게 무한히 많은 외연적 부분들이 양태의 실존을 합성하는가?'에 대답할 요소들을 갖고 있다. 예컨대 한 양태는, 그 양태의 본질에 대응하는 무한히 많은 단순 물체들이 그 양태에게 현실적으로 속할 때 연장 속에서 실존한다. 그러나 어떻게 무한히 많은 단순 물체들이 그 양태의 본질에 대응할 수 있는가? 혹은 그 양태에게 속할 수 있는가? 『소론』 이래로 스피노자의 대답은 한결같다. 이는 **운동과 정지의 특정한 관계 아래서** 그렇다. 무한히 많은 외연적 부분들이 **그러한 관계 아래로 들어갈 때**, 그러한 양태는 "실존하게 되고", 그것은 실존으로 이행한다. 그 관계가 구현되는 동안 그 양태는 계속 실존한다. 따라서 단계적 관계 아래서 외연적 부분들은 상이한 역량 정도들에 대응하여 다양한 집합들로 무리를 짓는다. 외연적 부분들은 이러저러한 관계 아래로 들어가는 한에서 크거나 작은 무한 집합을 형성한다. 그 관계 아래서 외연적 부분들은 그 양태의 본질에 대응하고 그 양태 자체의 실존을 합성한다. 부분들이 다른 관계 아래에 붙잡히면, 그것들은 다른 집합의 일부가 되고 다른 양태의 본질에 대응하며 다른 양태의 실존을 합성한다. 이러한 것은 이미 『소론』에서 양태의 실존으로의 이행에 관한 이론으로 제시되고 있다.[17] 『윤리학』은 한층 더 분명하게 말한다. 실존 양태의 합성된 부분들이 매 순간 갱신된다는 것은 문제가 되지 않는다. 집합의 부분들이 무엇이든 간에 그것들이 특정한 관계 아래서 그 양태의 본질에 속하는데, 집합이 그 관계에 의해 정의되고 있는 한에서는 그 집합은 동일한 것으로 머문다. 이렇게 실존 양태는 상당한 그리고 연속적인 변이들에 종속되어 있다. 하지만 부분들 사이에서 운동과 정지, 빠름과 느림의 배분이 변해야 한다는 것 역시 문제가 되지 않는다. 그러한 양태는, 그의 부분들의 무한 집합에서 동일한 관계가 존속하는 동안 실존하기를 계속한다.[18]

### 유한 양태에 있어 표현의 첫 번째 삼항관계:본질, 특정한 관계, 외연적 부분들 — 관계들의 합성과 분해의 법칙

따라서 양태의 본질(역량의 정도)이 어떤 특정한 단계적 관계 속에서 영원하게 표현된다는 것을 인식해야 한다. 그러나 양태는, 무한히 많은 외연적 부분들이 바로 그 관계 아래로 들어가도록 현실적으로 결정되기 전에는, 실존으로 이행하지 않는다. 그 부분들은 다른 관계 아래로 들어가도록 결정될 수도 있다. 그것들은 그때 다른 양태의 본질에 대응하며 다른 양태의 실존을 합성하는, 크거나 작은 무한 집합에 통합된다. 따라서 스피노자의 실존 이론은 다음 세 요소를 포함한다. 첫째, 강도 혹은 역량의 정도인 **개별적 본질**. 둘째, 언제나 무한히 많은 외연적 부

---

17 *KV*, II, 서문, 주1, §§ VII~XIV.
18 「자연학 소론」 보조정리 4, 6, 7.

분들로 합성되는 **개별적 실존**. 셋째 **개체적 형상**, 다시 말해 특징적 혹은 표현적 관계. 이것은 한편으로는 양태의 본질에 영원히 대응하고, 다른 한편으로는 그것 아래서 무한히 많은 부분들이 그 본질에 일시적으로 관련된다. 실존 양태에서 본질은 역량의 정도이다. 이 정도는 어떤 관계 속에 표현된다. 이 관계는 무한히 많은 부분들을 포섭한다. 이로부터 스피노자의 다음 정식이 나온다. "하나의 동일한 본성의 지배 아래 있으면서 그 본성의 요청에 따라서 서로에게 적응하도록 강제되는" 부분들.[19]

어떤 양태의 본질은 어떤 관계 속에 영원하게 표현되지만, 우리는 본질과, 그 안에서 그 본질이 표현되는 관계를 혼동해서는 안 된다. "양태의 본질은 양태의 실존 자체의 원인이 아니다." 이 정리에서 유한한 존재의 실존이 그 존재의 본질에서 파생하지 않는다는 고전적 원리가 스피노자의 용어들로 표현되고 있다. 그러나 스피노자의 관점에서 이 원리의 새로운 의미는 무엇인가? 그것은 다음과 같은 것을 의미한다. 양태의 본질이 어떤 특징적 관계 속에서 표현된다고 해도, 무한히 많은 외연적 부분들이 그 관계 아래로 들어가도록 결정하는 것은 본질이 아니다. (단순히 그 본성에 의해 그 지배가 확립되는 것도 아니고, 본성이 표현되는 관계에 따라 부분들이 서로 적응하도록 강제되는 것도 아니다.) 외연적 부분들은 외부에서 그리고 무한하게 상호 결정되기 때문이다. 그것들은 외생적 결정 외에 다른 결정은 갖지 않는다. 한 양태가 실존으로 이행하는 것은, 그의 본질에 의해서가 아니라, 무한히 많은 어떤 외연적 부분들로 하여금 (그 양태의 본질이 표현되는) 어떤 정확한 관계 아래로 들어가도록

---

19 「편지 32」(III, pp. 120~121).

결정하는, 순전히 기계론적 법칙에 의해서다. 양태는 그의 부분들이 다른 본질에 대응하는 다른 관계 아래로 들어가는 순간 실존하기를 멈춘다. 양태들이 실존으로 이행하고, 실존하기를 멈추는 것은, 그들 본질에 외부적인 법칙들에 의해서다.

이 기계론적 법칙들이란 무엇인가? 연장의 경우 최종 심급으로 운동의 전달 법칙들이 있다. 무한히 많은 단순 물체들을 고찰하면, 우리는 그것들이 항상 가변적인 무한 집합들로 무리를 이룬다는 것을 본다. 그러나 이 모든 집합들의 집합은 일정한 것으로 머물고 있는데, 이 일정함은 운동량에 의해, 즉 무한히 많은 특수한 관계들, 운동과 정지의 관계들을 담고 있는 총비율에 의해 정의되기 때문이다. 단순 물체들은, 그것 아래서 어떤 집합에 속하게 되는 여러 관계들 중 하나와 결코 분리될 수 없다. 그리고 총비율은 언제나 일정한 것으로 머물며, 그 관계들은 합성과 분해의 법칙들에 따라서 구성되고 해체된다.

두 개의 합성 물체를 생각해 보자. 각 물체는 무한히 많은 단순 물체들 혹은 부분들을 특정한 관계 아래 소유한다. 두 물체가 마주칠 때, 그 두 관계가 직접 합성될 수 있는 경우가 있다. 그러면 이전의 두 관계가 합성된 제3의 관계 아래서, 한 물체의 부분들이 다른 물체의 부분들에 적응한다. 여기서 우리는 이보다 더 합성되어 있는 한 물체의 형성 과정을 볼 수 있다. 유명한 텍스트에서 스피노자는, 어떻게 유미와 림프가 그들 각자의 관계들을 합성하여, 제3의 관계 아래서 피를 형성하는지 보여 준다.[20] 그런데 이 과정은 그 조건들의 복잡성에서 다소 차이가 있겠지만 모든 탄생이나 형성의 과정이며, 다시 말해 실존으로의 이행

20 「편지 32」(올덴부르그에게).

과정이다. 부분들은 상이한 두 관계 아래서 마주친다. 그 관계 각각은 각 양태의 본질에 대응한다. 그런데 두 관계는 합성되고, 그 결과 마주치는 부분들이, 다른 양태의 본질에 대응하는 제3의 관계 아래로 들어간다. 그때 해당 양태가 실존으로 이행한다. 하지만 두 관계가 직접적으로 합성될 수 없는 경우도 있다. 마주치는 물체들이 서로에게 무관심하거나, 아니면 한 물체가 자신의 관계 아래서 다른 물체의 관계를 분해함으로써 다른 물체를 파괴하기도 한다. 피를 분해해서 인간을 파괴하는 독 혹은 독극물이 그렇다. 정반대의 방향이지만 영양섭취도 그렇다. 인간은 그가 섭취한 물체의 부분들이 자신의 관계와 합치하는 새로운 관계 아래로 들어가도록 강제하는데, 그것은 이전에 그 물체가 실존했을 때의 관계의 파괴를 전제하는 것이다.

따라서 관계들의 합성과 분해의 법칙들이 양태들의 실존으로의 이행과 그들 실존의 끝도 결정한다. 이 영원한 법칙들은 관계들 각각의 영원 진리에는 전혀 영향을 미치지 않는다. 즉 각각의 관계는 하나의 본질이 그 관계에서 표현되는 한에서 영원 진리를 갖는다. 그러나 합성과 분해의 법칙들은 관계가 실현되는 조건, 즉 외연적 부분들을 포섭하는 조건을, 혹은 반대로 실현되기를 멈추는 조건을 결정한다. 그래서 우리가 무엇보다도 본질과 관계, 본질 생산의 법칙과 관계 합성의 법칙을 혼동해서는 안 된다. 본질이 표현되는 관계의 실현을 결정하는 것은 본질이 아니다. 관계들은 그들 자신의 법칙들에 따라 합성되고 분해된다. 본질들의 질서는 총체적 합치로 정의된다. 반면에 관계들의 질서는 그렇지 않다. 물론 모든 관계들은 무한하게 조합되지만 아무렇게나 조합되는 것은 아니다. 각 관계가 임의의 다른 관계와 합성되는 것은 아니다. 이러한 합성의 법칙들은 특징적 관계들에 고유하며, 양태들의 실존으로의 이행을 규제하는데, 그 법칙들에 의해 다양한 문제가 제기된다. 한편으로 이 법칙들은 본질들 자체 안에 담겨 있지 않다. 스피노자가 일찍이 『지성개선론』에서 "그들의 참된 법전들"[21]처럼 속성들과 무한 양태들에 기입되어 있는 법칙들에 대해 말할 때, 그는 합성 법칙들에 대해 생각했던 것인가? 이 텍스트가 복합적이기 때문에, 우리가 지금 당장에는 이를 활용할 수는 없다. 다른 한편 우리는 그 법칙들을 인식하는가? 인식한다면 어떻게 인식하는가? 스피노자는 물체들의 관계들이 어떠한지, 그리고 그것들이 어떻게 합성되는지 알기 위해서는 물체들에 대한 경험적 연구를 경유해야 한다고 실제로 인정하는 것 같다.[22] 어쨌든 여기서는 관계들의 질서가 본질들 자체의 질서로 환원되지 않음을 잠정적으로 지적하는 것만으로 충분하다.

양태의 본질과 실존의 구별의 의미 — 실존 양태들의 구별의 문제 — 어떻게 실존 양태는 속성과 외생적으로 구별되는가 — 실존 양태와 펼침

따라서 양태의 실존은 그것의 본질에서 도출되지 않는다. 어떤 양태가 실존으로 이행할 때, 그 양태는 그의 본질이 표현되는 관계를 합성하는 기계론적 법칙, 즉 무한히 많은 외연적 부분들이 그 관계 아래로 들어가도록 강제하는 기계론적 법칙에 의해 그렇게 하도록 결정된다. 스피노자 철학에서 실존으로의 이행은 결코 가능적인 것에서 실재적인

---

21 *TIE*, 101. (역주) "[개별] 본질은 오로지 고정되고 영원한 사물들에서, 그리고 그것들의 참된 법전에서처럼 그 사물들에 기입된 법칙들(이에 따라서 개별 사물들이 존재하게 되고 질서지어진다)에서 찾아야 한다."

22 "…나는 그 부분들 각각이 어떻게 전체와 일치되는지, 어떻게 다른 부분들과 결합되는지 모른다." (「편지 30」, 올덴부르그에게, III, p. 119)

것으로의 이행으로 이해되어서는 안 된다. 양태의 본질이 "가능태"가 아닌 것처럼 실존 양태는 가능태의 실현이 아니다. 본질들은 그들의 원인에 의해 필연적으로 실존한다. 그 본질들을 갖는 양태들은, 부분들로 하여금 그들의 본질에 대응하는 관계들 아래로 들어가도록 결정하는 원인들에 의해 필연적으로 실존으로 이행한다. 모든 곳에서 필연성은 존재의 유일한 양상이지만, 이 필연성에는 두 층이 있다. 우리는 본질과 본질 자체의 실존의 구별을 실재적 구별로 해석해서는 안 된다는 것을 보았다. 그런데 본질과 양태 자체의 실존의 구별도 그렇다. 실존 양태는 무한히 많은 외연적 부분들을 현실적으로 소유하는 한에서 본질 자체이다. 본질이 그의 원인에 의해 실존하는 것과 마찬가지로, 양태 자체도 부분들이 그에게 속하도록 결정하는 원인에 의해 실존한다. 그러나 이렇게 고찰하게 된 인과성의 두 형식으로 인해 두 유형의 양태의 지위와 두 가지 유형의 양태적 구별을 정의할 필요가 있다.

우리가 양태의 본질을 다룰 때, 그것을 강도적 실재성으로 정의했다. 그 본질들은 아주 특별한 유형의 구별(내생적 구별)에 의해서가 아니라면, 속성과 구별되지 않았고, 서로 구별되지 않았다. 그들은 속성 안에 담겨진 채로만 실존했고, 그에 대한 관념들은 신 관념 안에 포함된 채로만 실존했다. 모든 그 본질들은 속성 안에 "복합되어compliqué" 있었다. 바로 이 형상 아래서, 본질들은 실존했고, 또 각자 역량 정도에 따라 신의 본질을 표현했다. 그러나 실존으로 이행할 때 양태들은 외연적 부분들을 획득한다. 양태들은 크기와 지속을 획득한다. 양태들 각각은 그를 특징짓는 관계 아래서 부분들이 머물러 있는 동안 지속한다. 우리는 여기에서 실존 양태들이 속성과 **외생적으로** 구별되고, 또 서로 **외생적으로** 구별된다는 것을 인식해야 한다. 『형이상학적 사유』에서 스피노자는 "실존의 존재"를, "신의 속성들 안에 포함되어" 있는 사물들을 지칭하는 "본질의 존재"와 대비시켜 "신 바깥에서 [고려된] 사물들의 본질 자체"로 정의했다.[23] 아마도 이 정의는 사람들이 믿는 이상으로 스피노자 자신의 사유에 부합하는 것으로 보인다. 이와 관련해 이 정의에서 몇 가지 중요한 특징들을 찾을 수 있다.

 그것은 우선 본질과 실존의 구별이 결코 실재적 구별이 아니라는 점을 우리에게 상기시킨다. 본질의 존재(본질의 실존)는 신의 속성 안에서의 본질의 위치다. 실존의 존재(사물 자체의 실존) 역시 본질의 위치이지만 속성 밖의 외생적 위치다. 그런데 우리는 『윤리학』에서 이 테제가 폐기된다고 보지 않는다. 특수한 사물의 실존이란, 단지 속성 안에 담겨 있는 한에서, 단지 신 안에 포함되어 있는 한에서뿐만 아니라, 지속하는 한에서, 외생적으로 구별되는 특정한 시간과 특정한 장소와 연관된 한에서 사물 자체이다.[24] 그러한 이해는 내재성과 첨예하게 대립된다는 반론이 제기될 수 있다. 왜냐하면 내재성의 관점에서는, 양태들이 실존으로 이행한다고 해서 실체에 속하기를, 실체 안에 담겨 있기를 멈추지는 않기 때문이다. 이 점은 너무나 명백해서, 좀 더 생각해 보아야 한다. 스피노자는 실존 양태들이 실체 안에 담겨 있기를 멈춘다고 말하지 않고, 그것들이 더 이상 실체 또는 속성 안에 담겨"만 있지는 않다"고 말한다.[25] 외생적 구별은 여기서도 그리고 언제나 양태적 구별이라는 것을 고려한다

---

23 *CM*, I, 2장. [(역주) "본질의 존재는 피조물이 신의 속성 속에 포함된 방식에 다름 아니고, … 마지막으로 실존의 존재는 신의 바깥에서 그 자체로 고려된 사물들의 본질 자체이다."(G I, 238)]

24 E2P8Cor에서 "지속하면서 실존하다"와 "속성 안에 담겨만 있으면서 실존하다"가 구별된다. E5P29Cor[(역주)E5P29S의 오기]에서는 "특정 시간, 특정 장소와 관련해서 실존하다"와 "신 안에 담겨 있는 채로, 그리고 그의 본성의 필연성으로부터 따라 나오는 대로 실존하다"가 구별된다.

25 E2P8Cor&S, "~뿐만 아니라, ~에서도*non tantum … sed etiam …*"

면 난점은 쉽게 해소된다. 양태들은 속성 밖에 놓여도 양태이기를 멈추지 않는데, 왜냐하면 이 외생적 지위는 실체적이 아니라 순수하게 양태적이기 때문이다. 만일 이를 칸트와 가볍게 비교해 본다면, 공간은 외부성의 형식이지만, 그 형식은 내부성의 형식 못지않게 나에게 내부적이라는 칸트의 설명을 떠올릴 수 있을 것이다. 그 형식은 어떤 가상도 없이 대상들을 우리 자신에게 외부적이고 또 서로에게도 외부적인 것으로 나타나게 하지만, 그 자체는 우리에게 내부적이며, 우리에게 내부적인 것으로 머문다.[26] 전혀 다른 맥락이며 전혀 다른 주제에 대한 것이지만, 이는 스피노자에게도 마찬가지다. 즉 외연량도 강도량과 마찬가지로 속성에 속하지만, 외연량은 오로지 양태적인 외부성의 형식과도 같다. 그것에 의해 실존 양태들은 속성에 외부적이고, 또 서로에게 외부적인 것으로 나타난다. 그럼에도 불구하고 외연량 역시, 모든 실존 양태들이 그렇듯이, 자기가 변양시키는 속성 안에 담겨 있다. 외생적-양태적 구별의 관념은 결코 내재성의 원리와 모순되지 않는다.

그렇다면 이 외생적이고 양태적인 구별은 무엇을 의미하는가? 양태들이 외생적 위치에 놓일 때, 양태들은 그들의 본질이 단지 속성 안에만 담겨 있는 한에서 그들이 갖는 **복합된** 형상 아래서 실존하기를 멈춘다. 양태들의 새로운 실존은 설명이다. 양태들은 속성을 설명하는데, 각각은 "특정하고 결정된 방식으로" 그것을 설명한다. 다시 말해 실존 양태 각각은 그를 특징짓는 관계 아래서 속성을 설명하는데, 그 방식은 다

---

26 칸트, 『순수이성 비판』(1판, 넷째 이율배반 비판) A370, A376 참조: 질료는 "**외부적이라고 불리는** 일종의 표상들(représentations; 직관들)이다. 이는 표상들이 '그 자체로 외부적인' 대상들에 관련되기 때문이 아니라, **공간 자체는 우리 안에 있는데도**, 표상들은 지각들을, 모든 것들이 서로서로 외부에 실존하는 공간에 관계시키기 때문이다. … 공간 자체는 그것의 모든 현상들과 함께 표상들로서 내 안에만 실존한다. 그럼에도 이 공간에서, 실재적인 것 혹은 외부적 직관의 모든 대상들의 질료는 진실되게, 모든 허구와 독립적으로 나에게 주어진다."

른 관계 아래에서의 다른 방식들과는 외생적으로 구별된다. 이런 의미에서, 실존 양태는 양태의 본질 못지않게 표현적이며, 다만 다른 방식으로 그렇다. 속성은 그가 복합하거나 담고 있는 양태의 본질들에서 그 역량의 정도에 따라서 그 자신을 표현할 뿐만 아니라, 특정하고 결정된 방식으로, 즉 각 본질에 대응하는 관계들에 따라서, 속성을 펼치는 실존 양태들에서도 자신을 표현한다. 양태적 표현 전체는 이러한 복합과 설명(펼침)의 이중 운동에 의해 구성된다.[27]

27 양태들의 본질들은, 그것들이 속성 안에 포함되어 있는 한에서, 이미 설명들이다. 그래서 스피노자는 이러저러한 양태의 본질에 의해 **설명되는** 한에서의, 신의 본질에 대해 말한다 (E4P4Dem). 그러나 설명의 체제(régimes)에는 두 가지가 있고, **설명하다**라는 말은 특히 두 번째 체제에 적합하다.

# 14장. 신체는 무엇을 할 수 있는가

유한 양태에 있어서 표현의 두 번째 삼항관계: 본질, 변용 능력, 그 능력을 실행하는 변용들 ― 실체의 변용들과 양태의 변용들 ― 능동적 변용들과 수동적 변용들 ― 정서 혹은 감정들 ― 우리는 부적합한 관념들과 수동적 감정들을 선고받은 것 같다

유한 양태의 표현적 삼항관계는 이렇게 제시된다. 역량 정도로서의 본질, 그 본질이 표현되는 특징적 관계, 이 관계에 포섭되어 양태의 실존을 합성하는 외연적 부분들. 그러나 『윤리학』에서는 그것의 엄격한 등가물들의 체계가 우리를 유한 양태의 두 번째 삼항관계로 인도한다. 역량 정도로서의 본질, 그 본질이 표현되는 특정한 변용 능력, 매 순간 그 능력을 실행하는 변용들이 그것이다.

　이 등가물들은 어떤 것인가? 실존 양태는 매우 많은 수의 부분들을 현실적으로 소유한다. 그런데 외연적 부분들의 본성은 무한하게 서로를 "변용한다"는 것이다. 그로부터 실존 양태는 매우 많은 방식으로 변용된다는 결론이 도출된다. 스피노자는 부분들에서 부분들의 변용으

로, 부분들의 변용에서 실존 양태 전체의 변용으로 간다.[1] 외연적 부분들은 특정한 관계 아래서만 어떤 양태에 속한다. 마찬가지로 한 양태의 변용들은 특정한 변용 능력과 관련하여 이야기된다. 말과 물고기와 인간의 변용 능력은 동일하지 않다. 심지어 두 사람의 변용 능력도 동일하지가 않다. 즉 이들은 동일한 것들에 의해 변용되지 않거나, 동일한 것에 의해 동일한 방식으로 변용되지 않는다.[2] 한 양태는 그것의 특징적 관계를 그의 부분들 사이에서 더 이상 유지할 수 없을 때 실존을 멈춘다. 마찬가지로 그것은 "더 이상 매우 많은 방식으로 변용될 수 없을 때" 실존을 멈춘다.[3] 요컨대 관계는 변용 능력과 분리될 수 없다. 그래서 스피노자는 두 가지 근본적인 물음, "신체의 구조fabrica는 어떠한가?"와 "신체는 무엇을 할 수 있는가?"를 등가의 것으로 간주할 수 있다. 한 신체의 구조는 그 신체의 관계의 합성이다. 한 신체가 할 수 있는 것은 그 신체의 변용 능력의 본성과 한계들이다.[4]

유한 양태의 이 두 번째 삼항관계는 양태가 어떻게 실체를 표현하고, 실체를 분유하고, 심지어 자기 식으로 실체를 재생산하는지를 잘 보여 준다. 신은 그의 본질과 절대적으로 무한한 역량potentia의 동일성에 의해 정의되었고, 그러한 것으로서 potestas, 즉 무한히 많은 방식으로 변용되는 능력을 가졌었다. 그리고 신은 자기 원인과 동일한 의미로 만물의 원인이므로 그 능력은 영원히 그리고 필연적으로 실행되었다. 실

---

1 "그 변용들은 인간 신체의 부분들이, 그리고 그에 따라 신체 전체가 변용되는 방식들이다." (E2P28Dem 증명 참조) 마찬가지로, 「자연학 소론」, 공준3. [(역주) "인간 신체를 구성하는 개체, 즉 인간 신체 자체는 외부 물체들에 의해 매우 다양한 방식으로 변용된다."]
2 E3P51&Dem, E3P57S.
3 E4P39Dem.
4 "실제로 지금까지 아무도 신체가 무엇을 할 수 있는지 규명하지 못했다. … 왜냐하면 지금까지 아무도 신체의 구조를 인식하지 못했기 때문이다."(E3P2S)

존 양태도 어떤 역량 정도와 동일한 어떤 본질을 갖고, 그러한 것으로서 매우 많은 방식으로 변용될 소질, 변용될 능력을 갖는다. 그 양태가 실존하는 동안 이 능력은 가변적으로 실행되지만, 외부 양태들의 작용을 받아 언제나 그리고 필연적으로 실행된다.

이 모든 관점에서 실존 양태와 신적 실체의 차이는 무엇인가? 첫 번째, "무한히 많은 방식"과 "매우 많은 방식"을 혼동해서는 안 될 것이다. 매우 많음도 무한이지만, 특정 유형의 무한, 즉 제한된 어떤 것에 관계되는 더 크거나 덜 큰 무한이다. 반대로 신은 무한히 많은 방식으로 변용된다. 그런데 신은 그의 모든 변용들의 원인이기 때문에, 그 무한은 원인에 의한 무한이며, 모든 양태의 본질과 모든 실존 양태를 포괄하는 엄밀한 의미에서 무제한적인 무한이다.

두 번째 차이는 이것이다. 신은 그의 모든 변용의 원인이고, 따라서 그 변용들을 겪을[수동] 수 없다. 실제로 변용과 수동을 혼동하는 것은 잘못일 것이다. 변용은 변용된 물체의 본성에 의해서 설명되지 않을 때만 수동이다. 수동적 변용은 변용된 물체의 본성을 함축하지만, 다른 물체들의 영향에 의해서 설명된다. 전적으로 변용된 물체의 본성에 의해서 설명되는 변용이 있다고 가정한다면, 그 변용은 능동적이며 그 자체로 작용일 것이다.[5] 이 구별의 원리를 신에게 적용해 보자. 신에게는 외부 원인이 없다. 신은 필연적으로 그의 모든 변용의 원인이며, 그의 모든 변용은 그의 본성에 의해서 설명되고, 따라서 능동(작용)이다.[6] 그러나 실존 양태는 사정이 다르다. 실존 양태는 자기 자신의 본성에 의해서 실존하지 않는다. 그의 실존은 외부에서 결정되고 변용되는 외연적 부

5 E3Def1~3.
6 *KV*, II, 26장, 7~8.

분들로 무한하게 합성된다. 따라서 실존 양태가 외부 양태들에 의해서 변용되는 것, 그의 본성만으로는 설명되지 않는 변화를 겪는 것은 불가 피하다. 실존 양태의 변용은 우선 그리고 무엇보다도 수동이다.[7] 유아기 는 비참한 상태이지만 우리가 "최고도로 외부 원인들"에 의존하는 공 통 상태라고 스피노자는 말한다.[8] 따라서 실존하는 유한 양태에 관해 제 기되는 중요한 문제는 이것이다. 실존하는 유한 양태는 능동적 변용을 산출할 수 있는가? 그리고 할 수 있다면 어떻게 할 수 있는가? 이 물음 은 엄밀한 의미에서 "윤리적인" 물음이다. 그러나 그 양태가 능동적 변 용을 산출하게 된다고 가정하더라도, 실존하는 동안 자기 안의 정념(수 동)을 모두 제거하는 것이 아니라, 단지 정념이 자신의 작은 부분만 차 지하도록 만들 뿐일 것이다.[9]

마지막 차이는 신에 관계되는지 양태들에 관계되는지에 따라 달라 지는 "변용"이라는 말의 내용에 관련된다. 사실 신의 변용은 양태 자체 이고 양태의 본질이고 실존 양태이다. 그것의 관념은 원인으로서의 신 의 본질을 표현한다. 그러나 양태의 변용은 2차 변용, 변용의 변용 같은 것이다. 예컨대 우리가 겪는 수동적 변용은 어떤 물체가 우리 신체에 작 용한 결과에 지나지 않는다. 이 변용에 대한 관념은 원인, 즉 외부 물체 의 본성 혹은 본질을 표현하지 않는다. 그것은 오히려 우리 신체의 현재 의 구성을, 따라서 어느 순간에 우리의 변용 능력이 실행되는 방식을 지 시한다. 우리 신체의 변용은 단지 신체적corporel 이미지일 뿐이고, 우리 의 정신 안에 있는 그 변용에 대한 관념은 단지 부적합한 관념 혹은 상

7 E4P4&Dem&Cor.
8 E5P6S& E5P39S.
9 E5P20S 참조.

상일 뿐이다. 우리는 다른 종류의 변용도 갖는다. 우리에게 주어지는 변용 관념에서 필연적으로 "정서affects" 혹은 감정sentiment, *affectus*이 파생한다.[10] 이 감정은 그 자체가 변용이고, 보다 정확히 말해 독특한 성격을 지닌 변용의 관념이다. 결코 스피노자의 것이 아닌 주지주의적 테제들을 스피노자의 것으로 간주해서는 안 될 것이다. 우리가 갖는 관념은 사실은 우리 신체 구성의 현실적 상태를 지시한다. 우리 신체는 실존하는 동안 지속하며 지속에 의해 정의된다. 따라서 우리 신체의 현실적 상태는 연속적인 지속에서 그것과 연관되는 이전 상태와 분리될 수 없다. 그래서 우리 신체의 상태를 지시하는 모든 관념에는, 그 상태와 과거 상태와의 관계를 함축하는 다른 종류의 관념이 필연적으로 연결되어 있다. 스피노자는 이 점을 다음과 같이 명확히 밝힌다. "우리는 그것을 정신이 두 상태를 비교하는 지성의 추상적 작업의 문제라고 생각해서는 안 될 것이다."[11] 우리의 감정은 그 자체로는 관념인데, 연속적인 지속에서 현재와 과거의 구체적 관계를 함축하는 관념이다. 즉 우리의 감정은 지속하는 실존 양태의 변화를 함축한다.

　　따라서 양태에게 주어지는 변용은 두 종류이다. 하나는 신체의 상태 혹은 그 상태를 지시하는 관념이고 다른 하나는 신체의 변화 혹은 그 변화를 함축하는 관념이다. 두 번째 종류의 변용은 첫 번째 종류의 변용과 연동되어, 첫 번째 종류의 변용과 동시에 변한다. 우리의 감정이 첫 번째 종류의 변용에서 시작해서, 우리의 변용 능력이 매순간 모두 실행되는 방식으로 우리의 관념들과 연동되는지를 짐작할 수 있다. 그런데

---

10 정서, 감정은 관념을 전제하고 그것에서 파생된다. *KV*, 부록 II, 7, E2Ax3.
11 E3, 감정의 일반적 정의. "내가 말하고자 하는 것은 정신이 신체의 현재 구성을 과거 구성과 비교한다는 것이 아니라, 감정의 형상을 구성하는 관념이, 이전보다 더 많거나 적은 실재성을 실제로 함축하는 어떤 것을 긍정한다는 것이다."

우리는 항상 양태가 처한 조건, 특히 인간이라는 특수한 양태의 조건 앞에 놓이게 된다. 즉 우리 인간에게 먼저 주어지는 관념들은 수동적 변용들이며, 부적합한 관념들 혹은 상상들이다. 따라서 그것들에서 파생하는 감정 혹은 느낌들은 정념들, 그 자체로 수동적인 감정들이다. 유한 양태가 특히 실존 초기에는 부적합한 관념이 아닌 다른 것을 가질 수 있는 방법이 보이지 않는다. 따라서 그것이 수동적 감정이 아닌 다른 감정을 느낄 수 있는 방법도 보이지 않는다. 이 둘의 관계를 스피노자는 이렇게 표현한다. 부적합한 관념은 우리가 원인이 아닌 관념이다(부적합한 관념은 우리의 이해 역량에 의해서 형상적으로 설명되지 않는다). 그런데 이 부적합한 관념 자체는 어떤 감정의 원인(질료인이자 작용인)이다. 따라서 우리는 그 감정의 적합한 원인일 수 없다. 그런데 우리가 그것의 적합한 원인이 아닌 감정은 필연적으로 정념이다.[12] 따라서 우리의 변용 능력은 우리의 실존 초기부터 부적합한 관념들과 수동적 감정들에 의해서 실행된다.

이와 같은 깊은 관계를 적합한 것으로 가정된 관념과 능동적 감정 사이에서 확인할 수 있다. 우리 안의 적합한 관념은 형상적으로 우리가 원인인 관념으로 정의될 것이다. 그런데 그 적합한 관념은 어떤 감정의 질료인이자 작용인일 것이다. 따라서 우리는 그 감정 자체의 적합한 원인일 것이다. 그런데 우리가 적합한 원인인 감정은 능동이다. 이런 의미에서 스피노자는 다음과 같이 말할 수 있다. "적합한 관념들을 갖는 한에서 우리의 정신은 필연적으로 어떤 것들에서 능동적이고, 부적합한 관념들을 갖는 한에서 우리의 정신은 필연적으로 어떤 것들에서 수

---

12 **적합**과 **부적합**은 우선 관념들의 규정이다. 그러나 두 번째로 그것은 원인의 규정이다. 즉 우리는 우리가 갖는 적합한 관념에서 따라 나오는 감정의 "적합한 원인"이다.

동적이다." "정신의 능동들은 오직 적합한 관념들에서만 생긴다. 그리고 수동들은 오직 부적합한 관념들에만 의존한다."[13] 따라서 "우리는 어떻게 능동적 존재가 될 수 있는가?"라는 윤리학 고유의 문제는 "우리는 어떻게 적합한 관념들을 산출할 수 있는가?"라는 방법론적 문제와 연결된다.

유한 양태의 실존상의 변화 — 라이프니츠에게 있어 능동적 힘과 수동적 힘, 스피노자에게 있어 작용하는 역량과 겪는(수동) 역량 — 어떤 점에서 작용 역량은 적극적이고 실재적인가 — 자연학적 착상:우리의 변용 능력은 언제나 실행된다 — 윤리학적 착상:우리는 우리가 할 수 있는 것과 분리된다

우리는 『윤리학』의 한 영역인 유한 양태의 실존상의 변화, 표현적 변화의 영역이 극도로 중요하다는 것을 예감할 수 있다. 이 변화는 여러 종류이며 여러 층위에서 해석되어야 한다. 어떤 본질과 어떤 변용 능력을 갖고 있는 한 양태가 있다고 하자. 그 양태의 수동적 변용들(부적합한 관념들과 정념-감정들)은 끊임없이 변화한다. 그렇지만 그 양태의 변용 능력이 수동적 변용들에 의해서 실행되는 동안에 그 능력 자체는 **겪는(수동적) 힘 혹은 역량**으로 나타난다. 수동적 변용들에 의해서 현실적으로 실행되는 한에서 변용 능력은 겪는 역량이라고 불린다. 신체의 겪는 역량에 상당하는 영혼의 역량은 상상 역량과 수동적 감정들을 느끼는 역량이다.

13 E3P1, P3.

이제 그 양태가 지속하면서 자신의 변용 능력을 (적어도 부분적으로는) 능동적 변용들에 의해서 실행하게 된다고 가정해 보자. 이 측면에서 그 능력은 **작용하는 힘 혹은 역량**으로 나타난다. 이해 역량 혹은 인식 역량은 영혼에 고유한 작용 역량이다. 그러나 정확히 말하면 **수동적 변용과 능동적 변용의 비율과 관계없이 변용 능력은 일정하게 유지된다**. 따라서 우리는 다음 가설에 이르게 된다. 변용 능력은 동일한 가운데 수동적 변용과 능동적 변용의 비율이 달라질 수 있다. 우리가 능동적 변용들을 산출하게 되면 우리의 수동적 변용들은 그만큼 감소한다. 우리가 계속 수동적 변용들 속에만 있으면 우리의 작용 역량은 그만큼 "방해 받는다". 요컨대 본질은 동일한 가운데, 변용 능력은 동일한 가운데, 겪는 역량과 작용하는 역량이 반비례할 수 있다. 두 역량의 비율이 달라지면서 두 역량이 변용 능력을 구성한다.[14]

둘째, 변화가 가능한 다른 층위를 도입할 필요가 있다. 왜냐하면 변용 능력은 항상 일정하게 유지되는 것도, 어떤 관점에서나 일정하게 유지되는 것도 아니기 때문이다. 실제로 스피노자는 하나의 실존 양태를 전체적으로 특징짓는 관계는 일종의 탄성을 지니고 있음을 암시한다. 게다가 유아기를 벗어나면서 혹은 노년기에 접어들면서 한 양태의 신체 혹은 관계가 변한다고까지 말할 수 있을 정도로 그 양태의 합성과 분해는 너무나도 많은 시기(성장, 노화, 병)를 거친다. 계속 동일한 개체인지 아닌지 분간하기 어렵다. 정말 동일한 개체인가? 감각되지 않거나 갑작스러운 이 변화를 신체의 변용 능력에서도 확인할 수 있고, 마치 능

---

14 변용 능력은 한 물체의 소질로서, 작용할 소질만큼 겪는 소질로서도 정의된다. "어떤 물체가 다른 물체들과 관련해서 동시에 더 많은 방식으로 작용하고 겪는 소질이 있을수록…" (E2P13S). "물체가 여러 방식으로 다른 물체들에 의해 변용되고 또 다른 물체들을 변용시키는 소질이 있을수록…"(E4P38) 참조.

력과 관계가 형성되고 변형되는 한계, 폭이 있기라도 한 것 같다.[15] 최대치와 최소치의 실존을 암시하는 「메이에르에게 보낸 편지」의 몇몇 구절의 모든 의미가 여기서 드러난다.

앞에서 우리는 마치 변용 능력은 동일한 가운데 겪는 역량과 작용하는 역량이 각각 반비례의 관계로 실행되는 두 개의 구별되는 원리를 형성하는 것처럼 말했다. 이는 사실이지만, 변용 능력의 양단의 한계 내에서만 그렇다. 우리가 변용된 양태의 본질을 구체적으로 고찰하지 않고, 변용들을 추상적으로 고찰하는 한에서 그것은 사실이다. 왜 그런가? 우리는 스피노자만이 아니라 라이프니츠에서도 전개되는 문제의 문턱 앞에 있다. 라이프니츠가 『윤리학』을 처음 읽었을 때, 그가 스피노자의 변용 이론, 스피노자의 능동과 수동 개념에 감탄을 표한 것은 우연이 아니다. 스피노자가 라이프니츠에게 끼친 영향도 있겠지만, 그들 각자의 철학이 발전하면서 일어난 우연의 일치가 있다는 것도 생각해야 한다.[16] 이 우연의 일치는 그 영향보다 더 주목할 만하다. 라이프니츠는 어떤 수준에서 다음의 테제를 제시한다. 이른바 "파생적 힘"이라고 하는 물체의 힘은 이중적이다. 그것은 작용하는 힘과 겪는 힘, 능동적 힘과 수동적 힘이다. 능동적 힘은 수동적 힘에 의해 기입된 그것이 마주친

---

15 "어떤 사람이 매우 큰 변화를 겪어서 그가 동일인이라고 쉽사리 말하지 못하는 일이 때때로 일어난다. 이것은 내가 어느 에스파냐 시인에 대해 전해들은 것이다. … 그리고 만일 이것이 믿을 수 없는 것으로 보인다면, 어린아이들에 대해서는 뭐라고 말할 것인가? 성인이 된 사람은 어린아이들의 본성이 자신의 본성과 매우 달라서 다른 이들을 미루어 자기 자신을 추측해 보지 않는다면 자신이 일찍이 어린아이였다는 사실을 믿을 수 없다고 생각한다." (E4P39S)

16 라이프니츠의 노트에서 스피노자의 능동과 수동 이론에 대한 한결같은 그의 관심을 확인할 수 있다. 예컨대 1704년 이후의 노트(éd. Grua, t. II, pp.667 sq) 참조. 라이프니츠는 종종 스피노자의 것과 유사한 용어들을 써서 자기 생각을 밝힌다. G. 프리드만(Friedmann)은 *Leibniz et Spinoza*, NRF, 1946, p. 201에서 그것을 잘 보여 주었다.

장애물 혹은 유도에 따라서 "죽어" 있거나 "살아"난다.[17] 그러나 더 근원적 수준에서 라이프니츠는 이렇게 묻는다. 수동적 힘을 능동적 힘과 다른 별개의 힘으로 생각해야 하는가? 수동적 힘은 자율적 원리를 갖는가, 그것에 어떤 적극성이라도 있는가, 그것은 무언가를 긍정하는가? 대답은 오직 능동적 힘만이 권리상 실재적이고 적극적이며 긍정적이라는 것이다. 수동적 힘은 유한자의 불완전성을 제외하고는 아무것도 긍정하거나 표현하지 않는다. 능동적 힘이 유한자 자체 안의 실재적, 적극적, 완전한 것 전부를 상속받은 듯하다. 수동적 힘은 자율적 힘이 아니라 단지 능동적 힘의 제한에 불과하다. 수동적 힘은 그것이 제한하는 능동적 힘이 없다면 힘이 아닐 것이다. 수동적 힘은 능동적 힘에 내속하는 제한을 의미하고, 궁극적으로는 보다 더 근원적 힘의 제한, 즉 오로지 능동적 힘 그 자체에서 긍정되고 표현되는 **본질**의 제한을 의미한다.[18]

스피노자의 첫 번째 테제도 이렇게 제시된다. 겪는 역량과 작용하는 역량은 변용 능력이 동일한 가운데 상관적으로 변하는 두 역량이다. 작용 역량은, 그것이 수동적 변용의 쪽에서 발견하는 장애물이나 기회에 따라서 죽어 있거나 살아난다(스피노자는 방해받거나 도움받는다고 말한다). 그런데 이 테제는 자연학적으로는 참이지만, 형이상학적으로는 참이 아니다. 스피노자의 철학에서도 겪는 역량은 보다 근원적인 수준에서 적극적인 어떤 것을 조금도 표현하지 않는다. 수동적 변용에는, 그

---

17 (역주) "이로부터 [파생적] 힘도 이중적이라는 것이 도출된다. [첫번째] 힘은 기본적인 것으로, 나는 이를 죽은 힘이라고 부르는데, 왜냐하면 운동이 아직 그 안에 실존하는 것이 아니고, 단지 운동의 유도(solicitation)만이 실존하기 때문이다. … 다른 힘은 보통의 힘으로, 현실적 운동과 결합해 있으며, 나는 이를 살아 있는 힘이라고 부른다."(Leibniz, GM VI, 235; AG 121)

18 Leibniz, *De la nature en ell-même…*(1698), §11 참조. 수동적 힘과 능동적 힘의 이 관계는 M. 게루에 의해 *Dynamique et métaphysique leibniziennes*, Les Belles Lettres, 1934, pp. 166~169에서 분석된다.

것이 실재적일 수 없게 만드는 상상적인 어떤 것이 있다. 우리가 수동적이 되고 정념에 사로잡히게 되는 것은, 오로지 우리의 불완전성 때문이고, 우리의 불완전성 자체에 의한 것이다. "작용하는 것은 그가 갖고 있는 것에 의해서 작용하고, 겪는 것은 그가 갖고 있지 않은 것에 의해서 겪는다는 게 확실하다." "겪음(거기서 겪는 것과 작용하는 것이 구별된다)은 명백하게 불완전성이다."[19] 우리는 우리 자신과 구별되는 외부 사물에 의해 작용 받는다. 따라서 우리 자신은 구별되는 두 힘, 겪는 힘과 작용하는 힘을 갖는다. 그러나 우리의 겪는 힘은 단지 우리의 작용하는 힘 그 자체의 불완전성, 유한성, 혹은 제한일 뿐이다. 우리의 겪는 힘은 아무것도 **표현하지** 않기 때문에 아무것도 **긍정하지** 않는다. 그것은 단지 우리의 무능, 즉 우리의 작용 역량의 제한을 "함축할" 뿐이다. 사실 우리의 겪는 역량은 우리의 무능, 우리의 예속, 즉 **우리의 작용 역량의 최저 정도**이다. 그래서 『윤리학』 4부의 제목이 "인간의 예속에 관하여"이다. 스피노자는 이렇게 말한다. 상상 역량은 실제로 역량 혹은 덕$^{virtus}$이지만, 그것이 우리의 본성에 의존한다면, 더욱 그러할 것이다. 즉 그것이 단지 우리의 작용 역량의 유한성이나 불완전성, 요컨대 우리의 무능만을 의미하지 않고 능동적이라면 한층 더 그러할 것이다.[20]

우리는 아직 우리가 어떻게 능동적 변용들을 산출할 수 있는지 알지 못한다. 따라서 우리는 우리의 작용 역량이 어떠한 것인지 알지 못한다. 그렇지만 이것은 말할 수 있다. 작용 역량은 변용 능력의 유일한 실재적, 적극적, 긍정적 형상이다. 우리의 변용 능력이 수동적 변용들

---

19 *KV*, II, ch.26, 7과 I, ch.2, 23. E3P3S 참조. "수동들은, 정신이 부정을 내포하는 어떤 것을 갖는 한에서만 정신에 관계된다."
20 E2P17S.

에 의해서 실행되면, 그 능력은 최소치로 줄어들고, 단지 우리의 유한 성 혹은 우리의 제한을 표시하게 된다. 마치 유한 양태의 실존에서 이접 disjonction [21]이 일어나는 듯하다. 소극적인 것은 수동적 변용의 측에 있고, 능동적 변용들이 유한 양태의 적극적인 것을 표현한다. 사실 능동적 변용들만이 변용 능력을 실재적이고 적극적으로 실행한다. 작용 역량은 홀로 변용 능력 전체와 동일하다. 작용 역량은 혼자서 본질을 표현하며, 능동적 변용들이 혼자서 본질을 긍정한다. 실존 양태에서 본질은 작용 역량과 동일한 것이고, 작용 역량은 변용 능력과 동일한 것이다.

스피노자 철학에서 두 가지 기본적 착상이 양립하고 있다. 자연학적 착상에 따르면, 능동적 변용들에 의해서 실행되든 수동적 변용들에 의해서 실행되든, 변용 능력은 동일한 본질에 대해서 일정하게 유지된다. 따라서 양태는 언제나 최대한 완전하다. 그러나 윤리학적 착상에 따르면, 변용 능력은 양단의 한계 내에서만 일정하다. 수동적 변용들에 의해서 실행되는 동안에 변용 능력은 최소치로 줄어든다. 그때 우리는 불완전하고 무능하다. 우리는 어떤 의미로는 우리의 본질 혹은 우리의 역량 정도와 분리되고 우리가 할 수 있는 것과 분리된다. 실존 양태가 언제나 최대한 완전한 것은 사실이지만, 그것의 본질에 현실적으로 속하는 변용들에 따라서만 그렇다. 우리가 경험하는 수동적 변용들이 우리의 변용 능력을 실행하는 것은 사실이다. 그러나 수동적 변용들은 우선 우리의 변용 능력을 최소치로 만들었다. 수동적 변용들은 우선 우리를 우리가 할 수 있는 것(작용 역량)과 분리시켰다. 따라서 유한 양태의 표

---

[21] (역주) 논리학에서 *disjonction*은 두 명제를 "또는", "이거나" 등으로 연결함으로써 만들어 지는 것으로, "선언(選言)"으로 번역되기도 한다. 유한 양태의 실존에서 이접이 일어난다는 것은 유한 양태의 변용 능력이 수동적 변용들에 의해서 실행되거나 능동적 변용들에 의해서 실행된다는 말이다.

현적 변화는 단지 경험된 변용들의 기계론적 변화만이 아니다. 그것은 변용 능력의 역학적 변화이기도 하고, 본질 자체의 "형이상학적" 변화이기도 하다. 즉 양태가 실존하는 동안에, 어느 순간 그것에 속하는 변용들에 따라서 그것의 본질 자체가 변할 수 있다.[22]

그래서 윤리학적 물음이 중요하다. 우리는 신체가 무엇을 할 수 있는지조차 알지 못한다고 스피노자는 말한다.[23] 즉 우리는 우리가 어떤 변용들을 할 수 있는지, 우리의 역량이 어디까지 이르는지조차 알지 못한다. 우리는 어떻게 그것을 미리 알 수 있는가? 실존하기 시작하면서부터 우리는 필연적으로 수동적 변용들로 실행된다. 유한 양태는 그가 태어날 때, 이미 자신의 본질 혹은 역량의 정도와 분리되는 조건, 그가 할 수 있는 것과 분리되고 그의 작용 역량과 분리되는 조건 속에 있다. 우리는 추론을 통해 작용 역량이 우리의 본질의 유일한 표현이라는 것, 우리의 변용 능력의 유일한 긍정이라는 것을 알 수 있다. 그러나 그 앎은 추상적 앎에 그친다. 우리는 그 작용 역량이 어떠한지도, 어떻게 그것을 획득할 수 있는지 혹은 되찾을 수 있는지도 알지 못한다. 능동적 존재가 되려고 구체적으로 시도해 보지 않으면, 우리는 결코 그것을 알지 못할 것이다. 『윤리학』은 다음과 같은 환기로 끝난다. 대부분의 사람들은 겪을 때만 자신이 실존한다고 느낀다. 그들은 겪음에 의해서만 실존을 지탱한다. "(무지자는) 겪는 것을 멈추자마자, 동시에 존재하는 것도 멈춘다."[24]

---

22 그래서 스피노자가 『윤리학』 3부 말미(욕망의 정의)에서 "[인간] 본질의 변용(*affectionem humanae essentiae*)"이라는 말을 사용하는 것이다.

23 "우리는 신체가 무엇을 할 수 있는지, 혹은 신체의 본성 자체에 대한 고찰에서 무엇을 이끌어 낼 수 있는지 알지 못한다."(E3P2S)

24 E5P42S.

라이프니츠의 스피노자주의 비판, 그 비판의 애매성 — 라이프니츠와 스피노자의 공통점: 데카르트에게 반대하는 새로운 자연주의 기획 — 라이프니츠와 스피노자에서 세 층위 — 라이프니츠와 스피노자의 진정한 대립:코나투스 — 코나투스의 결정으로서의 변용 — 어떤 의미에서 수동은 우리를 우리가 할 수 있는 것과 분리시키는가 — 표현적 자연: 목적성 있는 자연주의인가, 목적성 없는 자연주의인가?

라이프니츠는 피조물을 무능력한 상태로 만드는 것이 스피노자 체계의 특징이라고 말하곤 했다. 그에 따르면 스피노자의 양태 이론은 피조물들의 모든 능동성, 모든 역동성, 모든 개체성, 모든 진정한 실재성을 박탈하는 수단에 지나지 않을 것이다. 양태는 단지 유일 실체의 판타스마, 환영, 가상적 사영射影일 것이다. 그리고 라이프니츠는 기준으로 제시된 이 특징을 사용하여 다른 철학들을 해석하고, 비난한다. 스피노자주의가 준비되고 있다든가, 숨겨진 스피노자주의의 결과라든가 말이다. 그래서 데카르트는 불활성이고 수동적인 연장의 실존을 믿기 때문에 스피노자주의의 시조가 된다. 기회원인론자들은 사물들의 모든 능동과 모든 능동의 원리를 박탈하는 한에서 본의 아니게 스피노자주의자들이 된다. 스피노자주의에 대한 이 전면적 비판은 정교하다. 그러나 라이프니츠 자신이 정말로 그렇게 믿었는지는 확실치 않다(그렇게 믿었다면 그는 왜 양태의 능동과 수동에 대한 스피노자의 이론에 그토록 감탄했을까?).

어쨌든 스피노자의 저작의 어떤 것도 이 해석에 부합하지 않는다는 것은 분명하다. 스피노자는 양태를 사고상의 존재 혹은 "상상력의 보조물auxilia imaginationis"과 혼동할 때 양태의 성격을 왜곡하게 된다는 것을 부단히 상기시킨다. 변양에 대해 말할 때, 그는 실체의 통일성으로부터 속성을 달리하는 양태들의 존재론적 통일성을 도출하기 위해서든, 실체의 통일성으로부터 하나의 동일한 속성 안에 담겨 있는 양태들의 체계적 통일성을 도출하기 위해서든, 양태 특유의 원리들을 찾는다. 그리고 무엇보다 양태 관념 자체는 결코 피조물의 고유 역량을 박탈하는 수단이 아니다. 스피노자에 따르면 그것은 오히려 사물들이 어떻게 신의 역량을 "분유하는지", 즉 사물들이 어떻게 신적인 역량의 부분들(그러나 개별적 부분들, 강도량들 혹은 환원 불가능한 정도들)인지를 보여 주는 유일한 수단이다. 스피노자가 말하는 것처럼, 신의 본질 자체가 인간의 본질에 의해서 **설명되는** 한에서만 인간의 역량은 신의 역량 혹은 본질의 한 "부분"이다.[25]

사실 라이프니츠와 스피노자는 하나의 기획을 공유한다. 그들의 철학은 새로운 "자연주의"의 두 측면을 이룬다. 이 자연주의는 반데카르트주의적 반발의 진정한 의미이다. 페르디낭 알키에는 매우 아름다운 대목에서 데카르트가 수학적이고 기계론적인 학문 기획을 끝까지 밀고 감으로써 17세기 전반기를 지배한 경위를 보여 주었다. 그 기획의 일차적 결과는 자연에서 모든 잠재성(virtualité 혹은 potentialité), 모든 내재적 능력, 모든 내속하는 존재를 박탈함으로써 자연의 가치를 떨어뜨린 것이었다. 데카르트의 형이상학은 바로 그 기획을 완성한다. 그것은 존재를 자연 밖에서, 자연을 사유하는 주체 안에서, 자연을 창조한 신 안에서 찾기 때문이다.[26] 반대로 반데카르트주의적 반발에서는, 힘

---

25 E4P4Dem.
26 F. Alquié, *Descartes, l'homme et l'oeuvre*, Hatier-Boivin, 1956, pp. 54~55 참조. 데카르트가 그의 후기 저작들에서 자연주의적 고찰들로 회귀하는 것은 사실이나 그것은 적극적 고찰이 아니라 소극적 고찰이다(F. Alquié, *La Découverte métaphysique de l'homme chez Descartes*, PUF, 1950, pp. 271~272).

혹은 역량을 지닌 자연의 권리들을 복권시키는 것이 문제이다. 그러나 데카르트 기계론의 성과도 보존해야 한다. 모든 역량은 현실적이고 현행적이다. 자연의 역량들은 더 이상 신비한 실체<sup>entités</sup>에 기대는 잠재성, 혹은 그것을 실현하는 영혼 혹은 정신들에 기대는 잠재성들이 아니다. 라이프니츠는 그 계획을 완전하게 정식화한다. 데카르트에 반하여, 자연에 능동력과 수동력을 되돌려 주지만, 이교도적 세계관에, 자연에 대한 우상숭배에 다시 빠지지 않으면서 그렇게 하는 것.[27] 스피노자의 계획은 (기독교가 우리를 우상숭배에서 구해주리라고 기대하지 않는다는 점을 제외하면) 완전히 유사하다. 스피노자와 라이프니츠는 자족적 기계론의 대표자로서 보일<sup>Boyle</sup>을 비난한다. 보일이 우리에게 가르쳐 주려고 한 것이 단지 물체에서 모든 일은 형태와 운동에 의해서 일어난다는 것이라면, 그것은 데카르트 이래로 이미 잘 알려진 것으로 빈약한 가르침일 것이다.[28] 그러나 그 물체에서 그 형태, 그 운동은 어떠한 것인가? 왜 그러한 형태, 그러한 운동인가? 그래서 기계론은 각 물체의 본성 혹은 본질 관념을 배제하지 않고 오히려 그 형태, 그 운동, 그 운동과 정지의 비율의 충분이유로서 그것을 요구한다는 것을 우리는 보게 된다. 반데카르트주의적 반발은 도처에서 충분이유를 찾는다. 무한한 완전성의 충분이유, 명석 판명의 충분이유, 끝으로 기계론 자체의 충분이유를 찾아야 한다.

---

27 Leibniz, *De la Nature en elle-même...*, §2와 §16: 철학을 "형상주의(formalisme)와도 질료주의(matérialisme)와도 똑같이 거리를 두게" 만드는 것.

28 보일에 대한 라이프니츠의 비판: *De la Nature en elle-même...*, §3 참조. 스피노자의 비판: 「편지 6」과 「편지 13」(올덴부르그로부터): "나로서는 그 박식한 사람이 초석론(硝石論)에서 실체적 형상들에 대한 이 유치하고 우스꽝스러운 독트린의 취약성을 보여 주는 것 외에 다른 의도를 갖고 있지 않았다고는 생각지도 못했고, 사실 그렇다고 믿는 것은 나에게는 불가능한 일일 것이다." (「편지 13」, III, p. 45 참조)

라이프니츠의 경우, 새로운 계획은 세 가지 다른 수준에서 실현된다. 우선 물체에서 일어나는 모든 일은 형태와 운동을 통해 기계적으로 일어난다. 그러나 물체들은 법칙들에 의해 규제되는, 현실적으로 그리고 무한하게 합성된 "집합체들agrégats"이다. 그런데 운동은 주어진 순간에 한 물체를 구별할 수 있는 표시를 포함하고 있지 않다. 게다가 운동이 구성하는 모양도 여러 순간에서 식별 가능하지 않다. 운동들 자체는 (작용하거나 겪는) 힘들을 전제하며, 그 힘들이 없이는 물체들이나 그 모양들이 서로 구별되지 않을 것이다. 말하자면, 기계론적 법칙들 자체가, 그것들이 규제하는 물체들의 내밀한 본성을 전제한다. 왜냐하면 만약 이 법칙들이 물체들에 단지 외생적 규정만 부여하고, 그 물체들이 무엇인지와 관계없이 부과된 것이면, 그 법칙들은 "실행될 수" 없기 때문이다. 즉 이런 의미에서 어떤 법칙의 결과란 기회원인론자들의 믿음처럼 단지 신의 의지 속에서 이해될 수 있는 것이 아니라 **물체 자체 속에서도** 이해되어야 하는 것이기 때문이다. 따라서 집합체들 그 자체에 파생적 힘들을 귀속시켜야 한다. "사물들에 내속하는 본성과, 작용하고 겪는 힘은 서로 구별되지 않는다."[29] 그러나 파생적 힘도 자신 안에 자신의 이유를 포함하고 있지 않다. 파생적 힘에 의해 한 순간이 이전 순간들과 미래의 순간들에 연결되지만, 그럼에도 그것은 전적으로 순간적 힘일 뿐이다. 파생적 힘은, 일종의 근원적 힘 혹은 개체적 **본질**에 해당하는, 순간들-계열의 법칙에 준거한다. 단순하고 능동적인 이 본질들은 물체들에 귀속되는 파생적 힘들의 원천이다. 그 본질들이 결국 진정한 자연의 형이상학을 형성한다. 그것은 자연학에 직접 개입하지 않지만, 그 자

29 Leibniz, *De la Nature en elle-même...*, §9.

연학 자체에 대응하는 형이상학이다.

그런데 스피노자에서도 이 자연주의적 계획은 매우 유사한 방식으로 실현된다. 기계론은 무한하게 합성된 실존 물체들을 규제한다. 그러나 이 기계론은 먼저 변용 능력(작용하는 역량과 겪는 역량)에 관한 역학 이론에 대한 것이고, 최종적으로는 이 작용 및 수동 역량의 변화에서 표현되는 특수한 본질에 관한 이론에 대한 것이다. 라이프니츠에게 그런 것처럼 스피노자에게도 기계론, 힘, 본질, 이 세 수준이 구별된다. 그래서 두 철학자의 진정한 대립을, 스피노자주의가 피조물들의 모든 능력과 모든 활동성을 박탈한다고 주장하는 라이프니츠의 매우 일반적인 비판에서 찾아서는 안 된다. 라이프니츠 자신이 이 대립의 실제 이유들을 (비록 이 이유들이 이 비난의 동기와 연결되지만) 드러낸다. 그것은 사실 실천적인 이유이며, 악과 섭리와 종교 문제에 관한 것이고, 철학 전체가 맡아야 할 역할의 실천적 개념화에 관한 것이다.

그렇지만 이 불일치는 사변적이기도 하다. 여기서 핵심은 스피노자와 라이프니츠의 코나투스<sup>conatus</sup> 개념에 있다. 라이프니츠에게서 코나투스는 두 가지 의미를 갖는다. 우선 자연학적으로, 그것은 물체가 운동하려는 경향이다. 형이상학적으로, 그것은 본질의 실존 경향이다. 스피노자에게서 코나투스는 그럴 수가 없다. 양태의 본질은 "가능적"일 수 없다. 양태의 본질들에는 어떤 결핍도 없으며, 그 본질들은 그것인 것 전체이고, 해당 양태가 실존하지 않을 때에도 그러하다. 따라서 그 본질들은 실존으로 이행하려는 어떤 경향도 함축하고 있지 않다. 코나투스는 양태의 본질(혹은 역량 정도)이지만, **일단 양태가 실존하기 시작한 다음에 그렇다.** 양태는 외연적 부분들이 그를 특징짓는 관계 아래 들어가도록 외부에서 결정될 때 실존하게 된다. 그때, 오직 그때만 양태의 본질은 코나투스로서 결정된다. 따라서 스피노자에게 코나투스는 일단 실존이 주어진 다음에 그 실존을 지속하려는 노력일 뿐이다. 그것은 본질의 실존 관련 기능, 즉 양태가 실존할 때의 본질의 긍정 작용을 지칭한다. 그래서 실존 물체를 고려하면, 코나투스는 운동하려는 경향일 수도 없다. 단순 물체들의 운동은 외부에서 결정된다. 단순 물체들이 정지하도록 결정될 수 없다면 운동하도록 결정될 수도 없을 것이다. 정지가 아무것도 아니라면 운동 역시 아무것도 아닐 것이라는 고대의 테제가 스피노자의 텍스트에서 계속 반복된다.[30] 단순 물체의 코나투스는 그것의 결정된 상태를 보존하려는 노력일 뿐이며, 합성된 물체의 코나투스는 그를 정의하는 운동과 정지의 관계를 보존하려는, 즉 항상 새로운 부분들을 그의 실존을 정의하는 그 관계 아래 유지하려는 노력일 뿐이다.

코나투스의 역학적 특징들은 기계론적 특징들과 연동된다. 또한 합성된 물체의 코나투스는 그 물체가 매우 많은 방식으로 변용될 수 있게끔 그 물체를 유지하려는 노력이다.[31] 그런데 수동적 변용들도 나름대로 우리의 변용 능력을 실행하기 때문에, 적합하다고 가정된 관념들과 능동적 감정들을 갖는 한에서만이 아니라, 부적합한 관념을 갖고 정념들을 경험하는 한에서도 우리는 실존을 지속하려고 노력한다.[32] 따라서 실존 양태의 코나투스는 실존 양태가 매 순간 경험하는 변용들과 분리될 수 없다. 이로부터 두 가지 결과가 뒤따른다.

---

30 "정지는 순전한 무가 아니기 때문에 [운동과 정지는] 두 개의 양태이다"(*KV*, II, 19장, 8, 주3) 스피노자에 따르면, 운동하려는 "경향"이란, 한 물체가 외부에서 결정된 운동을 하려고 하는데, 그것이 이 결정에 상반되는 또 다른 외부의 물체들에 의해서 방해받는 경우에만 말해질 수 있다. 이미 데카르트는 이런 의미에서 코나투스라는 용어를 썼다.(『철학의 원리』, III, 56과 57 참조)
31 E4P38과 39의 두 표현 참조. "보다 많은 방식으로 변용될 수 있도록 인간 신체를 배치하는 것"과 "인간 신체의 부분들의 운동과 정지의 관계가 보존되도록 하는 것."
32 E3P9&Dem.

어떠한 변용이든, 그것이 코나투스 혹은 본질을 결정한다고 이야기된다. 우리에게 현실적으로 주어지는 변용 또는 감정에 의해 결정되는 한에서 코나투스는 "욕망*cupiditas*"이라 불린다. 그러한 것으로서 코나투스에는 필연적으로 의식이 수반된다.[33] 우리는 감정과 관념의 결합에 새로운 결합, 욕망과 감정의 결합을 더해야 한다. 우리의 변용 능력이 수동적 변용들에 의해서 실행되는 동안에 코나투스는 정념들에 의해서 결정된다. 혹은 스피노자가 말하는 것처럼 우리의 욕망들 자체가 정념들에서 "생긴다". 그러나 이 경우에도 우리의 작용 역량은 작동하는 중이다. 실제로 우리를 결정하는 것과 우리가 [하도록] 결정된 것이 구별되어야 한다. 수동적 변용이 주어지면, 그 변용은 우리를 (이것 또는 저것을 행하도록, 이것 또는 저것을 사유하도록) 결정하는데, 우리는 그러한 활동을 통해서 우리의 관계를 보존하거나 우리의 능력을 유지하려고 노력한다. 우리는 때로는 우리와 합치하지 않는 변용을 멀리하려고 노력하고, 때로는 우리와 합치하는 변용을 유지하려고 노력한다. 그리고 항상 변용 자체가 클수록 더 큰 욕망을 갖고 그렇게 한다.[34] 그러나 이렇게 우리가 하도록 결정된 "것"은 우리의 본성 혹은 우리의 본질에 의해 설명되고, 우리의 작용 역량에 준거한다.[35] 수동적 변용이 무능력의 증거이고 우리를 우리가 할 수 있는 것과 분리시키는 것은 사실이지만, 수동적 변용이 비록 낮은 정도라 하더라도 우리의 작용 역량의 어떤 정

---

33 어떤 변용에 의한 본질과 코나투스의 결정에 대해서는, E3P56Dem의 끝부분과 3부 말미의 욕망 정의를 참조할 것. E3P9S에서 스피노자는 욕망을 단순하게 코나투스 혹은 "자기 의식을 갖는" 욕구(*appetitus*)로 정의했다. 이는 명목적인 정의다. 반면에 스피노자가, 코나투스는 우리가 그 관념을(부적합한 관념일지라도) 갖는 어떤 변용에 의해 필연적으로 결정된다는 것을 보여 줄 때, 그는 "의식의 원인"을 포함하는 실재적 정의를 제공한다.
34 E3P37Dem.
35 E3P54.

도를 **함축하는** 것 또한 사실이다. 우리가 어떤 것에서 우리가 할 수 있는 것과 분리된다면, 그것은 우리의 작용 역량이 고정되고, 고착되고, 수동적 변용에 투여되도록 결정되기 때문이다. 그러나 이런 의미에서 코나투스는 언제나 작용 역량 자체와 동일하다. 이러저러한 변용에 의해서 결정되는 한에서 코나투스의 변화는 우리의 작용 역량의 역학적 변화이다.[36]

라이프니츠와 스피노자의 실제 차이, 모든 실천적 대립의 원인이 되는 이 차이는 무엇인가? 라이프니츠의 철학 못지않게 스피노자의 철학에서도 표현적 자연 관념이 새로운 자연주의의 기초가 된다. 라이프니츠의 철학 못지않게 스피노자의 철학에서도 자연에서의 표현이란 기계론이 두 가지 방식으로 극복됨을 의미한다. 기계론은 한편으로는 작용하는 역량과 겪는 역량의 변화에 의해서 정의되는 변용 능력의 역학에 관련되고, 다른 한편으로는 역량 정도들로서 정의되는 개별적 본질들의 자리매김과 관련된다. 그러나 두 철학자는 동일한 방식으로 나아가지 않는다. 라이프니츠가 사물들에서 내속적이고 고유한 힘을 인식할 때, 그는 개체적 본질들을 그 수만큼의 실체들로 만들어서 그렇게 한다. 스피노자는 반대로 개별적 본질들을 양태들의 본질들로 정의해서, 보다 일반적으로 말하자면 사물들 자체를 유일 실체의 양태들로 만들어서 그렇게 한다. 그러나 이 차이는 여전히 부정확하다. 사실 라이프니츠에서 기계론은 기계론을 넘어선 것에, 부분적으로 초월적인 어떤 목적성의 요구들에 준거하기 때문이다. 본질들이 실체들로서 규정되고,

---

36 *"potentia seu conatus"*(E3P57Dem) *"agendi potentia sive existendi vis"*(3부, 감정의 일반적 정의, 설명) *"Agere, vivere, suum esse conservare, haec tria idem significant."*(IV, 24, 정리)

본질들이 실존으로 이행하려는 경향과 분리될 수 없는 이유는, 본질들이 목적성의 질서 속에 있기 때문이다. 거기서 본질들은 신에 의해 선택되고, 이러한 선택에 종속되기도 한다. 그리고 그렇게 세계의 구성을 주재하는 목적성은 그 세부에서도 발견된다. 파생적 힘들은 유비적 조화를 표시하고, 그 덕분에 세계는 그 부분들까지도 최선의 것이다. 그리고 실체들과 파생적 힘들을 규제하는 목적성 원리들이 있을 뿐만이 아니라, 기계론 자체와 목적성 사이에 궁극적인 일치도 있다. 따라서 라이프니츠에게 표현적 자연은 그것의 여러 수준들이 위계 속에 있고, 조화를 이루고, 그리고 무엇보다도 "서로를 상징하는" 자연이다. 라이프니츠에서, 표현은 언제나 목적성 혹은 궁극적 일치를 그 원리로 하는 상징작용과 결코 분리되지 않는다.

스피노자에게 기계론도 기계론을 넘어선 것에 연관되지만, 그것은 절대적으로 내재적인 순수 인과성의 요구들에 대한 것이다. 오직 인과성만이 우리로 하여금 실존에 대해 사유하게 만든다. 우리는 이 인과성 덕분에 실존에 대해 충분히 사유할 수 있다. 내재적 인과성의 관점에서, 양태들은 힘과 본질이 결여된 가상이 아니다. 스피노자는 적절하게 이해된 이 인과성이 사물들에게 정확히 양태들인 한에서 그들에게 돌아가는 고유의 힘 혹은 역량을 부여하리라고 기대한다. 라이프니츠와 달리 스피노자의 역학과 "본질주의"는 어떠한 목적성도 단호하게 배제한다. 스피노자의 철학에서 코나투스 이론의 역할은 다른 것이 아니다. 그것은 역학이 무엇인지를, 그것에서 모든 목적론적 의미를 제거하면서 보여 주는 것이다. 자연이 표현적이라면, 그것의 상이한 수준들이 서로를 상징화한다는 의미에서가 아니다. 자연의 실제 역량들에서 기호, 상징, 조화는 배제된다. **양태의 완전한 삼항관계는 이렇게 제시된다.** 1) 양태의 본질은 특징적 관계 속에 표현된다. 2) 이 관계는 변용 능력을 표현한다. 3) 그 관계가 계속 교체되는 부분들에 의해서 구현되듯이, 변용 능력도 가변적 변용들에 의해서 실행된다. 우리는 표현의 이 여러 수준들 사이의 궁극적 대응이나 도덕적 조화를 찾을 수 없을 것이다. 하나의 내재인의 여러 결과들이 필연적 연쇄되는 것만을 볼 수 있을 것이다. 사실 스피노자에게는 본질들의 형이상학, 힘들의 역학, 현상들의 기계론이 있는 것이 아니다. 자연 안의 모든 것은 "자연학적"이다. 양태의 본질에 대응하는 강도량의 자연학, 외연량의 자연학(그것에 의해서 양태들 자체가 실존으로 이행하는 기계론), 힘의 자연학(그것에 의해서 본질이 작용 역량의 변화에 따라 실존상에서 긍정되는 역학). 속성들은 실존 양태들 속에 자신을 설명한다. 속성들에 담겨 있는 양태들의 본질들은 관계들 혹은 능력들 속에 자신을 설명한다. 이 관계들은 부분들에 의해서 구현되고, 이 능력들은 그것을 펼치는 변용들에 의해서 실행된다. 자연에서의 표현은 결코 목적론적 상징작용이 아니라, 언제 어디서나 인과적 **설명**이다.

# 15장. 세 가지 질서와 악의 문제

전 우주의 모습

속성은 세 가지 방식으로 자신을 표현한다. 첫째, 속성은 그것의 절대적 본성 속에서 자신을 표현한다(직접 무한 양태). 둘째, 변양된 것으로서 표현된다(간접 무한 양태). 셋째, 특정하고 규정된 방식으로 자신을 표현한다(실존 무한 양태).[1] 스피노자는 연장의 두 가지 무한 양태, 운동과 정지, 전 우주의 모습*facies*을 언급한다.[2] 그것의 의미는 무엇인가?

우리는 운동과 정지의 관계가 두 가지 방식으로 고려되어야 한다는 것을 알고 있다. 첫째, 그것은 양태의 본질을 영원히 표현하는 것으로서 고려되어야 한다. 둘째, 그것은 외연적 부분들을 일시적으로 포섭하는 것으로서 고려되어야 한다. 첫 번째 관점에서 볼 때, 운동과 정지는 모든 관계를 포함하는데, 그때 그것은 속성 안에 있는 본질들도 모두 함유한다. 그래서 스피노자는 『소론』에서 운동과 정지는 실존하지 않

---

1 E1P21~25.
2 「편지 64」(슐러에게, III, p. 206).

는 것들의 본질까지 포함한다고 주장한다.[3] 좀 더 분명하게는 연장이 외생적인 양태적 부분들을 갖기 전에도 운동은 연장을 변용한다고 그는 주장한다. 운동이 정말로 "무한한 전체" 안에 있다고 말하려면, 거기에 운동만이 아니라, 운동과 정지가 동시에 있다는 것을 환기하는 것만으로 충분하다.[4] 이 환기는 플라톤주의적인 것이다. 신플라톤주의자들은, 운동과 정지가 동시에 내재하며, 그렇지 않다면 운동 자체가 전체 속에서 사유될 수 없게 된다고 종종 주장했다.

두 번째 관점에서 보면, 다양한 관계들이 가변적인 외연적 부분들의 무한 집합들을 만든다. 그 관계들은 그때 양태들이 실존으로 이행하는 조건들을 결정한다. 실현된 관계들은 각각 실존 개체의 형상을 구성한다. 그런데 모든 관계는 다른 관계와 합성되어서, 제3의 관계 아래서 상위 수준의 개체를 형성한다. 이 과정은 무한하게 계속된다. 그 결과 전 우주는 하나의 개체가 되는데, 이는 무한하게 합성되는 모든 관계를 포함하고 모든 관계 아래서 집합들의 집합을 포섭하는, 운동과 정지의 총비율에 의해서 정의된다. 이 개체는, 그것의 형상에 따라서, "무한히 많은 방식으로 변하지만 언제나 동일한 것으로 머물러 있는 전 우주의 모습*facies totius universi*"이다.[5]

---

3 "그전에 실존하지 않았을 때 연장, 운동과 정지 안에 함유되어 있었던, (우리가 보는) 사물들의 모든 본질들…"(*KV*, 부록 I, 정리4의 증명; G I, 116)

4 "그러나 당신은 반론을 제기할 것이다. 물질 안에 운동이 있다면, 전체는 무한하므로, 그 운동은 전체가 아니라 물질의 한 부분 안에 있어야 한다고 말이다. 전체 바깥에는 아무것도 실존하지 않는데 그것이 실제로 어떤 방향으로 운동할 수 있겠는가? 따라서 그것은 한 부분 안에 있다. 여기에 이렇게 답한다. 운동만이 있는 것이 아니라 운동과 정지가 동시에 있고 그 운동은 전체 안에 있다." (*KV*, I, 2장, 주6; G I, 25)

5 「편지 64」(슐러에게, III, p. 206).

어떤 의미에서 두 관계는 합성될 수 없는가 ― 양태의 삼항관계에 대응하는 세 가지 질서: 본질, 관계, 마주침 ― 스피노자에게 우연한 마주침 테마의 중요성

모든 관계들은 무한하게 합성되어서 이 모습을 형성한다. 그러나 관계들은 그것들의 고유의 법칙들, 간접 무한 양태 안에 함유되어 있는 법칙들에 따라서 합성된다. 관계들은 임의적인 방식으로 합성되거나, 한 관계가 다른 아무 관계와 합성되지는 않는다. 앞서 보았듯이 이런 의미에서 합성 법칙들은 분해 법칙들이기도 하다. 그리고 모습은 무한히 많은 방식으로 변하면서도 동일한 것으로 머물러 있다고 말할 때, 스피노자는 관계들의 합성만이 아니라 관계들의 파괴 혹은 분해도 암시하고 있다. 그렇지만 (합성이 그런 것처럼) 이 분해도 관계들의 영원 진리에는 영향을 미치지 않는다. 관계는 그것이 부분들을 포섭하기 시작할 때 합성되고, 그렇게 실현되기를 멈출 때 분해된다.[6] 따라서 분해한다는 것, 파괴한다는 것은, 두 관계가 직접적으로 합성되지 않기 때문에, 한 관계에 포섭된 부분들이 다른 관계의 부분들로 하여금 전자와 합성되는 새로운 관계 아래 들어가도록 (법칙에 따라서) 결정한다는 것을 의미할 뿐이다.

어떤 면에서 보면 관계들의 질서에서는 모든 것이 합성이다. 자연에서 모든 것은 합성이다. 독이 피를 분해할 때, 그 일은 피의 부분들로 하여금 독의 관계와 합성되는 새로운 관계 아래 들어가도록 결정하는 법칙에 의한 것일 뿐이다. 분해는 합성의 이면일 뿐이다. 그러나 언제나

---

6 실제로, 어떤 관계에 들어가는 부분들은 이전에는 다른 관계들 아래 실존했었다. 이 다른 관계들은 그것들 자체가 포섭하고 있던 부분들이 새로운 관계에 따르도록 합성되어야 했다. 따라서 이 후자의 새로운 관계는 이런 의미에서 **합성된** 것이다. 역으로 관계는, 필연적으로 다른 관계들 속에 들어가는 부분들을 잃을 때 **분해된다**.

다음과 같은 의문이 제기된다. 왜 이면인가? 합성의 법칙이 왜 파괴의 법칙으로도 실행되는가? 실존 물체들이 그들 관계들이 합성되는 **질서**에서 서로 마주치지 않기 때문이다. 모든 마주침에는 관계들의 합성이 있지만, 합성되는 관계들이 반드시 마주치는 물체들의 관계들인 것은 아니다. 관계들은 **법칙들에 따라** 합성된다. 그러나 외연적 부분들로 합성되어 있는 실존 물체들은 **차츰차츰** 서로 마주친다. 따라서 둘 중 한 물체의 부분들이 그 물체에 속했을 때의 관계를 잃으면서 법칙이 요구하는 새로운 관계를 취하도록 결정될 수 있다.

관계의 질서 그 자체를 고려하면 그것은 순전히 합성의 질서라는 것을 알 수 있다. 그것이 파괴도 결정한다면, 그것은 물체들이 관계의 질서가 아닌 다른 질서에 따라 마주치기 때문이다. 그래서 스피노자의 "자연의 질서" 개념은 복합적이다. 실존 양태에서 우리는 다음 세 가지를 구별해야 한다. 역량 정도로서의 본질, 그 본질이 표현되는 관계, 그 관계 아래 포섭된 외연적 부분들. 이 층위들 각각에 자연의 질서가 대응한다.

첫째, 역량 정도들에 의해서 규정되는, 본질들의 질서가 있다. 이 질서는 전적으로 합치하는 질서이다. 각 본질의 생산 안에 모든 본질들이 포함되기 때문에, 각각의 본질은 다른 모든 본질들과 합치한다. 본질들은 영원하며, 다른 본질들이 소멸되지 않고 하나만 소멸될 수는 없다. 관계의 질서는 본질의 질서와는 사뭇 다르다. 관계의 질서는 법칙들을 따르는 합성의 질서이다. 그것이 영원한 조건들, 즉 양태들이 실존으로 이행하는 조건들, 양태들이 그들 관계의 합성을 보존하면서 실존하는 조건들을 결정한다. 모든 관계들은 무한하게 합성되지만, 모든 관계가 다른 모든 관계와 합성되는 것은 아니다. 세 번째로, 마주침의 질서를 고려해야 한다. 마주침의 질서는 부분적이고 국부적이며 일시적인 합치와 불합치의 질서이다. 실존 물체들은 그들의 외연적 부분들을 통해 차츰차츰 서로 마주친다. 마주치는 물체들은 법칙에 따라 합성되는 관계들을 갖고 있을 수가 있다(합치). 그러나 두 관계가 합성되지 않을 수 있다. 즉 두 물체 중 하나가 다른 하나의 관계를 파괴하도록 결정될 수 있다(불합치). 따라서 이 마주침의 질서는, 하나의 양태가 실존으로 이행하는 시기(법칙에 의해서 고정된 조건들이 실행될 때), 그 양태가 실존을 지속하는 기간, 그 양태가 죽거나 파괴되는 시기를 실제로 결정한다. 스피노자는 그것을 "자연의 공통 질서", "외생적 결정"과 "우연한 마주침"의 질서, 수동의 질서로 동시에 정의한다.[7]

실제로 마주침의 질서는 모든 실존 양태들이 그것에 따르기 때문에 공통의 질서다. 그것은 또 우리가 마주치는 외부 물체들에 의해서 산출되는, 우리가 경험하는 변용들을 매순간 결정하기 때문에 수동들과 외생적 결정들의 질서다. 끝으로 그것은 우발성을 조금도 재도입하지 않으면서도 "우연한 마주침"*fortuitus occursus*의 질서라고 일컬어진다. 마주침의 질서는 그 자체로 완전하게 결정되어 있다. 마주침의 필연성은 외연적 부분들의 필연성이고 무한하게 진행되는 부분들의 외적 결정의 필연성이다. 그러나 마주침의 질서는 관계의 질서와 관련해서는 우연적이다. 본질들이 관계의 합성 법칙들을 결정하지 않는 것처럼, 합성의 법칙들 자체는 마주치는 물체들과 그 물체들이 마주치는 방식을 결정하지 않는다. 이 세 번째 질서 때문에 스피노자에게 온갖 종류의 문제가

---

7 "자연의 공통 질서에 의해서(*ex communi Naturae ordine*)"(E2P29Cor), "(정신이) 자연의 공통 질서에 의해서 사물을 지각할 때마다, 즉 우연한 마주침에 의해서 외부로부터 …하도록 결정될 때마다*Quoties(mens) ex communi Naturae ordine res percipit, hoc est quoties externe, ex rerum nempe fortuito occursu, determinatur...*"(E2P29S) F. 알키에는 스피노자의 변용 이론에서 이 마주침(*occursus*) 테마의 중요성을 강조했다(*Servitude et Liberté chez Spinoza*, cours publié, CDU, p. 42 참조).

제기된다. 전체적으로 볼 때 마주침의 질서는 관계의 질서와 일치하기 때문이다. 우주의 무한한 지속에서 마주침들의 무한한 집합 전체를 고려하면, 각각의 마주침은 관계들의 합성을 불러오고, 모든 마주침과 함께 모든 관계들은 합성된다. 그러나 이 두 질서는 세부적으로는 결코 일치하지 않는다. 어떤 특정 관계를 가진 물체를 고려하면, 그 물체는 자신의 관계와 합성되지 않는 관계를 가진 물체들과 반드시 마주치며, 결국에는 자신의 관계를 분해하는 관계를 가진 물체와 마주칠 수밖에 없다. 그래서 **잔인하고 폭력적이고 우연적**이지 않은 죽음은 없다. 그런데 그것은 이 마주침의 질서에서 죽음이 전적으로 **필연적**이기 때문이다.

합성되는 관계를 가진 물체들 간의 마주침 — 작용 역량을 증가시키다 혹은 돕다 — 어떻게 능동적 변용과 수동적 변용의 구별에 기쁜 정념과 슬픈 정념의 구별이 부가되는가 — 합성되지 않는 관계를 가진 물체들 간의 마주침 — 슬픈 정념과 자연 상태 — 우리는 어떻게 기쁜 정념들을 경험하게 되는가?

"마주침"의 두 경우가 구별되어야 한다. 첫 번째는 내가 나의 관계와 합성되는 관계를 가진 물체와 마주치는 경우이다. (이것도 여러 가지 방식으로 이해될 수 있다. 마주친 물체가 나를 합성하는 관계들 중 하나와 자연적으로 합성되는 관계를 갖고 있어서, 바로 그 덕분에 그 물체가 나의 전반적 관계를 유지하는 데 기여할 수도 있다. 아니면 그 물체와 나의 신체의 관계가 전체적으로 합치해서 이 두 개가 보존되고 번성하는 제3의 관계를 형성할 수도 있다). 여하튼 나의 관계도 그 물체의 관계도 함께 보존될 때, 이 물체는 "나의 본성과 합치한다"고 이야기된다. 그 물체는 나에게 "좋고", "유용하다."[8] 그 물체는, 그 자체로 좋거나 나의 본성과 합치하는 변용을 내 안에 산출한다. 이 변용은 외부 물체에 의해서 설명되기 때문에 수동적이다. 이 변용에 대한 관념은 정념, 수동적 감정이다. 그런데 그것은 우리에게 좋거나 우리의 본성과 합치하는 대상의 관념에 의해서 산출되기 때문에 기쁨의 감정이다.[9] 그런데 스피노자는 이 기쁨의 정념을 "형상적으로" 정의하려고 할 때 이렇게 말한다. "기쁨의 정념은 우리의 작용 역량을 증가시키거나 돕는다. 그것은 외부 원인에 의해 증가되거나 도움 받는 한에서의 우리의 작용 역량 자체이다."[10] (그리고 우리는 어떤 사물이 우리를 기쁨으로 변용시킨다는 것을 지각하는 한에서만 좋음을 인식한다.[11])

스피노자가 말하려는 것은 무엇인가? 그는 물론 우리의 정념들이 예외 없이 우리의 무능의 표시임을 잊지 않는다. 정념들은 우리 본질 혹은 역량에 의해서가 아니라 외부 사물의 역량에 의해서 설명된다. 그 때문에 정념들은 우리의 무능을 함축한다.[12] 모든 정념은 우리를 우리의 작용 역량에서 분리한다. 우리의 변용 능력이 정념들에 의해서 실행되는 동안에 우리는 우리가 할 수 있는 것과 분리된다. 그래서 스피노자는 이렇게 말한다. "인간이 자기 자신과 자신의 행위들을 적합한 방식으로 인식할 정도까지 인간의 작용 역량이 증가되지 않은"[13] 한에서만 기쁨

---

8 E4Def1, E4P31, 그리고 특히 E4P38~39.
9 E4P8.
10 E3P57Dem 참조.
11 "좋고 나쁨에 대한 인식은, 우리가 의식하는 한에서의 기쁨 혹은 슬픔의 감정에 다름 아니다."(E4P8)
12 "어떤 정념의 힘과 증대, 그리고 실존에서 정념의 존속은, 우리가 실존에서 존속하려고 노력하는 역량에 의해서가 아니라 우리의 역량과 비교된 외부 원인의 역량에 의해서 정의된다."(E4P5)
13 E4P59Dem.

의 정념은 정념이다. 즉 우리의 작용 역량은 아직 우리가 능동적 존재가될 정도로 증가되지 않았다. 우리는 아직 무능하며, 아직 우리의 작용역량과 분리되어 있다.

그러나 우리의 무능은 우리의 본질과 우리의 작용 역량 자체의 제한에 불과하다. 우리의 무능을 함축하는 우리의 수동적 감정들은 아주낮은 정도라도 우리의 작용 역량의 어떤 정도를 함축한다. 실제로 어떤감정이든 우리의 본질 혹은 코나투스를 결정한다. 따라서 그것은 우리가 욕망하도록, 즉 **우리의 본성에서 나오는 어떤 것을 상상하고 행하도록** 결정한다. 우리를 변용하는 감정 자체가 우리의 본성과 합치할 때, 우리의작용 역량은 필연적으로 증가되거나 도움 받는다. 왜냐하면 그 기쁨 자체는 뒤따르는 욕망에 **더해져서**, 그 결과 우리의 역량이 외부 사물의 역량에 의해 도움받거나 증가되기 때문이다.[14] 실존 속에서 존속하려는 우리의 노력인 코나투스는 언제나 우리에게 유용하거나 좋은 것에 대한추구이다. 코나투스는 언제나, 그것과 동일시되는 우리의 작용 역량의한 정도를 포함한다. 따라서 우리의 작용 역량은 코나투스가 우리에게유용하거나 좋은 변용에 의해서 결정될 때 증가한다. 우리는 수동적임을 피할 수 없고, 작용 역량과의 분리를 피할 수 없다. 그러나 우리는 분리를 줄이려는 경향을 갖고 있으며, 그 역량에 다가간다. 우리의 수동적기쁨은 정념이고 정념으로 그친다. 즉 그것은 우리의 작용 역량에 의해서 "설명되지" 않는다. 하지만 그것은 그 역량의 보다 높은 정도를 "함축한다".

---

14 "기쁨에서 생기는 욕망은 그 기쁨의 감정 자체에 의해서 도움 받거나 증가된다. … 따라서 기쁨에서 생기는 욕망의 힘은 인간의 역량과 외부 원인의 역량 양자에 의해서 동시에 정의되어야 한다."(E4P18Dem)

작용 역량을 증가시키는 한에서 기쁨의 감정은 우리로 하여금 그 기쁨 자체와 그 기쁨을 가져다주는 대상을 보존하기 위해서 우리가 할 수 있는 모든 것을 욕망하고 상상하고 행하도록 결정한다.[15] 이런 의미에서 사랑이 기쁨과 연쇄되고, 다른 정념들이 사랑과 연쇄되며, 그 결과 우리의 변용 능력은 전부 실행된다. 이와 같이 기본적 기쁨 감정에서 시작하여 상호적으로 연역되는 기쁨의 변용들의 선분을 가정하면, 우리의 작용 역량이 항상 증가하는 방식으로 우리의 변용 능력이 실행된다는 것을 알 수 있다.[16] 그러나 우리의 작용 역량은 결코 우리가 그것을 실질적으로 소유할 정도로, 우리가 능동적 존재가 될 정도로, 즉 우리가 우리의 변용 능력을 실행하는 변용들의 적합한 원인이 될 정도로 충분히 증가하지 않는다.

이제 마주침의 두 번째 경우로 넘어가자. 나는 나의 관계와 합성되지 않는 관계를 가진 물체와 마주친다. 그 물체는 나의 본성과 합치하지 않는다. 그 물체는 나의 본성에 상반된다. 즉 나쁘거나 해롭다. 그 물체는 그 자체로 나쁘거나 나의 본성에 상반된 수동적 변용을 내 안에 산출한다.[17] 이 변용에 대한 관념은 슬픔의 감정이며, 이 슬픔의 정념은 나의 작용 역량의 감소에 의해서 정의된다. 그리고 우리는 우리를 슬픔으로 변용하는 것을 지각하는 한에서만 나쁨을 인식한다. 그렇지만 여러 가지 경우를 구별할 필요가 있다는 반론이 제기될 수 있다. 그러한 마주침에서 모든 것은 마주치는 물체들 각각의 본질 혹은 역량에 달려있는 것 같다. 그런데 만일 나의 신체가 본질적으로 더 큰 역량 정도를 소유하고

---

15 E3P37Dem.
16 실제로, 사랑 그 자체는 그것이 유래한 기쁨에 덧붙여지는 기쁨이다(E3P37Dem 참조).
17 "우리의 본성에 상반된 정서들."(E5P10&Dem 참조)

있는 경우, 나의 신체가 다른 물체를 파괴하거나 다른 물체의 관계를 분해할 것이다. 나의 신체가 더 작은 역량 정도를 소유하는 경우에는 그 반대일 것이다. 이 두 가지 경우가 같은 도식으로 환원될 수 있는 것으로 보이지 않는다.

사실 이 반론은 추상적인 수준에 머물고 있다. 왜냐하면 실존상에서 우리는 절대적으로 고려된 역량 정도들을 생각할 수 없기 때문이다. 본질 혹은 역량 정도를 그 자체로 고려할 때, 우리는 어떤 것도 다른 것을 파괴할 수 없고 모든 것이 합치한다는 것을 안다. 다른 한편으로, 우리가 실존 양태들의 투쟁과 양립 불가능성을 고려할 때, 가장 강한 본질 혹은 역량 정도를 가진 양태가 반드시 이긴다고 말할 수 없게 하는 온갖 종류의 구체적 요인들도 생각해야 한다. 마주치는 실존 물체들이 단지 그들 각자의 전반적 관계에 의해서만 정의되는 것은 아니기 때문이다. 부분들과 부분들이 서로 조금씩 마주치기 때문에, 그것들은 필연적으로 그들의 부분들의 관계들, 혹은 합성하는 관계들 중 몇몇 관계 아래서 마주친다. 내 신체보다 약한 물체가 나의 구성 성분들 중 하나보다 더 강할 수 있다. 그것이 생명에 필수적인 성분이라면, 그 물체는 충분히 나를 파괴할 수 있다.

이런 의미에서 스피노자는 역량 정도에 **따른** 양태들 간의 투쟁이 역량 정도들 그 자체들 간의 투쟁으로 이해되어서는 안 된다는 점을 상기시킨다. 본질들 간의 투쟁은 없다.[18] 그러나 역으로, 실존의 측면에서 나를 파괴할 수 있는 물체들, 내 신체보다 역량이 더 큰 물체들이 있기 마련이라는 것을 스피노자가 보여 줄 때, 우리는 그 물체들이 반드시 역량

18 E5P37S.

정도가 더 큰 본질을 갖는다거나 더 큰 완전성을 갖는다고 생각해서는 안 된다. 어떤 물체든 덜 완전한 본질의 물체에 의해서 파괴될 수 있다. 마주침의 조건(즉 마주침이 일어나는 부분의 관계)이 그 파괴에 유리하다면 말이다. 투쟁의 결과를 미리 알기 위해서는, 어떤 관계 아래서 두 물체가 마주치는지, 어떤 관계 아래서 합성 불가능한 관계들이 대면하는지를 정확하게 알아야 할 것이다. 자연에 대한 무한한 지식이 필요할 것이다. 그러나 우리는 그런 지식을 갖고 있지 않다. 어쨌든 나의 본성과 합치하지 않는 물체와의 모든 마주침에는, 그 물체가 언제나 나의 부분의 관계들 중 하나에 해를 끼치는 데서 비롯되는, 적어도 부분적인 슬픔의 감정이 언제나 개입한다. 게다가 이 슬픔의 감정은 다른 물체가 우리의 본성과 합치하지 않는다는 것을 아는 유일한 방법이다.[19] 우리는 승리할 것인가, 패배할 것인가? 이 물음은 그 무엇도 변화시키지 않는데, 우리가 그 답을 미리 알지 못하기 때문이다. 우리가 이 슬픔의 감정에서 벗어나고, 따라서 우리를 변용시키는 그 물체를 파괴하게 된다면, 우리는 승리한다. 우리를 합성하는 모든 관계 아래서 슬픔이 점점 더 우리를 사로잡고, 급기야 우리의 전반적 관계의 파괴를 표시하게 된다면, 우리는 패배한다.

그런데 우리의 변용 능력은 어떻게 기본적 슬픔 감정에서 시작해서 실행되는가? 기쁨 못지않게 슬픔도 코나투스 혹은 본질을 결정한다. 다시 말해 슬픔에서 어떤 욕망이 생기는데, 그것은 바로 증오이다. 이 욕망은 다른 욕망들, 다른 정념들, 즉 반감, 조롱, 경멸, 질투, 분노 등으로 연쇄된다. 그러나 여기서도 우리의 본질 혹은 코나투스를 결정하는

19 E4P8&Dem.

한에서 슬픔은 우리의 작용 역량의 어떤 것을 함축한다. 슬픔에 의해서 결정되더라도 코나투스는 여전히 우리에게 유용하거나 좋은 것에 대한 추구이다. 다시 말해 우리는 승리하려고 노력한다. 우리를 슬픔으로 변용시키는 물체의 부분들이 우리의 관계와 양립하는 새로운 관계를 갖게 하려고 노력하는 것이다. 따라서 우리는 슬픔에서 벗어나고 슬픔의 원인인 대상을 파괴하기 위해서 모든 것을 하도록 결정된다.[20] 그럼에도 불구하고 이 경우 우리의 작용 역량은 "감소한다"고 이야기된다. 슬픔의 감정은 뒤따르는 욕망에 더해지지 않기 때문이다. 이 욕망은 반대로 그 감정에 의해서 방해받고, 그 결과 우리의 역량에서 외부 사물의 역량이 감해지기 때문이다.[21] 따라서 슬픔에 기초한 변용들은 상호 연쇄되고, 우리의 변용 능력을 실행한다. 하지만 그 변용들은, 우리의 작용 역량이 점차 더 감소하고 가장 낮은 정도에 접근하는 방식으로 그렇게 한다.

우리는 지금까지 마치 기쁜 변용과 슬픈 변용이라는 변용의 두 선분이, 좋은 마주침과 나쁜 마주침이라는 마주침의 두 경우와 대응하는 것처럼 간주했다. 그러나 이 관점은 여전히 추상적이다. 구체적인 실존의 요인들을 고려하면, 그 두 선분이 부단히 서로를 간섭함을 알 수 있다. 외생적 관계에서 한 대상은 언제든 우연히 슬픔의 원인이 될 수도 기쁨의 원인이 될 수도 있다.[22] 이 관계만이 아니라 우리를 내생적으로 합성하는 관계들의 복잡성 때문에 우리는 동일한 대상을 사랑하면서 동시에 증오할 수 있다.[23] 게다가 기쁨의 선분은 사랑하는 대상의 파괴

---

20 E3P13, E3P28. 그리고 "반대로 인간이 슬픔에서 벗어나려고 하는 작용 역량".(E3P37Dem)
21 "슬픔에서 생기는 욕망은 그 슬픔의 감정 자체에 의해서 감소되거나 방해받는다." (E4P18Dem)
22 E3P15&16. "우연적"(fortuit)이 그렇듯이 여기서 "우유적"(accidentel) 또한 "필연적"과 대립하지 않는다.
23 "영혼의 동요(fluctuatio animi)"(E3P17&S 참조), 동요의 두 경우가 있다. 첫 번째 경우: 정리

나 심지어 그것의 단순한 슬픔에 의해서도 언제든 끊어질 수 있다. 반대로 슬픔의 선분은 증오하는 대상의 슬픔이나 그것의 파괴에 의해서 끊어질 것이다. "자기가 증오하는 것이 파괴되는 것을 상상하는 사람은 기뻐할 것이다." "자신이 증오하는 것이 슬픔으로 변용된다고 상상하는 사람은 기뻐할 것이다."[24] 언제나 우리는 우리를 슬프게 만드는 대상의 파괴를 추구하도록 결정된다. 그러나 파괴한다는 것은 대상의 부분들에 우리의 관계와 합치하는 새로운 관계를 부여하는 것이다. 따라서 우리는 우리의 작용 역량을 증가시키는 기쁨을 경험한다. 그렇게 두 선분은 부단히 서로를 간섭하고, 우리의 작용 역량은 변이를 멈추지 않는다.

우리는 또한 다른 구체적 요인들도 고려해야 한다. 왜냐하면 마주침의 첫 번째 경우, 즉 우리의 관계와 직접적으로 합성되는 관계를 가진 물체들과의 좋은 마주침은 완전히 가설적이기 때문이다. 문제는 다음과 같다. 일단 우리가 실존하면, 우리에게 **자연적으로 좋은 마주침을 가질 기회, 그리고 그로부터 나오는 기쁜 변용들을 경험할 기회가 있는가?** 사실 그런 기회는 별로 많지 않다. 실존에 대해 말할 때는 본질 혹은 역량 정도들을 절대적으로 고려해서는 안 된다. 본질 혹은 역량 정도들이 표현되는 관계들을 추상적으로 고려해서도 안 된다. 왜냐하면 실존 양태는 언제나 부분적이고 특수한 관계들 아래서 대상들에 의해 이미 변용된 상태로 실존하기 때문이다. 그것은 이것 혹은 저것으로 이미 결정된 상태로 실존한다. 외부 사물들과 그 실존 양태 간에 부분적 관계들의 조정이

---

17의 증명에서 정의되며, 대상들 간의 외생적이고 우유적인 관계에 의해서 설명된다. 두 번째 경우: 정리 17의 주석에서 정의되며, 우리를 내생적으로 합성하는 관계들의 차이에 의해서 설명된다.

24 E3P20, E3P23.

계속 이루어지기 때문에, 그 실존 양태의 특징적 관계는 거의 파악 불가능하게 되거나 개별적으로 변형된다. 그래서 원리상 인간은 인간과 완벽하게 합치해야 하지만, 실제로 인간들은 본성상 서로 별로 합치하지 않는다. 이는 인간들이 그들의 정념들에 의해, 다양한 방식으로 그들을 변용시키는 대상들에 의해서 결정되어서 권리상 합성되는 관계들 아래서 자연적으로 서로 마주치지 못하기 때문이다.[25] "인간들은 인간의 역량 혹은 덕을 훨씬 넘어서는 감정들에 종속되기 때문에 다른 방향으로 이끌리고 서로 대립한다."[26] 이 이끌림이 매우 지나치게 되면 어떤 의미로는 자기 자신과 대립하는 경우도 있을 수 있다. 그 사람의 부분적 관계들이 그러한 조정의 대상이 되고, 감지할 수 없는 외부 원인들의 작용 속에서 심각하게 변형되어서, 그가 "이전 본성과 상반된 다른 본성", 이전 본성을 제거하도록 그를 결정하는 다른 본성을 갖게 될 수도 있다.[27]

따라서 우리가 자연적으로 좋은 마주침을 가질 기회는 별로 없다. 우리는 많이 투쟁하고 많이 증오하도록 결정되고, 우리의 슬픔과 우리의 증오의 연쇄를 끊기에 충분하지 않은 부분적이거나 간접적인 기쁨만 경험하도록 결정되는 것 같다. 부분적 기쁨은 우리의 작용 역량을 어느 한 지점에서만 증가시키고 그 밖의 다른 모든 곳에서는 감소시키는 "쾌감*titllatio*"이다.[28] 간접적 기쁨은 증오하는 대상이 슬퍼하거나 파괴되는 것을 보고 우리가 경험하는 기쁨이다. 그러나 이 기쁨은 슬픔에 중독되어 있다. 증오는 실제로는 슬픔이다. 증오 자체는 그것의 원천인 슬

---

25 E4P32~34.
26 E4P37S2.
27 자살에 대한 스피노자의 해석 참조 : "…혹은 끝으로 감추어진 외부 원인들이 그의 상상을 배치하고 그의 신체를 변용시켜서, 그 신체가 이전과는 상반된 본성, 그리고 그에 대한 관념이 정신 안에 주어질 수 없는 다른 본성을 갖게 되기 때문이다."(E4P20S)
28 E4P43&Dem.

품을 함축하고 있다. 증오의 기쁨은 이 슬픔을 가리고 억제한다. 그러나 결코 그것을 제거하지는 않는다.[29] 따라서 이제 우리는 우리의 작용 역량을 소유하는 것에서 그 어느 때보다 더 멀어진 것 같다. 우리의 변용 능력은 그저 수동적인 변용들이 아니라, 특히 작용 역량을 점점 더 낮은 정도로 함축하는 슬픔의 정념들에 의해서 실행된다. 이것은 놀랍지 않은데, 왜냐하면 자연은 우리의 이익을 위해서 만들어진 것이 아니라 인간이 자연의 일부로서 따르는 "공통 질서"에 따라서 만들어졌기 때문이다.

그럼에도 불구하고, 우리는 여전히 추상적일지라도 어떤 진전을 이뤘다. 우리는 스피노자주의의 첫 번째 원리, 즉 수동과 능동, 수동적 변용과 능동적 변용의 대립에서 출발했다. 이 원리 자체는 두 측면에서 제시되었다. 첫 번째 측면에서 그것은 거의 실재적 대립이다. 능동적 변용과 수동적 변용, 따라서 겪는(수동) 역량과 작용 역량은 불변하는 변용 능력에 관련하여 서로 반비례하여 변한다. 그러나 보다 근원적 측면에서 이 실재적 대립은 단지 부정에 불과했다. 수동적 변용은 단지 우리 본질의 제한을 표시할 뿐이며, 우리의 무능을 함축하고, 단지 그 자체 부정을 함축하는 한에서의 정신에 관계된다. 이 측면에서는 능동적 변용만이 우리의 변용 능력을 실질적으로 혹은 적극적으로 실행할 수 있다. 따라서 작용 역량은 변용 능력 자체와 동일한 것이었다. 수동적 변용에 대해 말하자면, 그것은 우리를 우리가 할 수 있는 것과 분리했다.

수동적 변용은 우리의 작용 역량에 의해서 설명되지 않기 때문에

---

29 "증오를 함축하는 슬픔"(E3P45Dem), "우리가 어떤 사물이 파괴된다고 혹은 다른 악에 의해서 변용된다고 상상하는 데서 생기는 기쁨은 영혼의 어떤 슬픔 없이는 생기지 않는다." (E3P47)

능동적 변용과 대립한다. 하지만 그것은 우리 본질의 제한을 함축하므로, 어떤 의미로는 그 역량의 가장 낮은 정도들을 함축한다. 수동적 변용도 나름대로는 우리의 작용 역량이지만, 표현되지 않은, 설명되지 않은, 함축된 상태의 그것이다. 수동적 변용도 나름대로는 우리의 변용 능력을 실행하지만 그것을 최소치로 축소함으로써 그렇게 한다. 우리가 보다 수동적일수록, 많은 방식으로 변용되는 능력이 떨어진다. 수동적 변용들이 우리를 우리가 할 수 있는 것과 분리시키는 것은, 기쁜 변용을 보존하기 위해서든 슬픈 변용에서 벗어나기 위해서든 **우리의 작용 역량이 그 변용의 흔적에 대한 교착으로 환원**되기 때문이다. 그런데 수동적 변용은 그런 처지의 작용 역량을 함축하면서, 때로는 그 역량을 증가시키고, 때로는 감소시킨다. 그 증가를 무한정하게 추구할 수 있지만, 능동적 변용들을 갖지 못하는 한 우리는 결코 우리의 작용 역량을 형상적으로 소유하지 못할 것이다. 그러나 능동과 수동의 대립 때문에 스피노자주의의 두 번째 원리를 구성하는 다른 대립, 즉 우리의 역량을 증가시키는 기쁜 수동적 변용과 우리의 역량을 감소시키는 슬픈 수동적 변용의 대립을 놓쳐서는 안 된다. 우리가 기쁨으로 변용되는 만큼 우리는 우리의 작용 역량에 가까이 다가간다. 따라서 스피노자에게 윤리적 물음은 둘로 나뉜다. 우리는 어떻게 능동적 변용들을 산출하게 되는가? 그러나 그보다 먼저 우리는 어떻게 최대한으로 기쁨의 정념들을 경험하게 되는가?

선악이 아니라 **좋음과 나쁨**―나쁜 마주침 혹은 관계의 분해로서의 악―중독의 은유―관계들의 질서에서 악은 아무것도 아니다:블레이은베르흐의 첫 번째 오해―본질들의 질서에서 악은 아무것도 아니다:블레이은베르흐의 두 번째 오해―악과 마주침의 질서:장님의 예와 블레이은베르흐의 세 번째 오해

악이란 무엇인가? 우리의 작용 역량의 감소와 관계의 분해 외에 다른 악은 없다. 그렇지만 우리의 작용 역량의 감소가 악인 이유는 다른 게 아니라 그것이 우리를 합성하는 관계를 위협하고 제한한다는 것이다. 따라서 우리는 악에 대한 다음 정의를 잊지 말아야 한다. 악은 한 양태를 특징짓는 관계의 파괴, 분해이다. 그렇기 때문에 악은 한 실존 양태의 특수한 관점에서만 이야기될 수 있다. 자연 일반에는 선도 악도 없다. 하지만 실존 양태 각자에게 **좋은 것과 나쁜 것**, 이로운 것과 해로운 것이 있다. 악은 개별 양태의 관점에서 나쁜 것이다. 우리 자신은 인간이기 때문에 우리의 관점에서 악을 판단한다. 그리고 스피노자는, 오로지 인간의 이익만을 고려하면서 좋음과 나쁨에 대해 말하고 있음을 종종 상기시킨다. 예컨대, 우리가 영양을 얻기 위해서 실존하는 어떤 동물의 관계를 파괴할 때, 우리는 악이란 말을 쓸 생각을 거의 하지 않는다. 대신 다음 두 경우에 "악"에 대해 말한다. 다른 사물의 작용으로 우리의 신체가 파괴되고 우리의 관계가 분해되는 경우, 그리고 우리와 유사한 존재, 즉 우리가 그것이 원리상 우리와 합치했다고, 그것의 관계가 원리상 우리 자신의 관계와 합성될 수 있었다고 생각하게 만들 정도로 충분히 우리와 닮은 존재를 우리가 파괴하는 경우에 그렇다.[30]

우리의 관점에서 악이 그렇게 정의된다면, 다른 모든 관점에서도 마찬가지일 것이다. **악은 언제나 나쁜 마주침이다**. 악은 언제나 관계의 분해다. 그러한 분해의 전형적 경우로 우리 신체에 대한 독의 작용이 있다. 스피노자에 따르면 인간이 겪는 악은 언제나 **소화불량, 음독 혹은 중독**과 같다. 그리고 어떤 사물이 인간에게 혹은 어떤 사람이 다른 사람에

---

30 E3P47Dem 참조.

게 행한 악은 언제나 독처럼, 유독하거나 소화 불가능한 요소처럼 작용한다. 스피노자는 금단의 열매를 먹는 아담이라는 유명한 예를 해석할 때 이 점을 강조한다. 신이 아담에게 무언가를 금지했다고 믿어서는 안된다. 신은 단지 아담에게 그 열매가 그의 신체를 파괴하고 그의 관계를 분해할 수 있다는 것을 계시했을 뿐이다. "그렇게 해서 우리는 독이 죽음을 유발한다는 것을 자연의 빛을 통해서 안다."[31] 스피노자의 서신교환자들 중 하나인 블레이은베르흐의 질문이 스피노자로 하여금 자신의 주제들을 명확히 하도록 이끌지 않았다면 악에 대한 스피노자의 이론은 모호한 상태로 남아 있었을 것이다.[32] 블레이은베르흐가 오해를 하지 않은 것은 아니다. 그리고 스피노자는 그 오해에 짜증이 나서 그것을 해소할 생각을 버린다. 그러나 본질적인 점에서 블레이은베르흐는 스피노자의 생각을 무척 잘 이해했다. "내가 악덕이라고 부르는 것을 당신은 삼갑니다. … 마치 우리가 우리 본성이 질색하는 음식물을 피하는 것처럼."[33] 악-나쁜 마주침, 악-중독은 스피노자의 이론의 토대를 이룬다.

그래서 관계들의 질서에서 악은 어떤 것인가? 하고 묻는다면, 악은 아무것도 아니라고 대답해야 한다. 왜냐하면 관계들의 질서에는 합성 외에 다른 아무것도 없기 때문이다. 어떤 관계의 합성이든 그것을 악이라고 말할 수는 없다. 합성되는 관계들의 관점에서 보면, 즉 오직 적

31 「편지 19」(블레이은베르흐에게, III, p. 65, G I, 93). 동일한 논변이 *TTP*, 4장(II, p. 139, G III, 66)에 나타난다. 이 신의 계시와 자연의 빛은 오로지 다음과 같은 점에서 다르다. 신은 아담에게 **귀결**, 즉 열매를 먹은 결과로서 중독을 계시한다. 하지만 신은 그 귀결의 **필연성**은 계시하지 않았다. 혹은 적어도 아담은 이 필연성을 이해할 만큼 충분히 강한 지성을 갖고 있지 못했다.
32 (역주) 들뢰즈는 다른 곳에서 "그(블레이은베르흐)는 끊임없이 스피노자주의의 핵심에 다가가는 본질적인 질문들을 제기하여, 스피노자로 하여금 예들을 다양화하고, 역설을 발전시키고, 매우 낯선 악 개념을 드러내도록 강제한다"고 말한다(『스피노자의 철학』, 민음사, 50쪽).
33 「편지 22」(블레이은베르흐로부터, III, p. 96).

극적 관점에서만 보면, 모든 관계의 합성은 좋은 것이다. 독이 나의 신체를 분해할 때, 자연 법칙에 의해서 독과 접촉하는 내 신체의 부분들이 유독 물체의 관계와 합성되는 새로운 관계를 취하도록 결정된다. 자연의 관점에서 보면, 여기에 악에 해당하는 것은 아무것도 없다. 독이 법칙에 의해서 어떤 결과를 낳도록 결정되는 한에서 그 결과는 악이 아닌데, 왜냐하면 그 결과는 독의 관계와 합성되는 관계에 의한 것이기 때문이다. 마찬가지로 내가 어떤 물체를 파괴할 때는, 설령 그것이 나의 신체와 유사할지라도, 내가 그것과 마주치는 관계 아래서 그리고 그 상황에서는 그 물체는 나의 본성과 합치하지 않는다. 따라서 나는 그 물체의 부분들에 나의 관계와 합치할 새로운 관계를 부과하기 위해서 내가 할 수 있는 모든 것을 하도록 결정된다. 따라서 악인도 덕있는 자처럼 자신에게 유용하거나 좋은 것을 추구한다(둘 사이에 차이가 있더라도, 그 차이는 이 점에 있지 않다). 그래서 블레이은베르흐의 첫 번째 오해는 그가 "스피노자에 따르면, 악인은 악을 저지르도록 결정된다"고 생각하는 것이다. 우리가 언제나 결정된다는 것은 사실이다. 우리의 코나투스 자체는 우리가 경험하는 변용들에 의해서 결정된다. 그러나 우리는 결코 악을 저지르도록 결정되지 않는다. 다만 우리가 갖는 마주침에 따라서 그리고 그 마주침의 상황에 따라서 우리에게 좋은 것을 추구하도록 결정될 뿐이다. 우리가 어떤 결과를 낳도록 결정되는 한에서, 그 결과는 필연적으로 원인과 합성되며, "악"이라고 불릴 수 있는 것은 전혀 포함하지 않는다.[34] 요컨대, 악은 어떤 관계의 합성도, 어떤 합성의 법칙도 표현하지 않기 때문에 아무것도 아니다. 내가 파괴하건 파괴당하건 모든 마주침에

---

34 스피노자가 블레이은베르흐와의 서신에서 "일들"(oeuvres)이라고 부르는 것은, 정확히 우리가 하도록 결정된 결과들이다.

서는 그 자체로는 좋은 관계들의 합성이 일어난다. 따라서 마주침들의 총질서를 고려하면, 그것은 관계들의 총질서와 일치한다고 말할 것이다. 그리고 관계들 자체의 질서에서는 악은 아무것도 아니라고 말할 것이다.

두 번째로, 본질들의 질서에서 악은 어떤 것인가? 여기서도 악은 아무것도 아니다. 우리의 죽음 혹은 파괴를 가정해 보자. 우리의 관계가 분해되고, 외연적 부분들을 포섭하기를 멈춘다. 그러나 외연적 부분들은 우리의 본질을 구성하지 않는다. 우리의 본질은 그 자체로 충만한 실재성을 갖고 있어서, 거기에는 실존으로 이행하려는 경향이 조금도 나타나지 않았다. 일단 우리가 실존하면 우리의 본질은 코나투스, 즉 실존 속에서 존속하려는 노력이다. 그러나 코나투스는 본질이 실존 자체도 실존의 지속도 결정하지 않는 한에서 그 본질이 실존 속에서 취하도록 **결정되는** 상태일 뿐이다. 따라서 실존 속에서 무한정하게 존속하려는 노력인 코나투스는 어떤 한정된 시간도 함축하지 않는다. 양태가 실존 속에서 더 많거나 더 적은 시간 동안 존속했는지에 따라서 그것의 본질이 더 혹은 덜 완전하지는 않을 것이다.[35] 양태가 아직 실존하지 않을 때도 본질에는 아무런 결핍이 없기 때문에, 양태가 실존하기를 멈출 때도 본질은 아무것도 박탈당하지 않는다.

반대로 우리가 우리 신체와 유사한 물체(신체)를 파괴할 때 저지르는 악을 생각해 보자. 우리가 때리는 행동(예컨대 팔을 든다, 주먹을 꽉 쥔다, 팔을 위에서 아래로 움직인다)을 고려하면, 인간 신체가 특징적 관계를

---

35 "사물들이 각자 자신의 존재 속에서 존속하려는 노력은 유한한 시간을 함축하지 않고, 무한정한 시간을 함축한다."(E3P8) "어떤 개별 사물도 실존 속에서 더 긴 시간 존속했기 때문에 더 완전하다고 일컬어질 수는 없다."(E4Pref)

보존하면서 그것을 할 수 있는 한에서 그 행동은 본질의 어떤 것을 표현한다. 이런 의미에서 그 행동은 "인간 신체의 구조에 의해서 생각되는 덕이다".[36] 그런데 그 행동이 공격적이거나, 그 행동이 다른 신체를 정의하는 관계를 위협하거나 파괴한다면, 이는 분명 이 측면에서는 양립 불가능한 관계를 가진 두 신체 간의 마주침을 표시하지만, 본질을 전혀 표현하지 않는다. 의도 자체가 악의적이었다고 말할 것이다. 그러나 의도의 악의는, 내가 그 행동의 이미지를 그 행동에 의해서 파괴되는 관계를 가진 물체의 이미지와 연결한 것에 있을 뿐이다.[37] 그 행동의 대상이 그 행동이 의존하는 관계와 결합되지 않는 관계를 가진 어떤 사물 또는 어떤 사람인 한에서만 "악"이 있다. 이 또한 독의 경우와 유사한 문제다.

아그리피나를 죽이는 네로와 클리템네스트라를 죽이는 오레스테스, 이 두 가지 유명한 모친 살해의 차이가 사태를 명확히 해줄 수 있다. 사람들은 오레스테스가 무죄라고 생각하는데, 왜냐하면 클리템네스트라가 먼저 [오레스테스의 아버지인] 아가멤논을 살해함으로써 더 이상 오레스테스의 관계와 합성될 수 없는 관계로 들어갔기 때문이다. 반면 사람들은 네로가 유죄라고 생각하는데, 왜냐하면 네로가 악의를 품고 있어야만, 아그리피나를 자신의 관계와 절대적으로 합성 불가능한 관계 아래서 포착할 수 있었고, 그리고 아그리피나의 이미지를 그녀를 파괴할 행동의 이미지와 연결할 수 있었기 때문이다. 그러나 이 모든 것에서 본질을 표현하는 것은 아무것도 없다.[38] 오직 합성 불가능한 관계 아래

---

36 E4P59S.
37 "만일 어떤 사람이 분노나 증오에 떠밀려서 주먹을 쥐거나 팔을 휘두르도록 결정된다면, 이는 하나의 동일한 행동이 어떠한 사물의 이미지에도 연결될 수 있다는 데서 기인한다."(E4P59S)
38 「편지 23」(블레이은베르흐에게, III, p. 99), *nibil borum aliquid essentiae exprimere*(이것에서 그 무엇도 어떤 본질을 표현하지 않는다). 여기서 스피노자는 오레스테스의 경우와 네로의 경우에 대해 논평한다.

서의 두 신체의 마주침만 있을 뿐이다. 오직 어떤 행위의 이미지와, 그 행위의 관계와 합성되지 않는 관계를 가진 신체의 이미지와의 연결만 있을 뿐이다. 동일한 몸동작이, 자신의 관계와 합성되는 관계를 가진 대상을 향하면 덕이 된다(그래서 때리는 것처럼 보이는 축복이 있다). 그래서 블레이은베르흐의 두 번째 오해는 그가 "스피노자에 따르면, 설령 네로의 본질이라 하더라도 본질을 표현하는 한에서 악도 선이 되고, 죄도 덕이 된다"고 생각하는 것이다. 그리고 스피노자는 그 오해를 반 정도만 바로잡아 준다. 단지 스피노자가 블레이은베르흐의 서투르거나 심지어 무례하기까지 한 요구들에 짜증이 났기 때문이 아니라, 무엇보다도 스피노자의 테제와 같은 "무도덕적인" 테제는 몇 가지 도발을 통해서만 이해될 수 있기 때문이다.[39] 사실 죄는 본질을 표현하지 않는다. 죄는 어떤 본질도, 네로의 본질도 표현하지 않는다.

따라서 악은 세 번째 질서인 마주침의 질서에서만 등장한다. 그것은 단지 합성되는 관계들이 반드시 마주치는 물체들의 관계는 아니라는 것을 의미할 뿐이다. 앞에서 보았듯이 마주침의 총질서에서 악은 아무것도 아니다. 마찬가지로, 관계가 분해되는 극단적인 경우에도 악은 아무것도 아닌데, 왜냐하면 이 파괴는 본질 그 자체의 실재성도 관계의

---

39 "따라서, 쾌락과 범죄의 추구가 그에게 혐오감을 주지 않고 오히려 그의 개별적 본성과 잘 합치하는 어떤 영혼이 있을 경우, 그와 같은 존재로 하여금 덕 있게 행동하고 악을 삼가도록 결정할 수 있는 덕의 논변이 있는가라는 문제가 제기됩니다."(「편지 22」, III, p. 96 참조) 스피노자는 이렇게 답합니다. "내가 보기에 그것은 이렇게 묻는 것과 같습니다. 스스로를 목매다는 것이 어떤 사람의 본성에 더 합치할 수 있는가? 아니면 그가 스스로를 목매달지 않을 이유들을 제시할 수 있는가? 그럼에도 그러한 본성이 존재할 수 있다고 가정하면…, 그때 나의 주장은 이렇습니다. 만일 어떤 사람이 식탁에 앉는 것보다 교수대에 매달려 있는 것이 더 편안하게 사는 것임을 안다면, 그가 스스로를 목매달지 않는 것이 이상한 행동일 것입니다. 마찬가지로 덕의 추구보다 범죄를 통해 더 나은 삶 혹은 본질을 향유할 수 있다는 것을 분명하게 아는 자가 그렇게 하지 않는다면 그 역시 이상한 일입니다. 왜냐하면 이 범죄들은 그렇게 도착된 인간 본성과 관련해서 덕이기 때문입니다."(「편지 23」, III, p. 101)

영원 진리도 변용시키지 않기 때문이다. 따라서 악이 어떤 것으로 생각될 수 있는 것은 다음의 한 가지 경우다. 실존하는 동안, 실존 양태는 그것이 갖는 마주침들에 따라서 변화를 겪는데, 그 변화는 그의 작용 역량의 변화이다. 그런데 작용 역량이 감소할 때, 실존 양태는 **더 작은 완전성으로 이행한다.**[40] 이 "더 작은 완전성으로의 이행"에 악이 있지 않는가? 블레이은베르흐의 말처럼, 더 나은 조건이 결여될 때 틀림없이 악이 존재한다.[41] 스피노자의 유명한 대답은 이것이다. 더 작은 완전성으로의 이행에는 어떤 결여도 없다. 결여는 단지 부정에 불과하다. 이 마지막 질서에서도 악은 아무것도 아니다. 어떤 사람이 맹인이 된다. 방금 전까지 선善에 대한 욕망에 불탔던 어떤 사람이 정욕에 사로잡힌다. 어느 경우이든 그 사람이 더 나은 상태를 결여했다고 말할 이유가 전혀 없다. 그 상태가 그 순간에 그 사람의 본성에 속하지 않는 것은, 그 상태가 돌이나 악마의 본성에 속하지 않는 것과 마찬가지이기 때문이다.[42]

우리는 이 대답의 난점을 예감한다. 블레이은베르흐는 스피노자가 두 가지 매우 다른 유형의 비교, 즉 본성이 같지 않은 것들의 비교와 하나의 동일한 것의 상이한 상태들의 비교를 혼동했다고 격렬하게 비난한다. 시각이 돌의 본성에 속하지 않는 것은 사실이다. 반면 시각은 인간의 본성에 속한다. 여기서 제기되는 주요 반론은 스피노자가 존재가 가질 수 없는 순간성을 존재의 본질에 귀속시킨다는 것이다. "당신의 견해에 따르면, **고려된 순간**에 한 사물 안에 있다고 우리가 지각하는 것만이 그 사물의 본질에 속할 것입니다."[43] 따라서 시간의 진행과 역행이

---

40 E3Def.Aff, 3. 슬픔의 정의 참조.
41 「편지 20」(블레이은베르흐로부터, III, p. 72).
42 「편지 21」(블레이은베르흐에게, II, pp. 87~88).
43 「편지 22」(블레이은베르흐로부터, III, p. 94).

모두 불가지적인 것이 된다.

블레이은베르흐에 의하면 스피노자는 존재가 어느 순간에 그것이 소유하는 본질에 따라서 언제나 최대한 완전하다고 말한 것으로 보인다. 그러나 바로 거기에 그의 세 번째 오해가 있다. 스피노자가 말하는 것은 전혀 다른 것이다. 즉 존재는 어느 순간에 그것의 본질에 속하는 변용들에 따라서 언제나 최대한 완전하다는 것이다. 블레이은베르흐가 "본질에 속한다"와 "본질을 구성한다"를 혼동한다는 것은 명백하다. 내가 경험하는 변용들은 나의 변용 능력을 실행하는 한에서 매 순간 나의 본질에 속한다. 한 양태가 실존하는 동안 그것의 본질 자체는 어느 순간에 변용 능력을 실행하는 변용들에 따라서 최대한 완전하다. 어떤 변용들이 어느 순간에 나의 능력을 실행한다면, 같은 순간에 나의 능력은 다른 변용들에 의해서 실행될 수 없다. 결여가 아니라, 양립불가능성, 배제, 부정이 있는 것이다. 다시 맹인의 예를 취해 보자. 먼저 빛에 대한 감각을 아직 갖고 있는 맹인을 상상해 보자. 빛에 대한 감각을 갖고 있지만 더 이상 그 감각에 의해 행동할 수 없다는 점에서 그는 맹인이다. 남아 있는 빛에 의한 그의 변용들은 전부 수동적이다. 이 경우에는 변용 능력은 동일한 가운데 단지 능동적 변용들과 수동적 변용들의 비율만 변했을 것이다. 다음으로 빛에 의한 변용을 모두 상실한 맹인을 상상해 보자. 이 경우에는 그의 변용 능력이 실질적으로 줄어든다. 그러나 결론은 동일하다. 실존 양태의 변용 능력을 실행하는 변용들, 그리고 실존과 양립 가능한 한계를 넘지 않으면서 그 능력을 변화시키는 변용들에 따라서 실존 양태는 그것이 존재하는 만큼 완전하다. 요컨대 변용 능력이 매 순간 필연적으로 실행된다는 "필연론적" 착상과, 변용 능력이 작용 역량의 증가나 감소가 일어나는 방식으로 매순간 실행되고 작용 역량의 변화와 함께 변용 능력 자체도 변한다는 "윤리적" 착상 간에는 스피노자가 볼 때 전혀 모순이 없다. 스피노자가 말하는 것처럼, 어떤 결여도 없지만 그래도 더 크거나 덜 큰 완전성으로의 이행은 있다.[44]

<br>

## '악은 존재하지 않는다'라는 테제의 의미

어떤 의미로든 악은 아무것도 아니다. 존재한다는 것은 **자신을 표현하는 것**이거나 [무언가를] **표현하는 것**이거나 **표현되는 것**이다. 악은 조금도 표현적이지 않기 때문에 아무것도 아니다. 그리고 무엇보다도 악은 아무것도 표현하지 않는다. 그것은 어떤 합성의 법칙, 어떤 관계들의 합성도 표현하지 않는다. 그것은 어떤 본질도 표현하지 않는다. 그것은 실존상에서의 더 나은 상태의 결여도 표현하지 않는다. 이 테제의 독창성을 평가하기 위해서는 그것을 악을 **부정하는** 다른 방식들과 대비시켜야 한다. 플라톤을 원천으로 하고 라이프니츠의 철학에서 만개하는 전통을 "합리주의적 도덕주의"(낙관론)라고 부를 수 있다. [이 전통에서] 악은 아무것도 아닌데, 왜냐하면 오직 선만이 존재하기 때문이다. 아니 더 정확히 말하면 실존보다 상위의 것인 선이 존재하는 모든 것을 결정하기 때문이다. 선 혹은 최고선은 **존재의 원인**이다. 스피노자의 테제는 이 전통과는 아무 관련이 없다. 스피노자의 테제는 합리주의적 "무도덕주의"를 형성한다. 왜냐하면 스피노자에 의하면 악이 의미가 없는 것처럼 선도 의미가 없기 때문이다. 자연에는 선도 악도 없다. 스피노자는 끊임

---

44 "그리고 우리는 슬픔이 더 큰 완전성의 결여에 있다고 말할 수 없다. 왜냐하면 결핍은 아무것도 아닌 반면, 슬픔의 감정은 작용이고, 그런 이유에서 그것은 보다 작은 완전성으로 이행하는 작용 이외의 다른 것일 수 없기 때문이다." (E3Def.Aff. 슬픔의 정의에 대한 해명)

없이 그것을 상기시킨다. "만약 인간들이 자유롭게 태어난다면, 그들이 자유로운 한에서 어떠한 선악 개념도 형성하지 않을 것이다."[45] 유신론-무신론에 대한 자의적 정의에 의존할 때 스피노자의 무신론 문제는 특별히 흥미롭지 않다. 이 문제는 대다수의 사람들이 종교적 관점에서 신이라고 부르는 것과 관련해서만 제기될 수 있다. 이때 신은 선의 이유$^{ratio\ boni}$와 불가분한 것으로 도덕 법칙에 따라 나아가고, 심판자로서 행동한다.[46] 이런 의미에서 스피노자는 명백하게 무신론자이다. 유사 도덕 법칙은 단지 우리가 자연 법칙들에 대해 얼마나 오해하고 있는지를 보여 줄 뿐이다. 보상과 처벌 관념은 어떤 행위와 그 귀결들 간의 참된 관계에 대해 우리가 무지하다는 증거일 뿐이다. 선과 악은 부적합한 관념들이며, 우리가 부적합한 관념들을 갖는 한에서만 그 관념들을 떠올린다.[47]

### 도덕적 대립의 윤리적 차이로의 대체

그러나 선도 악도 없다는 것이 모든 차이가 사라진다는 것을 의미하지는 않는다. 자연에는 선도 악도 없다. 대신 실존 양태들 각자에게 좋은 것과 나쁜 것이 있다. 선과 악의 도덕적 대립은 사라지지만, 이 사라짐이 모든 사물, 모든 존재를 똑같게 만드는 것은 아니다. 나중에 니체가 말하는 것처럼 "선악 너머, 그것은 적어도 **좋고 나쁨** 너머를 의미하

45 E4P68.
46 이것은 라이프니츠의 기준들이자, 스피노자의 무신론을 비난한 모든 이들의 기준이었다.
47 E4P68Dem.

는 것은 아니다."[48] 작용 역량의 증가, 작용 역량의 감소가 있다. 좋은 것과 나쁜 것의 구별은 거짓 대립인 도덕적 대립을 대신할 진정한 윤리적 차이의 원리가 될 것이다.

48 니체, 『도덕의 계보』, I, 17.

# 16장. 윤리적 세계관

영혼과 신체에서 능동과 수동의 반비례 원리 — 영혼과 신체에서 능동과 수동
의 반비례 원리에 대한 스피노의 반대:평행론의 실천적 의의

우리는 신체가 무엇을 할 수 있는지조차 모른다고 스피노자가 말할 때,
이 말은 전쟁의 함성과 다름없다. 그는 이렇게 덧붙인다. 우리는 의식,
정신, 영혼, 신체에 대한 영혼의 지배력$^{pouvoir}$에 대해 말한다. 우리는 그
렇게 지껄이지만, 정작 신체가 무엇을 할 수 있는지조차 모른다.[1] 도덕
적 지껄임이 참된 철학의 자리를 차지하고 있다.

이 선언은 몇 가지 점에서 중요하다. 신체에 대한 영혼의 지배력에
대해 말하는 한, 우리는 정말로 능력 혹은 역량의 용어로 사유하고 있지
않다. 이때 우리가 실제로 말하려는 것은, 영혼이 그것의 탁월한 본성과
특수한 목적성에 입각해서 상위의 "의무들"을 갖는다는 것, 즉 그 자신
이 따르는 법칙들에 따라 신체를 복종시켜야 한다는 것이다. 신체의 능
력으로 말할 것 같으면, 그것은 실행의 능력이거나, 영혼의 주의를 분산

---

1 E3P2S. 이 근본적인 텍스트는 E2P13S와 E5Pref와 분리될 수 없다. E2P13S는 이 텍스트를 준
비하고, E5Pref는 그 귀결을 전개한다.

시키고 의무를 저버리게 하는 능력이다. 이 모든 것에서 우리는 도덕적
으로 사유하고 있다. 세계에 대한 도덕적 관점은 대부분의 영혼과 신체
의 합일 이론을 지배하는 원리에 등장한다. 그 원리는 영혼과 신체 둘
중 하나가 작용[능동]할 때 반드시 다른 하나는 겪는다[수동]는 것이다.
특히 데카르트의 실재적 작용의 원리가 그렇다. 데카르트에 따르면 영
혼이 작용할 때 신체는 겪고 신체가 작용할 때 영혼은 겪는다.[2] 그런데
데카르트의 계승자들은 실재적 작용을 부정하더라도 그 원리에 대한
관념은 버리지 않는다. 예컨대 예정조화설에 의하면 영혼과 신체 간에
"관념적 작용"이 유지되는데, 그것에 의해 언제나 하나가 작용할 때 다
른 하나는 겪는다.[3] 그러한 관점들에 의하면 우리는 신체의 역량과 영혼
의 역량을 比較할 어떤 수단도 갖지 못한다. 그리고 그것들을 비교할 어
떤 수단도 갖지 못하기에 그것들 각각을 평가할 어떤 가능성도 갖지 못
한다.[4]

평행론이 독창적 이론이라면, 그것이 영혼과 신체의 실재적 작용
을 부정하기 때문은 아니다. 평행론이 한쪽의 능동이 다른 한쪽의 수동
이라는 도덕적 원리를 뒤집기 때문이다. "우리 신체의 능동과 수동의
질서는 정신의 능동과 수동의 질서와 본성상 같이 간다."[5] 영혼에서 수

---

2 Descartes, *Traité des passions*, I, 1과 2.
3 라이프니츠는 종종 자신의 관념적 작용 이론이 "설립된 감정들"을 존중하며, 반비례 규칙에
    따른 영혼과 신체에서의 능동 혹은 수동의 배분을 고스란히 존속시킨다고 설명한다. 왜냐하
    면 영혼과 신체같이 서로 "상징화하는" 두 실체 중에, 그 표현이 더 판명한 것에 능동이, 다른
    것에 수동이 귀속되어야 하기 때문이다. 그것은 「아르노에게 보낸 편지들」의 한결같은 테마
    이다. [(역주) 데카르트는 『정념론』에서 신체의 생리적 상태와 그에 상응하는 영혼의 정념은 긴밀
    하게 연결되어 있으며, 이러한 연결은 자연에 의해 설립된 것이라고 말한다. 가령 우리는 부스럭거
    리는 소리만 들어도 자연의 설립에 의해 공포를 느끼게 되어 있다(『정념론』, 89항 참조).]
4 E2P13S.
5 E3P2S.

동인 것은 신체에서도 수동이고, 영혼에서 능동인 것은 신체에서도 능동이다. 이런 의미에서 평행론은 영혼의 탁월성, 정신적이고 도덕적인 목적성, 한 계열을 다른 계열에 맞추는 신의 초월성을 모두 배제한다. 이런 의미에서 평행론은 실재적 작용 이론뿐만 아니라 예정조화설이나 기회원인론과도 실천적으로 대립한다. 우리는 이렇게 묻는다. 신체는 무엇을 할 수 있는가? 그것은 어떤 변용을, 어떤 능동적 변용과 어떤 수동적 변용을 할 수 있는가? 그것의 역량은 어디까지인가? 그때, 오직 그때만 우리는 영혼이 그 자체로 무엇을 할 수 있는지 그리고 그것의 역량이 어떠한지 알 수 있다. 우리는 영혼의 역량을 신체의 역량과 비교할 수단을 갖게 된다. 그리고 그에 따라 그 자체로 고려된 영혼의 역량을 평가할 수단을 갖게 된다.

영혼의 역량을 그 자체로 **평가**하려면 역량들의 **비교**를 거쳐야 한다. "어떤 점에서 인간의 정신이 다른 정신들과 다른지 그리고 어떤 점에서 인간의 정신이 다른 정신들보다 우월한지를 규정하기 위해서는, 그 대상의 본성, 즉 인간 신체의 본성을 인식할 필요가 있다. ⋯ 나는 일반적인 차원에서 이렇게 말하겠다. 어떤 물체가 다른 물체들보다 동시에 더 많은 방식으로 작용하고 겪는 데 능할수록<sup>apte</sup> 그것의 정신도 역시 다른 정신들보다 동시에 더 많은 것들을 지각하는 데 그만큼 더 능하다. 그리고 어떤 물체의 작용들이 자기 자신에만 의존하면 할수록 그리고 작용에서 그것과 협력하는 다른 물체들이 적을수록, 그 물체의 정신은 판명하게 이해하는 데 그만큼 더 능하다."[6] 정말로 역량의 용어로 사유하기 위해서는 먼저 신체에 관한 물음을 제기해야 한다. 첫째로 역량

6 E2P13S.

들의 비교를 불가능하게 만들고, 따라서 영혼 그 자체의 역량에 대한 어떤 평가도 불가능하게 만드는 반비례 관계에서 신체를 해방시켜야 한다. "신체는 무엇을 할 수 있는가?"라는 물음을 모델로 삼아야만 한다. 이 모델은, 사유를 연장과 비교하여 평가절하하는 작업이 아니라 사유와 연관된 의식을 평가절하하는 작업을 포함한다. 영리한 유물론자라면 물체(신체) 대신에 역량에 대해 말할 것이라는 플라톤의 말을 우리는 기억한다. 그러나 반대로 영리한 역동론자$^{dynamiste}$라면 역량을 "사유하기" 위해서 먼저 물체(신체)에 대해 말하리라는 것도 사실이다. 신체의 능동과 수동이 영혼의 능동과 수동과 같이 간다고 하는 역량 이론은 세계에 대한 윤리적 관점을 형성한다. 도덕을 윤리로 대체하는 것이 평행론의 귀결이며, 거기서 평행론의 진정한 의미가 드러난다.

자연권: 역량과 권리 — 자연권과 고대 자연법의 네 가지 대립 — 자연 상태와 마주침에 맡겨짐 — 첫 번째 측면에서 이성: 마주침을 조직하려는 노력 — 윤리적 차이: 이성적이고 자유롭고 강한 인간 — 아담 — 자연 상태와 이성 상태

"신체는 무엇을 할 수 있는가?"라는 물음은 그 자체로 의미를 갖는데, 왜냐하면 그 물음은 물리적 개체 개념, 유와 종에 대한 새로운 개념을 담고 있기 때문이다. 앞으로 보겠지만, 이 물음의 생물학적 의의가 경시되어서는 안 된다. 그러나 **모델이 될 때** 그 물음은 우선 사법적이고 윤리적인 의미를 갖는다. 한 신체가 할 수 있는 모든 것(그것의 역량)은 실은 그 신체의 "자연권"이다. 우리가 신체의 차원에서 권리의 문제를 제기하게 되면, 영혼 자체와 관련해서 법철학(권리의 철학) 전체를 변형하게 된다. 신체와 영혼은 각각 자기에게 유용하거나 좋은 것을 추구한

다. 누군가가 유리한 관계 아래서 자신의 신체와 합성되는 물체를 만나게 되면, 그는 그 물체와 결합하려고 애쓸 것이다. 자신의 신체와 합성되지 않는 관계를 가진 물체, 즉 자신을 슬픔으로 변용하는 물체를 만나는 사람은 슬픔에서 벗어나거나 그 물체를 파괴하기 위해서, 즉 그 물체의 부분들에 그 자신의 본성과 합치하는 새로운 관계를 부과하기 위해서, 그가 할 수 있는 모든 것을 한다. 따라서 매 순간 변용들이 코나투스를 결정하고, 매 순간 코나투스는 그것을 결정하는 변용들에 따라서 유용한 것을 추구한다. 그래서 **신체는 언제나 능동이든 수동이든 그것이 할 수 있는 만큼 한다.** 그리고 그것이 할 수 있는 것이 곧 그것의 권리이다. 자연권 이론은 이중적 동일성(능력과 그 실행의 동일성, 그 실행과 권리의 동일성)을 포함한다. "각자의 권리는 각자에게 속하는 제한된 역량의 한계까지 미친다."[7] **법**이란 말의 의미는 다른 것이 아니다. 자연의 법은 의무의 규칙이 아니라 능력의 규범이고, 권리와 능력과 그 실현의 통일성이다.[8] 그 점에서 현자와 어리석은 사람, 이성적인 사람과 심신상실자, 강자와 약자 간에는 아무런 차이도 없다. 물론 이들은 실존 속에서 존속하려는 노력을 결정하는 변용들의 종류에 따라 다르다. 하지만 전자와 후자 모두 자신을 보존하려고 노력하며, 그들의 변용 능력을 현실적으로 실행하는 변용들에 따라서 역량만큼의 권리를 갖는다. 어리석은 사람도 자연에 속하고, 자연의 질서를 조금도 교란하지 않는다.[9]

이 자연권 개념은 홉스로부터 직접 상속된 것이다(스피노자와 홉스의 본질적 차이 문제는 다른 수준에서 제기된다). 스피노자가 홉스에게 빚진

---

7 *TTP*, 16장(II, p. 258).
8 "자연적 설립의 법"과 자연 권리의 동일성에 대해서는 *TTP*, 16장과 *TP*, 2, 4장 참조.
9 *TTP*, 16장(II, pp. 258~259); *TP*, 2, 5장.

것은 고전적 자연법 이론과 근본적으로 대립하는 자연권 개념이다. 플라톤, 아리스토텔레스 철학의 전통과 스토아학파의 전통을 동시에 수용하는 키케로에 따르면, 고대의 자연법 이론은 다음과 같은 몇 가지 특징을 보인다. 1) 그것은 어떤 존재의 본성을, 목적들의 질서에 따라 그 존재의 완전성에 의해서 정의한다(그래서 인간은 "자연적으로" 이성적이고 사회적이다). 2) 그렇기 때문에 인간에게 자연 상태는 (단지 권리상으로도) 사회에 선행하는 상태가 아니라, 반대로 "좋은" 시민 사회에서 자연에 따르는 삶이다. 3) 따라서 자연 상태에서 일차적이고 무조건적인 것은 "의무들"이다. 왜냐하면 자연적 능력들은 단지 잠재적이고, 그것들이 봉사해야 하는 목적들에 입각해서 그것들을 결정하고 실현하는 이성의 활동과 불가분하기 때문이다. 4) 바로 그 때문에 현자의 권위가 정당화된다. 왜냐하면 현자는 목적들의 질서, 그 질서에서 나오는 의무들, 각자에게 돌아가는 수행하고 완수해야 할 활동과 직무들에 대한 최상의 판단자이기 때문이다. 기독교가 이 자연법 개념을 어떻게 이용했을지 가히 짐작할 만하다. 기독교와 함께 이 자연법은 자연 신학과 불가분해졌고 심지어 계시와도 불가분해졌다.[10]

홉스는 이 테제들과 대립하는 네 개의 기본 테제를 끌어냈다. 이 독창적 테제들은 권리에 대한 철학적 문제를 변형하는데, 왜냐하면 그것은 정확히 그 테제들이 물체에 대한 기계론적이고 동력학적인 모델 위에 있기 때문이다. 스피노자는 이 테제들을 채택하여 자신의 체계에 통합하고, 새로운 관점에서 제시한다. 1) 자연의 법은 더 이상 목적론적 완

---

10 이들 네 개의 테제와 우리가 다음 단락에서 보여 줄 네 개의 상반된 테제에 대해서 레오 스트라우스(Léo Strauss)는 그의 저서 『자연권과 역사』(tr. fr., Plon, 1953)에서 잘 지적하고 있다. 스트라우스는 홉스의 이론의 새로움을 강조하면서 그것을 고대의 개념들과 대비시킨다.

전성과 관계가 없고, 대신 기본적인 욕망, 가장 강한 "욕구"에 대한 것이 된다. 그 법은 목적들의 질서에서 풀려나서 그 작용인에서, 즉 욕구에서 연역된다. 2) 이 관점에서는 이성은 어떤 특권도 누리지 않는다. 어리석은 사람이 이성적 존재보다 자기 존재 속에서 존속하려는 노력을 덜 하는 것도 아니며, 이성에서 생기는 욕망이나 행동들이 어리석은 사람의 욕망이나 정념들보다 그 노력을 더 많이 드러내는 것도 아니다. 게다가 **누구도 이성적인 상태로 태어나지 않는다.** 이성이 자연의 법을 활용하고 보존할 수도 있지만, 어떤 경우에도 이성이 자연법의 원리 혹은 동력은 아니다. 마찬가지로 **누구도 시민으로 태어나지 않는다.**[11] 시민 상태에서 자연권이 보존될 수 있지만, 자연 상태 그 자체는 전-사회적이고, 전-시민적이다. 그리고 또 **누구도 종교적인 상태로 태어나지 않는다.** "자연 상태는 본성과 시간에서 종교보다 선행한다. 자연은 누구에게도 신에게 복종해야 한다고 가르치지 않았다."[12] 3) 따라서 일차적이고 무조건적인 것은 능력 혹은 권리다. "의무"는, 그것이 어떠한 것이든 언제나 우리의 역량의 긍정, 우리의 능력의 실행, 우리의 권리의 보존에 비해 이차적이고 상대적이다. 그리고 역량은 더 이상 목적들의 질서에 입각해서 그것을 결정하고 실현하는 활동으로 소급되지 않는다. 나의 역량 자체가 현행적인데, 왜냐하면 어떤 변용이건 관계없이 매 순간 내가 경험하는 변용들은 전적인 권리로 나의 역량을 결정하고 실행하기 때문이다. 4) 그 결과 누구도 나의 권리를 결정할 권위를 갖지 않는다. 현자이건 어리석은 사람이건, 자연 상태에서 각자는 좋은 것과 나쁜 것, 자신의 보존에 필요한 것에 대한 판단자이다. 그래서 자연권은 "투쟁, 증오, 분노, 기만,

---

11 "인간은 시민으로 태어나는 것이 아니라 시민이 된다."(*TP*, 5장, 2)
12 *TTP*, 16장(II, p. 266).

욕구가 권하는 그 어떤 것과도" 상반되지 않는다.[13] 그리고 만일 우리가 우리의 자연권을 포기하는 일이 일어난다면, 그것은 현자의 권위를 인정해서가 아니라 더 큰 악에 대한 공포나 더 큰 선에 대한 희망으로 우리 스스로 그것에 동의해서일 것이다. 동의(협정 혹은 계약)의 원리가 정치 철학의 원리가 되고 권위의 규칙을 대체한다.

자연 상태가 그렇게 정의될 때, 그 상태에서 살기 힘든 이유가 드러난다. 자연 상태에 상응하는 자연권이 이론적이고 추상적 권리로 머물러 있는 한, 자연 상태는 살 만하지 않다.[14] 그런데 자연 상태에서 나는 전적으로 마주침에 따라 살아간다. 나의 역량이 매 순간 나의 변용 능력을 실행하는 변용들에 의해서 결정되는 것은 사실이다. 그 변용들에 따라서 나에게 가능한 모든 완전성을 내가 항상 갖고 있다는 것도 사실이다. 그러나 정확히 말하면 자연 상태 속에서 나의 변용 능력은 다음의 조건 속에서 실행된다. 이 조건이란 단지 내가 나와 나의 작용 역량을 분리하는 수동적 변용을 체험한다는 것만이 아니라, 내가 이 작용 역량을 감소시키는 슬픔이 주도하는 수동적 변용을 체험한다는 것이기도 하다. 나는 내 신체와 직접적으로 합성되는 물체들과 마주칠 기회를 갖지 못한다. 나는 나와 상반된 물체들과의 몇몇 마주침에서 승리할 수도 있다. 하지만 그러한 승리나 증오의 기쁨은 증오에 함축된 슬픔을 제거하지 못할 것이다. 그리고 무엇보다도 내가 다음 마주침에서 다시 승리자가 된다고 확신하지 못할 것이고, 따라서 영속적인 두려움으로 변용될 것이다.

13 *TP*, 2장, 8("최고의 자연권에 의해 각자는 좋은 것과 나쁜 것을 판단한다···"(E4P37S2))
14 "인간의 자연권이 각자의 역량에 의해서 결정되고 각자의 것인 한에서, 이 권리는 실제로는 존재하지 않는 것, 실재적이기보다는 이론적인 것이다. 왜냐하면 그것을 이용할 수 있다는 어떤 보증도 없기 때문이다." (*TP*, 2장, 15)

자연 상태를 살 만하게 바꾸는 수단이 딱 하나 있다. **마주침들을 조직하려는** 노력이다. 어떤 물체를 마주치든간에 나는 유용한 것을 추구한다. 그러나 우연(위험) 속에서 유용한 것을 추구하는 것(우리의 신체와 합치하지 않는 물체를 파괴하려고 노력하는 것)과 유용한 것의 조직화를 추구하는 것(즉 우리와 본성에서 합치하는 물체들을 그것들이 합치하는 관계 아래서 마주치려고 노력하는 것) 간에는 큰 차이가 있다. 오직 이 두 번째 노력만이 **고유한 혹은 참된** 유용성을 정의한다.[15] 물론 그 노력에는 한계가 있다. 우리는 단지 존속하기 위해서 언제나 어떤 물체들을 파괴하도록 결정될 것이다. 우리는 모든 나쁜 마주침을 피하지는 못하고, 죽음을 피하지 못할 것이다. 그러나 우리는 우리의 본성과 합치하는 것과 합일하려고 노력하고, 우리의 관계와 그것이 조합되는 관계들을 합성하려고 노력하고, 우리의 행동과 우리의 사유를 우리와 일치하는 사물들의 이미지에 연결하려고 노력한다. 그러한 노력에 의해서 우리는 정의상 최대의 기쁜 변용들에 도달할 권리를 갖게 된다. 우리의 변용 능력은 우리의 작용 역량이 증가하는 조건에서 실행될 것이다. 그리고 우리에게 가장 유용한 것이 무엇인지를 물으면 그것이 인간이라는 것은 분명하다. 왜냐하면 원리적으로 인간은 인간과 본성에서 합치하기 때문이다. 인간은 그 관계를 그의 것과 합성한다. 인간은 절대적으로 혹은 진정으로 인간에게 유용하다. 각자가 자신에게 진정으로 유용한 것을 추구하면, 인간에게 유용한 것도 추구하게 된다. 그래서 마주침을 조직하려는 노력은 무엇보다도 합성되는 관계들 아래서 인간들의 연합을 형성하려는 노력이다.[16]

15 *proprium utile*(E4P24).
16 E4P35, Dem, Cor1~2, S 참조.

자연에는 '선'과 '악'이 없고, 도덕적 대립이 없지만, 윤리적 차이가 있다. 이 차이는 여러 가지 등가 형태로 제시된다. 이성적인 사람과 어리석은 사람의 차이는, 현자와 무지자, 자유인과 노예, 강자와 약자 간의 차이와 같다.[17] 그리고 사실 지혜 또는 이성은 힘, 자유 이외에 다른 내용을 갖지 않는다. 이 윤리적 차이는 코나투스에 적용되지 않는데, 왜냐하면 이성적인 사람 못지않게 어리석은 사람도, 강자 못지않게 약자도 자기 존재 속에서 존속하려고 노력하기 때문이다. **그 차이는 코나투스를 결정하는 변용들의 종류와 관련이 있다.** 한 극단에서, 자유롭고 강하고 이성적인 인간은 그의 작용 역량을 소유한다는 것에 의해서, 적합한 관념들과 능동적 변용들이 그 안에 현존한다는 것에 의해서 온전히 정의될 것이다. 반대의 극단에서, 노예, 약자는 그들의 부적합한 관념들에서 파생되는, 그리고 그들을 그들의 작용 역량과 분리시키는 정념들만 갖는다.

그러나 윤리적 차이는 우선 그것보다 더 단순한, 예비적 혹은 사전적 수준에서 표현된다. **자유롭고 강한 인간**은 그 역량의 형상적 소유에 앞서, 그의 기쁜 정념들에 의해서, 그 작용 역량을 증가시키는 그의 변용들에 의해서 식별된다. 반면에 노예 혹은 약자는 그들의 슬픈 정념들에 의해서, 그들의 작용 역량을 감소시키는 슬픔에 기초한 변용들에 의해서 식별된다. 따라서 이성 혹은 자유의 두 시기를 구별해야 하는 것처럼 모든 일이 진행된다. 최대의 기쁜 수동적 변용들을 경험하려고 노력함으로써 작용 역량을 증가시키는 시기와, 작용 역량이 매우 증가해서 그 자체로 능동적인 변용들을 산출할 수 있게 되는 최종 단계로 이행

---

17 E4P66S(자유인과 노예), E4P73S(강한 인간), E5P42S(현자와 무지자).

하는 시기. 이 두 시기가 어떻게 연쇄되는지가 우리에게 아직 신비한 것으로 남아 있다는 것은 사실이다. 하지만 적어도 첫 번째 시기가 있다는 것은 의심의 여지가 없다. 이성적이고 강하고 자유로운 존재가 되는 인간은 먼저 기쁜 정념들을 경험하기 위해서 자기가 할 수 있는 모든 것을 한다. 따라서 그는 우연한 마주침과 슬픈 정념의 연쇄에서 벗어나려고, 좋은 마주침들을 조직하려고, 자신의 관계와 직접적으로 결합되는 관계들과 자신의 관계를 합성하려고, 자신과 본성에서 합치하는 것과 합일하려고, 인간들 간의 이성적 연합를 형성하려고 노력한다. 이 모든 것들은 그를 기쁨으로 변용하는 방식으로 행해진다. 스피노자가 『윤리학』 4부에서 자유롭고 이성적인 인간에 관해 서술할 때, 이성의 노력을, 마주침을 조직하거나 혹은 합성되는 관계들 아래서 **전체**를 형성하는 이러한 기술과 동일시한다.[18]

스피노자에게, 이성이나 힘이나 자유는 생성, 형성, 함양과 불가분하다. 누구도 자유로운 상태로 태어나지 않고, 누구도 이성적인 상태로 태어나지 않는다.[19] 그리고 누구도 우리의 본성과 합치하는 것에 대한 더딘 경험, 우리의 기쁨을 발견하기 위한 더딘 노력을 대신해 줄 수 없다. 스피노자는 종종 이렇게 말한다. 유년기는 우리가 가장 높은 정도로 외부 원인들에 의존하고 필연적으로 기쁨보다 슬픔을 더 많이 갖는 무력하고 예속된 상태, 어리석은 상태이다. 우리가 우리의 작용 역량과 그렇게 많이 분리되는 때는 없을 것이다. 최초의 인간 아담은 인류의 유년기이다. 그것이 바로 원죄 이전의 아담을 이성적이고 자유롭고 완전한 존재로 묘사하는 기독교 전통과 합리주의 전통에 스피노자가 그토

---

18 E4P67~73 참조.
19 E4P68.

록 강하게 반대하는 이유이다. 반대로, 우리는 아담을 어린아이, 즉 슬프고 약하고 노예적이고 무지하고 마주침에 좌우되는 존재로 상상해야 한다. "이성을 올바르게 사용하는 것은 최초의 인간의 능력 밖의 일이었고, 우리가 그렇듯이 그 역시 정념들에 종속되었다는 것을 인정해야 한다."[20] 즉 원죄 때문에 약해진 것이 아니라 우리가 최초에 약했기 때문에 원죄 신화가 탄생한 것이다. 스피노자는 아담에 관한 세 개의 테제를 제시하는데, 그것들은 체계적 전체를 형성한다. 1) 신은 아담에게 아무것도 금지하지 않았다. 신은 단지 그의 신체와 그 과일이 접촉하면 과일이 신체를 파괴하는 독이 된다는 것을 그에게 계시했을 뿐이다. 2) 아담의 지성은 어린아이의 지성처럼 미약했기 때문에, 아담은 이 계시를 금지로 지각했다. 그는 작용-결과 관계의 자연적 필연성을 이해하지 못하고, 자연 법칙을 그가 어길 수 있는 도덕 법칙이라고 생각하기 때문에, 어린아이처럼 불복종한다. 3) 최초의 인간은 필연적으로 수동적 감정들로 변용되고, 자유나 이성에 필요한 그 오랜 형성 과정을 시작할 시간도 갖지 못했는데, 어떻게 아담이 자유롭고 이성적이라고 상상할 수 있는가?[21]

이성 상태는 그것의 초기 양상에서 이미 자연 상태와 복합적 관계를 갖는다. 한편으로, 자연 상태는 이성의 법칙들에 종속되어 있지 않다. 이성은 인간의 고유한 혹은 참된 유용성에 관련되고 오로지 인간의

---

20 *TP*, 2장, 6.

21 E4P68S에서, 스피노자는 아담의 전통을 모세로 소급한다. 이성적이고 자유로운 아담의 신화는, 신이 무한한 한에서 고려되는 것이 아니라 단지 인간의 실존의 원인인 한에서만 고려되는 추상적 "가설"의 관점에서 설명된다. [(역주) "만일 사람들이 자유로운 상태로 태어난다면, 사람들은 자유로운 한에서는 선과 악에 대한 어떤 개념도 형성하지 않을 것이다."(E4P68) 여기서 추상적 '가설'에 해당하는 것은 "만일 사람들이 자유로운 상태로 태어난다면"이다. 그리고 주석에서 스피노자는 "모세가 최초의 인간에 대한 이 이야기에서 말하고자 했던 것"에 대해 언급하고 있다.]

보존만을 지향하는 데 반해, 자연은 인간의 보존은 전혀 고려하지 않고 인간이 한낱 작은 부분에 지나지 않는 전 우주와 관련된 무한히 많은 다른 법칙들을 포괄한다. 그러나 다른 한편으로, 이성 상태는 자연 상태 자체와 다른 별개의 질서에 속하지 않는다. 이성은 그것의 "명령들"에서도 자연에 상반된 것을 결코 요구하지 않는다. 단지 각자 자기 자신을 사랑하고, 자기에게 고유하게 유용한 것을 추구하고, 자신의 작용 역량을 증가시킴으로서 자기 존재를 보존하기 위해서 노력할 것을 요구할 뿐이다.[22] 따라서 이성의 노력에 인위적인 것이나 관습적인 것은 없다. 이성은 인위적인 것에 의해서가 아니라 관계들의 자연적 합성에 의해서 나아간다. 그리고 이성은 계산이 아니라 일종의 인간에 의한 인간에 대한 직접적인 식별에 의해 나아간다.[23] 이성적이라고 가정된 존재들 혹은 이성적으로 되어가는 존재들이 일종의 상호 계약을 맺을 필요가 있는지의 문제는 매우 복합적인 문제다. 그리고 그 수준에서 계약이 있다고 하더라도, 그 계약이 관습적인 자연권 포기나 인위적인 제한을 의미하는 것도 아니다. 이성 상태는, 자신의 역량에 상응하는 자연권을 향유하면서, 더 우월한 신체와 더 우월한 영혼을 형성하는 것과 같다. 만일 두 개체가 그들의 관계를 완전히 합성하면, 두 배 더 큰 자연권을 갖는 두 배 더 큰 개체를 자연적으로 형성하기 때문이다.[24] 이성 상태는 어떤 일로도 자연권을 박탈하거나 제한하지 않는다. [반대로] 이성 상태에 의

---

22 E4P18S.
23 이성의 생성 혹은 형성 관념은 이미 홉스에 의해서 전개되었다(les commentaire de R. Polin, Politique et philosophie chez Thomas Hobbes, PUF, 1953, pp. 26~40 참조). 홉스와 스피노자 둘 모두 이성의 활동을 일종의 덧셈으로, 전체의 형성으로 생각했다. 그런데 홉스에게는 그것은 계산에 대한 것이고, 스피노자에게는, 적어도 권리상으로는 직관의 대상인, 관계들의 합성에 대한 것이다.
24 E4P18S.

해 자연권은 역량으로 상승되며, 이 역량 없이는 그 권리는 비실재적이고 추상적일 것이다.

그렇다면 이성 상태와 자연 상태의 차이는 무엇으로 귀착되는가? 자연의 질서에서, 모든 물체는 다른 물체들과 마주치지만, 그 물체의 관계가 그 물체가 마주치는 다른 물체들의 관계와 반드시 합성되는 것은 아니다. 마주침과 관계의 일치는 자연 전체의 수준에서만 일어난다. 그 일치는 간접 무한 양태에서 집합과 집합으로 일어난다. 그렇지만 우리가 본질들의 계열에 주의를 기울이면, 자연 전체의 노력을 예시하는 어떤 노력을 목격할 수 있다. 최고의 본질들은 이미 실존 속에서 **그들 자신**의 마주침들을, **그들의 관계**와 합성되는 관계들과 일치시키려고 노력하고 있다. 완전하게 성공할 수는 없는 이 노력이 이성의 노력을 구성한다. 이런 의미에서 이성적 존재는 자기 식으로 자연 전체의 노력을 재생산하고 표현한다고 말할 수 있다.

### 이성의 노력을 도와주는 심급의 필요성 ― 도시 국가: 시민 상태와 이성 상태의 차이점과 유사점

그런데 인간들은 어떻게 합성되는 관계 아래서 서로 마주치며 이성적 연합을 형성하게 되는가? 인간이 이미 이성적이라고 가정되는 한에서만 인간은 서로 합치한다.[25] 우연한 마주침에 따라서 사는 한, 우발적 정념들로 변용되는 한, 인간들은 각기 다른 방향으로 이끌리며, 정확

25 E4P35.

히 말해 합치하는 관계 아래서 서로 마주칠 기회를 갖지 못한다. 즉 그들은 서로 상반된다.[26] 매우 시간이 걸리는 경험, 매우 시간이 걸리는 경험적 형성 과정에 준거하면, 이 모순을 피할 수도 있다. 그러나 이는 바로 다른 난점을 야기한다. 한편으로, 현재의 마주침이 갖는 무게는 항상 이성의 노력을 무로 돌릴 수 있는 위협이다. 게다가 이성의 노력은 잘 해야 삶의 끝에서야 결실을 맺는다. "그런데 그때까지 살 수 있어야 한다."[27] 이성은 자신과 결합하며, 그 형성을 예비하고, 그 과정을 함께하는 다른 종류의 역량에서 도움을 구하지 못하면, 이성은 그 무엇도 아닐 것이고, 결코 자기 자신의 역량을 정복하지 못할 것이다. 이 다른 종류의 역량이란 국가 혹은 도시[28]의 역량이다.

실제로 도시는 결코 이성적 연합이 아니다. 도시는 세 가지 방식으로 이성적 연합과 구별된다. 1) 도시 형성의 동기는 이성의 변용이 아니다. 즉 우리의 관계와 완벽하게 합성되는 관계 아래서 다른 인간에 의해 우리 안에 산출된 변용이 아니다. 도시 형성의 동기는 자연 상태에 대한 공포 혹은 불안, 더 큰 선에 대한 희망이다.[29] 2) 이성의 이상으로서의 전체는 직접적이고 자연적으로 합성되는 관계들에 의해서, 자연적으로 서로 합해지는 역량들 혹은 권리들에 의해서 구성된다. 도시는 그렇지 않다. 인간들은 이성적이지 않기 때문에, 각자 자신의 자연권을 포기해야 한다. 오직 이 양도만이, 그 권리들의 합의 수혜자인 전체의 형성

26 E4P32~34.

27 *TTP*, 16장(II, p. 259, G III, 190)

28 (역주) 들뢰즈가 cité로 번역하고 있는 라틴어 *civitas*는 때로는 도시(가령 TTP)를, 때로는 시민국가 혹은 공동의 부를 위한 공동체(commonwealth)를 뜻한다. 여기서 우리는 '시민국가'라고 옮기는 대신에, 들뢰즈가 선택한 번역어의 어감을 살리기 위하여 '도시'로 번역한다. Curley(2016), Glossary 참조.

29 *TP*, 6장, 1.

을 가능케 한다. 그것이 시민적 협정 혹은 계약이다.[30] 그래서 주권 도시는, 시민들이 합치하고 서로 일치하게 **강제하는** 간접적이고 관습적 관계들을 설립할 역량을 갖는다. 3) 이성은 "그것의 인도 아래 사는 자들"과 감정의 인도 아래 머물러 있는 자들, 스스로를 해방하는 자들과 노예로 머물러 있는 자들 간의 윤리적 구별의 원리다. 그러나 시민 상태는 단지 법에 대한 복종 여부에 따라 정의로운 사람들과 부정의한 사람들을 구별한다. 시민들은 좋음과 나쁨을 판단할 각자의 권리를 포기하고, 이를 국가에 일임한다. 죄-복종, 정의-부정의는 전적으로 사회적인 범주에 속한다. 그리고 도덕적 대립 자체는 사회를 원리이자 환경으로 삼는다.[31]

그럼에도 불구하고 도시와 이성의 이상은 매우 유사하다. 홉스처럼 스피노자도 주권자를, 그의 역량에 상당하는 자연권, 즉 계약당사자들이 포기한 모든 권리에 상당하는 자연권에 의해서 정의한다. 그러나 스피노자의 주권자는, 홉스의 것처럼 개인들의 계약의 수혜자인 제3자

30 *TTP*, 16장(그리고 E4P37S2) 참조. 스피노자에 의하면, 한 사회의 체제가 어떤 것이든, 계약에 의한 권리위임(délégation)은 언제나, (홉스에게서처럼) 제3자를 위해서가 아니라 전체를 위해서, 계약자들 전부를 위해서 이루어진다. 이런 의미에서 프랑세 부인(Mme Francès)이 스피노자가 루소를 예고한다고 말하는 것은 옳다(그녀가 이 전체의 형성을 사고하는 방식에서 루소의 독창성을 과소평가했음에도 불구하고 말이다). "Les Réminiscences spinozistes dans le Contrat social de Rousseau", *Revue philosophique*, janvier 1951, pp.66~67 참조. 그러나 계약에 의해 역량이 도시 전체에 이전되는 것이 사실이라면, 이 작업의 조건들, 그리고 그것과 순수 이성의 작업과의 차이는 도시 전체가 이번에는 그 역량을 왕이나 귀족 의회나 민주 의회에 이전하는 두 번째 계기를 요청하게 된다. *TTP*, 17장에서 암시되는 것처럼, 이것이 첫 번째 계약과 실재적으로 구별되는 두 번째 계약인가? (스피노자는 실제로, 히브리인들이 그들의 역량을 신에게 이전하면서 정치적 전체를 형성했고, 그리고 나서 전체의 역량을 신의 해석자로 간주된 모세에게 이전했다고 말한다. II, p.274 참조) 아니면 첫 번째 계약은 두 번째 계약의 근거로서 추상적으로만 존재하는가?(『정치론』에서 국가는 그 절대적 형식, *absolutum imperium*[절대 국가]로 존재하는 것이 아니라 언제나 군주정, 귀족정, 민주정의 형식으로 나타나는 것으로 보인다. 여기서 민주제가 절대 국가에 가장 가까운 체제이기는 하다.)

31 E4P37S2; *TP*, 2장, 18, 19, 23.

가 아니다. 주권자는 전체이고, 계약은 개인들 간에 이루어지지만, 그 개인들은 계약을 통해 그들이 형성하는 전체에 자신의 권리를 이전한다. 그래서 스피노자는 도시를 집합적 인격, 공통 신체와 공통 영혼, "마치 하나의 정신에 의해 인도되는 것 같은 다중*multitudo*"으로 묘사한다.[32] 도시의 형성 과정이 이성의 형성 과정과 많이 다르고, 도시가 전-이성적이기는 하지만, 이러한 점이 도시가 이성을 모방하고 예비한다는 것을 방해하지 않는다. 실제로 이성과 상반된 비이성적 전체란 존재하지도 않고 존재할 수도 없다. 주권자는 자신의 역량이 미치는 한에서 자기가 원하는 모든 것을 명령할 권리가 있다. 그리고 그는 자신이 설립하는 법의 유일한 재판관이며 따라서 그는 죄를 지을 수도 불복종할 수도 없다. 그러나 정확히 그가 전체이기 때문에 그는 "건전한 이성이 모든 사람에게 추구하라고 가르치는 목표를 지향하는 한에서만" 자신을 그대로 보존할 수 있다. 전체는, 적어도 이성의 외관이라도 갖는 어떤 것을 지향하는 않으면 자신을 보존할 수 없다.[33] 개인들이 자신의 권리를 양도하는 계약에는 이해타산(더 큰 악에 대한 공포, 더 큰 선에 대한 희망) 외에 다른 동기는 없다. 만일 시민들이 다른 무엇보다도 도시를 두려워하게 되면, 도시는 분열되어 역량을 상실하게 되고, 그와 동시에 시민들은 다시 자연 상태에 놓이게 된다. 따라서 도시의 고유한 본성은 도시로 하여금 가능한 한 이성의 이상을 추구하도록, 그것의 법 전체를 이성과 일치시키려고 노력하도록 결정한다. 그리고 도시는 시민들에게서 슬픈 정념(공포, 혹은 희망조차도)을 더 적게 산출하고 슬픔보다는 기쁜 변용들에

---

32 *TP*, 3장, 2.
33 *TTP*, 16장(II, pp. 262~263). 그리고 *TP*, 2장, 21; 3장, 8; 4장, 4; 5장, 1.

의지할수록, 그만큼 더 이성과 합치할 것이다.[34]

　이 모든 것은 "좋은" 도시에 대한 것으로 이해되어야 한다. 왜냐하면 개인의 경우와 마찬가지로 도시의 경우에도, 때로는 감지하기 힘든 많은 원인들이 개입해서 본성을 변질시키고 파멸을 유발하기 때문이다. 그러나 좋은 도시의 관점에서는 여기에 두 가지 다른 논변이 추가된다. 우선, 시민이 "자신의 자연권을 포기한다"는 것은 무엇을 의미하는가? 분명 존재 속에서의 존속을 포기하는 것은 아니다. 그것은 **어떤 개인적 변용들**에 따라서 결정되기를 포기하는 것이다. 시민은 좋고 나쁜 것을 개인적으로 판단할 권리를 포기하고, 따라서 **공통적이고 집합적인 변용들**을 받아들이기로 약속한다. 그러나 그 변용들에 따라서 시민은, 자신의 존재 속에서의 존속을 개인적으로 계속하고, 자신의 실존을 보존하고 자신의 이익을 좇기 위해 할 수 있는 모든 것을 하기를 개인적으로 계속한다.[35] 이런 의미에서 스피노자는 각자가 도시의 규칙에 따라서 자신의 자연권을 포기하지만, 그럼에도 불구하고 시민 상태에서 이 자연권을 고스란히 보존한다고 말할 수 있다.[36] 다른 한편, **이성의 변용들**은 도시에 의존하지 않는다. 인식하고 사유하고 자기 생각을 표현하는 역량은 양도 불가능한 자연권으로 남는다. 그리고 도시는 시민들과 단순

---

34 도시 형성의 동기는 언제나 공포와 희망, 즉 더 큰 악에 대한 공포와 더 큰 선에 대한 희망이다. 그러나 그것들은 본질적으로 슬픈 정념들이다(E4P47 참조). 일단 도시가 수립되면, 그것은 처벌의 공포나 보상의 희망보다는 자유에 대한 사랑을 불러일으켜야 한다. "덕에 대한 보상은 자유인이 아니라 노예에게 준다."(TP, 10장, 8)

35 TP, 3장, 3과 8.

36 두 가지 중요한 텍스트(「편지 50」, 옐레스에게, III, p.172와 TP, 3장, 3)에서 스피노자는 자신의 정치 이론이 [홉스의 것과 달리] 시민 상태 자체에서도 자연권을 유지하는 특징을 갖고 있다고 말한다. 이 선언은 두 가지 경우에서 다르게 해석된다. 그의 자연권에 의해서 정의되는 주권자의 경우, 그 권리는 신민들이 포기하는 권리의 합과 같다. 신민들의 경우, 그들은 존재 속에서 존속하려는 그들의 자연권을 보존하는데, 비록 그 권리가 이제는 공통의 변용들에 의해서 결정되는데도 불구하고 그렇다.

한 폭력적 관계를 다시 맺지 않고서는 그 권리를 침해할 수 없다.[37]

　"좋은" 도시는 때로는 이성적이지 않은 사람들을 위해 이성의 역할을 대신하고, 때로는 자기 식으로 이성의 활동을 예비하고 예시하고 모방한다. 좋은 도시는 이성 자체의 형성을 가능하게 만든다. 스피노자의 두 개의 명제를 과도한 낙관론의 증거로 간주해서는 안 될 것이다. 결국에는 그리고 그 무엇에도 불구하고, 도시가 인간이 이성적 존재가 될 수 있는 최고의 환경이며, 이성적 인간이 살 수 있는 최고의 환경이기도 하다.[38]


윤리학은 능력과 역량의 용어로 문제를 제기한다 ― 윤리학과 도덕의 대립 ― 할 수 있는 것의 끝까지 가기 ― 철학의 실천적 의의 ― 슬픔과 그 원인에 대한 고발 ― 긍정과 기쁨


　세계에 대한 윤리적 관점에서는 언제나 능력과 역량이 문제이다. 그 외에 다른 것은 문제가 되지 않는다. 법은 권리와 동일한 것이다. 자연의 참된 법칙들은 의무의 규칙들이 아니라 능력의 규범들이다. 그래서 금지하고 명령하려는 도덕 법칙은 일종의 신비화를 내포한다. 우리가 자연 법칙들, 삶의 규범들을 이해하지 못할수록, 더욱더 그것들을 명령과 금지로 해석하게 된다. 철학자가 그 말을 사용하기를 주저할 정도로 법칙이라는 말에는 도덕적 여운이 짙게 서려 있다. 차라리 "영원 진

---

37 *TTP*, 20장(III, pp. 306~307). 그리고 *TP*, 3장, 10: "이성을 사용하는 한에서 영혼은 주권자에게 의존하는 것이 아니라 자기 자신에게 의존한다."
38 E4P35S, E4P73&Dem.

리"는 말을 쓰는 편이 더 낫다. 사실 도덕 법칙 혹은 의무는 순전히 시민적이고 사회적이다. 오직 사회만이 지시하고 금지하고 위협하고 희망을 갖게 하고 보상하고 처벌한다. 물론 이성도 도의심*pietas*과 종교*religio*를 포괄하며, 이성의 수칙, 규칙 혹은 "명령"이 있기는 하지만, 그 명령의 목록만 봐도 그것이 의무들이 아니라 영혼의 "힘"과 그것의 작용 역량에 관한 삶의 규범들임을 쉽게 알 수 있다.[39] 물론 이 규범들이 통상적인 도덕 법칙들과 일치할 수도 있다. 그러나 한편으로 그러한 일치는 그렇게 빈번하지 않고, 다른 한편으로 도덕의 명령이나 금지와 유사한 어떤 일을 이성이 권하거나 고발하더라도 이성은 언제나 도덕의 이유와는 전혀 다른 이유로 그렇게 한다.[40] 『윤리학』은 감정, 행동, 의도를, 초월적 가치가 아니라 그것들이 전제 혹은 내포하는 실존 방식과의 관련 속에서 판단한다. 약하고 노예 상태이고 무능하다는 조건에서가 아니면 할 수 없는 것들, 심지어 말할 수도 믿을 수도 경험할 수도 생각할 수도 없는 것들이 있고, 자유롭거나 강하다는 조건에서가 아니면 할 수도 경험할 수도 … 없는 다른 것들이 있다. **내재적인 실존의 방식들에 의한 설명 방법**이 그렇게 초월적 가치들에 의지하는 방법을 대신한다. 어쨌든 문제는 이것이다. 예컨대 그 감정은 우리의 작용 역량을 증가시키는가 아닌가? 우리가 우리의 작용 역량을 형상적으로 소유할 수 있도록 그 감정이 도움을 주는 것은 아닌가?

"우리가 할 수 있는 것의 한계까지 가보기"는 윤리 고유의 과업이

---

39 언제나 우리의 작용 역량과 상관적인 도의심(*pietas*)과 종교(*religio*)에 대해서는, E4P37S1과 E5P41 참조. 이성의 '명령*dictamina*'에 대해서는, E4P18S 참조.

40 예컨대, 이성은 증오와 그것에 관계되는 모든 것을 고발한다(E4P45, P46). 그러나 그것은 오로지 증오가 그것이 함축하는 슬픔과 분리될 수 없기 때문이다. 희망, 동정, 겸손, 후회도 마찬가지로 고발되는데, 그것들 역시 슬픔을 함축하기 때문이다(E4P47, P50, P53, P54).

다. 그 때문에 『윤리학』은 신체를 모델로 삼는다. 왜냐하면 모든 신체는 자신의 역량을 그것이 할 수 있는 만큼 펼치기 때문이다. 어떤 의미에서 모든 존재는 매 순간 자기가 할 수 있는 것의 한계까지 간다. "그가 할 수 있는 것"이란 변용 능력이며, 이는 그 존재가 다른 존재들과 맺는 관계를 통해서 필연적이고 일관적으로 실현된다. 그런데 다른 의미에서 우리의 변용 능력은, 우리가 우리의 작용 역량과 분리되고 그 역량이 끊임없이 감소하는 방식으로 실현될 수 있다. 이 두 번째 의미에서 우리는 "우리가 할 수 있는 것"과 분리된 채 살게 된다. 그것은 심지어 대부분의 시간 동안 대부분의 사람들이 겪는 운명이기도 하다. **약자, 노예는 절대적 관점에서 힘이 약한 사람이 아니다.** 힘의 크기와 관계없이 약자는 그의 작용 역량과 분리되어 있는 자, 예속되어 있거나 무력해져 있는 자이다. 자기 능력의 한계까지 간다는 것은 다음 두 가지를 의미한다. 어떻게 우리의 작용 역량이 증가하는 방식으로 우리의 변용 능력을 실행할 것인가? 그리고 어떻게 우리가 마침내 능동적 변용들을 산출할 정도로 그 역량을 증가시킬 것인가? 따라서 약자와 강자, 노예와 자유인이 있다. 자연에는 선악, 즉 도덕적 대립은 없고, 윤리적 차이가 있다. 이 차이는 우리의 경험, 행동, 생각에 함축된 내재적 실존 방식의 차이이다.

이 윤리적 개념은 근본적인 비판을 포함한다. 스피노자는 위대한 전통에 속한다. 그에 따르면 철학자의 실천적 과업은 모든 신화, 모든 신비화, 모든 "미신"을 그들의 기원이 무엇이든 비판하는 것에 있다. 우리가 보기에, 이 전통은 자연주의 철학과 밀접하다. 미신은 우리를 우리의 작용 역량과 분리시키고 끊임없이 그 역량을 감소시키는 모든 것이다. 그래서 미신의 원천은 슬픈 정념들의 연쇄, 공포, 공포와 연쇄되는 희망, 우리를 환영에 빠뜨리는 불안이다.[41] 루크레티우스처럼 스피노자도 기쁜 신화나 기쁜 미신은 없다는 것을 안다. 루크레티우스처럼 스피노자도 적극적인 자연의 이미지와 신들의 불확정성을 대립시킨다. 자연과 대립하는 것은 문화도 이성 상태도 심지어 시민 상태도 아니고, 오직 인간의 모든 기획을 위협하는 미신뿐이다. 또한 루크레티우스처럼 스피노자도 슬픔에 해당하는 모든 것, 슬픔을 먹고 사는 모든 것, 자신의 권력을 확고히 하기 위해 슬픔을 필요로 하는 모든 자들을 고발하는 과업을 철학자에게 부여한다. "군주 통치의 최대 비밀이자 그것의 주요 관심은, 사람들을 통제할 공포를 종교라는 가면으로 변장시켜서 사람들을 속이는 것이다. 그 결과로 사람들은 마치 그것이 자신들의 구원이라도 되는 것처럼 예속을 위해 싸우게 된다."[42] 슬픈 정념들의 평가절하, 슬픈 정념들을 배양하고 이용하는 자들에 대한 고발이 철학의 실천적 대상을 형성한다. 『윤리학』에서 가장 빈번하게 등장하는 테마 중의 하나는 이것이다. 슬픔인 것 모두는 나쁘고 우리를 노예로 만든다. 슬픔을 함축하는 모든 것은 폭군을 표현한다.

"어떤 신의 역량이나 그 어떤 자도, 시기하는 자가 아니라면, 나의 무능력과 고통에 대해 즐거워하지 않을 것이며, 눈물, 흐느낌, 공포 등, 무능력한 우리 영혼의 기호들인 이런 종류의 표현들을 우리의 덕으로 여기지 않을 것이다. 반대로 우리가 더 큰 기쁨으로 변용되면 우리는 그만큼 더 큰 완전성으로 이행한다. 즉 우리가 필연적으로 그만큼 더 신적 본성을 분유하게 된다." "모든 것이 신적 본성의 필연성에 따라 나오

---

41 스피노자가 *TTP* 서문에서 미신에 대해 행한 분석은 루크레티우스의 그것과 매우 유사하다. 미신은 본질적으로 탐욕과 불안의 혼합으로 정의된다. 그리고 미신의 원인은 혼동된 신 관념이 아니라 공포와 슬픈 정념들과 그것들의 연쇄이다(*TTP*, 서문, II, p. 85).
42 *TTP*, 서문(II, p. 87).

며, 자연의 영원한 법칙들과 규칙들에 따라서 일어난다는 것을 잘 아는 사람은 분명히 증오하거나 조롱하거나 경멸할 만한 것을 전혀 발견하지 못할 것이고, 어느 무엇에 대해서도 동정하지 않을 것이다. 그 대신 인간의 덕이 허락하는 한에서, 사람들이 말하는 것처럼, 좋게 행동하고 기쁨을 느끼려고 노력할 것이다." "덕을 가르치는 것보다는 악덕을 비난하는 것을 더 잘 알며, 이성에 의해 사람들을 인도하기보다는 공포에 의해 사람들을 억제해서 그들이 덕을 사랑하기보다는 악을 피하게 만드는 데 전념하는 미신에 빠진 자들은 사람들을 그들 자신만큼 불행하게 만드는 것 이외에 다른 것을 추구하지 않는다. 따라서 그들이 대개는 사람들에게 성가신 존재이고 불쾌감을 주는 존재라는 것은 놀랍지 않다." "연인에게 냉대 받은 사람은 여성의 변덕과 기만하는 정신, 흔히들 말하는 여성의 악덕들만 생각하게 되지만, 그 연인에 의해 다시 환대 받으면 즉시 이 모든 것을 잊어버린다. 그래서 오로지 자유에 대한 사랑에 따라서*ex solo Libertatis amore* 자신의 감정과 욕구를 규제하려는 사람은 그가 할 수 있는 한에서 덕과 덕의 원인을 인식하고 그것에 대한 참된 인식에서 생기는 만족으로 자기 영혼을 채우려고 노력할 것이다. 그러나 사람들의 악덕을 고찰하고 사람들을 깎아내리고 자유의 거짓 가상에서 기쁨을 느끼려고 노력하지는 않을 것이다." "자유로운 사람은 죽음에 대해 다른 어떤 것보다도 더 적게 생각하며, 그의 지혜는 죽음에 대한 숙고가 아니라 삶에 대한 숙고이다."[43]

『윤리학』 4부의 여러 주석에서 스피노자가 기쁨과 기쁨의 정념에 근거하여 인간에 대한 엄밀하게 윤리적인 개념을 형성하는 것을 볼 수

43 E4P45S2, E4P50S, E4P63S, E5P10S, E4P67 참조.

있다. 스피노자는 그것을 오로지 슬픔의 정념에만 근거하는 미신적 혹은 풍자적 인간 개념과 대립시킨다. "대부분의 사람들은 윤리학 대신에 풍자 작품을 썼다."[44] 보다 근원적인 수준에서 스피노자는 자신들이 이용하는 슬픔의 정념을 사람들에게 불러 일으켜야 사람들을 지배할 수 있는 억압적 권력자들("인간의 영혼을 파괴할 줄만 아는 자들")을 고발한다.[45] 몇몇 슬픔의 정념은 사회적 효용이 있다. 공포, 희망, 겸손, 심지어 후회까지도 그렇다. 그러나 우리가 이성의 인도 아래서 살지 않는 한에서 그렇다.[46] 모든 정념, 심지어 **희망**과 **안심**까지도, 그것이 슬픔을 함축하는 한 그 자체로는 나쁘다는 점에는 변함이 없다.[47] 도시는 기쁨의 변용들에 더 많이 의지하면 할수록 그만큼 더 좋다. 자유에 대한 사랑이 희망과 공포와 안심을 압도해야 한다.[48] 이성의 유일한 명령, 도의심과 종교의 유일한 요구는 최대한의 수동적 기쁨을 최대한의 능동적 기쁨과 연쇄시키라는 것이다. 왜냐하면 기쁨만이 우리의 작용 역량을 증가시키는 수동적 변용이며, 기쁨만이 능동적 변용일 수 있기 때문이다. 노예는 그의 슬픔의 정념으로 식별되고, 자유인은 그의 수동적 기쁨과 능동적 기쁨으로 식별된다. 기쁨의 의미는 엄밀하게 윤리적인 의미로서 그 모습을 드러낸다. 기쁨과 실천의 관계는 긍정 자체와 사변의 관계와 같다. 스피노자의 자연주의는 실체 이론에서는 사변적 긍정에 의해서, 양태 개념에서는 실천적 기쁨에 의해서 정의된다. 순수 긍정의 철학인 『윤리학』은 그 긍정에 대응하는 기쁨의 철학이기도 하다.

---

44 *TP*, 1장, 1.
45 E4App13.
46 E4P54S.
47 E4P47S.
48 *TP*, 10장, 8.

# 17장. 공통 개념

첫 번째 물음:어떻게 우리는 최대한의 기쁜 정념을 경험하게 되는가? — 두 번째 물음:어떻게 우리는 능동적 변용을 경험하게 되는가? — 수동적 기쁨과 능동적 기쁨

스피노자주의는 신 안에 자리 잡는 철학도, 신 관념에서 자연적 출발점을 얻는 철학도 아니다. 반대로 우리가 관념을 갖는 조건은 우리에게 부적합한 관념들만을 가지라고 선고하는 것 같다. 우리가 변용되는 조건은 우리에게 수동적 변용들만을 경험하라고 선고하는 것 같다. 우리의 변용 능력을 자연적으로 실행하는 변용들은 그 역량을 최소로 축소하고, 우리를 우리의 본질 혹은 우리의 작용 역량과 분리하는 수동들이다.

실존에 대한 이 비관적 평가에서, 그럼에도 불구하고 최초의 희망이 나타난다. 능동과 수동의 첨예한 구별에도 불구하고 두 종류의 수동(정념) 간의 선행하는 구별을 무시해서는 안 된다. 물론 모든 정념은 더와 덜이라는 정도의 차이는 있지만 우리를 우리의 작용 역량과 분리해 놓는다. 우리가 정념들로 변용되는 한에서, 우리는 우리의 작용 역량을 형상적으로 소유하지 못한다. 그러나 기쁨의 정념들은 우리를 그 역량에 다가가게 한다, 즉 그 역량을 증가시키거나 촉진한다. 반대로 슬픈

정념들은 우리를 그 역량에서 멀어지게 한다, 다시 말해 그 역량을 감소시키거나 방해한다. 따라서 『윤리학』의 첫 번째 물음은 이것이다. 최대의 기쁜 정념으로 변용되기 위해 무엇을 할 것인가? 자연은 그 점에서는 우리에게 호의적이지 않다. 그러나 우리는 이성의 노력에 의지해야 하고, 도시에서 그것을 가능하게 하는 조건들을 찾는 경험적이고 매우 느린 노력에 의지해야 한다. 이성은, 그것의 발생 원리에서는, 혹은 그것의 초기 양상에서는, 우리가 최대의 기쁜 정념으로 변용되도록 마주침들을 조직하는 노력이다. 실제로 기쁜 정념은 우리의 작용 역량을 증가시킨다. 이성은 이해 역량, 영혼에 고유한 작용 역량이다. 따라서 기쁜 정념들은 이성과 합치하며, 우리를 이해로 인도하거나 우리가 이성적이 되도록 결정한다.[1]

그러나 우리의 작용 역량이 증가하는 것만으로는 충분하지 않다. 그것은 무한정하게 증가할 수 있을 것이고, 기쁜 정념들은 다른 기쁜 정념들과 무한정하게 연쇄될 수 있을 것이지만, 우리는 아직 우리의 작용 역량을 형상적으로 소유하지는 못할 것이다. 수동을 합한다고 능동이 되지는 않는다. 따라서 기쁜 정념들이 쌓이는 것만으로는 충분하지 않다. 우리는 이 축적을 이용하여, 우리 자신이 그 원인인 능동적 변용들을 경험하기 위해서 우리의 작용 역량을 정복할 수단을 찾아야 한다. 따라서 『윤리학』의 두 번째 물음은 이것이다. 자신 안에 능동적 변용들을 산출하기 위해 무엇을 할 것인가?

1) 능동적 변용은, 그것이 만일 실존한다면 필연적으로 기쁨의 변용이다. 능동적 슬픔이란 없는데, 왜냐하면 모든 슬픔은 우리의 작용 역

---

1 "기쁨은 좋은 한에서 이성과 합치하다. 왜냐하면 그것은 인간의 작용 역량이 증가되거나 촉진된다는 것이기 때문이다."(E4P59Dem)

량의 감소이기 때문이다. 그러므로 기쁨만이 능동적일 수 있다.[2] 실제로, 우리의 작용 역량이 우리가 그것을 형상적으로 소유할 정도로 증가하면, 필연적으로 능동적 기쁨들인 변용들이 생긴다.[3] 2) 능동적 기쁨은 수동적 기쁨과는 "다른" 감정이다.[4] 그럼에도 스피노자는 그 둘 간의 구별이 사고상의 구별일 뿐임을 암시한다.[5] 그 두 감정은 원인에 의해서만 구별되기 때문이다. 수동적 기쁨은 우리와 합치하는 대상에 의해서 산출되는데, 이때 그 대상의 역량은 우리의 작용 역량을 증가시키지만 우리는 아직 그것에 대한 적합한 관념을 갖지 못한다. 능동적 기쁨은 우리 자신에 의해서 산출되고, 우리의 작용 역량 자체에서 파생하며, 우리 안의 적합한 관념에서 따라 나온다. 3) 수동적 기쁨들이 우리의 작용 역량을 증가시키는 한에서, 그것들은 이성과 **합치한다**. 그러나 이성은 영혼의 작용 역량이므로, 능동적이라고 가정된 기쁨들은 이성에서 **생긴다**. 스피노자가 이성과 합치하는 것[수동적 기쁨들]이 이성에서 생길 수도 있음을 암시할 때, 그가 말하려는 것은 모든 수동적 기쁨은 원인에 의해서만 그와 구별되는 능동적 기쁨을 야기할 수 있다는 것이다.[6]


**물체들의 합치, 관계들의 합성, 그리고 합성의 공통성 — 더 혹은 덜 일반적인**


2 E3P59&Dem.
3 E3P58&Dem, E4P59Dem.
4 E3P58.
5 능동적 감정과 수동적 감정은 각각 적합한 관념과 부적합한 관념으로서 서로 구별된다. 그런데 변용에 대한 부적합한 관념과 적합한 관념 간의 구별은 단지 사고상의 구별일 뿐이다. (E5P3Dem)
6 E4P51Dem 참조. [(역주) "호감은 이성에 상반되지 않고 오히려 그것과 합치할 수 있으며 또한 거기서 생길 수 있다."]

관점 — 공통 개념들: 일반성에 따른 그것들의 다양성 — 공통 개념은 일반 관념이지만 추상 관념은 아니다 — 추상 관념에 대한 비판 — 스피노자에서 조프루아 생띨레르까지 — 공통 개념은 필연적으로 적합하다 — 어떻게 우리는 적합한 관념들을 형성하게 되는가?라는 물음에 대한 대답 — 공통 개념과 표현

전적으로 합치하는 두 물체, 즉 그들의 모든 관계들을 합성하는 두 물체가 있다고 가정해 보자. 그들은 전체의 부분들과도 같아서, 그 전체는 이 부분들에 대해서 **일반적 기능**을 수행하고, 그 부분들은 전체와 관련하여 **공통 특성**을 갖는다. 따라서 전적으로 합치하는 두 물체는 구조의 동일성을 갖는다. 그들은 그들의 모든 관계들을 합성하기 때문에, 유비, 합성의 유사성 혹은 공통성을 갖는다. 이제 점차 덜 합치하고 있는, 혹은 서로 상반되는 물체들을 가정해 보자. 그들 각각의 구성적 관계는 더 이상 직접적으로 합성되지 않고, 오히려 그 물체들 간의 모든 닮음이 배제되는 것으로 보일 정도로 상당한 차이가 있다. 그럼에도 불구하고 여전히 합성의 유사성 혹은 공통성이 있지만, **점점 더 일반적인**, 그리하여 그 극한에서 전 자연을 고려하는 **관점**에서 볼 때 그렇다. 실제로, 두 물체가 형성한 "전체"는 두 물체에 의해 직접 형성된 것이 아니라, 우리가 한 물체에서 다른 물체로 이행할 수 있게 하는 모든 매개들과 함께 형성된 것으로 보아야 한다. 전 자연에서는 모든 관계들이 합성되므로, 자연에는 가장 일반적인 관점에서 모든 물체들에 유효한 합성의 유사성이 있다. 우리는 단지 한 물체의 궁극적 부분들 간의 관계를 바꾸기만 해도, 한 물체에서 다른 물체(완전히 다른 물체라고 할지라도)로 이행할 수 있다. 왜냐하면 부분들이 동일하게 있는 우주 전체에서는, 오직 관계들만이 변하기 때문이다.

여기에 스피노자가 "공통 개념"이라고 부르는 것이 있다. 공통 개

넘은 언제나 실존 양태들의 합성의 유사성에 대한 관념이다. 그런데 바로 이런 의미에서 공통 개념의 여러 유형이 있다. 스피노자에 의하면, 공통 개념은 더 유용하거나 덜 유용하고, 그것을 형성하기가 더 쉽거나 덜 쉽다. 또 더 보편적이거나 덜 보편적이기도 한데, 다시 말해 그것들은 더 일반적이거나 덜 일반적인 관점에 따라서 조직된다.[7] 실제로 공통 개념을 크게 두 종류로 구별할 수 있다. 가장 덜 보편적인(그렇지만 가장 유용한) 공통 개념들은 직접적으로 그리고 그들 자신의 관점에서 합치하는 물체들 간의 합성의 유사성을 재현하는 것들이다. 예컨대 어떤 공통 개념은 "인간 신체와 **어떤** 외부 물체들에 공통되는 것"을 재현한다.[8] 따라서 이 개념들은 우리에게 양태들 간의 합치를 이해시킨다. 그것들은 우연히 관찰된 합치에 대한 외면적 지각에 머물지 않고, 합성의 유사성에서 신체들의 합치의 내적이고 필연적인 이유를 찾아낸다.

그 반대편에서, 가장 보편적인 공통 개념은 합성의 유사성 혹은 공통성을 재현하지만, **그것들 자신의** 관점에서가 아니고 매우 일반적인 관점에서 합치하는 물체들 간의 합성의 유사성 혹은 공통성을 재현한다. 따라서 그것은 "모든 사물들에 공통적인 것", 예컨대 연장, 운동과 정지를, 다시 말해 전 자연의 관점에서 무한하게 합성되는 관계들의 보편적 유사성을 재현한다.[9] 이 개념들도 유용하다. 왜냐하면 그것들은 우리에게 불합치 자체를 이해시키고, 그 불합치의 내적이고 필연적인 이유를 주기 때문이다. 그것들은, 두 물체 간의 가장 일반적인 합치가 멈추게 되는 관점을 우리가 규정할 수 있게 해준다. 그것들은 우리가 그 두 물

---

7 "더 유용하거나 덜 유용한, 발견 또는 형성하기에 더 쉽거나 덜 쉬운."(E2P40S1) "더 혹은 덜 보편적인(*maxime universales, minime universalia*)."(*TTP*, 7장, II, p. 176)
8 가장 덜 보편적인 공통 개념들의 경우(E2P39).
9 가장 보편적인 공통 개념들의 경우(E2P37~38).

체 자체의 "덜 보편적인" 관점에서 볼 때 상반성이 어떻게 그리고 왜 등장하게 되는지를 제시해 준다. 우리는 사고 실험을 통해서 하나의 관계를, 그에 대응하는 물체를 이를테면 자신의 신체에 "상반된" 본성을 띠게 될 정도로까지 변이시킬 수 있다. 우리는 그렇게 해서 각각 특정 관계를 가진 물체들 간의 불합치가 어떠한 것인지 이해할 수 있다. 스피노자가 모든 공통 개념들을 망라하여 그 역할을 지정할 때, 정신은 사물들 간의 합치만이 아니라 차이와 대립까지도 이해하도록 내부로부터 결정된다고 말하는 것은 이 때문이다.[10]

스피노자는 한편에서 공통 개념들, 그리고 다른 한편에서 초월적 명사들(존재, 사물, 어떤 것) 혹은 보편 개념들(유와 종, 인간, 말, 개)을 세심하게 구별한다.[11] 그렇지만 공통 개념들 자체는 보편적이고, 그것들의 일반성의 정도에 따라서 "더 혹은 덜" 보편적이다. 따라서 스피노자는 보편을 공격하는 것이 아니라, 단지 추상적 보편이라는 특정한 개념만을 공격한다고 생각해야 한다. 마찬가지로, 스피노자는 유와 종 개념 일반을 비판하지 않는다. 스피노자 그 자신도 자연적 유형들로서 말이나 개에 대해, 규범적 유형 혹은 모델로서의 인간 자체에 대해 말한다.[12] 거기서도 스피노자가 단지 유와 종들의 특정한 추상적 규정만을 공격한다고 생각해야 한다. 실제로, 추상 관념은 두 측면에서 그 불충분성이 드러난다. 우선 한 측면에서, 그것은 사물들 간에 감각적이고 거친 차이들만을 유지한다. 이 개념에서 우리는 상상하기 쉬운 감각적 특징을 선

---

10 "정신이 내부로부터 결정되어, 다시 말해 여러 사물을 동시에 생각해서, 사물들의 합치, 차이, 대립을 이해하게 될 때마다, 실제로 정신이 이러저러한 방식으로 내부로부터 배치될 때마다, 정신은 내가 아래서 보여 주겠지만, 사물들을 명석 판명하게 생각한다."(E2P29S)
11 E2P40S1.
12 E4Pref 참조.

택하고, 그 특징을 소유하는 대상들과 소유하지 않는 대상을 구별하고, 그것을 소유하는 것 모두를 동일시한다. 우리는 미세한 차이들을 무시하게 되는데, 정확히 그 이유는 대상들의 수가 우리 상상 능력의 한도를 넘어서면 대상들이 서로 혼동된다는 점에 있다. 다른 측면에서, 감각적인 차이는 본성상 극단적으로 가변적이다. 이것은 우연적인 것으로, 우발적 마주침에서 대상들이 우리 각각을 변용하는 방식에 의존하기 때문이다. "인간의 자세를 더 자주 경이롭게 본 사람은 인간이라는 단어를 직립 동물로 이해한다. 이에 반해 다른 것을 보는 데 익숙한 사람은 인간에 대해 다른 공통 이미지를 형성할 것이다. 가령 인간은 웃을 수 있는 동물, 날개 없는 두 발 달린 동물, 이성적 동물이다."[13] 그리고 선택된 특징은 각 개인에 따라서 다를 뿐만 아니라, 동일한 개인을 변용하는 대상들에 따라서도 다르다. 어떤 대상은 그것의 감각적 형태에 의해 정의될 것이고, 다른 것들은 가정된 쓸모나 용도, 혹은 존재 방식 등에 의해서 정의될 것이다. 어쨌든, 추상 관념은 근본적으로 부적합하다. 그것은 우리의 사유 역량에 의해 설명되지 않고 반대로 우리의 무능력을 함축하는 이미지다. 그리고 그것은 사물들의 본성을 표현하지 않고, 오히려 우리의 구성의 가변적인 상태를 지시하는 이미지다.

이 모든 것에서, 스피노자가 공통 감각의 절차들뿐만 아니라 아리스토텔레스주의 전통 또한 공격한다는 점은 분명하다. 아리스토텔레스의 생물학에서 유와 종을 차이를 통해 정의하려는 노력이 나타난다. 그런데 이 감각적 차이는 고려되고 있는 동물에 따라서 본성상 매우 다양하다. 이 전통에 반대해서, 스피노자는 위대한 원리를 제안한다. 감각적

13 E2P40S1.

형태나 기능이 아니라 구조들을 고려하라.[14] 그러나 이 "구조"란 무엇을 의미하는가? 그것은 물체의 부분들(이 부분들은 기관들이 아니라 그 기관들의 해부학적 요소들이다) 간의 관계들의 체계이다. 각각의 다른 물체들에서 관계들이 어떻게 달라지는지를 탐구해야 한다. 두 물체가 아무리 차이가 난다고 해도 우리는 그들 간의 닮음을 직접 규정할 수단을 가질 수 있다. 특정 동물에서 한 기관의 형태와 기능은 다만 유기체의 부분들 사이의 관계들에 의존할 뿐이며, 다시 말해 일정한 해부학적 요소들 사이의 관계들에 의존한다. 그 극한에서, 자연 전체는 그 부분 사이의 관계만 변이하는 하나의 동일한 동물이다. 감각적 차이들에 대한 검사는 유사성에 대한 검사로 대체되며, 후자는 가지적이고, 우리로 하여금 그 닮음과 차이를 "내부로부터" 이해하게끔 하는 데 적합한 것이다. 스피노자의 철학에서 공통 개념은 자연학적 혹은 수학적 관념이지만 그 이상으로 생물학적인 관념이기도 하다. 공통 개념은 모든 목적성을 배제하는 자연 철학에서 진정으로 '이념들'의 역할을 수행한다. (물론 스피노자는 공통 개념의 이러한 측면에 대해 거의 언급하고 있지는 않다. 그런데 사실 공통 개념의 여러 측면에 대한 언급 자체가 드물다. 우리는 곧 그 이유를 보게 될 것이다. 그럼에도 불구하고 이러한 언급들은 합성의 통일성이라는 위대한 원리로 가는 길에서, 스피노자를 조프루아 생띨레르의 선구자로 만들기에 충분한 것이다.[15])

14 "지금까지 아무도 신체의 모든 기능을 설명할 수 있을 정도로 정확하게 신체 구조(*fabrica*)를 인식하지는 못했기 때문이다."(E3P2S)
15 에티엔 조프루아 생띨레르(Etienne Geoffroy Saint-Hilaire)는 자신의 "자연 철학"을 합성의 통일성 원리에 의해서 정의한다. 그는 자신의 방법을, 형태와 기능을 고려하는 방법인 아리스토텔레스에서 비롯된 고전적 방법과 대립시킨다. 그는 이 방법을 넘어서 일정한 해부학적 요소들 간의 가변적 관계들을 규정하고자 한다. 다양한 동물들은 관계, 각자의 상황, 그 요소들의 의존방식의 변이들에 대응하며, 그 결과 그것들 모두는 하나의 유일하고 동일

공통 개념은 **추상** 관념이 아니라 **일반** 관념이다. 그런데, 그러한 것으로서 공통 개념은 필연적으로 "적합하다". 가장 덜 보편적인 개념들의 경우를 생각해 보자. 나의 신체와 어떤 외부 물체들에 공통적인 것은 그것들 각각에 "동등하게" 존재한다. 따라서 그 공통적인 것에 대한 관념은, 신이 외부 물체들의 관념을 갖고 있을 뿐만 아니라 나의 신체의 관념 또한 갖고 있는 한에서, 신 안에 주어져 있다. 따라서 나 자신은 그 공통적인 어떤 것에 대한 관념을 갖고 있는데, 그것을 신 안에 있는 그대로 갖는다.[16] 이번엔 가장 보편적인 개념들을 생각해 보자. 모든 사물들에 공통적인 것은 부분과 전체에 "동등하게" 존재하며, 따라서 그것의 관념은 신 안에 주어져 있다 등등.[17] 공통 개념 일반은 두 측면에서 필연적으로 적합한데, 이 증명들은 그 근거가 된다. 다른 말로 하면, **공통 개념은 형상적으로는 우리의 사유 역량에 의해서 설명되는 관념이고, 질료적으로는 그들의 작용인으로서의 신 관념을 표현하는 관념이다.** 공통 개념은 우리의 사유 역량에 의해서 설명된다. 왜냐하면 그것들은 신 안에 있는 것과 똑같이 우리 안에 있고, 신의 절대적 능력 아래 놓이는 것과 똑같이 우리의 고유한 역량 아래 놓이기 때문이다. 그것들은 원인으로서의 신 관념을 표현한다. 왜냐하면 우리가 그것들을 소유하는 것과 똑같이 신이 그것들을 소유해서, 그것들은 필연적으로 신의 본질을 "함축하기"

---

한 '동물' 그 자체의 변양들로 환원된다. 언제나 외부적인 것으로 머무는 형태의 닮음과 기능의 유비 대신에, 조프루와는 그런 식으로 합성의 통일성 혹은 관계들의 유사성이라는 내생적인 관점을 채택한다. 그는 라이프니츠의 다자(多者)에서의 통일이라는 원리를 내세우기를 좋아한다. 그럼에도 불구하고 그는 훨씬 더 스피노자주의자로 보인다. 왜냐하면 그의 '자연' 철학은 일원론적이어서, 내적이든 외적이든 모든 목적성 원리를 철저하게 배제하기 때문이다. *Principes de philosophie zoologique*(1830)와 *Etudes progressives d'un naturaliste*(1835) 참조.

16 E2P39&Dem.

17 E2P38&Dem.

때문이다. 실제로, 스피노자가 모든 특수한 사물의 관념은 필연적으로 신의 영원하고 무한한 본질을 함축한다고 말할 때, 문제가 되는 것은 신 안에 있는 특수한 사물들이고, 따라서 신이 소유하는 사물의 관념들이다.[18] 따라서 우리가 **갖고 있는** 관념 가운데, 신의 본질을 표현할 수 있거나 그 본질에 대한 인식을 함축할 수 있는 것들만이 신 안에 있듯이 우리 안에 있는 관념들이다. 요컨대 그것은 공통 개념들이다.[19]

이로부터 몇 가지 중요한 귀결이 나온다. 1) 우리는 어떻게 우리가 적합한 관념들에 이를 수 있는지 물었다. 실존의 차원에서 모든 것은 우리에게 부적합한 관념만을 가지라는 선고를 내렸다. 우리는 우리-자신의 관념도 외부 물체들의 관념도 갖지 못하고, 단지 외부 물체가 우리에게 초래하는 결과를 지시하는 변용의 관념만을 가졌다. 그러나 바로 이 결과로부터, 우리는 외부 물체와 우리의 신체에 공통적인 것에 대한 관념을 형성할 수 있다. 우리의 실존 조건들을 고려하면, 그것이 우리로서는 적합한 관념에 다다를 수 있는 유일한 길이다. **우리가 갖는 최초의 적합한 관념**, 그것은 공통 개념, 즉 "공통적인 어떤 것"의 관념이다. 2) 이 관념은 우리의 이해 역량 혹은 사유 역량에 의해서 설명된다. 그런데 이해 역량은 곧 영혼의 작용 역량이다. 따라서 우리가 공통 개념들을 형성하는 한에서 우리는 능동적이다. 공통 개념의 형성은 우리가 우리의 작용 역량을 **형상적으로** 소유하게 되는 계기를 표시한다. 바로 그렇게 해서, 그것은 이성의 두 번째 계기를 구성한다. 그 발생에서 이성은 지각된 적합과 부적합에 따라서 마주침들을 조직하려는 노력이다. 그 활동

---

18 E2P45&S.
19 "따라서, 신의 영원하고 무한한 본질의 인식을 주는 것은 모든 사물들에 공통적이며, 부분에서도 전체에서도 동등하게 존재한다."(E2P46Dem)

자체에서 이성은 공통 개념들을 파악하려는 노력, 따라서 적합과 부적합 자체를 지성적으로 이해하려는 노력이다. 우리가 공통 개념을 형성할 때, 우리의 영혼은 "이성을 사용한다"고 이야기된다. 다시 말해 우리는 우리의 작용 혹은 이해 역량을 소유하게 되고, 이성적인 존재가 된다. 3) 공통 개념은 우리의 최초의 적합한 관념이다. 그러나 그것이 어떤 것이든, 그것은 우리를 다른 적합한 관념으로 직접 이끈다. 적합한 관념은 표현적이며, 그것이 표현하는 것은 곧 신의 본질이다. 어떤 공통 개념이든 우리에게 신의 영원하고 무한한 본질에 대한 인식을 직접 준다. 우리가 적합한 관념, 즉 표현적 관념을 가질 때마다, 그 관념은 우리에게 그것이 표현하는 것에 대한 인식을, 따라서 곧 신의 본질 자체에 대한 적합한 인식을 준다.

공통 개념들의 형성 순서는 덜 일반적인 것에서 더 일반적인 것으로 나아간다 — 수동적 기쁨은 우리가 공통 개념을 형성하도록 유도한다 — 두 번째 측면에서의 이성: 공통 개념들의 형성 — 공통 개념의 실천적 의미: 우리에게 능동적 기쁨을 준다 — 어떻게 우리는 가장 덜 일반적인 공통 개념으로부터 가장 일반적인 공통 개념을 형성하는가 — 불가피한 슬픔을 이해하기

그렇지만, 우리가 어떻게 그것을 형성하게 되는지를 설명하지 않는다면, 공통 개념은 마치 기적처럼 개입한다고 이해될 위험이 있다. 우리가 피할 수 없을 것 같은 부적합한 관념들의 연쇄를 어떻게 끊을 것인가? "공통적"이란 말은 물론, 둘 또는 그 이상의 물체들에 공통적인 어떤 것만이 아니라, 그것의 관념을 형성할 수 있는 정신들에 공통적인 것 또한 의미한다. 그러나 스피노자는 우선 공통 개념이 모든 정신에 더 혹은 덜

공통적이라는 점을 상기시킨다.[20] 그리고 그것을 우리가 본유 관념과 동일시하더라도, 본유적이라는 성질이 형성의 노력을, 즉 권리상으로만 주어져 있는 것을 우리가 되찾는 데 필요한 생성 원인*causa fiendi*을 면제해 주지는 않았다. 공통 개념이 신 안에 있는 것과 똑같이 우리 안에 있다는 것은, 우리가 그것을 형성하면, 신이 그것을 갖고 있는 것과 똑같이 우리도 그것을 **갖게** 된다는 것을 의미할 뿐이다. 그러나 정확히 어떻게, 그리고 어떤 유리한 환경에서 우리는 그것을 형성하는가? 어떻게 우리는 우리의 작용 역량에 이르는가?

우리가 사변적인 관점에 머물러 있는 한, 이 문제는 풀리지 않는다. 우리가 보기에 공통 개념 이론에는 다음의 두 가지 잘못된 해석을 할 위험이 있다. 우선 그 개념의 수학적 의미 때문에 생물학적 의미를 무시하는 해석이 있다. 그리고 무엇보다도 그 개념의 사변적 내용 때문에 실천적 기능을 무시하는 해석이 있다. 그런데 이 후자의 오류는 아마도, 스피노자 자신이 공통 개념들의 체계를 도입하는 방식 때문에 발생할 수 있다. 『윤리학』 2부는 실제로 순수 사변적 관점에서 그 개념들을 고찰하며, 따라서 가장 보편적인 것에서 가장 덜 보편적인 것으로 나아가는 논리적 순서로 그것들을 제시한다.[21] 그러나 거기서 스피노자가 보여 주는 바는, **만일** 우리가 공통 개념들을 형성한다면, 그것들은 필연적으로 적합한 관념들이라는 것뿐이다. 그 형성의 원인과 순서는 아직 우리 시야에 들어와 있지 않다. 마찬가지로 실천적 기능이라는 성질도 2부에서

---

20 우리의 방법에 의해서, "어떤 개념들이 공통적이며 또 어떤 개념들이 편견에 사로잡히지 않은 사람들에게만 명석하고 판명한지…"(E2P40S1) 밝혀졌다.
21 E2P38~39 참조. 마찬가지로, *TTP*, 7장(II, pp. 176~177)도 가장 보편적인 개념들에서 출발한다.

는 암시되고 있을 뿐이다.[22]

모든 물체가 공통적인 어떤 것을 갖는 것은 사실이다. 비록 그것이 연장이나 운동과 정지일 뿐일지라도 말이다. 합치하지 않거나 상반되는 물체들도 역시 서로 공통적인 어떤 것, 즉 연장 속성하에서 전 자연을 가동시키는 매우 일반적인 합성의 유사성을 갖는다.[23] 그래서 논리적 순서에 따른 공통 개념의 제시가, 가장 보편적인 것에서부터, 따라서 서로 매우 다르고 상반된 물체들에 적용되는 개념들에서부터 행해지는 것이다. 그러나 상반되는 두 물체가 공통적인 어떤 것을 갖는 것이 사실임에도 불구하고, 결코 그 둘이 공통적으로 갖는 것에 의해서 한 물체가 그 다른 물체와 상반되거나 다른 물체에게 나쁜 것이 될 수는 없다. "어떤 것도 그것이 우리의 본성과 공통적으로 가지는 것으로 인해 나쁠 수는 없다. 반대로 어떤 것이든 우리에게 나쁜 한에서, 우리와 상반되는 것이다."[24] 우리가 나쁜 변용, 즉 우리에게 적합하지 않은 어떤 물체에 의해 우리 안에 산출된 슬픈 수동적 변용을 경험할 때, 그 물체와 우리 신체에 공통적인 것에 대한 **관념을 형성하도록 우리를 유도하는 것은 아무것도 없다.** 반대로 우리가 기쁜 변용을 경험할 때, 한 사물은 그것이 우리의 본성과 합치하는 한에서는 우리에게 좋기 때문에, 기쁜 변용 자체는 그에 상응하는 공통 개념을 형성하도록 우리를 유도한다. 따라서 우리가 형성하는 최초의 공통 개념들은 가장 덜 보편적인 것들, 다시 말해 우리의 신체와 여타의 물체들(우리 신체와 직접적으로 합치하며 우리 신체

---

22 E2P39Dem참조. 공통 개념으로부터 어떤 변용의 관념이 파생한다(이것이 공통 개념의 실천적 기능이다).

23 "그리고 절대적으로, 우리와 공통적인 어떤 것을 갖지 않는 한, 어떤 사물도 우리에게 좋거나 나쁠 수는 없다."(E4P29)

24 E4P30.

를 기쁨으로 변용시키는 물체들)에 적용되는 것들이다. 우리가 공통 개념들의 형성 순서를 고려한다면, 우리는 가장 덜 보편적인 개념들에서 출발해야 한다. 왜냐하면 가장 보편적인 것들은, 우리 신체와 상반되는 물체들에도 적용되므로, 우리가 경험하는 변용들에서 어떤 **유도 원리**도 얻지 못하기 때문이다.

우리는 "유도하다"라는 말을 어떤 의미로 취하는가? 그것은 일종의 **기회원인**에 대한 것이다. 적합한 관념은 형상적으로는 우리의 이해 역량 혹은 작용 역량에 의해서 설명된다. 그리고 우리의 작용 역량에 의해서 설명되는 모든 것은 우리의 본질에만 의존하며, 따라서 "본유적"이다. 그런데 데카르트에게서 본유적이란 이미 일종의 기회원인론에 관련된다는 것이다. 본유적인 것은 능동적이다. 하지만 정확히 말해, 그것은 바깥에서 오는 변용들(수동적 변용들)을 통해 유리한 기회를 만나지 못하면 현실적인 것으로 될 수 없다. 따라서 스피노자의 도식은 다음과 같은 것으로 보인다.

우리가 우리 신체와 합치하는 물체와 마주칠 때, 기쁜 수동적 변용을 경험할 때, 우리는 그 물체와 우리 신체에 공통적인 것의 관념을 형성하도록 유도된다. 이것이 『윤리학』 5부에서 스피노자가 공통 개념들의 형성 과정에서 기쁜 정념들의 특권을 승인하게 되는 이유이다. "**우리가 우리 본성에 상반되는 감정들**[우리와 합치하지 않은 상반되는 대상들에 의해 유발된 슬픔의 감정들 — 들뢰즈]**에 의해 고통받지 않는 동안**, 사물들을 이해하려고 노력하는 정신의 역량이 방해 받지 않으며, 따라서 정신은 명석 판명한 관념을 형성하는 능력을 갖는다."[25] 실제로, 작용 역량이 작동하기

25 E5P10Dem.

위해서는, 우리에게 내재된 것을 우리가 소유할 수 있기 위해서는 방해를 제거하는 것으로도 충분하다. 여기서 우리는 능동적으로 되기 위해서 왜 기쁜 정념의 축적만으로는 불충분한지를 알 수 있다. 사랑의 정념은 기쁨의 정념으로 연쇄되고, 여타의 감정 및 욕망들은 사랑으로 연쇄된다. 이 모든 것이 우리의 작용 역량을 증가시키지만, 우리가 능동적이 될 정도로까지는 아니다. 우선 그 감정들이 "확고하게" 되어야 한다. 우리는 먼저 우리의 작용 역량을 감소시키는 슬픈 정념을 피해야 한다. 그것이 이성의 첫 번째 노력이다. 하지만 그 다음으로 우리는 기쁜 정념들까지 포함해서 정념들의 단순한 연쇄에서 벗어나야 한다. 그것들은 아직 우리에게 우리의 작용 역량을 소유하게 해주지 않기 때문이다. 우리는 본성에서 우리와 합치하는 대상에 대한 적합한 관념을 갖지 못한 상황이다. 기쁜 정념들 자체는, 어떤 대상이 우리에게 초래한 결과를 지시할 뿐인 부적합한 개념들에서 생기기 때문이다. 따라서 **기쁜 정념들의 도움 속에서** 우리는 외부 물체들과 우리의 신체 간에 공통적인 것에 대한 관념을 형성해야 한다. 오직 이 관념, 이 공통 개념만이 적합하기 때문이다. 이러한 것이 이성의 두 번째 계기이다. 그때, 오직 그때만 우리는 이해하고 작용하며, 이성적이다. 이는 기쁜 정념들의 축적에 의해서가 아니라, 진정한 "도약"에 의한 것이다. 그 도약에 의해 우리는 이 축적의 도움을 받아 적합한 관념을 소유하게 된다.

왜 우리가 공통 개념을 형성하거나 적합한 관념을 갖는 한에서 우리는 능동적이 되는가? 적합한 관념은 우리의 이해 역량에 의해서, 따라서 우리의 작용 역량에 의해서 설명된다. 그것은 우리로 하여금 그 역량을 소유하게 한다. 그러나 어떤 방식으로 그런가? 적합한 관념은 다시 그로부터 파생하는 관념들의 연쇄와 분리될 수 없다는 점을 상기할 필요가 있다. 적합한 **관념**을 형성하는 정신은, 그 관념에서 파생하는 관념들의 적합한 원인이다. 바로 이런 의미에서 정신은 능동적이다.[26] 그렇다면 우리가 기쁜 정념들의 도움을 받아 형성한 공통 개념에서 따라 나오는 이 관념들은 어떤 것들인가? 기쁜 정념들은 우리 신체와 합치하는 어떤 물체에 의해 산출된 변용의 관념들이다. 우리의 정신만으로도 그 물체와 우리 신체에 공통적인 것의 관념을 형성한다. **그 관념으로부터, 더 이상 수동적이지 않은 능동적인, 변용의 관념 혹은 감정이 파생한다.** 이 감정은 더 이상 정념이 아닌데, 왜냐하면 그것은 우리 안의 적합한 관념에서 따라 나오기 때문이다. 그것은 그 자체로 적합한 관념이다. 그것은 우리의 출발점이었던 수동적 감정과 구별되지만, 단지 원인에 의해서만 구별된다. 그것은 이제 우리와 합치하는 대상에 대한 부적합한 관념이 아니라, 그 대상과 우리 자신에 공통적인 것에 대한 필연적으로 적합한 관념을 원인으로 갖는다. 그래서 스피노자가 다음과 같이 말할 수 있는 것이다. "수동인 감정은 우리가 그 감정에 대한 명석 판명한(적합한) 관념을 형성하면 수동이기를 멈춘다."[27] 왜냐하면 우리가 그 감정을 그 것의 원인으로서의 공통 개념에 결부시키는 한에서, 우리는 그것에 대한 명석하고 판명한 관념을 형성하기 때문이다. 그때 그 감정은 능동적이며 우리의 작용 역량에 의존한다. 스피노자는 모든 정념이 사라진다고 말하려는 게 아니다. 사라지는 것은 수동적 기쁨 자체가 아니라, 외부 사물의 관념과 연결된, (수동적 기쁨과 연쇄되는) 모든 정념, 모든 욕망(사랑의 정념 등)이다.[28]

---

26 E3P1Dem.
27 E5P3과 뒤따르는 정리는 이 명석 판명한 관념을 형성하기 위한 수단을 명확히 한다. 즉 그 감정을 그것의 원인으로서의 공통 개념에 결부시켜야 한다.
28 E5P2&Dem 참조. 그리고 E5P4S. 파괴되는 것은 수동적 기쁨 자체가 아니라, 거기서 생기는 사랑이다.

모든 감정은 대상에 대한 관념과 관련하여 무엇인가를 행하도록 코나투스를 결정하며, 그렇게 결정된 코나투스는 욕망이라 불린다. 하지만 우리가 수동적 기쁨의 감정에 의해 결정되는 한 우리의 욕망들은 아직 비이성적인데, 왜냐하면 그 욕망들은 부적합한 관념에서 생기기 때문이다. 그런데 이제 수동적 기쁨에, 원인에 의해서만 그것과 구별되는 능동적 기쁨이 덧붙여진다. 그 능동적 기쁨에서는 이성에 속하는 욕망들이 생기는데, 그것들이 적합한 관념에서 나오기 때문이다.[29] "모든 욕구 혹은 욕망은 부적합한 관념들에서 생기는 한에서는 수동이며, 적합한 관념들에 의해 유발되거나 발생할 때는 덕으로 간주된다. 우리로 하여금 무엇인가를 행하도록 결정하는 모든 욕망은 부적합한 관념에서도 생길 수 있고, 적합한 관념에서도 생길 수 있기 때문이다."[30] 따라서 이성의 욕망들이 비이성적 욕망들을 대체한다. 혹은 보다 정확히 말하자면 이성적 연쇄가 비이성적 욕망들의 연쇄를 대신한다. "우리는 지성에 부합하는 질서$ordinem\ ad\ intellectum$에 따라서 신체의 변용들을 질서짓고 연쇄시킬 수 있는 능력을 갖고 있다."[31]

스피노자에 의해 기술된 과정 전체는 네 부분으로 제시될 수 있다. 1) 수동적 기쁨, 그것은 우리의 작용 역량을 증가시키지만, 그로부터 욕망 또는 정념들이 아직 부적합한 관념과 관련하여 따라 나온다. 2) 이 기쁜 정념의 도움에 의한 공통 개념(적합한 관념)의 형성. 3) 능동적 기쁨, 그것은 이 공통 개념에서 따라 나오고, 우리의 작용 역량에 의해서 설명된다. 4) 이 능동적 기쁨은 수동적 기쁨에 덧붙여지고, 후자의 기쁨

---

29 "이성에서 생기는 욕망은 정념이 아닌 기쁨의 감정에서만 생길 수 있다."(E4P63Cor의 증명)
30 E5P4S.
31 E5P10&Dem.

에서 생기는 욕망의 정념들을 이성에 속하는 욕망, 진정한 능동들인 욕망들로 **대체**한다. 그래서 다음과 같은 스피노자의 기획이 실현된다. 모든 정념의 제거가 아니라, 기쁜 정념의 도움을 받아 정념들이 우리 자신의 가장 작은 부분만을 차지하게 하고, 또 우리의 변용 능력이 최대한의 능동적 변용들에 의해서 실행되도록 만들기.[32]

『윤리학』 5부 초반부에서 스피노자는 이렇게 말한다. 우리가 감정에 대한 명석 판명한(적합한) 관념을 형성하면, 그것은 더 이상 수동적이지 않게 된다. 그리고 우리가 그 감정에 공통 개념을 그 원인으로 결부시키면, 우리는 그것에 대한 명석 판명한 관념을 형성한다. 그런데 이 테제는 기쁨의 감정만이 아니라, **모든** 감정에 유효하다. "우리가 명석 판명한 개념을 형성할 수 없는 신체의 변용은 없다."[33] 이 정리의 증명은 매우 간결하다. "모든 것에 공통적인 것들은 적합한 방식으로가 아니고서는 생각될 수 없다. 따라서…" 가령 슬픔의 경우는 이렇다. 물론 스피노자가, 슬픔은 피할 수 없기 때문에 그 자체로 모든 인간 혹은 모든 존재들에 공통적이라고 말하려는 것은 아니다. 스피노자는 공통 개념이 언제나 적극적인 어떤 것의 관념임을 잊지 않는다. 즉 그 어떤 것도 단지 무능력이나 불완전성에 의해서 공통적일 수는 없다.[34] 스피노자가 말하려는 것은, 우리의 신체와 합치하지 않으며 우리를 슬픔으로 변용하는 물체에 대해서도, 우리는 그것과 우리의 신체에 공통적인 것의 관념을 형성할 수 있다는 것이다. 다만 그 공통 개념은 대면하고 있는

---

32 E5P20S 참조.

33 E5P4&Cor.

34 "인간들이 정념들에 종속되어 있는 한, 그들이 본성에서 서로 합치한다고 말할 수 없다." (E4P32) 그리고 이 정리의 주석은 다음과 같이 명확히 한다. "오직 부정에서만, 다시 말해 그들이 가지고 있지 않은 것에서만 합치하는 것들은 사실 어떤 것에서도 서로 합치하지 않는다."

두 신체(물체)의 관점보다 훨씬 더 일반적인 관점을 내포하므로 매우 보편일 것이다. 그럼에도 그것에는 실천적 기능이 있다. 우리는 그것을 통해서 왜 바로 그 두 신체가 **그들** 자신의 관점에서는 합치하지 않는지를 이해한다. "어떤 선의 상실에서 비롯된 슬픔은, 그 선을 상실한 사람이 그 선이 어떤 방식으로도 보존될 수 없었음을 고려하는 순간 완화된다는 것을 우리는 안다."[35] (인간은 실제로, 그 자신의 신체와 외부 물체가 다른 상황에서만 그 관계들을 지속가능한 방식으로 합성할 수 있었다는 것을 이해한다. 가령 매개가 주어져서, 그러한 합성이 가능했을 관점에서 전 자연을 작동했다면.) 그런데 매우 보편적인 공통 개념에 의해 우리가 부적합을 이해할 때, 그로부터도 능동적인 기쁨의 감정이 따라 나온다. **능동적 기쁨은 언제나 우리의 이해에서 따라 나온다.** "우리가 슬픔의 원인을 이해하는 한에서, 슬픔은 수동이기를 멈추고, 다시 말해 슬픔이기를 멈춘다."[36] 따라서 슬픈 정념에서 출발해도, 앞서 언급한 도식의 핵심이 재발견되는 것으로 보인다. 1) 슬픔 2) 공통 개념의 형성 3) 그로부터 따라 나오는 능동적 기쁨.

『윤리학』 2부에서 스피노자는 공통 개념을 그 사변적 내용의 측면에서 고찰한다. 그는 그것들을 이미 주어진 것 혹은 주어질 수 있는 것으로 가정하고 있다. 따라서 그가 논리적 순서에 따라서 가장 보편적인 것으로부터 가장 덜 보편적인 것으로 나아가는 것은 당연하다. 『윤리학』 5부의 초반부는 주어진 것으로 가정된 공통 개념의 실천적 기능을 분석한다. 이 기능은, 공통 개념이 변용에 대한 적합한 관념의 원인, 다시 말해 능동적 기쁨의 원인이라는 데 있다. 이 테제는 가장 덜 보편적

---

35 E5P6S.
36 E5P18S.

인 공통 개념에도, 가장 보편적인 공통 개념에도 유효하다. 따라서 우리는 모든 유형의 공통 개념을 그 실천적 기능의 통일성 속에서 고찰할 수 있다.

그러나 스피노자가 『윤리학』 5부 중간에서 다음과 같이 물을 때 모든 것이 변한다. 부적합한 관념과 정념에서 벗어날 수 없어 보이는 우리가 대체 어떻게 공통 개념을 형성하게 되는가? 그때, 우리는 그 최초의 개념들이 필연적으로 가장 덜 보편적인 것들임을 본다. 가장 덜 보편적인 것은, 실제로 나의 신체, 그리고 나의 신체와 합치하는 어떤 다른 물체(혹은 어떤 다른 물체들)에 적용되는 것들이다. **그것들만이 내가 경험하는 수동적 기쁨에서 형성될 기회를 얻는다.** 반대로 가장 보편적인 것들은 모든 물체에 적용된다. 따라서 그것들은 서로 상반된, 매우 다른 물체들에 적용된다. 그러나 우리의 신체와 합치하지 않는 어떤 물체에 의해 우리 안에 산출된 슬픔이나 상반성은 결코 공통 개념을 **형성할 기회가** 되지 못한다. 그리하여 공통 개념의 형성 과정은 다음과 같이 된다. 우리는 우선 최대한의 기쁜 정념을 경험하려고 한다(이성의 첫 번째 노력). 마찬가지로 우리는 슬픈 정념들을 피하고, 그것들의 연쇄에서 벗어나고, 나쁜 마주침을 쫓아내려고 한다. 그 다음 두 번째로, 우리는 기쁜 정념을 이용하여 그에 상응하는 공통 개념을 형성하고자 하는데, 거기서 능동적 기쁨들이 따라 나온다(이성의 두 번째 노력). 그러한 공통 개념은 가장 덜 보편적인 것들에 속한다. 왜냐하면 그것은 오직 나의 신체에, 그리고 그것과 합치하는 물체들에만 적용되기 때문이다. 그런데 그것은 우리가 나쁜 마주침을 피할 수 있도록 우리를 더욱더 강하게 만든다. 그리고 무엇보다도 그것에 의해서 우리는 우리의 작용 역량과 이해 역량을 소유하게 된다. **그리고 세 번째로,** 우리는 모든 경우에, 가령 우리와 상반된 물체들에도 적용되는 가장 보편적인 공통 개념들을 형성할 수 있게 된다.

우리는 우리의 슬픔까지도 이해하고, 그 이해로부터 능동적 기쁨을 끌어낼 수 있게 된다. 이로써 우리는 불가피한 나쁜 마주침들과 마주할 수 있고, 우리 안에 필연적으로 존속하는 슬픔들을 줄일 수 있다. 하지만 공통 개념들의 실천적 기능이 일반적으로 동일하다고 해도(능동적 기쁨의 산출), 기쁜 정념들에서 도출되고 덜 보편적인 공통 개념이 더 유용하고 더 유효하다는 것을 잊지 말아야 한다.[37]

모든 공통 개념은 동일한 사변적 내용을 갖는다. 그것들은 추상이 아닌 어떤 일반성을 내포한다. 그것들은 동일한 실천적 기능을 갖는다. 그것들은 필연적으로 적합한 관념들이며, 그로부터 능동적 기쁨들이 뒤따르게 된다. 그런데 그 사변적이고 실천적인 역할은, 공통 개념이 형성되는 조건에서 보면 전혀 동일하지 않다. 우리가 형성하는 첫 번째 공통 개념은 가장 덜 보편적이다. 왜냐하면 그것들은 우리의 기쁜 정념에서 유도 원리를 얻기 때문이다. 우리가 우리의 작용 역량을 정복하는 것은 "가장 덜 보편적인" 수준에서다. 우리는 수동적 기쁨을 축적하고, 거기서 우리는 공통 개념을 형성할 기회를 얻으며, 그로부터 능동적 기쁨이 도출된다. 이런 의미에서 우리의 작용 역량의 증가는 우리에게 그 능력을 정복할, 혹은 실질적으로 능동적이 될 기회를 제공한다. 우리는 몇몇 지점에서 능동성을 정복해 놓으면, 불리한 상황에서도 공통 개념을

---

37 그것이 E5P10이 제시하는 순서이다. 1) "우리가 우리의 본성에 상반된 감정들에 의해 고통받지 않는" 한에서 우리는 명석 판명한 관념(공통 개념)을 형성하고, 또 이성에 부합하며 서로 연쇄되는 변용들을 그로부터 연역할 능력을 갖는다. 따라서 공통 개념 형성에서 첫 번째 기회로 활용되는 것은 기쁜 정념들(우리의 본성과 합치하는 감정들)이다. 우리는 우리의 정념들을 **선별**해야 하며, 우리와 합치하지 않은 어떤 것과 마주칠 때도 슬픔을 가능한 줄이기 위해 노력해야 한다(주석 참조). 2) 우리가 첫 번째 공통 개념들을 형성하면, 우리는 나쁜 마주침들과 상반된 감정들을 그만큼 더 잘 피할 수 있게 된다. 그리고 우리가 그러한 감정들까지도 필연적으로 경험하는 한에서, 우리는 새로운 공통 개념을 형성할 수 있으며, 그것을 통해서 우리는 그 부적합과 상반성 자체를 이해하게 된다(주석 참조).

형성할 수 있게 된다. 공통 개념들의, 혹은 **능동적으로-되기**의 견습 시기가 있다. 스피노자주의에서 형성 과정이 갖는 중요성이 무시되어서는 안 된다. 가장 덜 보편적인 공통 개념에서 출발해야 한다. 그것이 우리가 형성할 수 있는 첫 번째 것들이다.

# 18장. 3종 인식을 향하여

1종 인식의 복합성: 자연 상태, 시민 상태, 종교 상태 ─ 기호와 1종 인식

인식의 종류는 삶의 방식, 실존 양태이기도 하다. 1종 인식(상상)은 온갖 부적합한 관념들에 의해, 수동적 변용들과 그것들의 연쇄에 의해 구성된다.[1] 이 1종 인식은 우선 **자연 상태**에 대응한다. 나는 대상들을 우발적 마주침을 통해서, 그것들이 나에게 초래하는 결과에 따라서 지각한다. 이 결과는 "기호", 가변적 "지시"일 뿐이다. 이 인식은 **모호한 경험**에 의한 것이다. 그리고 어원학적으로 "모호한vague"[2]은 마주침의 우발적 성질을 가리킨다.[3] 여기서 우리는 자연에 대해 그것의 "공통 질서"만을, 다시 말해 순전히 외생적인 결정을 따르는 부분들 간의 마주침의 결과만을 인식한다.

　그런데 **시민 상태** 역시 1종 인식에 속한다. 자연 상태에서도 상상은 대상의 이러저러한 감각적 특징을 간직하는 추상적 보편 관념을 형성

---

1 E2P41Dem.
2 (역주) 라틴어 *vagus*에는 '방랑하는', '방황하는'의 뜻이 있다.
3 *TIE*, 19.

한다. 이 특징은 기호에 의해 지칭되고, 이는 첫 번째 것과 닮은 대상들에 대한, 혹은 첫 번째 것과 습관적으로 연결되는 대상들에 대한 기호로 활용된다.[4] 그러나 두 번째 부류의 기호들, 즉 더 이상 지시적이지 않고 명령적인 기호들은 언어와 시민 상태와 함께 전개된다. 이 기호들은 모종의 결과를 얻기 위해, 모종의 목적을 실현하기 위해 무엇을 **해야 하는**지를 말해 주는 것처럼 보인다. 이 인식은 (다른 사람들에게서) **전해 들은 말**에 의한 것이다. 그래서 스피노자의 한 유명한 예에서, 기호는 우리가 네 번째 수를 얻기 위해 세 개의 수에 "해야 하는" 작업을 재현한다. 자연 법칙이든 기술적 규칙들이든 모든 법칙은, 우리가 그것에 대한 적합한 인식을 갖지 못하는 한, 우리에게 도덕적 형식으로 나타날 수밖에 없다. 법칙은, 우리가 그 결과를 (사물들의 구성 관계들이 아니라) 명령적 기호에 의존하게 만들 때마다, 우리에게 도덕 법칙으로, 혹은 도덕적 유형의 법칙으로 보인다.

1종 인식의 통일성을 형성하는 것은 기호들이다. 그것들은 부적합한, 즉 함축되어 있지만, 설명되지 않은 사유의 상태를 정의한다. 이 1종 인식에 **종교 상태**, 즉 계시를 주는 신과 관련된 인간의 상태도 합류시켜야 한다. 시민 상태 자체가 자연 상태와 다르듯이, 이 종교 상태도 자연 상태와 다르다. "자연은 어느 누구에게도 인간이 신에게 복종해야 한다고 가르치지 않았다. 어떤 이성적 사유도 인간에게 그것을 가르칠 수는 없다. 오직 기호들을 통해 확인되는 계시만이 각자에게 그것을 인식시킨다."[5] 그럼에도 불구하고 이 종교 상태는 1종 인식에 속한다. 정확

---

4 기억 또는 습관에 의한 연결에 대해서는 E2P18Sc. 기호에 의한 인식을 정의하는, 유사성에 의한 연결에 대해서는 E2P40S1&S2.
5 *TTP*, 16장(II, p. 266).

히 그것이 우리의 부적합한 인식의 일부를 이루기 때문이다. 그것이 기호들에 근거하기 때문이며, 명령하고 질서짓는 법칙들이라는 형식으로 현시되기 때문이다. 계시 그 자체는 우리 인식의 부적합성에 의해서 설명되며, 오로지 신의 몇몇 성질들에 관련될 뿐이다. 계시의 기호들은 세 번째 부류의 기호들을 구성하며, 예언자들의 종교, 1종 인식의 종교 혹은 상상의 종교를 정의한다.

2종 인식과 이성 상태 ― 공통 개념들의 실존 양태들에의 적용 ―『윤리학』의 발견으로서 공통 개념 ― 1종 인식과 2종 인식 간의 조화 ― 이성과 상상의 조화

『윤리학』에서 2종 인식은 이성 상태에 대응한다. 그것은 공통 개념들에 대한 인식이고 공통 개념들에 의한 인식이다.『윤리학』에서 인식의 종류들 간의 진정한 단절이 등장하는 것은 바로 이 지점에서다. "우리에게 참과 거짓의 구별을 가르치는 것은 2종 인식과 3종 인식이지 1종 인식이 아니다."[6] 공통 개념들과 더불어, 우리는 **표현**의 영역에 들어선다. 공통 개념들은 우리의 첫 번째 적합한 관념들이다. 그것들은 우리를 부적합한 기호들의 세계에서 벗어나게 한다. 그리고 모든 공통 개념은, 신의 본질을 표현하는 신 관념으로 우리를 인도하기 때문에, 2종 인식 역시 종교와 관련된다. 이 종교는 더 이상 상상이 아니라, 지성의 종교다. 자연의 표현이 기호를 대체하고, 사랑이 복종을 대체한다. 그것은

6 E2P42, E5P28.

더 이상 예언자의 종교가 아니라, 정도의 차이는 있지만 공통 개념에 근거한, 솔로몬의 종교, 사도使徒의 종교, 진정한 그리스도의 종교다.[7]

그런데 정확히 말해, 우리는 이 개념들로 무엇을 인식하는가? 물론 공통 개념들은 사물의 특수한 본질을 구성하지는 않는다.[8] 그렇다고 해서 공통 개념들을 그것들의 일반성을 통해 정의하는 것은 충분치 않다. **그 개념들은 특수한 실존 양태들에 적용되며, 이 적용을 떠나서는 의미가 없다.** 공통 개념들은 실존 양태들의 합성의 유사성을 (더 혹은 덜 일반적인 관점에서) 재현하므로, 그것들이 우리에게는 신체들의 특징적인 관계들에 대한, 그 관계들의 합성 및 합성의 법칙에 대한 적합한 인식에 도달하는 유일한 수단이다. 우리는 이것을 다시 비례수의 예에서 잘 볼 수 있다. 2종 인식에서 더 이상 우리는 도덕 법칙에 복종하듯이 전해 들어 알게 된 규칙들을 적용하지 않는다. 공통 개념을 통해 비례의 규칙을 이해함으로써, 우리는 주어진 세 수의 구성 관계들이 어떻게 합성되는지를 파악한다. 그래서 우리는 공통 개념들을 통해서 다음과 같은 의미에서의 자연의 적극적 질서를 인식한다. 물체들이 서로 합치하고 대립하는 구성적이거나 특징적인 질서. 자연 법칙들은 더 이상 명령과 금지로 나타나

---

7 이 2종의 종교는 스피노자가 『신학정치론』에서 "모든 사람에게 공통적인" "보편 신앙"이라고 부르는 것과 혼동될 수 없다. 14장(II, pp. 247~248)에서 기술되는 것과 같은 보편 신앙은 아직 복종에 관련되며, 죄, 후회, 용서 등의 도덕적 개념들을 풍부하게 활용한다. 사실상 그것은 1종 관념들과 2종 개념들을 혼합하고 있다. 오로지 공통 개념들에만 근거하는 참된 2종 종교는 E5P14~20에서만 체계적으로 제시된다. 그러나 『신학정치론』은 귀중한 정보를 제공한다. 자연의 빛의 안내를 따를 줄 알았던 것은 우선 솔로몬의 종교였다(4장, II, pp. 142~144). 다른 의미에서, 그것은 그리스도의 종교다. 그리스도가 신을 인식하기 위해 공통 개념들을 필요로 했다는 것이 아니라, 그가 그의 가르침을 기호들에 맞추지 않고 공통 개념들에 부합시켰다는 것이다(물론 '수난'과 '부활'이 1종에 속한다는 것은 명백하다. 4장, II, pp. 140~141, p. 144 참조). 끝으로 그것은 사도의 종교인데, 그들의 가르침과 그들의 활동의 일부분에서만 그렇다(11장 여기저기).

8 (역주) E2P39&Dem.

지 않고, 법칙들이 실제 의미하는 바로서, 영원 진리들로서, 합성의 규범으로서, 능력 실현의 규칙들로 나타난다. 신을 원천으로서 표현하는 것은 이러한 자연의 질서다. 그리고 우리가 이 질서에 따라서 사물들을 더 많이 인식하면 할수록, 우리의 관념들 자체는 그만큼 더 많이 신의 본질을 표현한다. 우리의 모든 인식은 공통 개념들에 의해 지도될 때 신을 표현한다.

공통 개념은 『윤리학』의 근본적인 발견들 가운데 하나다. 그 점에서 우리가 가장 중시해야 하는 것은 연대기다. 페르디낭 알키에는 최근에 이 점을 강조했다. 그에 따르면 『윤리학』에서 공통 개념들의 도입은 스피노자주의의 결정적 계기를 표시한다.[9] 실제로, 『소론』이나 『지성개선론』에서 공통 개념이 언급되지 않는다. 『소론』은 이미 사물들이 특징적 관계를 갖는다는 것을 알고 있지만, 그것을 발견하기 위해서는 "추론"이 필요하고, 공통 개념에 대한 언급은 전혀 없다.[10] 또한 『소론』에서 2종 인식에 대응하는 것(두 번째 "의식 양태")은 적합한 인식이 아니라, 단지 타당한 믿음을 구성할 뿐이다. 『지성개선론』에서 2종 인식에 대응하는 것(세 번째 "지각 양태")은 적합한 인식이 아니라 명석한 인식을 구성한다. 즉 그것은 결코 공통 개념에 의해 정의되지 않고, 데카르트적 유형의 추론과 아리스토텔레스적 유형의 연역에 의해 정의된다.[11]

그렇지만 완전히 다른 맥락에서, 향후 공통 개념이 될 것에 대한 예감과 그것의 근사치를 『지성개선론』에서 찾을 수 있다. 유명한 한 구절에 의하면, "고정되고 영원한 사물들"은 어디에나 편재하기 때문에 우리

9 F. Alquié, *Nature et Vérité dans la philosophie de Spinoza*, cours publié, CDU, pp. 30 sq 참조. (역주-1971년 출판)
10 *KV*, II, 1장, 2~3.
11 *TIE*, 19~21(이 책 10장 참조).

에게는 "변화하는 개별 사물들의 정의를 위한 보편자 혹은 유"와 같다. 여기서 우리는 모든 사물들에 공통적인 가장 보편적인 개념들, 연장, 운동, 정지를 본다. 그리고 그 텍스트는 이어서 이번에는 변화하는 개별 사물들을 이해하는 데 필요한 다른 "보조물들*auxilia*"을 요구한다. 그때 우리는 덜 보편적인 공통 개념들의 역할을 예감한다.[12] 그러나 만일 그 텍스트가 많은 난점들을 초래한다면, 이는 그것이 본질들 자체를 대상으로 하는, 최고의 인식의 종류 혹은 지각 양태의 관점에서 쓰였기 때문이다. 법칙들은 고정되고 영원한 사물들 안에, 그것들의 참된 법전처럼 기입되어 있다고 스피노자는 말한다. 그런데 그 법칙들은 관계들의 합성 법칙들이자 또한 본질들의 생산 법칙들이기도 한 것 같다.[13]

스피노자가 여기서 그토록 상이한 두 부류의 법칙들을 동일시하는 것을 어떻게 설명할 수 있을까? 우리는 그가 『지성개선론』 집필에 많은 진척을 본 뒤에야 공통 개념에 대한 예감을 갖게 되었다고 가정한다. 그런데 그때, 그는 이미 세 번째 지각 양태(2종 인식에 대응)를 다르게 정의했다. 그래서 보편자의 기능을 하는 고정되고 영원한 것들은 오로지 최고의 종류 혹은 양태의 수준에서만 자리를 갖는다. 그로 인해 그것들은 본질 인식의 원리와 혼동되었다. 다른 자리도 가능했겠지만, 그렇게 하기 위해서는 스피노자는 되돌아가서 그의 새로운 생각에 따라서 지각 양태들에 대한 기술을 손질해야 했을 것이다. 이 가설은, 왜 스피노자가

---

12 *TIE*, 101~102. 그리고 『지성개선론』은 스피노자가 지성의 모든 적극적 특징들이 의존하는 공통 성질(*aliquid commune*)을 찾으려는 순간에 끝난다(110).

13 스피노자는 실제로 "고정되고 영원한 것들"은 우리에게 사물들의 "내밀한 본질"에 대한 인식을 주어야 한다고 말한다. 우리는 여기서 마지막 종의 인식 속에 있다. 그러나 다른 한편, 고정된 사물들은 가변적 실존 양태들과 관련해 "보편자" 역할을 해야 한다. 우리는 그때 2종 인식 속에서, 본질 생산의 영역이 아니라 관계 합성의 영역에 있다. 따라서 두 질서가 뒤섞여 있다. *TIE*, 101 참조.

『지성개선론』을 미완으로 끝내야 했는지를, 정확히 말해 스피노자 그 자신이 공통 특성이라고 부르는 것을 제시해야 할 때 왜 그렇게 했는지를 부분적으로 설명해 준다. 이 가설은 또 스피노자에게서 공통 개념 이론이 온전히 형성된 시기를 『지성개선론』의 포기와 『윤리학』의 집필 사이로 추정할 수 있게 한다. 그런데 공통 개념들이 자율적으로 그리고 판명하게 전개되면서, 이 이론의 온전한 소유는 스피노자에게 『지성개선론』의 수정 욕망을, 2종 혹은 세 번째 지각 양태 이론의 개작 욕망을 불러 일으켰음에 틀림없다. 스피노자가 『윤리학』에서 이러한 점들을 전개할 작정이었던 어떤 논고가 있다고 말하는 이유는 바로 이 때문이다.[14]

스피노자가 공통 개념들이 우리의 첫 번째 적합한 관념들임을 발견할 때, 1종 인식과 2종 인식 간에 간극이 생긴다. 그렇지만 이 간극이 있다고 해서 이 두 종류의 인식이 서로 대응하는 전체 체계가 있음을 잊어서는 안 된다. 그렇지 않을 경우 적합한 관념 혹은 공통 개념의 형성은 불가능한 것으로 남기 때문이다. 먼저 우리는 시민 상태가 이성을 대신해 준다는 것, 이성을 예비하고 모방한다는 것을 보았다. 이는 도덕 법칙들과 명령의 기호들이, 그것들이 함축하는 모순에도 불구하고, 자연의 참되고 적극적인 질서와 어떤 특정한 방식으로 일치하지 않는다면 불가능할 것이다. 그래서 예언자들이 파악하고 전달하는 것은, 비록 부적합하게 이해된 것이긴 하지만, 정말로 자연 법칙들이다. 마찬가지로 사회의 가장 중요한 노력은, 자연의 질서와 최대한 일치하고 특히 이

---

14 E2P40S1. 개념들, 그리고 상이한 종류의 개념들의 문제에 대해서 스피노자는 자신이 "한때 이것들에 대해 숙고했다"고 말한다. 이는 명백히 『지성개선론』에 대한 것이다. 그러나 그는 자신이 "그 주제를 다른 논고를 위해 남겨 두었다"고 덧붙인다. 우리는, 스피노자가 완전히 수정해야만 하는 이유를 고려하면 이는 『지성개선론』의 개정판에 대한 것이라고 가정한다.

질서 속에서 인간의 존속에 도움이 되는, 기호들의 선택과 법들의 제정에 있다. 이러한 지점에서 기호들의 가변성은 장점이 되고, 지성이 그 자체로서는 갖지 못하는 가능성들, 상상에 고유한 가능성들을 우리에게 열어 준다.[15] 게다가 이성 자체가 기쁜 정념들을 선별하는 이러한 첫 번째 노력 속에서 자기 자신을 찾지 않는다면, 이성은 공통 개념을 형성하는데, 다시 말해 자신의 작용 역량의 소유에 접어드는 데 이르지 못할 것이다. 능동적으로 되기에 앞서, 우리는 우리의 작용 역량을 증가시키는 정념들을 선별하고 연쇄시켜야 한다. 그런데 그 정념들은 우리와 본성에서 합치하는 대상들의 이미지들에 관계된다. 아직 이 이미지들 자체는 우리에게 일어난 결과만을 통해서 그 대상을 인식하게 하는 부적합한 관념들, 단순한 지시들이다. 따라서 만일 이성의 첫 번째 노력이 상상의 모든 수단을 활용하는 1종 인식의 틀 안에서 그 모습을 드러내지 않는다면, 이성은 그 자신을 "발견하지" 못할 것이다.

그 기원에서 보면 공통 개념의 형성 조건 자체는 상상에 있다. 게다가 그 실천적 기능에서 보면 공통 개념은 상상될 수 있는 것에만 적용된다. 그래서 공통 개념 자체가 어떤 점에서는 이미지와 유사한 것으로 간주될 수 있는 것이다.[16] **공통 개념 일반의 적용은 이성과 상상, 이성의 법칙들과 상상의 법칙들 간의 기묘한 조화를 포함한다.** 스피노자는 여러 경우를 분석한다. 『윤리학』 3부와 4부는 상상 특유의 어떤 법칙들에 의해서 정념이 더 강렬해지고 덜 강렬해지는지, 더 강해지고 덜 강해지는지를 보

---

15 *TTP*, 1장 (II, p. 106). "오로지 우리의 자연적 인식 전체가 그 위에 구축되는 원리들과 개념들에서 시작할 때보다 말과 이미지에서 시작할 때 우리는 더 많은 관념들을 조합할 수 있다."
16 E2P47S에서 스피노자는 공통 개념들과 상상될 수 있는 사물들, 즉 물체들과의 친화성을 분명하게 지적한다. 그 때문에 그곳에서 신 관념이 공통 개념들과 구별되는 것이다. 스피노자는 계속해서 우리가 언제나 같은 방식으로 "상상하는" 공통 성질들(E5P7Dem), 혹은 "명석하고 판명하게 이해된 사물들과 관련된 이미지들"(E5P12)에 대해 말한다.

여 주었다. 그래서 우리가 단순히 상상하는 어떤 것에 대한 감정은, 우리가 그것이 필연적이라고 혹은 강제되었다고 믿을 때 우리가 겪는 감정보다 더 강하다.[17] 그런데 이성 특유의 법칙은 바로 사물들을 필연적이라고 생각하는 데 있다. 공통 개념은 우리로 하여금 물체들 간의 합치와 불일치의 필연성을 이해하게 한다. 이성은 여기서 상상의 특성을 이용한다. 즉 우리가 사물들을 필연적인 것으로 이해하면 할수록 상상에 기초한 정념의 힘 혹은 강도는 그만큼 약해진다.[18] 상상은 우선 그 자체의 법칙에 의하면 언제나 그 대상의 현존을 긍정한다. 그 다음으로 그것은 그 현존을 배제하는 원인들에 의해 변용된다. 그래서 상상은 일종의 "동요 상태"에 들어가며, 이제 그 대상을 가능적이거나, 심지어는 우연한 것으로만 믿게 된다. 따라서 한 대상에 대한 상상은 시간이 경과함에 따라 약화된다고 하는 원리를 담고 있다. 그러나 이성은 그 자체의 법칙에 의해서 공통 개념들을 형성하는데, 이는 "우리가 언제나 현존한다고 생각하는"[19] 성질들에 대한 관념이다. 여기서 이성은 상상의 요구를 상상 자신보다 더 잘 충족시킨다. 상상은 다양한 원인들에 의해 변용되는 그 자신의 운명에 이끌려서 대상의 현존을 계속 유지하지 못한다. 이성은 단지 정념들의 힘을 상대적으로 감소시키는 데 만족하지 않는다. "시간을 고려하면" 이성 혹은 공통 개념에서 생긴 능동적 감정들은 그 자체로, 상상에서 생긴 어떤 수동적 감정들보다 더 강하다.[20] 상상의 법

---

17 E4P49([역주] E3P49의 오기), E5P5
18 E5P6&Dem.
19 E5P7Dem. "이성의 감정은 필연적으로 사물들의 공통 성질들에 관련되는데, 이를 우리는 항상 현존한다고 간주하며(왜냐하면 그것의 현재 실존을 배제하는 것이 주어질 수 없기 때문이다), 언제나 같은 방식으로 상상한다."
20 E5P7(이 텍스트는 단지 "부재한다고 생각되는" 사물에 관한 상상의 감정들만을 언급한다. 그러나 시간을 고려한다면, 상상에는 그 대상을 부재하는 것으로 생각하도록 결정되는 일이 **언제나** 일어

칙에 따르면 감정은, 함께 작용하여 그것을 촉발하는 원인들이 더 많으면 그만큼 더 강하다.[21] 그런데 공통 개념은 그 자신의 법칙에 따르면 그것과 쉽게 결합되는 다수의 사물들 또는 사물의 이미지들에 적용 혹은 관계된다. 따라서 공통 개념은 빈발하며 생생하다.[22] 이런 의미에서 공통 개념은 상상의 감정의 강도를 감소시키는데, 왜냐하면 그것은 정신으로 하여금 다수의 대상들을 생각하도록 결정하기 때문이다. 게다가 공통 개념과 결합된 그 대상들은, 그 개념으로부터 이끌려 나오는 이성의 감정을 촉진하는 원인들과 같다.[23]

필연성, 현존, 빈발은 공통 개념의 세 가지 특징이다. 그런데 이 특징들을 통해서 공통 개념은 상상으로 하여금 자신을 따르도록 한다. 수동적 감정들의 강도를 감소시키기 위해서든, 능동적 감정들의 생생함을 확고히 하기 위해서든 말이다. 공통 개념은 상상 자체로부터 우리를 해방시키기 위해서 상상의 법칙들을 이용한다. 공통 개념들의 필연성, 현존, 빈발을 통해 공통 개념은 상상의 운동에 끼어들고, 자신에게 유리하도록 그 흐름을 바꿀 수 있다. 여기서 이성과 상상의 **자유로운 조화**에 대해 말하는 것은 과도하지 않다.

우리 인식 조건으로서 공통 개념 — 공통 개념으로부터 신 관념으로: 그것은 어떤 의미에서 2종 인식에 속하며, 어떤 의미에서 우리를 3종 인식으로 이행시키는가 — 공통 개념과 공통 형식 — 3종 인식과 본질들의 질서

난다).
21 E5P8&Dem.
22 E5P11, 12, 13.
23 E5P9, 11 참조.

『윤리학』의 대부분, 정확히 5부 정리 21까지는 2종 인식의 관점에서 쓰였다. 오로지 공통 개념에 의해서만 우리는 적합한 관념들, 그리고 신 자체에 대한 적합한 인식을 가질 수 있게 되기 때문이다. 우리가 영혼과 신체로 합성된 유한한 실존 양태인 한에서, 이것은 모든 인식의 조건이 아니라 우리의 인식의 조건에 해당한다. 우선 우리는 부적합한 관념과 수동적 변용밖에 갖지 못하기 때문에, 공통 개념을 형성함으로써만 우리의 이해 및 작용 역량을 정복할 수 있다. 우리의 모든 인식은 이 개념들을 경유한다. 그래서 스피노자는 이렇게 말한다. 신의 실존조차 그 자체로 인식되지 않고, "그것들의 참됨이 매우 확고부동해서 그것들을 변화시킬 수 있는 역량이 존재할 수도 생각될 수도 없는 개념들에서 도출되어야만 한다."[24] 『윤리학』에도 다음과 같은 동일한 언급이 있다. 1부에서 우리는 신과 신에 의존하는 모든 것을 인식하는데, 이 인식 자체는 2종 인식이다.[25]

모든 물체는 몇몇 지점들, 즉 연장, 운동, 정지에서 서로 합치한다. 연장, 운동, 정지의 관념은 모든 실존 물체에 적용되기 때문에 우리에게는 매우 보편적인 공통 개념이다. 여기서 우리는 이렇게 물어볼 수 있다. 신 관념 자체는 공통 개념으로, 모든 공통 개념 중 가장 보편적인 공통 개념으로 간주되어야 하는가? 많은 구절들이 그것을 암시하는 듯하다.[26] 하지만 그렇지 않다. 우리의 신 관념은 공통 개념들과 밀접한 관계에 있지만, 그 개념들 중 하나는 아니다. 어떤 의미에서는 신 관념은 공

---

24 *TTP*, 6장(II, p.159). 또 이 텍스트에 첨부된 주(II, p.315) 참조.
25 E5P36S.
26 E245~247에서 스피노자는 공통 개념들로부터 신 관념으로 이행한다(특히 E2P46Dem 참조). E5P14~15에도 유사한 이행이 있다. 거기서 스피노자는 수많은 이미지들이 쉽게 공통 개념들에 결합된다는 것을 보여 준 다음에, 우리가 모든 이미지들을 신 관념과 결합하고 관련시킬 수 있다는 결론을 내린다.

통 개념들과 대립되는데, 왜냐하면 공통 개념들은 언제나 상상될 수 있는 것들에 적용되는 데 반해, 신은 상상될 수 없기 때문이다.[27] 스피노자는 단지, 공통 개념들은 우리를 신 관념으로 이끌며, 우리에게 필연적으로 신에 대한 인식을 "준다"고, 또 그것들 없이는 우리가 신에 대한 인식을 갖지 못한다고만 말한다.[28] 사실 공통 개념은 적합한 관념이다. 그런데 적합한 관념은 표현적 관념이다. 그래서 그것이 표현하는 것은 신의 본질 자체다. 따라서 신 관념은 공통 개념들과 표현 관계에 있다. 공통 개념들은 신을 사물들의 모든 구성 관계들의 원천으로서 표현한다. 신을 표현하는 이 개념들에 관계되는 한에서, 신 관념은 2종 종교의 토대가 된다. 능동적 감정들, 능동적 기쁨들은 공통 개념들로부터 이끌려 나오기 때문에, 정확히 말하면 "신 관념과 동반하여" 공통 개념들로부터 이끌려 나오기 때문에 그렇다. 신에 대한 사랑은 이러한 신 관념과 동반하는 기쁨에 다름 아니다.[29] 따라서 이성의 최고 노력은, 그것이 공통 개념들을 이해하는 한에서, 신을 인식하고 사랑하는 것이다.[30] (그러나 공통 개념에 관계된 이 신은 우리의 사랑에 응답할 필요가 없다. 이 신은 우리에게 그 무엇도 되돌려 주지 않는 무-정념의 신이다. 왜냐하면 공통 개념들로부터 따라 나오는 기쁨들은, 그것들이 아무리 능동적일지라도, 우선 우리의 작용 역량을 증가시켰고 우리에게 기회 원인으로 이용되는 수동적 기쁨들 혹은 상상의 소여들과 분리될 수 없기 때문이다. 그런데 신 자신의 경우에는 정념에서 벗어나 있다. 신은 어떠한 수동적 기쁨도, 수동적 기쁨이 전제된 종류에 속하는 어떠한 능동적

27 "인간이 신에 대해서 공통 개념들에 대한 인식처럼 명석한 인식을 갖지 못하는 이유는, 인간이 물체들을 상상하는 것처럼 신을 상상할 수 없다는 데 있다."(E2P47S)
28 E2P46Dem(*id quod dat*).
29 E5P15Dem.
30 E4P28Dem.

기쁨도 체험하지 않는다.[31])

우리는『지성개선론』의 다음과 같은 방법론적 요청을 기억한다. 우리는 신 관념에서 출발할 수 없지만, 가능한 빨리 거기에 도달해야 한다. 그런데『지성개선론』에서 "가능한 빨리"는 다음과 같이 제시되었다. 우리는 우리가 가지고 있는 어떤 관념 안의 적극적인 것에서 출발해야 했고, 우리는 그 관념을 적합한 것으로 만들려고 노력했다. 그 관념은 그것의 원인에 결부될 때, 그것의 원인을 표현할 때 적합했다. 그런데 그 관념이 그 원인을 표현한다는 것은, 그 관념이 그 원인이 모종의 결과를 산출하도록 결정하는 신의 관념 또한 표현한다는 것이다. 그래서 우리는 원인에서 원인으로의 무한 역행이라는 위험에 빠지지 않는다. 각각의 수준에서 신은 원인을 결정하는 자로서 표현되었다.

이 점에 관해『윤리학』을『지성개선론』과 대립시키는 것은 부정확한 것 같다.『지성개선론』과 마찬가지로『윤리학』도 절대적으로 무한한 실체로서의 신에서 시작하지 않는다.『윤리학』은 결코 무제약자로서의 신의 관념에서 출발하지 않는다. 우리는 그런 관점에서『윤리학』1부의 전반부 정리들이 하는 역할을 보았다.『윤리학』은『지성개선론』과 동일한 기획을 공유한다. 즉 무한 역행에 빠지지 않으면서, 신을 원인遠因으로 만들지 않으면서, 가능한 빨리 신 관념으로 상승해야 한다. 따라서『윤리학』이『지성개선론』과 구별된다면, 그것은 방법의 변화에 의해서가 아니며, 원리의 변화에 의해서는 더더욱 아니다. 그보다 그것은 단지『윤리

---

31 E5P17&P19 참조. 스피노자는 신이 그의 작용 역량의 어떠한 증가도 체험할 수 없으며, 따라서 어떤 수동적 기쁨도 체험할 수 없다는 것을 명시적으로 상기시킨다. 그런데 여기서 스피노자는 신이 일반적으로 기쁨을 체험할 수 있다는 것을 부정할 기회를 발견한다. 실제로『윤리학』의 이 부분에서 인식되는 능동적 기쁨은 2종의 기쁨이다. 그러나 이 기쁨은 정념을 전제하고 있으며, 정념과 같은 이유에서 신으로부터 배제된다.

학』이 덜 인위적이고 더 구체적인 수단을 얻었기 때문이다. 그 수단이 란 바로 공통 개념이다(E5P21까지). 우리는 이제 적합한 관념을 형성하 기 위해 어떤 관념 안에 있는 적극적인 것에서 출발하지 않는다. 그러한 절차는 확실성이 떨어지고, 미결정적이다. 우리는 어떤 기쁜 정념 안에 있는 적극적인 것에서 출발한다. 우리는 그때 우리의 첫 번째 적합한 관 념인 공통 개념을 형성하도록 결정된다. 그 다음 우리는 점점 더 일반성 이 큰 공통 개념들을 형성하는데, 이것들은 이성의 체계를 구성한다. 그 런데 각각의 공통 개념은 그 자신의 수준에서 신을 표현하며, 우리를 신 에 대한 인식으로 인도한다. 각각의 공통 개념은, 그 개념이 적용된 물 체들 안에서 합성되는 관계들의 원천으로서 신을 표현한다. 따라서 가 장 보편적인 개념들이 가장 덜 보편적인 개념들보다 신을 더 잘 표현한 다고 말할 순 없다. 특히 신 관념 자체가 공통 개념들 중 하나라고, 모든 공통 개념들 중 가장 보편적인 공통 개념이라고 말할 순 없다. 정말로 각각의 공통 개념은, 가장 보편적인 것들과 마찬가지로 가장 덜 보편적 인 것들도, 우리를 신 관념으로 인도하며 신을 표현한다. 표현의 체계에 서 신은 결코 원인遠因이 아니다.

그래서 신 관념은 『윤리학』에서 축의 역할을 한다. 모든 것이 신 관 념을 축으로 회전하며, 그것과 함께 변한다. 스피노자는 2종 인식 "외 에" 3종 인식이 있다고 알린다.[32] 게다가 그는 2종 인식을 3종 인식의 동 력인cause motrice으로 제시한다. 우리로 하여금 3종 인식에 진입하도록, 3종 인식을 "형성"하도록 결정하는 것은 2종 인식이다.[33] 그런데 문제

---

32 E2P40S2.
33 "3종 인식에 의해 사물들을 인식하려는 노력 혹은 욕망은 1종 인식에서 생길 수는 없지만, 2 종 인식에서는 분명히 생길 수 있다."(E5P28)

는 다음과 같다. 어떻게 2종 인식은 우리로 하여금 그렇게 하도록 결정하는가? 오직 신 관념만이 이 이행을 설명할 수 있으며, 이 이행은 『윤리학』 5부 정리 20-21에서 등장한다. 1) 각각의 공통 개념은 우리를 신의 관념으로 인도한다. 신을 표현하는 공통 개념에 관계되므로, 신의 관념 자체는 2종 인식의 일부를 이룬다. 그러한 한에서 신 관념은 무감한 신을 재현하지만, 그 관념은 우리의 이해 역량으로부터 따라 나오는(그 역량이 공통 개념들에 의해서 진행되는 한에서) 모든 기쁨들을 동반한다. 이런 의미에서 신 관념은 2종 인식의 정점이다. 2) 그러나 필연적으로 공통 개념들에 관계됨에도 불구하고, 신 관념 자체는 공통 개념이 아니다. 그래서 그것은 우리를 새로운 요소로 떠민다. 우리는 2종 인식에 의해서만 신 관념에 도달할 수 있지만, 그것에 도달하면 우리는 2종 인식을 떠나서 새로운 상태에 진입하도록 결정된다. 2종 인식에서의 신 관념은 3종 인식의 토대가 된다. 이때 "토대"라는 것은 참된 동력인, 생성 원인*causa fiendi*으로 이해되어야 한다.[34] 따라서 이 신 관념 그 자체는 그 내용이 변할 것이다. 즉 신 관념은 우리를 3종 인식으로 결정하고, 이 3종 인식에서 신 관념은 다른 내용을 취할 것이다.

공통 개념은 두 가지 특징을 갖는다. 첫째 그것은 여러 실존 양태들에 적용된다. 둘째 그것을 통해 우리는 실존 양태들이 서로 합치하거나 대립하는 관계들을 인식한다. 극단적으로 속성의 관념이 우리에게 우선 공통 개념으로 보인다는 것을 이해할 수 있다. 가령 연장은 실존하

---

34 E5P20S에서, 스피노자는 3종 인식의 "토대"에 대해 말한다. 이 토대는 "신에 대한 인식"이다. 여기서 문제는 분명 3종 인식이 우리에게 건네는 신에 대한 인식이 아니다. 맥락을 보면(E5P15&16), 문제는 공통 개념들에 의해서 주어지는 신에 대한 인식이다. 마찬가지로 E2P47S에서 스피노자는 우리가 신에 대한 인식에서 출발하여 3종 인식을 "형성한다"고 말한다. 이것과 E2P46Dem의 맥락을 보면 문제는 2종 인식의 일부를 구성하는 신에 대한 인식이라는 점을 알 수 있다.

는 모든 물체들에 적용되는 한에서, 연장의 관념은 매우 보편적인 개념이다. 그리고 연장의 무한 양태들의 관념은 우리에게 전체 자연이라는 관점에서 모든 신체들의 합치를 인식시킨다. 그러나 모든 공통 개념들과 결합하거나 "동반하는" 신 관념은 우리에게 속성들과 양태들에 대한 재평가를 촉구한다. 이 점에서도 『윤리학』이나 『지성개선론』이나 사정은 다르지 않다. 신 관념은 "실재 존재들"과 그것들의 연쇄의 영역으로 우리를 안내한다. 속성은 이제, 단지 그 속성에 대응하는 모든 **실존 양태들**에 공통적인 **성질들**로서만 이해되는 게 아니라, 신적 실체의 **개별적 본질**을 구성하는 것이자 양태들의 모든 **특수한 본질들**을 담고 있는 것으로서도 이해된다. 3종 인식은 이렇게 정의된다. 3종 인식은 "신의 어떤 속성들의 형상적 본질에 대한 적합한 관념에서부터 사물들의 본질에 대한 적합한 인식에까지" 나아간다.[35] 속성은 여전히 공통 형상이지만, "공통적"이라는 말의 의미가 변한다. 공통적이라 함은 더 이상 보다 일반적임을, 다시 말해 여러 실존 양태들 혹은 특정 유[속성]의 모든 실존 양태들에 적용 가능함을 의미하지 않는다. 공통적이라 함은 일의적임을 의미한다. 따라서 속성은 그것이 그의 개별 본질을 구성하는 신과, 그것이 그들의 특수한 본질들을 담고 있는 양태들에 일의적 혹은 공통적이다. 요컨대 2종 인식과 3종 인식 간에 근본적 차이가 나타난다. 2종의 관념들은 그들의 일반적 기능에 의해서 정의되고, 그것들은 실존 양태들에 적용되며, 그것들은 우리에게 그 실존 양태들을 특징짓는 관계들의 합성을 인식시킨다. 3종의 관념들은 그들의 개별적 본성에 의해서 정의되고, 그것들은 신의 본질을 재현하며, 그것들은 우리에게 신 자체

---

35 E2P40S2(E5P25Dem 참조).

안에 담겨 있는 특수한 본질들을 인식시킨다.[36]

우리들 자신은 실존 양태들이다. 우리의 인식은 다음과 같은 조건에 종속된다. 우리는 3종의 관념들에 도달하기 위해서 공통 개념들을 경유해야 한다. 양태의 본질로부터 그것을 특징짓는 관계를 연역할 수 있는 것이 아니라, 그 본질을 인식할 수 있기 위해서는 우선 관계를 인식할 수 있어야 한다. 마찬가지로 우리는 연장을 신의 본질을 구성하는 것으로 이해하기 이전에 공통 개념으로 생각해야 한다. 2종은 우리에게는 3종의 작용인이다. 그리고 2종 안에서 우리를 2종에서 3종으로 이행시키는 것은 신 관념이다. 우리는 신의 본질을 표현하는 공통 개념들을 형성하는 것에서 시작한다. 그때만 우리는 신을 본질들 속에서 스스로를 표현하는 것으로 이해할 수 있다. 우리 인식의 이러한 조건은 모든 인식의 조건은 아니다. 실제 그리스도는 공통 개념을 경유하지 않는다. 그는 그의 가르침을 공통 개념들에 맞춰 조정한다. 그러나 그 자신의 인식은 직접적으로 3종 인식이다. 따라서 그에게 신의 실존은, 모든 본질과 본질의 질서와 마찬가지로, 그 자체로 인식된다.[37] 그래서 스피노자는 이렇게 말한다. 그리스도와 달리 우리는 신의 실존을 그 자체로 인식하지 못한다.[38] 우리의 실존의 자연적 상황에서 우리는 부적합한 관념들과 수동적 변용들로 채워진다. 우리가 앞서 공통 개념을 형성하지 않는

---

36 2종 관념들과 3종 관념들은 어느 정도로 동일한 것들인가? 그것들은 단지 그 기능 혹은 용법에 의해서만 구별되는가? 문제는 복잡하다. 가장 보편적인 공통 개념들이 속성들의 관념들과 일치한다는 것은 확실하다. 공통 개념들로서 속성들은, 그것들이 실존 양태들과 관련해 실행하는 일반적 기능 속에서 파악된다. 3종 관념들로서 그것들은, 그 표상적 본질 속에서, 그리고 그것들이 양태들의 본질들을 표상적으로 담고 있는 한에서 사유된다. 그럼에도 불구하고 덜 보편적인 공통 개념들 자신은 특수한 본질들의 관념들과 일치하지 않는다(본질들이 관계들 속에서 표현됨에도 불구하고, 관계들은 본질들과 혼동되지 않는다).

37 *TTP*, 4장(II, pp. 140~141).

38 *TTP*, 1장(II, pp. 98~99).

다면, 우리는 결코 그 어떤 적합한 관념이나 능동적 기쁨에도 이르지 못할 것이다. 그렇다고 해서 신이 우리에게 **간접적으로**만 인식된다고 결론을 내릴 수는 없다. 공통 개념들은 기호들과는 아무 관계가 없다. 공통 개념들은 다만 우리 자신이 3종 인식에 도달하는 조건들을 구성할 뿐이다. 그래서 신의 실존 증명들은 간접적 증명들이 아니다. 거기서 신 관념은 아직 공통 개념들과의 관계 속에서 파악되지만, 그것은 우리로 하여금 바로 3종 인식을 "형성"하도록, 혹은 직접적 시각(봄)을 실행하도록 결정한다.

# 19장. 지복(至福)

## 3종의 세 가지 결정 — 3종의 능동적 기쁨

1종 인식은 외생적 결정을 따르는 부분들 간의 마주침만을 그 대상으로 삼는다. 2종 인식은 특징적 관계들의 합성까지 상승한다. 그러나 오직 3종 인식만이 영원한 본질들에 관련된다. 3종 인식은 신의 본질에 대한 인식과, 신 안에 존재하고 신에 의해 이해되는 특수한 본질들에 대한 인식(그래서 세 종류의 인식에서 자연 질서의 세 측면, 즉 정념들의 질서, 관계들의 합성의 질서, 본질들 자체의 질서를 볼 수 있다)이다. 그런데 본질에는 몇 가지 특징이 있다. 우선 그것들은 특수하고, 따라서 서로에게 환원될 수 없다. 각각의 본질은 실재적 존재, 자연학적인 사물$^{res\ physica}$, 강도 혹은 역량의 정도이다. 우리는 2종 인식을 통해 실존하는 모든 사물이 신에 의존한다는 것을 일반적으로 알 수 있지만, 오직 3종 인식에 의해서만 그러한 본질의 의존을 특수하게 이해할 수 있기 때문에, 3종 인식과 2종 인식이 대비된다.[1] 그렇지만 다른 한편으로, 각 본질은 다른 모든 본

---

1 E5P36S에서 스피노자는 2종의 일반적 증명을 3종의 개별적(singulière) 결론과 대립시킨다.

질들과 합치한다. 각 본질의 생산에는 모든 본질이 관여하고 있기 때문이다. 여기서 문제는 더 이상 실존 양태들 간의 더 혹은 덜 일반적인 상대적 합치가 아니라, 각 본질과 다른 모든 본질들 간의 개별적이면서 절대적인 합치다.[2] 그러므로 하나의 본질을 인식하면, 다시 말해 한 사물을 영원성의 측면에서 인식하면, 정신은 반드시 보다 더 많은 사물들을 인식하도록, 그리고 그러한 인식을 점점 더 많이 욕망하도록 결정된다.[3] 끝으로 본질은 표현적이다. 각 본질은 그것의 생산 원리 속에서 다른 모든 본질들을 표현할 뿐만 아니라, 모든 본질을 담고 있으며 각 본질이 특수하게 의존하는 그 원리 자체로서의 신 또한 표현한다. 각 본질은 신의 역량의 한 부분이고, 따라서 신의 본질 자체에 의해 생각되지만, 신의 본질이 그 본질에 의해서 설명되는 한에서 그렇다.[4]

따라서 최고 인식은 세 가지 소여를 포함한다. [첫째] 우리 자신 또는 우리 자신의 본질에 대한 적합한 관념(영원성의 측면에서 우리 신체의 본질을 표현하는 관념). 각자는 자기 자신의 본질의 관념을 형성한다. 스피노자가 3종 인식이 어떻게 하나의 본질이 **특수하게** 신에 의존하는지 보여 준다고 말할 때, 그가 생각하는 것이 바로 이 관념이다.[5] [둘째] 항상 그 본질에서, 혹은 영원성의 측면에서 다수의 가능적 사물들에 대한 적합한 관념. [셋째] 신에 대한 적합한 관념, 그런데 신이 모든 본질들을 담고 있고, 각 본질의 생산에(특수하게는 우리의 본질의 생산에) 모든 본질을 포함시키는 한에서 신 관념.

---

2 오직 실존 양태들만이 서로를 파괴할 수 있을 뿐이고, 어떤 본질도 다른 본질을 파괴할 수 없다(E5P37S).
3 E5P25~27 참조.
4 E5P22Dem&P36.
5 E5P36S 참조(전체 맥락에 따르면 각자에게 문제가 되는 것은 자기 자신의 본질, 자기 자신의 신체의 본질이다. E5P30&Dem 참조).

나, 사물들, 신은 3종 인식의 세 관념이다. 그로부터 기쁨, 욕망과 사랑이 따라 나온다. 3종의 기쁨은 능동적 기쁨이다. 즉 실제로 3종의 기쁨은 우리 자신의 본질에 의해서 설명되고, 언제나 그 본질에 대한 적합한 관념을 "동반한다." 3종 인식 아래서 우리가 이해하는 모든 것에는 다른 사물들의 본질과 신의 본질이 포함되어 있는데, 우리는 이를 우리가 우리의 본질(우리 신체의 본질)을 영원성의 측면에서 생각한다는 것 덕분에 이해한다.[6] 이런 의미에서 3종 인식은 우리의 작용 역량 혹은 이해 역량, 즉 우리 자신의 본질에 의해 설명되는 한에서의 신 자신의 사유 역량 외에 다른 **형상인**을 갖지 않는다.[7] 3종 인식에서, 모든 관념의 형상인은 우리의 이해 역량이다. 따라서 그 관념들로부터 따라 나오는 모든 변용은 본성상 능동적 변용, 능동적 기쁨이다.[8] 신의 본질이 나의 본질을 변용하며 본질들이 서로를 변용한다고 생각해야 한다. 그런데 그 본질 자체에 의해서 형상적으로 설명되지 않는 본질의 변용은 없다. 즉 그 변용은 형상인으로서의 자기 관념, 혹은 작용 역량에 대한 생각을 동반한다.

우리 자신에 대한 적합한 관념에서 따라 나오는 이 기쁨으로부터 어떤 **욕망**이 생기는데, 그것은 언제나 보다 많은 사물들을 그것들의 본질에서 혹은 영원성의 측면에서 인식하려는 욕망이다. 그런데 무엇보다도 **사랑**이 생긴다. 왜냐하면 3종 인식에서 신의 관념은 모든 관념의 질료인과 같기 때문이다. 모든 본질들은, 그들을 생각하는 것으로서의 신을 표현한다. 즉 나 자신의 본질에 대한 관념은 나의 작용 역량을 재

---

6 E5P29.
7 "정신 자체가 영원한 한에서, 3종 인식은 그것의 형상인으로서의 정신에 의존한다."(E5P31)
8 3종 인식에 의해 인식하는 사람은 "가장 큰 기쁨(*summa laetitia*)으로 변용된다"
  (E5P27Dem).

현하지만, 나의 작용 역량은 나의 본질에 의해 설명되는 한에서의 신 자신의 역량에 다름 아니다. 따라서 질료인으로서의 신의 관념을 동반하지 않는 3종의 기쁨은 없다. "3종 인식에서 필연적으로 신의 지적 '사랑'이 생긴다. 왜냐하면 이 3종 인식에서 원인으로서의 신의 관념을 동반하는 기쁨이 생기기 때문이다."[9]

3종 인식의 능동적 기쁨과 2종 인식의 능동적 기쁨 간의 차이 — 우리 자신에 대한 관념 — 외래적 변용과 본유적 변용 — 2종 인식의 본유적 성격과 3종 인식의 본유적 성격 — 2종 인식의 신과 3종 인식의 신 — 3종 인식과 표현

그런데 어떻게 3종 인식의 능동적 기쁨은 2종 인식의 기쁨과 구별되는가? 2종의 기쁨들도 우리가 갖는 적합한 관념에 의해서 설명되기 때문에 이미 능동적이다. 따라서 그것들은 우리의 이해 혹은 작용 역량에 의해서 설명된다. 그것들은 우리가 그 역량을 형상적으로 소유한다는 것을 함축한다. 그러나 비록 그 역량이 더 이상 증가될 수 없어 보일지라도, 그것에는 여전히 특정한 질, 즉 역량의 정도 혹은 우리 자신의 본질의 강도에 대응하는 개체의 질적인 미세한 차이가 결여되어 있다. 실제로 우리가 2종 인식에 머물러 있는 동안 우리가 갖는 적합한 관념은 아직 우리 자신에 대한 관념, 즉 우리의 본질, 우리 신체의 본질에 대한 관념이 아니다. 인식 문제의 출발점이 어떠한 것인지 생각해 보면, 이 제약은 중요한 것으로 보일 것이다. 우리는 우리 자신이나 우리 신체

9 E5P32C.

에 대해서 적합한 관념을 직접적으로 갖지 못한다. 왜냐하면 그 관념은 신이 다른 물체들의 관념들로 변용되는 한에서만 신 안에 있기 때문이다. 따라서 우리는 필연적으로 부적합한 변용 관념을 통해서만 우리 신체를 인식하며, 그 관념의 관념을 통해서만 우리 자신을 인식한다. 외부 물체들의 관념들, 우리 자신의 신체나 우리 자신의 정신의 관념, 이러한 관념들을 우리는 우리 실존의 직접적인 조건들 속에서는 **갖지** 못한다. 그런데 2종 인식은 우리에게 분명히 적합한 관념을 준다. 그러나 그 관념은 단지 우리 신체와 외부 물체에 공통적인 특성들에 대한 것이다. 그 것들은 부분에도 전체에도 똑같이 있기 때문에, 그리고 우리 안에도, 우리의 정신 안에도 다른 사물의 관념 안에도 똑같이 있기 때문에 적합하다. 그러나 그것들은 결코 **우리 자신**에 대한 적합한 관념도, **다른 사물**에 대한 적합한 관념도 구성하지 않는다.[10] 그것들은 우리의 본질에 의해서 설명되지만, 그 자체가 그 본질의 관념을 구성하지는 않는다. 반면에 3종 인식과 함께, 우리는 신 안에 있고 신에 의해 생각되는 그대로의 우리 자신과 다른 사물들에 대한 적합한 관념들을 형성한다. 따라서 3종 관념들에서 나오는 능동적 기쁨들은 2종 관념들에서 나오는 것들과 다른 본성을 갖는다. 그리고 보다 일반적인 견지에서 스피노자는 정신의 활동의 두 형식을 구별할 수 있다. 그 두 방식에서 우리는 능동적이고 우리는 스스로를 능동적이라고 느낀다. 그것은 우리 이해 능력의 두 표현이다. "…사물들을 영원성의 측면에서 생각하는 것[2종 인식 ─ 들뢰즈]은 이성의 본성에 속하며, 신체의 본질을 영원성의 측면에서 생각하는

---

10 그래서 그 자체로서 공통 개념들은 어떤 개별적 사물의 본질도 구성하지 않는다(E2P37 참조). 그리고 E5P41Dem에서 스피노자는 2종 인식이 우리에게 정신의 영원한 본질에 대한 어떤 관념도 주지 않는다는 점을 상기시킨다.

것[3종 인식– 들뢰즈]도 정신의 본성에 속한다. 그리고 이 **두 가지**[11] 말고 정신의 본질에 속하는 다른 것은 없다."[12]

수동적이든 능동적이든 모든 변용은, 본질의 표현인 변용 능력을 실행하는 한에서 본질의 변용들이다. 그러나 슬픔이든 기쁨이든 수동적 변용들은, 바깥으로부터 산출되기 때문에 **외래적**이다. 능동적 변용들, 능동적 기쁨들은, 우리의 본질 혹은 우리의 이해 역량에 의해서 설명되기 때문에 **본유적**[13]이다.[14] 그렇지만 마치 본유적인 것에, 우리가 그것과 재결합하고 그것을 되찾는 데서 겪는 어려움을 설명해 주는 상이한 두 차원이 있는 것처럼 모든 일이 진행된다. **첫 번째로** 공통 개념들 자체는 그로부터 나오는 능동적 기쁨들이 그렇듯이 본유적이다. 그렇다고 해도 공통 개념들은 형성되어야 하며, 더 혹은 덜 쉽게 형성되고, 따라서 정신들에 더 혹은 덜 공통적이다. 우리가 우리의 작용 혹은 이해 역량으로부터 분리된 채로 태어난다는 사실을 고려하면, 이러한 외관상의 모순은 사라진다. 우리는 우리 자신의 본질에 속하는 것을 실존 속에서 쟁취해야 한다. 정확히 말해, 우리가 우리의 작용 역량을 우선 증가시키는 기쁜 정념들에서 그 출발점을 찾지 못하면, 우리는 공통

---

11 (역주) 여기서 들뢰즈는 '두 가지'가 2종 인식과 3종 인식을 지시한다고 보고 있다. 그러나 여기서 지칭되는 것은 (1) 신체의 현재적 실존을 생각하는 한에서의 정신의 인식과 (2) 신체의 본질을 생각하는 한에서의 정신의 인식이다. 2종 인식과 3종 인식은 모두 (2)에 속한다. 이 비판은 Matheron, *Sur la Doctrine Spinoziste de l'éternité(II) D.A.T.A*, 2000, pp. 1~37 을 참조한 것이다.

12 E5P29Dem. 따라서 영원성의 두 가지 측면이 있는데, 공통 개념의 **현존**에 의해 정의되는 것이 그 하나요, 개별적 본질의 **실존**에 의해 정의되는 것이 다른 하나이다.

13 (역주) adventice는 정확히는 '바깥으로부터 우연히 수중에 들어온'이란 뜻으로, 외래적이란 뜻 외에도 우연적·우발적·부수적 등의 뜻을 담고 있다. inné는 in와 natus를 어원으로 하며, '내부에서 태어난'의 뜻으로, idée inné는 통상 본유(本有) 관념으로 번역된다.

14 본질의 변용들 일반에 대해서, 그리고 외래적인 것과 본유적인 것에 대해서는, E3Aff.Def 욕망의 정의에 대한 설명 참조.

개념들을(가장 일반적인 개념들조차) 형성할 수 없다. 이런 의미에서 공통 개념들에서 나오는 능동적 기쁨들은 기쁨의 수동적 변용들에서 이를테면 그 기회 원인을 얻는다. 그것들은 권리상 본유적이지만 기회 원인으로서의 외래적 변용들에 의존한다. 그러나 신 자신은 더 증가할 수 없는 무한한 작용 역량을 직접 소유한다. 따라서 신은 부적합한 관념들을 갖지 않는 것과 마찬가지로 어떤 정념도, 기쁜 정념조차도 겪지 않는다. 그러나 신 안에 공통 개념들과 그로부터 나오는 능동적 기쁨들이 있는지에 대한 물음이 제기될 수 있다. 공통 개념들은 적합한 관념들이므로 분명 신 안에 있지만, 오로지 신이 우선, 그 개념들을 필연적으로 포함하는 다른 관념들(이 다른 관념들은 우리에게는 3종 인식의 관념들이다)을 갖고 있는 한에서만 그렇다.[15] 그 결과 신도, 그의 사유의 표현인 그리스도도 공통 개념들을 **통해** 사유하지 않는다. 따라서 공통 개념들은, 신 안에서는, 우리가 2종 인식에서 체험하는 것에 대응하는 기쁨의 원리 역할을 할 수 없다. 신은 수동적 기쁨들에서 벗어나 있고, 기회 원인으로서 작용 역량의 증가를 전제하는 2종의 능동적 기쁨도 체험하지 않는다. 그래서 **2종 인식의 관념에 따라서는** 신은 어떤 기쁨의 감정도 체험하지 않는다.[16]

3종 인식의 관념들은 단지 우리 본질에 의해서만 설명되는 것은 아니다. 그것들은 그 본질 자체의 관념과 그것의 관계들(영원성의 측면에서, 신 관념과의 관계, 다른 사물의 관념과의 관계들)의 관념으로 구성된다. 우리

---

15 E2P38, P39&Dem에 따르면, 공통 개념들은 분명 신 안에 있다. 그러나 오로지 그것들이, 그 자체로 신 안에 있는 개별 사물들의 관념들(우리 자신과 다른 사물들의 관념들) 안에 포함되어 있는 한에서만 그렇다. 그런데 우리의 상황은 다르다. 공통 개념들은 우리 인식의 질서에서 첫 번째 것들이다. 그래서 그것들은 우리 안에서 특별한 변용들(2종의 기쁨들)의 원천이다. 반면 신은 3종의 변용들만을 체험한다.

16 E5P14~20 참조.

의 본질 관념(형상인)에서 출발해서, 신 관념(질료인)에서 출발해서, 우리는 신 안에 있는 그대로의 관념 모두를 인식할 수 있다. 3종 인식 아래서, 우리는 직접적으로 그리고 영원하게 신 안에 있듯이 우리 안에도 있는 관념들과 능동적 감정들을 형성한다. 우리는 신이 사유하듯이 사유하며, 신의 감정들 자체를 체험한다. 우리는 신 안에 있는 우리 자신에 대한 관념을 있는 그대로 형성하며, 신 자신 안에 있는 신 관념을 있는 그대로 적어도 부분적으로는 형성한다. 따라서 3종의 관념들은 본유적인 것의 보다 근본적인 차원을 구성하며, 3종의 기쁨들은 본질 그 자체의 유일하게 참된 변용들이다. 아마도 우리가 3종 인식에 **도달하는** 것처럼 보일 것이다.[17] 그런데 여기서 우리에게 기회 원인이 되는 것은 공통 개념들 자체이고, 따라서 적합하고 능동적인 어떤 것이다. "이행"은 이제 외관일 뿐이다. 사실 우리는 단지 신 안에 직접적으로 그리고 영원하게 있는 우리 자신을 있는 그대로의 모습으로 되찾는 것이다. "정신은 우리 자신이 이제 그것에 도달했다고 꾸며냈던 그 동일한 완전성들을 영원하게 소유한다."[18] 그래서 3종의 관념들로부터 따라 나오는 기쁨들은 **지복**至福이라는 이름에 합당한 유일한 것들이다. 그것은 더 이상 우리의 작용 역량을 증가시키는 기쁨도, 그러한 증가를 아직 전제하고 있는 기쁨도 아니다. 그것은 신 안에 있는 그대로이자 신에 의해 생각되는 그대로의 우리의 본질에서 절대적으로 따라 나오는 기쁨들이다.[19]

우리가 아직 물어야 할 게 있다. 2종의 신 관념과 3종의 신 관념의

---

17 "정신은 영원성의 측면에서 사물들을 생각하는 한에서 영원하다는 것을 우리가 지금 확신하고 있지만, 우리가 보여 주려는 것을 더 쉽게 설명하고 더 잘 이해되도록 하기 위해서, 우리는 정신을, 마치 이제 존재하기 시작했고 또 이제 영원성의 측면에서 사물들을 이해하기 시작한 것처럼 여길 것이다."(E5P31S)
18 E5P33S.
19 E5P33S.

차이는 무엇인가? 신 관념은, 그것을 표현하는 공통 개념들에 관계되는 한에서만 2종 인식에 속한다. 그리고 우리의 인식의 조건은, 우리가 공통 개념들을 통해서 신 관념에 "도달"한다는 것이다. 그러나 신 관념이 그 자체로 이 개념들 중 하나는 아니다. 따라서 우리로 하여금 2종 인식에서 벗어나게 하고, 우리에게 독립적인 내용, 즉 더 이상 공통 특성들이 아니라 신의 본질, 신에 의존하는 나의 본질과 다른 모든 본질을 계시하는 것이 바로 그것이다. 그런데 신 관념이 공통 개념들에 관계되는 한, 그것은 어떠한 사랑, 어떠한 기쁨도 느끼지 않는 최고의 존재를 재현한다. 그러나 신 관념은 우리로 하여금 3종 인식으로 향하도록 결정하면서, 신 관념 자체는 그 인식의 종류에 상응하는 새로운 질적 규정들을 받아들인다. 우리가 3종 인식에서 느끼는 능동적 기쁨들은 신 자신이 느끼는 기쁨들인데, 왜냐하면 그 기쁨들이 유래하는 관념들이 영원하게 그리고 직접적으로 신 안에 있는 것과 똑같이 우리 안에도 있기 때문이다. 따라서 『윤리학』 5부에서 차례로 기술된 두 사랑 간에는 어떤 모순도 찾을 수 없을 것이다. 어떠한 기쁨도 느끼지 않기 때문에 우리를 사랑할 수 없는 신, 그러한 신에 대한 사랑. 그리고 그 자신이 기뻐하는 신에 대한 사랑. 이때 신은 자신을 사랑하며 우리가 그를 사랑하는 것과 동일한 사랑으로 우리를 사랑한다. 맥락에 따라서, 앞 구절은 2종 인식에, 뒤의 것은 3종 인식에 관련된다.[20]

신 안에 있는 그대로의 우리 자신에 대한 관념에서 나오기 때문에, 우리의 능동적 기쁨들은 신의 기쁨들의 일부분이다. 우리의 기쁨은, 신이 우리의 본질에 의해 설명되는 한에서 신 자신의 기쁨이다. 그리고 우

---

20 2종에 속하는 신에 대한 사랑(E5P14~20). 3종에 속하는 신의 사랑(E5P32~37).

리가 신에 대해 느끼는 3종 인식의 사랑은 "신이 자신에 대해 행하는 무한한 사랑의 일부분이다." 우리가 신에 대해 느끼는 사랑은, 신이 우리 자신의 본질에 의해 설명되는 한에서 신이 자신에 대해 느끼는 사랑이고, 따라서 신이 우리의 본질 자체에 대해 느끼는 사랑이다.[21] **지복**은 신 안에 있는 그대로의 능동적 기쁨의 소유만이 아니라, 신 안에 있는 그대로의 능동적 사랑의 소유도 지칭한다.[22] 이 모든 것에서 "부분"이라는 말은 언제나 설명적 방식 혹은 표현적 방식으로 해석되어야 한다. 여기서 부분이란 합성의 원소가 아니라 표현과 설명이다. 우리 본질은 신의 한 부분이고, 우리 본질의 관념은 신 관념의 한 부분이지만, 신의 본질이 우리의 본질에 의해 설명되는 한에서만 그렇다. 그리고 표현의 체계가 그 최종 형식을 얻는 것은 3종 인식에서다. 표현의 최종 형식, 그것은 사변적 긍정과 실천적 긍정의 동일성, '존재'와 '기쁨'의 동일성, '실체'와 '기쁨'의 동일성, '신'과 '기쁨'의 동일성이다. 기쁨은 실체 자체의 전개, 양태들 속에서 실체의 설명과 이 설명에 대한 의식을 나타낸다. 신 관념은 단지 공통 개념들 일반에 의해서 표현되지 않고, 모든 본질들 속에서 그것들 각각에 고유의 생산 법칙에 따라서 스스로를 표현하고 스스로를 설명한다. 신 관념은 각각의 본질 속에서 특수하게 스스로를 표현하지만, 각각의 본질은 각각의 생산 법칙 속에 다른 모든 본질들을 포함하고 있다. 우리가 느끼는 기쁨은, 신이 우리의 본질의 관념을 가지고 있는 한에서 신 자신이 느끼는 기쁨이다. 신이 느끼는 기쁨은, 우리가 신 안에 있는 관념들을 있는 그대로 가지고 있는 한에서 우리 자신이 느끼는 기쁨이다.

21 E5P36&Cor.
22 E5P36S.

실존하는 동안 어떻게 우리는 3종 인식에 접근하는가? — 이 접근의 한계 — 본질에 대한 수학적, 관념론적 해석에 반대하여 — 지속과 영원성 간의 본성의 차이:불멸 개념 비판 — 죽음 — 3종 인식의 변용들은 죽음 이후에만 우리의 변용 역량을 모두 실행한다 — 어떤 의미에서 실존은 시험인가:스피노자의 구원 관념 — 강도적 부분과 외연적 부분들:표현의 관점에서 그것들 각각의 중요성 — 표현적으로 되기

우리가 지속 속에서 실존하기 시작하면, 따라서 우리가 실존하는 "동안"에는, 3종 인식에 접근할 수 있다. 그러나 이는 우리의 변용 능력을 실현하는 최선의 방식을 재현하는 엄격한 순서를 따를 때만 성공할 수 있다. 1) 우리에게 부적합한 관념들이 주어지며, 그로부터 수동적 변용들이 생기는데, 어떤 것들은 우리의 작용 역량을 증가시키고 어떤 것들은 감소시킨다. 2) 수동적 변용들 자체에 대한 선별 노력의 결과로 공통 개념들을 형성한다. 2종의 능동적 기쁨들은 공통 개념들에서 따라 나오고, 능동적 사랑이 공통 개념들에 관계된 신 관념에서 따라 나온다. 3) 3종의 적합한 관념들을 형성하고, 이 관념들에서 능동적 기쁨들과 능동적 사랑(지복)이 따라 나온다. 그러나 우리가 지속 속에서 실존하는 동안에 3종의 능동적 기쁨만을 혹은 오로지 능동적 변용들 일반만을 갖기를 바라는 것은 헛된 일이다. 우리는 언제나 정념을 갖게 되며, 우리의 수동적 기쁨과 더불어 슬픔을 가질 것이다. 우리의 인식은 언제나 공통 개념들을 경유할 것이다. 우리는 다만 그 비율에서 슬픈 정념들보다 많은 기쁜 정념들을, 정념들보다 많은 2종의 능동적 기쁨들을 가지려고, 3종의 기쁨들을 가능한 한 가장 많이 가지려고 노력할 수 있을 뿐이다. 모든 것은 우리의 변용 능력을 실행하는 감정들의 비율 문제이다. 이를테면 부적합한 관념들과 정념들이 우리 자신의 가장 작은 부분만을

차지하도록 만드는 것이 문제이다.[23]

지속은 양태들의 실존에 관계된다. 앞에서 보았듯이, 한 양태의 실존은, 어떤 특정한 관계 아래서 그 양태의 본질에 속하도록 결정되는 외연적 부분들에 의해서 구성된다. 그래서 지속은 시간에 의해 측정된다. 한 물체는 그것을 특징짓는 관계 아래 외연적 부분들을 소유하는 동안 실존한다. 마주침이 그 부분들을 다르게 배치하면 그 물체 자체는 실존하기를 멈추고, 그 물체의 부분들은 새로운 관계들 아래서 다른 물체들을 형성한다. 따라서 우리가 실존하는 동안에 모든 수동을 제거할 수 없다는 것은 명백하다. 외연적 부분들은 바깥으로부터 무한하게 결정되고 변용되기 때문이다. 물체의 부분들에는 영혼의 **능력들,** facultés 즉 수동적 변용들을 느끼는 능력들이 대응한다. 그래서 상상은 어떤 물체가 우리의 신체에 새기는 현실적 흔적에 대응하고, 기억은 시간 속에서 흔적들의 연쇄에 대응한다.[24] 기억과 상상은 영혼의 참된 부분들이다. 영혼은 외연적 부분들을 갖는데, 이 외연적 부분들은 그 자신도 외연적 부분들로 합성된 한 신체의 관념인 한에서만 그 영혼에 속한다.[25] 영혼은, 지속하는 한 신체의 현실적 실존을 표현하는 한에서 "지속한다". 그리고 영혼의 능력들 자체는 하나의 역량을, 즉 수동 역량을, 사물들을 그것들이 우리 신체 안에 산출하는 변용들에 따라서 상상하는 역량, 따라서 사물들을 지속 속에서 그리고 시간과 관련해서 생각하는 역량을 가리킨다.[26]

---

23 E5P20S, E5P38Dem 참조.
24 (역주) 흔적들(vestigia)은 자연학 소론의 다섯 번째 공준, 기억은 E2P18S 참조.
25 영혼의 부분들에 대해서는 E2P15, 능력들과 부분들의 동일성에 대해서는 E5P40C 참조.
26 E5P23S, E5P29Dem(이 수동 능력, 지속 속에서 상상하거나 생각하는 능력도 **역량**인데, 왜냐하면 그것은 본질 혹은 작용 역량을 "함축하고" 있기 때문이다).

외연적 부분들은 어떤 특정한 관계 아래서, 어떤 특정한 시간 동안 본질에 속하지만, 그것들이 이 본질을 구성하지는 않는다. 본질 자체는 전혀 다른 본성을 갖는다. 그 자체로서의 본질은 역량 혹은 강도의 정도, 강도적 부분이다. 스피노자의 특수한 본질에 대한 수학적 해석보다 더 부정확하게 보이는 것은 없다. 본질이 관계 속에서 표현되는 것은 사실이지만, 본질이 관계와 혼동될 수 없다. 특수한 본질은 자연학적 실재다. 그래서 변용들은 본질의 변용들이고, 본질 자체는 물체의 본질이다. 이 자연학적 실재는 강도적 실재, 강도적 실존이다. 이제 우리는 본질이 지속하지 않는다는 것을 이해할 수 있다. 지속은 외연적 부분들과 관련해서 얘기되고, 이 부분들이 본질에 속하는 동안의 시간에 의해 측정되기 때문이다. 그러나 본질 자체는 영원한 실재 혹은 실존을 갖는다. 그것은 지속도, 지속의 끝을 표시하는 시간도 갖지 않는다(어떤 본질도 다른 본질을 파괴할 수 없다). 스피노자는 정확하게 본질이 "어떤 영원한 필연성과 함께" 생각된다고 말한다.[27] 그러나 이 정식은 어떤 주지주의적 혹은 관념론적 해석도 용인하지 않는다. 스피노자는 단지 특수한 본질이 그 자체로 영원한 것은 아니라는 점을 말하려는 것뿐이다. 오직 신적 실체만이 자기 자신에 의해서 영원하다. 반면 본질은 원인(신)에 의해서만 영원하고, 본질의 실존 혹은 실재성은 그로부터 파생한다. 따라서 본질은 필연적으로 이 원인에 의해서 생각된다. 따라서 그것은 이 원인으로부터 파생하는 영원한 필연성과 함께 사고된다. 그러므로 스피노자가 "이러저러한 인간 신체의 본질을 영원성의 측면에서 표현하는 관념"에 대해 말하는 것은 놀랍지 않다. 그는 신체의 본질이 단지 관념으

---

27 E5P22Dem.

로서 실존한다고 말하려는 것이 아니다. 관념론적 해석의 오류는 평행론을 구성하는 일부 논변을 평행론과 대립하게 만들거나, 혹은 순수 인과에 대한 논변을 관념적인 것의 증명으로 이해하는 것이다. 만약 신 안의 한 관념이 이런 저런 신체의 본질을 표현한다면, 그 이유는 신이 본질들의 원인이라는 점에 있다. 그로부터 본질은 필연적으로 이 원인에 의해서 생각된다는 결론이 나오는 것이다.[28]

신체는 외연적 부분들을 현실적으로 소유하는 한에서 실존하고 지속한다. 그러나 그것은 하나의 본질을 갖는데, 그 본질은 영원한 강도적 부분(역량의 정도)과 같다. 영혼 자체는, 지속 속에서 신체의 실존을 표현하는 한에서 외연적 부분들을 갖는다. 그러나 그것은 영원한 강도적 부분 또한 갖는데, 그것은 신체의 본질에 대한 관념과 같다. 신체 본질을 표현하는 관념은, 필연적으로 영원한 영혼의 강도적 부분 혹은 본질을 구성한다. 이러한 점에서 영혼은 어떤 능력을, 즉 자기 자신의 본질에 의해 설명되는 어떤 역량을 소유한다. 그것은 능동적 이해 역량과 3종 인식에 의해 사물들을 영원성의 측면에서 이해하는 능력이다. 영혼이 지속 속에서 신체의 현실적 실존을 표현하는 한에서, 그것은 다른 물체들을 지속 속에서 생각하는 역량을 갖는다. 반면에 영혼이 신체의 본질을 표현하는 한에서, 그것은 다른 물체들을 영원성의 측면에서 생각하는 역량을 갖는다.[29]

따라서 스피노자주의는 지속과 영원성이 그 본성에서 구별된다고

---

28 E5P22Dem. 이 증명은 정확히, 결과에 대한 인식은 원인에 대한 인식에 의존하며 그것을 함축한다는 평행론의 공리에 준거한다. 스피노자의 정식 *species aeternitatis*는 하나의 원인으로부터 파생한 영원성의 **종류**(espèce), 그리고 그 원인과 분리될 수 없는 지성적 **개념작용**(conception)을 동시에 지칭한다.

29 E5P29&Dem.

주장한다. 스피노자가 『윤리학』에서 **불멸** 개념의 사용을 피하고 있다면, 그가 볼 때 이 개념에 가장 유감스런 혼동들이 함축되어 있기 때문이다. 플라톤에서 데카르트로 이어지는 불멸에 대한 전통에는 세 가지 논변이 다양한 형태로 반복된다. 첫 번째로, 불멸 이론은 영혼의 단순성이라는 특정 공준에 기대고 있다. 오직 신체만이 분할 가능한 것으로 생각된다. 반면에 영혼의 능력들은 영혼의 부분들이 아니기 때문에 영혼은 분할 불가능하며, 따라서 그것은 불멸한다. 두 번째로, 이러한 절대적으로 단순한 영혼의 불멸은 지속 속에서 생각된다. 신체가 실존을 시작하기 이전에 영혼은 이미 실존하고 있었고, 신체가 지속하기를 멈춘 다음에도 영혼은 지속한다. 그래서 불멸 이론은 종종 순수하게 지성적인 기억이라는 가설을 동반하고, 이 가설에 의하면 신체와 분리된 영혼은 자신의 고유한 지속을 의식한다. 끝으로, 그렇게 정의된 불멸은 신체가 지속하는 동안은 직접적 경험의 대상이 될 수 없다. 영혼은 어떤 형태로 신체보다 더 살아남는가? 그 생존의 양상은 어떤 것이며, 일단 탈육화脫肉化된 이후에 영혼의 능력들은 어떤 것인가? 지금은 오직 **계시**만이 우리에게 그것을 말해 줄 수 있다.

이 세 가지 테제는 스피노자의 철학에서 공공연한 반대자와 만난다. 불멸 이론은 지속과 영원성을 혼동하고 있다. 우선 영혼의 절대적 단순성이라는 공준은 그 자체로 영혼과 신체의 합일을 혼동하는 관념이다. 영혼을 신체와 비교할 때, 그들은 하나의 전체로 취해진 영혼의 단순성과 그 또한 하나의 전체로 취해진 신체의 분할 가능성을 대립시킨다. 그들은 실존하는 한에서 신체가 외연적 부분들을 갖는다는 것은 이해하지만, 영혼이 실존하는 신체에 대한 관념인 이상 영혼 역시 그러한 부분들을 소유한다는 것은 이해하지 못한다. 그들은 영혼이 그것의 본질을 구성하는 절대적으로 단순하고 영원한 강도적 부분을 갖는다는 것은 (그럭저럭) 이해하지만, 영혼이 그것 못지않게 단순하고 영원한 신체의 본질을 그렇게 표현한다는 것은 이해하지 못한다. 두 번째로 "불멸"의 가설은 계속succession의 용어로 사유하도록 유도하여, 영혼을 함께 실존하는 것들coexistences의 합성체로 생각할 수 없게 만든다. 우리는, 신체가 실존하는 동안에 지속과 영원성 자체가 본성상 다른 두 요소로서 영혼 안에 "함께 실존한다"는 것을 이해하지 못한다. 영혼은 그것의 본질을 구성하지는 않는 외연적 부분들이 그것에 속하는 한에서 지속한다. 영혼은 그것의 본질을 정의하는 강도적 부분이 그것에 속하는 한에서 영원하다. 우리는 영혼이 신체를 넘어서 지속한다고 생각해선 안 된다. 영혼은 신체 자체가 지속하는 만큼만 지속하며, 신체의 본질을 표현하는 한에서 영원하다. 영혼이 실존하는 신체의 관념인 동안에, 지속 속에서 그것에 속하는 외연적 부분들과, 영원 속에서 그것을 구성하는 강도적 부분이 영혼 안에서 함께 실존한다. 끝으로, 우리는 영혼이 신체보다 어떤 방식으로 그리고 어떻게 더 살아남는지 알기 위해 그 어떤 계시도 필요로 하지 않는다. 영혼은 그 신체가 실존할 때 그것의 본질에서 이미 그것인 그대로 영원히 남아 있다. 강도적 부분, 역량의 정도 혹은 이해 역량, 영원성의 측면에서 신체의 본질을 표현하는 관념이 그러한 것이다. 그렇게 영혼의 영원성은 직접적인 경험의 대상이다. 우리 자신이 영원하다는 것을 느끼고 경험하기 위해서는, 3종 인식에 진입하는 것, 다시 말해 우리 자신에 대한 관념을 그것이 신 안에 있는 그대로의 모습으로 형성하는 것으로 충분하다. 이 관념은 정확히 신체의 본질을 표현하는 관념이다. 우리가 그것을 형성하는 한에서, 우리가 그것을 갖

는 한에서, 우리는 우리 자신이 영원하다는 것을 **경험한다.**[30]

우리가 죽을 때 무슨 일이 일어나는가? 죽음은 빼기, 잘라내기다. 우리는 어떤 특정 관계 아래서 우리에게 속했던 모든 외연적 부분들을 잃는다. 우리 영혼은 외연적 부분들을 지닌 신체 자체의 실존을 표현하는 한에서만 소유했던 모든 능력들을 잃는다.[31] 그러나 이 부분들과 능력들이 우리의 본질에 속했다고 해도, 그 본질에서 그 어떤 것도 **구성하지 않았다.** 다시 말해서 우리가 우리의 실존을 합성했던 외연적 부분들을 잃더라도, 그 자체로서의 우리 본질은 완전성을 전혀 잃지 않는다. 어쨌든, 우리 자신에게서 남게 되는 부분은, 그 크기(역량의 정도 혹은 강도량)가 어떻든 간에, 소멸하는 모든 외연적 부분들보다 더 완전하며, 이 외연적 부분들이 사라지더라도 그것의 완전성 전체를 보존한다.[32] 게다가, 우리 신체가 실존을 멈췄을 때, 우리의 영혼이 신체의 실존과 관련된 그것의 모든 부분들을 잃었을 때, 우리는 더 이상 수동적 변용들을 느낄 수 없게 된다.[33] 우리 본질은 함축된 상태로 유지되기를 멈추고, 우리는 더 이상 우리의 역량과 분리될 수 없다. 오로지 우리의 이해 혹은 작용 역량만이 남는다.[34] 우리가 갖는 관념들은 신 안에 있는 그대로의 것으로 필연적으로 3종의 적합한 관념들이다. 우리의 본질은 신의 본질

---

30 E5P23S. 이 경험은 필연적으로 3종 인식에 속한다. 왜냐하면 2종 인식은 우리 신체의 본질에 대한 적합한 관념을 소유하지 않고, 또 우리로 하여금 우리의 정신이 영원하다는 것을 알게 하지 않기 때문이다(E5P41Dem 참조).

31 "정신은 신체가 지속하는 동안이 아니면, 아무것도 상상할 수 없으며, 지난 일을 기억할 수도 없다."(E5P21)

32 "잔존하는 정신의 부분은, 그 크기가 어떻든지 간에, 다른 부분보다 더 완전하다."(E5P40C)

33 "정신은 신체가 지속하는 동안에만 수동들에 관련된 감정들에 종속되어 있다."(E5P34)

34 "정신의 영원한 부분은 지성으로, 오직 그 지성에 의해서만 우리는 작용한다고 일컬어진다. 우리가 소멸한다는 것을 보여 주었던 부분들은 상상 자체로, 오직 그 상상에 의해서만 우리는 겪는다고[수동] 일컬어진다."(E5P40C)

을 적합하게 표현하고, 우리 본질의 변용은 그 본질을 적합하게 표현한다. 우리는 완전히 표현적으로 되고, 우리 안에는 "함축되어" 있거나 단순히 "지시된" 그 어떤 것도 존속하지 않는다. 우리는 실존하는 동안에는 3종의 능동적 변용을 단 몇 가지만, 그것도 수동적 변용과 관련된 2종의 능동적 변용과의 관련하에서 가질 수 있었다. 우리는 단지 부분적인 지복만을 희망할 수 있었다. 그러나 죽음에 의해서 마치 우리가, 우리의 본질에 의해 설명되는 3종의 변용들에 의해서만 변용될 수 있는 그런 상황에 놓이게 되는 것처럼 보인다.

이 점이 여전히 많은 문제를 일으키는 게 사실이다. 1) 사후에도 우리가 여전히 변용된다는 것은 어떤 의미에서인가? 우리의 영혼은, 그것이 실존하는 신체의 관념인 한에서 그것에 속했던 모든 것을 잃었다. 그러나 실존하는 우리 신체의 본질에 대한 관념은 남는다. 그러나 우리 신체의 본질에 대한 관념은 신 안에 있는 그대로 남는다. 우리 자신은 이 관념의 관념을 신 안에 있는 그대로 갖는다. 따라서 우리의 영혼은 영원성의 측면에서 자신에 대한 관념에 의해, 신 관념에 의해, 그리고 다른 사물들에 대한 관념들에 의해 변용된다. 모든 본질들이 각각의 본질과 합치하기 때문에, 모든 본질들의 원인이 각각의 본질의 생산에 모든 본질을 포함시키는 신이기 때문에, 3종의 관념에서 나오는 변용은 필연적으로 능동적이고 강렬한 변용, 신의 본질을 표현하면서 동시에 이 변용을 체험하는 사람의 본질에 의해서 설명되는 변용이다. 2) 그러나 만약 우리가 사후에도 여전히 변용된다면, 우리의 변용 능력, 우리의 특징적 관계 자체가 우리의 본질과 함께 존속한다는 것 아닌가? 실제로 우리의 관계가 파괴 또는 분해된다고 얘기될 수 있지만, 단 그것이 더 이상 외연적 부분들을 포섭하지 않는다는 의미에서만 그렇다. 우리에게 속했던 외연적 부분들은 이제 우리의 관계와 합성 불가능한 다른 관계들 아래 들어가도록 결정된다. 그럼에도 불구하고, 우리를 특징짓는 그 관계는 우리의 본질이 그것에서 표현되는 한에서 영원 진리를 갖는다. 본질과 함께 남는 것은, 관계의 영원 진리다. (그렇기 때문에 공통 개념들은 본질의 관념 안에 포함되어 있다.) 마찬가지로 우리의 변용 능력은 파괴된다고 얘기될 수 있지만, 그것이 더 이상 수동적 변용들을 통해 실현될 수 없는 한에서 그렇다.[35] 그럼에도 불구하고 변용 능력은 우리의 작용 혹은 이해 역량과 동일한 영원한 역량을 갖는다. 본질과 함께 남는 것은 영원한 역량으로서 변용 능력이다.

그러나 마치 우리가 우리에게 영원하게 본유적인 것을 필연적으로 되찾기라도 하듯이, 어떤 방식으로든 우리가 사후에 3종의 능동적 변용들을 향유한다는 것을 어떻게 생각할 수 있는가? 라이프니츠는 스피노자의 영원성 개념에 대해 여러 가지 비판을 가한다. 그는 스피노자의 본질 관념이 수학적 형상 혹은 도형과 유비적인 것이라고 보고, 스피노자의 기하학주의를 비난한다. 그는 스피노자가 기억과 상상이 없는 영원성을 생각했다고 비난하고, 그런 영원성은 기껏해야 원이나 삼각형의 영원성일 뿐이라고 비난한다. 그런데 라이프니츠의 세 번째 비판이 보다 중요한 것으로 보인다. 왜냐하면 그것은 스피노자주의의 진정한 궁극적 문제를 제기하기 때문이다. 스피노자가 옳다면, 자기 자신의 뒤에 (사후에) 더 완전한 영원한 본질을 남기기 위해 군이 자신을 완성시킬 이유가 없을 것이다(마치 이 본질 혹은 플라톤적 이데아가, 내가 그것을 닮으려고 애쓰든 말든 "자연에는 이미 존재하지 않는 것과 같고, 그리고 또 마치 그러

---

35 스피노자는 죽음이 신체를 파괴하며, 따라서 "우리를 완전히 변용될 수 없게 만든다"고 말한다(E4P39Dem&S). 그런데 문맥에 의하면 여기서 문제 삼는 것은 실존하는 다른 신체들에 의해서 산출되는 수동적 변용들이다.

한 이데아를 닮으려 했던 것이, 나의 사후에 내가 더 이상 아무것도 아님에도 불구하고 나에게 유용하다는 것 같다".[36] 실제로 문제는 다음과 같다. 만약 어쨌든 우리가 사후에 우리의 본질과 재결합한다면, 그러한 조건에서 우리가 그 본질에 상응하는 모든 능동적 변용들을 강렬하게 체험한다면, 실존이 우리에게 무슨 소용이 있는가? 실존을 잃음으로써 우리가 잃는 것은 없다. 단지 우리는 외연적 부분들을 잃을 뿐이다. 그러나 만일 우리의 본질이 어쨌든 그것임이고, 다만 외적이고 시간적으로만 관련된 외연적 부분과는 무관한 역량의 정도라면, 실존하는 동안에 우리의 노력이 무슨 소용이 있는가?

사실 스피노자에 따르면, 만일 우리가 실존하는 동안 2종 그리고 이미 3종인 능동적 변용들을 최대한의 비율로 체험하는 데 성공하지 못했다면, 우리의 변용 역량은 (사후에) 3종의 능동적 변용에 의해서 실행되지 않을 것이다. 이런 의미에서 스피노자는 자신이 구원 개념의 적극적인 내용을 온전히 보존하고 있다고 생각할 수 있는 것이다. 실존 자체는 여전히 일종의 시험으로 간주된다. 그런데 사실 도덕적인 시험이 아니라, 물리적이거나 화학적인 실험이다. 그것은 재료, 금속, 도기 등의 질을 확인하는 장인의 시험과 같다.

실존 속에서 우리는 우리의 본질을 구성하는 영원한 강도적 부분과 어떤 특정한 관계 아래 일정 시간 우리에게 속하는 외연적 부분들로 합성된다. 문제는 이 두 종류의 요소들이 갖는 제각각의 중요성이다. 우리가 실존하면서 능동적 변용들의 체험에 성공했다고 가정해 보자. 이

---

36 라이프니츠, 「편지, 란트그라베(Landgrave)에게」(1683. 8. 14). Foucher de Careil, *Réfutation inédite de Spinoza par Leibniz*, Paris, 1854 참조. 라이프니츠는 스피노자의 영혼의 영원성을 수학적 진리의 영원성과 흡사한 것으로 간주함으로써, 3종 인식과 2종 인식 간의 모든 차이들을 무시한다.

때 우리의 외연적 부분들 자체는 우리의 본질만으로도 설명되는 변용들에 의해 변용된다. 존속하는 정념들은 이 능동적 변용들보다 그 비율상 더 작다. 다시 말해 우리의 변용 능력이 수동적 변용들보다 비율상 더 많은 수의 능동적 변용들에 의해서 실행된다. 그런데 능동적 변용들은 우리의 본질에 의해 설명되고, 수동적 변용들은 외연적 부분들의 외생적 결정들의 무한한 활동에 의해 설명된다. 이로부터 우리를 합성하는 두 요소 중에서 우리 자신의 강도적 부분이 외연적 부분들보다 상대적으로 더 큰 중요성을 갖는다는 결론이 나온다. 결국 우리가 죽을 때 사라지는 것은 "남는 것에 비하면 아무런 중요성도 없다".[37] 우리가 2종과 3종 인식에 의해 더 많은 사물들을 인식하면 할수록, 우리 자신의 영원한 부분이 상대적으로 더 많게 된다.[38] 이 영원한 부분은, 그것에 덧붙여져서 우리의 실존을 합성하는 외연적 부분들과 무관하게 그 자체로 보면, 절대적인 것임은 명백하다. 이번에는 우리가 실존하는 동안 수동적 변용들에 의해서 실행되고 결정되고 있다고 가정해 보자. 우리를 합성하는 두 요소들 중에서 외연적 부분들이 영원한 강도적 부분보다 상대적으로 더 큰 중요성을 가질 것이다. 우리는 죽으면서 그만큼 많은 것을 잃을 것이다. 그래서 죽음에 무언가 두려워할 것이 있는 자, 죽을 때 상대적으로 많은 것을 잃는 자만이 죽음을 두려워하는 것이다.[39] 그럼에도 불구하고 우리의 본질은 그 자체로 절대적인 것으로 있으며, 우리의 본질에 대한 관념은 그것이 신 안에서 절대적으로 그것인 바 그대로 남

---

37 E5P38S. 실존하는 동안의 우리의 노력은 E5P39S에서 다음과 같이 정의된다. 그것은 자기 자신, 신, 사물들에 대해 가장 많이 의식하는 정신에 관계되도록 우리 신체를 형성하려는 노력이다. 이때 기억과 상상에 관련된 것은 "지성에 비하면 거의 중요하지 않을 것이다."
38 "정신이 2종 인식과 3종 인식에 의해 더 많은 사물들을 이해할수록, 정신에서 손상되지 않고 남는 부분이 더 커진다."(E5P38Dem)
39 E5P38&S.

는다. 하지만 그 본질에 영원히 대응하는 변용 능력은 빈 채로 있다. 즉 우리는 우리의 외연적 부분들을 잃었기 때문에, 그 부분들에 의해서 설명되는 모든 변용을 잃었다. 그런데 우리는 다른 변용을 갖고 있지 않다. 우리가 죽을 때 우리의 본질은 남지만, 추상적인 것으로 남는다. 우리의 본질은 변용되지 않은 채로 남는다.

반대로 우리가 강도적 부분을 우리 자신의 가장 중요한 요소로 만들 줄 알았다고 가정해 보자. 우리는 죽으면서 별로 잃지 않는다. 우리는 우리 안에 존속했던 수동들을 잃는데, 이는 그것들이 외연적 부분들에 의해서 설명되었기 때문이다. 우리는 공통 개념들과 2종의 능동적 변용들 역시 어느 정도는 잃는데, 이것들은 사실 실존에 적용되는 한에서만 자율적 가치를 갖는다. 끝으로, 3종의 능동적 변용들은 더 이상 외연적 부분들에 부과될 수 없는데, 왜냐하면 그 외연적 부분들이 더 이상 우리에게 속하지 않기 때문이다. 그러나 우리의 변용 능력은 우리의 본질과 우리의 본질에 대한 관념을 수반하면서, 영원하게 존속한다. 그런데 이 능력은 필연적으로 그리고 절대적으로 3종의 변용들에 의해서 실행된다(채워진다). 실존하는 동안 우리는 우리의 강도적 부분을 상대적으로 우리 자신에게서 가장 중요한 부분으로 만들었다. 사후에 그 부분에 의해서 설명되는 능동적 변용들은 우리의 변용 능력을 절대적으로 실행한다. 우리 자신에게서 남는 것은 절대적으로 실현된다. 신 안에 있는 그대로의 우리의 본질과 신에 의해 생각되는 그대로의 우리 본질의 관념은 완전히 변용된다.

심판자 신이 내리는 도덕적인 상벌, 처벌이나 보상과 같은 것은 존재하지 않으며, 다만 우리 실존의 자연적인 귀결이 있을 뿐이다. 우리가 실존하는 동안 우리의 변용 능력이 언제나 그리고 필연적으로 실행되는 것은 사실이다. 하지만 그것은 수동적 변용들에 의한 것일 수도 있고, 능동적 변용들에 의한 것일 수도 있다. 그런데 만약 우리가 실존하는 동안 우리의 능력이 수동적 변용들에 의해서만 실행되는데 실존을 중단하게 되면, 그 능력은 빈 채로 남고, 우리의 본질은 추상적인 것으로 남게 된다. 만약 우리가 그 능력을 능동적 변용들의 최대 비율로 실행한다면, 그것은 3종의 변용들에 의해서 절대적으로 실현될 것이다. 그러므로 실존의 "시험"이 중요하다. 우리는 실존하면서 기쁜 정념들을 선별해야 한다. 왜냐하면 오직 그것들만이 공통 개념들과 그로부터 나오는 능동적 기쁨들로 우리를 안내하기 때문이다. 그리고 우리는 공통 개념들을, 이미 3종의 관념들과 기쁨들로 우리를 안내하고 있는 원리로 이용해야 한다. 그러면, 우리의 본질은 사후에도 그것이 할 수 있는 모든 변용을 가질 것이고, 그 변용들은 모두 3종의 변용들일 것이다. 이러한 것이 지난한 구원의 길이다. 대부분의 사람들은 대부분의 시간 동안, 그들을 그들의 본질로부터 분리시키고 그들의 본질을 추상 상태로 축소시키는 슬픈 정념들에 고착되어 있다. 구원의 길은 곧 표현의 길이다. 표현적으로 되기, 다시 말해 능동적으로 되기. 즉 신의 본질을 표현하는 것, 바로 그 자신이 그것에 의해 신의 본질이 설명되는 하나의 관념이 되는 것, 우리 자신의 본질에 의해서 설명되고 신의 본질을 표현하는 변용을 갖는 것.

# 결론: 라이프니츠와 스피노자의 표현 이론
— 철학에서 표현주의

한 철학의 힘은, 그것이 창조하거나 그 의미를 갱신하는, 그래서 사물들과 행위들을 새롭게 재단하는 개념들로 측정된다. 그러한 개념들은 특정 시대에 불려 나와서, 그 시대의 요청에 부합하는 공동의 의미를 짊어지며, 여러 명의 저자에 의해 동시에 발견되거나 창조 또는 재창조되는 일이 있다. 스피노자와 라이프니츠, 그리고 표현 개념이 그렇다. 이 개념은 두 저자에 의해 두 가지 매우 다른 관점에서 주도된 반데카르트적 반발의 힘을 떠맡는다. 그것은 자연과 그 역량의 재발견, 논리학과 존재론의 재창조를, 즉 새로운 "유물론"과 새로운 "형식주의"를 함축한다. 신이 세계 속에 스스로를 표현하는 한에서, 표현 개념은 신으로서 규정된 존재에 적용된다. 참된 관념이 신과 세계를 표현하는 한에서, 표현 개념은 참된 것으로 규정된 관념에 적용된다. 끝으로 개별 본질이 관념 속에 표현되는 한에서, 표현 개념은 개별 본질로 규정된 개체에 적용된다. 그 결과 세 가지 기본 규정인 **존재하다, 인식하다, 작용 혹은 생산하다**는 표현 개념 아래서 측정되고 체계화된다. 존재하다, 인식하다, 작용하다는 표현의 종류이다. 당시는 "충분이유"의 시대였다. 충분이유의 세 갈래인 존재 이유$^{ratio\ essendi}$, 인식 이유$^{ratio\ cognoscendi}$, 생성 혹은 작용 이유$^{ratio\ fiendi\ ou\ agendi}$는 그들 공통의 뿌리를 표현에 두고 있다.

그렇지만 스피노자와 라이프니츠에 의해 재발견된 표현 개념은 새로운 것은 아니다. 그것은 이미 오랜 철학적 역사를 갖고 있다. 그런데 그것은 다소 은폐된, 다소 저주받은 역사다. 우리는 실제로 표현의 테마가 어떻게 유출과 창조라는 거대한 두 신학 전통 속으로 스며들었는지를 보여 주려고 했다. 그것은 그 두 전통과 외부에서 경합하는 제3의 개념으로 개입하지 않는다. 그것은 오히려 그 전통들이 발전하는 순간에 개입하여, 자신에게 유리하게 그것들의 방향을 돌리고 그것들을 차지하려는 일을 항상 감행했다. 요컨대 그것은 내재성에 대한 철학 고유의 개념으로, 유출론적 혹은 창조론적 신학의 초월적 개념들에 간섭한다. 그 개념은 범신론 또는 내재성(스스로를 표현하는 것에서 표현의 내재성, 그리고 표현에서 표현된 것의 내재성)이라는 고유하게 철학적인 "위험"을 가져온다. 그것은 가장 깊은 곳으로, 라이프니츠가 좋아한 말을 빌리면 "비의arcanes" 속으로 침투하고자 한다. 그것은 자연에 그것 고유의 두께를 되돌려 주고 동시에 인간이 이 두께 속으로 침투할 수 있게 만든다. 그것은 인간을 신과 적합한 것으로 만들고, 또 인간을 새로운 논리학의 보유자로, 즉 세계의 조합과 동등한 정신적 자동기계로 만든다. 그것은 유출과 창조의 전통에서 태어났지만, 그 전통들을 두 적으로 삼는다. 왜냐하면 그것은 창조보다 우월한 존재의 초월성도, 존재보다 우월한 일자의 초월성도 인정하지 않기 때문이다. 모든 개념은 잠재적으로 자기 안에 은유적 장치를 갖고 있다. 표현의 은유적 장치는 거울과 씨앗이다.[1] 존재 이유로서의 표현은 인식 이유로서의 거울 속에 반영되고, 생

---

1 표현 개념과의 본질적 관계 속에서의 거울과 씨앗(혹은 가지)의 테마에 대해서는, 예컨대 에크하르트의 소송(procès)을 참조할 것. 실제로, 그 테마들은 주요 고소 조항의 일부이다 : *Edition critique des pièces relatives au procès d'Eckhart*, par G. Théry, Archives d'histore doctrinale et littèraire du Moyen Age(Vrin éd., 1926~1927) 참조.

성 이유로서의 씨앗 속에서 재생산된다. 하지만 여기서 거울은 그것 안에 반영되는 존재와 이미지를 응시하는 존재를 흡수하는 것 같다. 씨앗 혹은 가지는 자기가 유래한 나무와 자기에게서 유래하는 나무를 흡수하는 것 같다. 그리고 거울 속에 "붙잡혀" 있고, 씨앗 속에 접혀 있고 감싸여 있는 이 이상한 실존, 요컨대 실존한다고 거의 말할 수 없는 실재 entité, **표현된 것**은 무엇인가? 우리는 표현 개념이 두 원천을 갖는다는 것을 보았다. 우선 **신의 표현**과 관련된 존재론적 것으로, 유출과 창조의 전통 아래서 태어나지만 그것들을 심층적으로 반박한다. 그리고 논리학적인 것이 있는데, 그것은 **명제에서 표현된 것**과 관련되며, 아리스토텔레스 논리학 아래서 태어나지만 그것을 반박하고 전복한다. 이 두 원천은 신의 이름들, 로고스 혹은 말씀의 문제에서 다시 만난다.

17세기에 라이프니츠와 스피노자가, 한 사람은 기독교 전통에서 출발하고 다른 한 사람은 유대 전통에서 출발하여, 표현 개념을 되찾고 이를 새롭게 조명한다면, 그것은 분명 그들의 시대의 맥락 속에서, 그들 각자의 체계의 문제들에 입각해서다. 우선 그 두 체계에 있는 공통적인 것을 뽑아내어, 어떤 이유로 그들이 표현 개념을 다시 창안하는지 알아보자.

구체적으로, 데카르트에 대한 그들의 비난은, 너무 "빠른" 혹은 너무 "쉬운" 철학을 만들었다는 것이다. 모든 영역에서, 데카르트는 너무 빨리 나가서 충분이유나 본질, 혹은 참된 본성을 빠뜨린다. 그는 항상 상대적인 것에서 더 나아가지 않는다. A. **신과 관련하여.** 데카르트의 존재론적 증명은 무한한 완전성에 기초하여 서둘러 결론에 도달한다. 하지만 무한한 완전성은 "특성"으로, 신의 "본성"이 무엇인지, 그리고 이 본성이 어떻게 가능한지를 보여 주기에 불충분하다. 마찬가지로 데카르트의 후험적 증명들은 주어진 실재성의 양들의 고려에 기초하는데,

이 양이 의존하는 역동적 원리로 상승하지 않는다. B. 관념들과 관련하여. 데카르트는 명석 판명이라는 기준을 발견한다. 하지만 "명석 판명" 역시 특성으로, 관념에 대한 이 외생적 규정은 관념의 대상이 갖는 본성과 가능성에 대해서도, 그러한 사유의 본성과 가능성에 대해서도 우리에게 가르쳐 주지 않는다. 데카르트는 관념의 재현적 내용과 그것을 사유하는 심리적 의식의 형식에서 더 나아가지 않는다. 그럼으로써 그는 참된 논리적 형식과 관념의 진정한 내재적 내용을, 그리고 그 둘의 통일(정신적 자동기계)을 놓치고 만다. 그는 우리에게 참된 것이 명석 판명한 관념 안에 현존한다고 말하지만, 참된 관념 안에 현존하는 것은 무엇인가? 지금의 이 두 번째 비판이 어떤 점에서 이미 첫 번째 비판과 맞닿아 있는지, 쉽게 알 수 있다. 왜냐하면 명석 판명에서 멈춰 버린다면, 실재성의 양에 대한 고려에 의해서만, 관념들을 서로 견주어 보고, 또 그것들을 사물들과 비교할 수 있기 때문이다. 관념의 외생적 특징만을 이용하기 때문에, '존재' 안에서 외생적인 특징들에만 도달할 뿐이다. 게다가 관념들의 규범으로서의 구별은 관념 속에 재현되는 사물들 간의 구별의 상태를 예단한다. 즉 데카르트는 명석 판명이라는 기준과 관련해서, 스콜라의 복잡한 구별들에서 실재적 구별(그에 따르면 이는 필연적으로 수적이다), 사고상의 구별(그에 따르면 이는 필연적으로 추상적이다), 양태적 구별(그에 따르면 이는 필연적으로 우유적이다)만을 채택한다. C. 개체와 그것의 작용과 관련하여. 데카르트는 인간 개체를 영혼과 신체의 실제적 합성체, 다시 말해 서로 실재적으로 작용한다고 간주되는 두 이질적 항들의 실재적 합성체로 해석한다. 데카르트의 이러한 해석을 따르면 그토록 많은 것들이 "불가지적"일 수밖에 없는 것 아닌가? 그 합성체 자체만이 아니라, 그것의 인과 과정, 무한, 자유도 불가지적인가? 하나의 동일한 운동이, 존재를 무한한 완전성이라는 평평한 것으로, 사물을 실재성의 양이라는 평평한 것으로, 관념을 실재적 인과성이라는 평평한 것으로 환원한다. 그리고 세계의 두께 모두를 재발견하지만, 불가지적인 형식으로 그렇다.

그런데 라이프니츠와 스피노자의 차이, 특히 표현에 대한 해석의 차이가 무엇이든 간에, 이들 둘 모두가 앞서 언급된 모든 층위에서, 그들이 데카르트주의의 불충분성 혹은 안이함이라고 평가하는 것을 지양하기 위해서, 절대적인 것에서 작동하는 충분이유의 요청을 복원하기 위해서, 이 개념을 사용하는 것은 사실이다. 그들이 데카르트 이전으로 돌아가는 것은 아니다. 의심의 여지없이 데카르트주의에서 그들이 받아들이는 것들이 있다. 엄밀히 말해 그것들이 무한한 완전성, 실재성의 양, 명석 판명, 기계론 등의 특성들에 지나지 않는다고 할지라도 말이다. 스피노자와 라이프니츠는 피히테, 셸링, 헤겔이 포스트-칸트주의자인 것과 같은 의미에서 포스트-데카르트주의자들이다. 그들에게 문제는 위에 열거된 모든 특성들이 연원하는 토대에 도달하는 것, 데카르트의 "상대주의"의 척도가 되는 절대적인 것을 재발견하는 것이다. 그들은 어떻게 그 일을 진행하는가? 왜 표현 개념이 이 과업을 위한 최선의 것인가?

특성으로서의 무한한 완전성은 본성으로서의 절대적 무한으로 지양되어야 한다. 그리고 『윤리학』의 처음 열 개 정리는 신의 필연적 실존을 보여 주는데, 그 이유는 절대적 무한이 가능하다는 것 혹은 모순적이지 않다는 것에 있다. 이러한 스피노자의 행보 속에서, 『윤리학』 초반부의 모든 명목적 정의들 가운데서 여섯 번째 정의만은 실재적 정의라는 것이 증명된다. 그런데 이 실재성 자체는 모든 무한한 형상들의 공존에 의해 구성된다. 이 형상들은 절대적인 것 안에 수를 도입하지 않고서도 그 자신들의 구별을 도입한다. 신의 본성을 구성하며, 무한한 완전성을 단지 특성으로 갖는, 이 형상들은 절대적인 것의 표현이다. 신은 무한하게 완전한 것으로 재현되지만, 보다 심층적인 이 형상들로 구성되며, 이 형상들 속에, 즉 이 속성들 속에, **스스로를 표현한다**. 라이프니츠의 행보는 그 형식에서(무한이 절대적인 것으로 지양된다) 유사하다. 물론 라이프니츠의 절대적 '존재'가 스피노자의 그것과 같은 것은 아니다. 하지만 거기서도 문제는 정의의 실재성을 증명하는 것과, 특성을 넘어서 신의 본성에 도달하는 것이다. 거기서도 이 본성은, 신이 그 안에서 자신을 표현하며 그 자체가 적극적인 무한한 질들을 표현하는, 단순하고 구별되는 형상들에 의해 구성된다.² 마찬가지로 라이프니츠처럼 스피노자에서도, 실재성의 양보다 더 심층적인 것인, 강도량 혹은 역량의 양에 대한 발견에 의해서 후험적 증명 과정에 표현성이 도입되고 그 과정이 변형된다는 것을 우리는 보았다.

인식 및 관념과 관련되는 두 번째 지점으로 넘어가자. 라이프니츠와 스피노자에게 공통적인 것은, 실재적 정의에 의한 참된 인식보다는 재인식과 명목적 정의에 적합한 데카르트의 '명석 판명'에 대한 비판이다. 그런데 참된 인식은 표현의 한 **종류**로서 발견된다. 이는 관념의 재현적 내용이 고유하게 표현적인 내재적 내용으로 지양된다는 것과, 심리적 의식의 형식이 "설명적인" 논리적 형식주의로 지양된다는 것을 동시에 뜻한다. 그리고 정신적 자동기계는 이 새로운 형식과 이 새로운 내

---

2 "절대적으로 볼 때 단순한 형상들", "신의 속성 자체", "사물들의 첫 번째 원인들과 최종 근거"에 대해서는, 「편지, 엘리자베스에게」, 1678와 *Méditations sur la connaissance*, 1684 참조. 1676년의 노트 "*Quod ens perfectissimum existit*"(가장 완전한 존재는 실존한다는 것)에서, 완전성은 절대적인 적극적 질, "*seu quae quicquid exprimit, sine ullis limitibus exprimit*"(혹은 그것이 어떤 제한 없이 표현하는 무언가를 표현하는) 질에 의해서 정의된다 (Gerhardt VII, pp. 261~262). 라이프니츠는 *Nouveaux Essais*에서, 무한까지 갈 수 있는 "기본적이고 판명하게 인식가능한 질들"을 언급한다.[2권 17장 무한 참조]

용의 동일성을 나타낸다. 우리들 자신은, 우리의 표현적 능력에 의거해서 관념들이다. "그래서 우리는 우리가 표현하는 모든 것을 포함하는 것을 우리의 본질 혹은 관념이라고 부를 수 있고, 그것이 우리와 신 자체의 합일을 표현하기 때문에, 그것은 어떤 한계도 갖지 않으며, 그것을 넘어서는 것은 없다."[3]

세 번째 지점과 관련해서, 우리는 영혼과 신체의 합성체로서 정의되는 개체를 다시 사유해야 한다. 왜냐하면 실재적 인과성의 가설은 아마도 능동과 수동과 같은 이 합성체의 현상들을 해석하는 가장 단순한 수단일 수 있지만, 가장 설득력이 있거나 가장 가지적인 수단인 것은 아니기 때문이다. 실제로 풍부하고 심층적인 세계인 **비인과적 대응들**의 세계가 간과되고 있다. 더욱이 실재적 인과성은 이 비인과적 대응들의 세계의 몇몇 영역에서만 수립되고 작동할 수 있으며, 실제로 그 세계를 전제한다. 실재적 인과성은 보다 일반적 원리의 특수한 경우일 뿐일 것이다. 동시에 우리는 영혼과 신체가, 서로 간에 실재적 인과성을 무용한 것으로 만드는 유사-동일성과, 그것을 아예 불가능하게 만드는 이질성, 타율성을 갖고 있다는 인상을 받는다. 동일성 혹은 유사-동일성은 "불변하는 것"에 대한 것이고, 타율성은 물체적인 계열과 정신적인 계열, 이 두 가변적 계열에 대한 것이다. 이제 실재적 인과성은 두 계열 각각에 각기 개입한다. 하지만 두 계열의 상호 관계와 그것들과 불변하는 것의 관계는 비인과적 대응에 의존한다. 우리가 지금 그러한 대응을 설명할 수 있는 개념이 무엇인지 묻는다면, 그것은 표현 개념인 것으로 보인다. 왜냐하면 결과가 원인을 표현하고, 결과의 인식이 원인의 인식을 표

3 Leibniz, *Discours de métaphysique*, §16.

현한다는 의미에서 표현 개념이 실재적 인과성에 적합하게 적용되는 것이 사실이라 할지라도, 표현 개념은, 서로에게 완전히 낯선 계열들을 서로 대응시키고 공명시키므로, 인과성을 초과하는 것이기 때문이다. 그 결과 실재적 인과성은 표현의 한 종種이지만, 보다 심층적인 유類 아래 포섭되는 한 종일 뿐이다. 이 유는, 가변적 계열들 각각에 하나의 동일한 원인-결과의 연쇄를 수립함으로써, 구별되는 이질적 계열들(표현들)이 하나의 동일한 불변하는 것(표현된 것)을 표현할 수 있는 가능성을 직접 제시한다. 표현은 개체의 핵심에, 즉 그것의 신체와 영혼에, 그것의 수동과 능동에, 그것의 원인과 결과에 자리 잡는다. 그리고 라이프니츠가 **모나드**를 통해서, 스피노자가 **양태**를 통해서 말하고자 하는 바는 표현적 중심으로서의 개체에 다름 아니다.

표현 개념이 정말로 보편적 존재의 관점, 특정한 인식의 관점, 그리고 개체적 작용의 관점에서, 삼중의 중요성을 갖는다면, 이 점에서 스피노자와 라이프니츠의 공통성은 매우 중요하다. 비록 그 개념의 사용 방식과 개념 해석이 각각의 지점에서 갈라진다고 할지라도 말이다. 그리고 이미 형식의 차이와 어조의 차이가 내용의 차이들을 예시하고 있다. 우리는 스피노자의 텍스트에는 표현에 대한 명시적 정의나 증명이 없다고 말했다(비록 표현의 정의와 증명이 저작 곳곳에 함축되어 있음에도 불구하고 말이다). 반면에 라이프니츠의 경우, 표현 범주의 내포와 외연을 명시적으로 다루는 텍스트들을 찾을 수 있다. 하지만 기이하게도 라이프니츠는 그 범주의 외연을 기호, 유사성, 상징, 조화의 세계를 포함하는 온갖 것들로 확장한다.[4] 반면에 스피노자는 가장 엄격한 정제의 작업을

---

4 라이프니츠, 「편지, 아르노에게」(Janet I, p. 594) 참조. "표현은 모든 형상들에 공통적이며, 자연적 지각, 동물적 감정과 지성적 인식이 그것의 종種인 유類이다."

하고, 표현을 기호나 유비 등과 엄격하게 대립시킨다.

라이프니츠의 가장 선명한 텍스트 중 하나는 *Quid est idea*[관념은 무엇인가]이다.[5] 표현을 두 사물 간의 *habitus*[습성]의 대응에 의해 정의한 연후에, 라이프니츠는 자연적 표현의 두 주요 유형, 즉 특정한 유사성을 포함하는 표현(예컨대 데생)과 특정한 법칙 혹은 인과성을 함축하는 표현(예컨대 사영)을 구별한다. 하지만 어떤 식으로든 표현 관계의 항들 중 하나는 언제나 다른 것보다 상위 항으로 보인다. 첫 번째 항은 두 번째 항에 의해 재생산되는 동일성을 향유하거나, 아니면 다른 항이 전개하는 법칙을 함축하고 있다. 그리고 어떤 경우에서든 그것은 다른 것이 "다수성 속에서 분산시키는" 것을 자신의 통일성 속에서 "집중시킨다." 라이프니츠에게서 표현은 모든 영역에서 '일자'와 '다자'의 그러한 관계의 토대가 된다. 그 자신을 표현하는 것은 그의 표현들과 관련해서 "진정한 통일성을 갖는다." 혹은 결국 같은 말이지만, 표현은, 다수적이고 분할가능한 표현된 것과 관련해서 하나이다.[6] 그러나 그런 식으로 어떤 모호하거나 혼동된 지대가 언제나 표현에 도입된다. 상위 항은, 그것의 통일성에 비례해서, 다른 항이 그의 다수성 속에 덜 **판명하게** 표현하는 것을 더 **판명하게** 표현한다. 바로 이런 의미에서 원인과 결과, 능동과 수동의 분배가 생긴다. 물에 떠 있는 어떤 물체가 "물의 부분들의 무한히 많은 운동"의 원인이지 그 역이 아니라고 말할 수 있다면, 이는 일

---

5  G VII, pp. 263~264.
6  라이프니츠, 「편지, 아르노에게」(Janet I, p.594) : "분할가능하고 물질적이며, 여러 존재들로 분할된 것이 단 하나의 분할 불가능한 존재 속에, 혹은 진정한 통일성을 지닌 실체 속에 표현 또는 재현되는 것으로 충분하다." 그리고 *Nouveaux Essais*, III, 6, § 24. 영혼과 기계는 "완벽하게 일치하며, 서로에게 직접적 영향을 미치지 않음에도 불구하고, 하나[영혼]가 다른 것[기계]이 다수성 속에 분산시키는 모든 것을 완전한 통일성 속에 집중시키면서 이들은 서로를 표현한다."

어나는 일들을 보다 판명하게 설명해 줄 수 있는 어떤 통일성을 그 물체가 갖고 있기 때문이다.[7] 게다가 두 번째 항이 첫 번째 항에서 표현되기 때문에, 첫 번째 항은, 그것을 사방에서 둘러싸고 있고 그것이 잠겨 있는 모호한 영역 속에서 이를테면 그것의 판명한 표현을 다듬어 낸다. 그래서 각각의 모나드는 혼동된 전체 표현이라는 바탕 위에서 자신의 판명한 부분적 표현을 그린다. 그것은 세계 전체를 혼동되게 표현하지만, (모나드와 그 신체 사이에 유지되는 표현적 관계 자체에 의해서 추출되거나 규정된) 그것의 한 부분만은 명석하게 표현한다. 각 모나드에 의해서 표현된 세계는 개별성들을 지닌 연속체이고, 이 개별성들의 주변에서 모나드들 자체가 표현적 중심들로서 형성된다. 관념들의 경우도 마찬가지다. "우리의 영혼은 다른 것과 구별되는 보다 개별적인 현상들에 대해서만 반성하지만, 전체를 동등하게 생각할 때는 그 어떤 것에 대해서도 판명하게 생각하지 못한다."[8] 그래서 우리의 사유는 절대적으로 적합한 것에, 신 안에 있는 절대적으로 단순한 형상들에 도달하지 못하고, 상대적으로 단순한 형상들과 항들(다시 말해 그들이 함축하는 다수성에 비해서 상대적으로 단순한)에서 멈춰 버리는 것이다. 그리고 이것은 신에 대해서도, 즉 가능적 창조와 관련된 신의 지성의 영역들에서의 "신의 상이한 관점들"에 대해서도 사실이다. 창조 가능한 상이한 세계들이 저 모호한 바탕을 형성하며, 그 바탕에서 출발하여 신은, 그를 가장 잘 표현하는 모나드들 혹은 표현들을 창조함으로써 최선의 세계를 창조한다. 신에서도, 혹은 적어도 신의 지성의 특정 영역들에서도, '일자'는 창조를 가능적인 것으로 만드는 "영$^{zéro}$"과 결합된다. 따라서 우리는 라이프니츠

---

7 「편지, 아르노에게」 초고(Janet I, pp. 552~553).
8 「편지, 아르노에게」(Janet I, p. 596).

의 표현 개념에서 다음 두 가지 근본 요소를 이해해야 한다. 우선 '유비', 이것은 특히 통일성의 다양한 유형들을, 그것들이 함축하는 다수성들과의 관련 속에서 표현한다. 그리고 '조화', 이것은 특히 각 경우마다 다수성과 그가 준거하는 통일성이 상응하는 방식을 표현한다.[9]

이 모든 것은 표현에 대한 "상징적인" 철학을 형성하며, 이러한 철학에서 표현은 그것이 잠겨 있는 모호한 지대들과 분리되지 않고, 그것의 변이들의 기호와도 결코 분리되지 않는다. 판명과 혼동은 각각의 표현에서 변이한다(상호간의-표현entre-expression은 특히 어떤 모나드가 혼동되게 표현하는 것을 다른 모나드는 판명하게 표현한다는 것을 의미한다). **그러한 상징적인 철학은 필연적으로 다의적 표현들의 철학이다.** 그리고, 가능성, 목적성 같은 라이프니츠의 테마의 중요성을 환기하면서 스피노자와 라이프니츠를 대립시키기보다는, 라이프니츠가 표현 현상을 해석하고 활용하는 방식과 관련된 이 구체적인 지점을 이끌어내는 것이 필요한 것 같다. 왜냐하면 다른 모든 테마들과 다른 개념들은 그것에서 연원하기 때문이다. 표현 개념의 풍부함을 구해내고 동시에 그것과 인접한 범신론의 "위험"을 쫓아내기 위해서, 창조와 유출이 표현의 실재적인 두 종種이 되고 표현의 두 차원에 대응하게 되는 새로운 정식을 라이프니츠가

---

9  G.W.Leibniz : *Textes inédits d'après les manuscrits de la bibliothèque provinciale de Hanovre*, éd. G. Grua, París, 1948, p.126 참조 : "모든 정신들이 통일체인 것처럼, 신은 다른 모든 것들에 의해서 그것들의 재량에 따라 표현된 근원적 통일체라고 말할 수 있을 것이다. … 이로부터 이 통일체와 영(zéro)의 다양한 조합, 혹은 실정과 부정의 다양한 조합에 따라 달라지는 피조물들에서의 그 활동이 따라 나온다." 통일체의 이 상이한 유형들이 서로를 **상징화한다**. 예컨대 우리의 지성이라는 상대적으로 단순한 개념들은 신적 지성이라는 절대적으로 단순한 것을 상징화한다(ed. Couturat, *Elementa Calculi*와 *Introductio ad Encyclopaediam Arcanam* 참조). 한 유형의 통일체는 언제나 그것이 포섭하는 다수성과 관련해서 목적인이다. 그리고 라이프니츠는 특히, 다자가 일자에 이렇게 준거한다는 것을 지칭하기 위해 "조화"라는 말을 사용한다(*Elementa verae pietatis*, Grua, p.7).

발견한 것처럼 보인다. **창조**는 유비적인 표현적 통일성들("통일성과 영 <sup>zéro</sup>의 조합들")의 근원적 구성이고, **유출**은 각 유형의 통일성에서 표현된 다수성들을 전개하는 파생된 계열이다(함축[감쌈]과 전개, "초월적-생산 transproductions"과 "메타도식론metaschematismes").[10]

그런데 스피노자는 표현에 대한 전혀 다른 생생한 해석을 제공한다. 스피노자에게 본질적인 것은, 언제나 다의적인 기호들의 영역과, 일의성을 절대적 규칙으로 가져야 하는 표현들의 영역을 분리하는 것이기 때문이다. 우리는 이런 의미에서 어떻게 세 가지 유형의 기호들(자연적 지각의 지시적 기호들, 도덕 법칙의 명령적 기호들, 종교적 계시의 기호들)이 부적합한 것으로 철저하게 배격되는지를 보았다. 그리고 그것들과 더불어 모든 유비의 언어가, 신에게 지성과 의지를 부여하는 것, 사물들에게 목적을 부여하는 것 전부가 사라진다. 그리고 그와 동시에, 절대적으로 적합한 관념의 조건이 일의성의 엄격한 체제에서 온 것이기 때문에 우리는 그 관념에 도달할 수 있고 형성할 수 있게 된다. 즉 적합한 관념은 표현적 관념이고, 다시 말해 라이프니츠에서는 그 관념과 분리되지 않았던 저 모호하고 혼동된 바탕에서 풀려난 판명한 관념이다(우리는 스피노자가 이 선별 작업을 어떻게 구체적으로 수행했는지를, 관념이 기호이기를 멈추고 일의적 표현이 되는 공통 개념의 형성 과정을 통해 보여 주려 했다). 표현 관계에서 작동하는 항들이 무엇이건 간에, 한 항이 혼동되게 표현하는 것을 다른 항이 명석하게 표현한다고 말할 수는 없을 것이다. 특히 능동적인 것과 수동적인 것, 능동과 수동, 원인과 결과는 그런 방식으로 분배되지 않는다. 전통적 원리와는 반대로 능동은 능동과 함께 가고, 수

---

10 라이프니츠가 통일성들의 창조와 그것들의 조합을 지칭하기 위해 "유출"이라는 말을 사용할 때가 있다. 예컨대 *Discours de métaphysique*, §14 참조.

동은 수동과 함께 가기 때문이다. 라이프니츠의 예정조화설과 스피노자의 평행론이 영혼과 신체 간의 실재적 인과성이라는 가설과 단절한다는 것에서는 공통점을 갖지만, 양자는 근본적으로 다르다. 즉 라이프니츠는 능동과 수동의 분배의 문제에서 여전히 전통적 가설에 있는 것(영혼이 작용[능동]할 때, 신체는 겪는다[수동], 그리고 그 역도 마찬가지다)을 그대로 따른다. 반면에 스피노자는 영혼의 수동과 신체의 수동이 일치하고, 신체의 능동과 영혼의 능동이 일치한다고 주장함으로써 모든 실천적 분배를 전복한다. 스피노자에게서 표현 관계는 동등한 것 사이에서만 수립되기 때문이다. 거기에 평행론의 참된 의미가 있다. 결코 한 계열의 탁월성은 없다. 물론 원인은 그의 계열 내에서 그 결과보다 더 완전한 채로 있고, 원인에 대한 인식은 그의 계열 내에서 그 결과에 대한 인식보다 더 완전한 채로 있다. 하지만 이 완전성은, 가장 완전한 것과 가장 덜 완전한 것이 다른 질적 방식으로 실존하게 되는 "유비", "상징화"를 함축하기는커녕, 가장 덜 완전한 것이 가장 완전한 것 안에서, 즉 이 형상 안에서, 가장 완전한 것의 본질을 구성하는 일의적인 이 동일한 형상 아래서 실존하는 내재적인 양적 과정만을 함축할 뿐이다.(우리가 보았듯이 이런 의미에서도 라이프니츠의 질적 개체화 이론과 스피노자의 양적 개체화 이론을 대립시켜야 한다. 물론 이로부터 양태가 모나드보다 덜 자율적이라는 결론을 내릴 수 있는 것은 아니다.)

라이프니츠와 마찬가지로 스피노자에서도 표현 관계는 '일자'와 '다자'에 본질적으로 관련된다. 그러나 불완전한 것으로서의 '다자'가, 자신 안에서 스스로를 표현하는 '일자'의 판명함과 비교해서 어떤 혼동을 함축한다는 기호를 『윤리학』에서 찾는다면 이는 부질없는 일이다. 스피노자에 따르면 완전성의 더하고 덜함이 결코 형상의 변화를 함축하지 않는다. 그래서 속성들의 다수성은 실체의 통일성과 엄격하게 동등하다. 우리는 이 엄격한 동등성이란 말을 '**형상적으로 속성들인 것이 존재론적으로는 실체다**'라는 뜻으로 이해해야 한다. 이 동등성이라는 이름으로 속성들의 형상들이 실체들 간에 어떠한 수적 구별을 도입하는 것은 아니다. 반대로 속성들 자체의 형상적 구별은 유일 실체의 모든 존재론적 차이와 동등하다. 그리고 각 속성의 다수의 양태들까지 고려해보면, 양태들은 속성을 함축하겠지만, 그 속성이 실체의 본질을 구성할 때의 형상과 다른 형상을 취할 수 있다는 것은 아니다. 즉 양태들은, 그 속성이 신의 본질을 함축하고 표현하는 **바로 그 형상** 아래서 그 속성을 함축하고 표현한다. 그래서 스피노자주의는 데카르트의 용어를 차용할 때조차 완전히 다른 언어로 말하는 독특한 구별 이론을 수반한다. 그래서 거기서 실재적 구별이란 사실 수적이지 않은 형상적 구별(속성들 참조)이며, 양태적 구별이란 강도적이거나 외연적인 수적 구별(양태들 참조)이고, 이성에 의한 구별이란 형상적인 것과 표상적인 것의 구별(관념들 참조)이다. 라이프니츠는 자신의 이론에서 구별 유형들의 수를 늘리지만, 그것은 상징화, 조화, 유비의 온갖 수단을 확보하기 위해서다. 반대로 스피노자에게 유일한 언어는 일의성의 언어이다. 우선 그것은 **속성들의 일의성**이다(속성들은 동일한 형상 아래서, 실체의 본질을 구성하면서, 양태들과 그들의 본질들을 함유한다). 그 다음으로 **원인의 일의성**이다(신이 자기 원인인 것과 동일한 의미에서 모든 사물의 원인이다). 그리고 **관념의 일의성**이다(공통 개념은 부분에도 전체에도 동일하게 있다). 존재의 일의성, 생산의 일의성, 인식의 일의성, 그리고 공통 형상, 공통 원인, 공통 개념. 이것들이 3종 관념에서 절대적으로 재통합되는 '일의적인 것'의 세 가지 형태이다. 스피노자에서 표현은 창조 및 유출과 화해하기는커녕, 반대로 그것들을 추방하고, 그것들을 부적합한 기호 또는 다의적 언어로 격하한다. 스피노자는 표현 개념에 내포된 철학 고유의 "위험", 즉 내재성과 범신론을 받아들인다. 더군다나 그는 바로 그 위험에 기대를 건다. 스피노자에서 **표현 이론 전체가 일의성에 봉사한다.** 그리고 그것의 모든 의미는, 일의적 '존재'를 그것의 무관심 또는 중립의 상태에서 떼어내서, 표현적인 범신론 또는 내재성에서야 실질적으로 실현되는 순수 긍정의 대상으로 삼는 것에 있다. 우리가 보기에는 여기에 스피노자와 라이프니츠의 진정한 대립이 있다. 즉 **스피노자의 일의적 표현 이론은 라이프니츠의 다의적 표현 이론과 대립된다.** 여타의 대립들(필연성과 목적성, 필연적인 것과 가능적인 것)은 그것에서 연원하며, 그것에 비해 추상적이다. 왜냐하면 거기에 정말로 철학적 차이들의 구체적 기원이, 즉 어떤 현상(여기서는 표현 현상)을 **평가하는** 특정한 방식이 있기 때문이다.

그러나 그 대립의 중요성이 어떻든 간에 우리는 라이프니츠와 스피노자의 공통 지점으로, 그들의 반데카르트적 반발의 힘이 여실히 드러나는 표현 개념의 사용과 관련된 지점으로 돌아갈 필요가 있다. 이 표현 개념은 본질적으로 삼항관계이다. 자신을 표현하는 것, 표현 그 자체, 표현된 것, 이 셋을 구별해야 한다. 그런데 역설이 있다. "표현된 것"은 표현 바깥에 **실존하지 않으면서도** 표현을 닮지 않는다. 하지만 동시에 그것은 표현 자체와는 구별되는 '자신을 표현하는 것'에 **본질적으로** 관계된다. 그 결과 표현은 다음과 같은 이중 운동을 지탱한다. 우리는 "표현하는 것-표현"의 쌍만 유지하기 위해서, 표현된 것을 표현 안에 함축하고 내포하고, 감싼다. 또 우리는 ("표현하는 것-표현된 것"[의 쌍만 유지하기 위해]) 표현된 것을 복원하는 방식으로 표현을 전개하고, 설명하고, 펼친다. 그래서 라이프니츠의 경우 우선 신의 표현이 있다. 신은 절대적인 형상들, 혹은 절대적으로 단순한 개념들과 같은 신의 '알파벳'에서 자기 자신을 표현한다. 이 형상들은 그의 본질로서 신에게 관계되는 무제한적 질實들을 표현한다. 그 다음으로 신은 가능적 창조의 수준에서 스스로를 재-표현한다. 그때 신은 신의 "관점들" 각각에 상응하는, 개체 개념들, 상대적으로 단순한 개념, 모나드들 속에서 자기 자신을 표현한다. 그리고 이 표현들은 각자의 방식으로 세계 전체를, 다시 말해 신의 "영광"과 의지의 현시로서 신과 관계되는 선택된 세계의 총체를 표현한다. 라이프니츠에게서 우리는 세계가 그것을 표현하는 모나드들 바깥에 실존하지 않는다는 것과, 그럼에도 불구하고 신은 모나드들이 아니라 세계를 실존하게 한다는 것을 분명하게 본다.[11] 이 두 명제는 결코 모순이 아니라, 오히려 이중 운동을 반영한다. 그것은 표현된 세계가 그 세계를 표현하는 모나드들 속에 함축되는 운동과, 역으로 모나드들이 전개되어, 그 주위에 모나드들이 구성되는 개별성들을 지닌 토대의 저 연속성을 복원하는 운동이다. 앞서 언급한 유보 사항들을 제하면, 스피노자에 대해서도 똑같이 말할 수 있으리라. 실체의 삼항관계에서, 신은 속성들 속에 자기 자신을 표현하며, 속성들은 신의 본질을 구성하는 무제한적 질들을 표현한다. 양태의 삼항관계에서, 신이 자기 자신을 재-표현하거나, 속성들이 각자의 방식으로 자기 자신을 표현한다. 즉 속성들은 양태들 속에서 자기 자신을 표현하며, 양태들은 (모든 속성들을 통해서 하나의 동일한 세계를 구성하는 실체의 변양들로서) 변양들을 표현한다. 표현 개념은 언제나 삼항관계를 구성한다는 이 같은 특징에 의해서 존재의 인과성이나 관념의 재현에 대한 것으로 한정되지 않고, 오히려 그 둘 모두를 초과하고, 그것들을 자신의 특수한 경우들로 만들게 된다. 왜냐하면 원인과 결과의 이자 관계나 관념과 그 대상의 이자관계에, 그것들을 변형시키는 제3항이 언제나 결합되기 때문이다. 결과가

---

11 라이프니츠가 아르노에게 보낸 편지들에서 계속 나타나는 테마이다. 신은 죄인 아담이 아니라, 아담이 죄를 지은 세계를 창조했다.

그 원인을 표현하는 것은 틀림없다. 하지만 보다 심층에서, 원인과 결과는 무언가를 표현하는 하나의 계열을 형성하는데, 그 무언가는 다른 계열이 표현하는 것과 동일(혹은 유사)하다. 그래서 실재적 인과성은, 서로 간에는 비인과적이면서 대응 관계에 있는 표현적 계열들 속에서 국지화된다. 마찬가지로 관념은 그 대상을 재현하고, 특정한 방식으로 그것을 표현한다. 하지만 보다 심층에서, 관념과 그 대상은 그들에게 공통되면서도 그들 각자에게 고유한 무언가를 표현한다. 그것들은 역량을 표현하는데, 이는 사유 혹은 인식 역량, 그리고 존재 혹은 작용 역량이라는 두 역량 아래서 절대적인 것을 표현하는 것이다. 그래서 재현은 관념과 그 대상이라는 특정한 외생적 관계 속에서 국지화되는데, 관념과 대상 각각은 각자의 방식으로 재현 너머의 표현성을 향유한다. 요컨대 표현된 것은 도처에서 이원론들을 변형시키는 제삼자로서 개입한다. 실재적 인과성 너머에서, 관념적 재현 너머에서, 우리는 제삼자로서 표현된 것을 발견한다. 그것에 의해 구별들은 무한히 더 실재적이 되고 동일성은 무한히 더 잘 사유될 수 있는 것이 된다. 표현된 것, 그것은 의미이며, 인과 관계보다 더 심층적이고, 재현 관계보다 더 심층적이다. 실재성을 따르는 물체의 기계론이 있고, 관념성을 따르는 사유의 자동성이 있다. 그러나 물체적 기계장치와 정신적 자동기계가, 그 "의미"와 "상응"을 데카르트주의에서는 찾아볼 수 없는 그 필연적 이유로서 받아들일 때, 가장 **표현적**이 된다는 것을 우리는 깨닫는다.

라이프니츠와 스피노자가 표현에 대한 평가에서 서로 다르다는 것, 그런데 그들은 포스트-데카르트주의 철학을 정초하기 위해서 공통적으로 이 개념에 호소하고 있다는 것, 우리는 어느 쪽이 더 중요한지는 말할 수 없다.

# 부록

'윤리학'의 구도plan와 이 구도의 실현에서 주석의 역할에 대한 형식적 연구 :
두 개의 '윤리학'

| | 테 마 | 귀 결 | 상응하는 표현적 개념 |
|---|---|---|---|
| I 부 | | | 사변적 긍정 |
| 정리 1-8 | 동일한 속성의 여러 실체는 없다. 수적 구별은 실재적이지 않다. | 이 8개의 정리는 가언적이 아니라 정언적이다. 따라서 『윤리학』이 신 관념에서 "시작한다"고 보는 것은 잘못이다. | 실체의 첫 번째 삼항관계 : 속성, 본질, 실체 |
| 정리 9-14 | 실재적 구별은 수적이지 않다. 모든 속성에 대해 하나의 실체만이 있다. | 여기서만 절대적으로 무한 실체 관념으로서 신 관념에 도달한다. 그리고 정의 6이 실재적 정의임이 증명된다. | 실체의 두 번째 삼항관계 : 완전, 무한, 절대 |
| 정리 15-36 | 역량 혹은 생산:생산의 과정과 생산물들(양태들)의 본성 | 내재성은 속성들의 일의성과 원인의 일의성(신은 자기 원인과 동일한 의미에서 만물의 원인이다)을 동시에 의미한다. | 실체의 세 번째 삼항관계 : 역량으로서 본질, 이것을 자기 본질로 갖는 것, (무한한 방식들로) 변용되는 능력 |
| II 부 | | | 표현적 관념 |
| 정리 1-7 | 관념과 그 대상의 인식론적 평행론, 영혼과 신체의 존재론적 평행론 | 실체로부터 양태로, 표현성의 이전:그 이전에서 신 관념의 역할 | 양태적 삼항관계 : 속성, 양태, 변양 |

| | | | |
|---|---|---|---|
| 정리 8-13 | 관념들의 조건들 : 신이 그의 본성에 따라서 갖는 관념들, 우리가 우리의 본성과 우리 신체에 따라서 갖는 관념들 | 관념들과 관련해서 신의 여러 측면들 : 무한한 한에서의 신, 많은 관념들로 변용된 한에서의 신, 단지 그러한 관념을 갖고 있는 한에서의 신 | 적합과 부적합 |
| 자연학 소론 | 물체 모델 | 외연적 부분들, 운동과 정지 관계들, 그 관계들의 합성과 분해 | 양태의 첫 번째 개체적 삼항관계 : 본질, 특징적 관계, 외연적 부분들 |
| 정리 14-36 | 우리가 관념들을 갖는 조건들에 의해 그 관념들은 필연적으로 부적합한 것이 된다 : 자기-자신의 관념, 자기 신체의 관념, 다른 물체들의 관념. | 부적합한 관념은 "지시적"이고 "함축적"이며, 표현적이고 설명적인 적합한 관념과 대립한다 : 우연, 마주침, 그리고 1종 인식 | 부적합한 관념의 비표현적 특징들 |
| 정리 37-49 | 적합한 관념들은 어떻게 가능한가? 모든 물체 혹은 여러 물체에 공통적인 것 | 공통 개념은 추상적 관념과 대립한다. 공통 개념들은 어떻게 신 관념으로 인도하는가 : 2종 인식과 이성 | 그것의 형상과 질료의 관점에서 본, 적합한 관념의 표현적 특징 |
| **Ⅲ 부** | | | **실천적 기쁨** |
| 정리 1-10 | 관념에서 따라 나오는 것 : 변용 또는 감정. 이 변용들에 의해 결정된 한에서의 "코나투스" | 두 종류의 변용의 구별 : 능동적 변용들과 수동적 변용들. 적합한 관념에서 따라 나오는 능동적 변용, 부적합한 관념에서 따라 나오는 수동적 변용 | 양태의 두 번째 개체적 삼항관계 : 본질, 변용 역량, 이 역량을 실행하는 변용들 |
| 정리 11-57 | 능동적인 변용, 수동적인 변용이라는 두 종류의 변용에 대한 구별 때문에, 기쁜 수동적 변용과 슬픈 수동적 변용이라는 두 종류의 수동적 변용에 대한 구별을 무시하지 말 것 | 기쁨과 슬픔, 두 개의 선분 : 그것들의 전개와 변이와 교차 | 작용 역량의 증가와 감소 |

| | | | |
|---|---|---|---|
| 정리 58-59 | 수동적 기쁨과 구별되는 능동적 기쁨의 가능성. 즉 작용 능력의 소유 | 슬픔에 대한 비판 | 기쁨에 대한 완전한 개념 |
| Ⅳ 부 | | | **좋음과 나쁨** |
| 정리 1-48 | 변용들 간의 힘의 관계: 그것들 각각의 역량의 요인 | '선'과 '악'과 대립되는 좋음과 나쁨 | "코나투스"의 규정들 |
| 정리 19-45 | 이성의 첫 번째 측면: 수동적 변용들의 선별, 슬픔의 제거, 마주침들의 조직화, 관계들의 합성, 작용 역량의 증대, 최대치의 기쁨들의 체험 | 이성의 첫 번째 노력을 가능하게 하고, 예비하며, 함께 하는 것으로서 사회가 갖는 상대적 유용성과 필요성 | 슬픔에 대한 발전된 비판 |
| 정리 46-73 | 이성의 기준에 따른 좋음과 나쁨 | 슬픔에 대한 비판의 계속 | 자유인과 노예, 강자와 약자, 이성적인 자와 무분별한 자 |
| Ⅴ 부 | | | **실천적 기쁨과 사변적 긍정** |
| 정리 1-13 | 우리는 어떻게 적합한 관념들(공통 개념들)을 실제로 형성하게 되는가? 기쁜 수동적 변용들은 어떻게 우리를 그리로 인도하는가? 그리고 그렇게 해서 우리는 어떻게 슬픔을 줄이고 모든 수동적 변용에 대한 적합한 관념을 형성하는가? | 따라서 우리는 1종 인식이 제공하는 몇몇 기회들 덕분에 2종 인식에 도달하게 된다. | 이성의 두 번째 측면: 공통 개념들과 그로부터 따라 나오는 기쁨의 능동적 변용들을 형성하기, 능동적으로-되기 |
| 정리 14-20 | 2종 인식의 극단에서 신 관념 | 공통 개념들로부터 신 관념으로 | 2종 인식에 의해 이해된 무심한 신 |

| | | | |
|---|---|---|---|
| 정리<br>21-42 | 이 신 관념을 통해서 우리는 2종 인식으로부터 벗어나 3종 인식에 접근하게 된다 : 이 신은 3종 인식을 통해 자기-자신, 자신의 신체, 다른 물체들에 대한 적합한 관념을 돌려준다.[1] | 변용들의 유형이 있는 만큼 영혼의 부분들이 있다. 기쁨과 슬픔의 수동적 변용들만 아니라 2종의 기쁨의 능동적 변용들, 그리고 또 3종의 기쁨의 능동적 변용들이 있다. 이로부터 영혼 안에 영원한 것과 소멸하는 것이 있다고 결론을 내린다. 소멸하는 측면과 존속하는 측면은 외연적 부분들과 강도적 본질이다. | 여기까지 『윤리학』은 공통 개념들에 의해, 오로지 공통 개념들에 의해서만 진행되었다. 그러나 『윤리학』은 이제 변하고, 3종의 이름으로 말하기 시작한다. 이 3종에서 실천적 기쁨과 사변적 긍정이 통일된다 : 표현적으로-되기, 지복, 상호성, 일의성 |

『윤리학』의 형식적 절차와 각 요소(정의, 공리, 공준 등)의 역할에 대한 장기적 연구가 필요할 것이다. 여기서는 다만 주석의 특수하고 복합적인 기능만을 고찰하고자 한다.

『윤리학』에서 첫 번째 주요 주석은 E1P8S2이다. 스피노자는 이 주석에서 동일한 속성을 가진 다수의 실체는 있을 수 없다고 하는 정리 5를 **다른** 방식으로 증명한다. 우리가 이 책의 1장에서 보았듯이 그 증명은 이렇게 진행된다. 1) 수적 구별은 외적 인과성을 포함한다. 2) 그런데 모든 실체는 자기 자신 안에 있고 자신에 의해 파악되기 때문에, 실체에 외부 원인을 적용하는 것은 불가능하다 3) 따라서 수적으로 구별되는 동일한 속성의 두 개 또는 다수의 실체가 있을 수 없다.

정리 5는 이 주석과는 다르게, 그리고 보다 간결하게 진행되었다. 동일한 속성의 두 실체가 있다면 두 실체가 양태들에 의해 구별되어야

---

1 (역주) 들뢰즈의 해석에 따르면 신 관념은 2종 인식의 종착지이면서, 동시에 3종 인식의 출발지이기도 하다.

하는데, 이것은 부당하다. 그런데 정리 5에 이어서, 정리 6은 **그러므로** 외적 인과성은 실체에 적용될 수 없다는 것을 증명했다. 그리고 정리 7은 **그러므로** 실체는 자기 원인이라는 것을 증명했다. 그리고 정리 8은 **그러므로** 실체는 필연적으로 무한하다는 결론을 내렸다.

정리 5-8의 그룹과 정리 8의 주석 2는 역방향으로 진행된다. 전자는 실체의 본성에서 출발하여 실체의 무한성이라는 결론에 도달한다. 즉 실체에 수적 구별을 적용할 수 없다는 결론이다. 주석은 수적 구별의 본성에서 출발하여 그것을 실체에 적용할 수 없다는 결론에 이른다.

그런데 이 주석에서 실체와 외적 인과성이 서로 배치된다는 것을 입증하기 위해서 정리 6과 7을 원용하는 게 좋다고 생각할 수도 있다. 그런데 그것은 사실 불가능하다. 왜냐하면 정리 6과 7은 정리 5를 전제하기 때문이다. 그렇게 한다면 주석은 다른 증명이 될 수 없다. 그럼에도 불구하고 주석은 정리 7을 길게 원용한다. 하지만 어떤 의미에서는 완전히 새롭게 원용한다. 주석은 정리 7의 순수하게 공리적인 내용은 유지하지만, 그것을 그 증명의 맥락과 완전히 분리한다. "만일 사람들이 실체에 주의를 기울인다면, 그들은 정리 7의 참됨을 결코 의심하지 않을 것이다. 더구나 이 정리는 모든 사람에게 공리가 될 것이고 공통 개념들 중의 하나로 생각될 것이기 때문이다…" 그러므로 이 주석은 정리 5-8의 증명과는 완전히 독립적으로 증명을 수행할 수 있다.

우리는 이러한 주석에서 세 가지 특징을 끌어낼 수 있다. 1)그것은 두 번째 증명을 제안하는데, 그 증명은 소극적이고 외생적인 첫 번째 증명과 달리, **적극적**이고 **내생적**이다. (실제로 정리 5는 양태적 구별과 실체적 구별을 동일시할 수 없다는 결론을 이끌어내기 위해서 실체의 선차성antériorité을 내세우는 것으로 만족했다. 정리 8의 주석도 수적 구별과 실체적 구별을 동일시할 수 없다는 결론을 이끌어내지만, 수와 실체의 내생적이고 적극적인 특징들에서 출발해서 그렇게 한다.) 2) 주석은 **명시적**(ostensif, 직시적, 직접적)²인데, 주석이 이전의 증명들과는 독립적이면서 그것들을 대체하는 것이고, 또 증명의 연쇄에서 몇몇의 정리들을 떼어내서 일종의 공리로 활용하기 때문이다. (물론 주석이 증명들을 원용하기도 하지만, 그것이 "이중적으로" 다루려는 그룹에서 증명을 원용하지는 않는다.) 3) 그때 공리처럼 간주되기 시작한 정리들을, 원래의 맥락과 증명과는 무관하게 다룰 수 있게 하는 명증성은 어디에서 오는가? 이 새로운 명증성은, 스피노자가 때로는 폭력적인 어조로 혼동된 정신으로 이해하지 못하는 자들, 혹은 심지어 혼동을 유지해서 이익을 얻는 자들을 공격하고 있는 **논쟁적인** 논변들로부터 온다. (정리 8의 주석에서 정리 7을 그 자체로 이해하지 못하는 자들, 나무가 말을 한다거나 사람이 돌에서 태어난다고 믿을 태세인 자들이 격하게 비판된다.)

요컨대 주석들은 일반적으로 적극적, 명시적, 공격적이다. 주석들은 그것들이 거듭하는 정리들에 대해 독립적이기 때문에, 우리는 『윤리학』이 두 개의 어조로, 이중의 말투로 동시에 두 번 쓰였다고 말할 수 있을 것이다. 실제로 주석들은 불연속적인 방식으로 나아간다. 주석들은 도약하고, 서로 반향을 일으키고, 『윤리학』의 어떤 부의 서문 혹은 다른 부의 결론에서 다시 나타나기도 하면서, 깊은 곳에서 저작 전체를 관통하지만 이런 저런 지점(틈새)에서만 표면으로 나타나는 파선破線을 형성한다. 예컨대 E1P8S는 E1P15S, E1P17S, E1P33S, E2P3S, E2P10S와 이러한 선을 구성한다. 여기서는 인간이 신에게 가하는 다양한 왜곡의 방식들이 문제다. 마찬가지로 물체 모형을 세우는 E2P13S는

2 (역주) "직접적인 또는 **명시적**인 증명은 모든 종류의 인식에서 진리에 대한 확신과 동시에 진리의 원천에 대한 통찰과 결합시키는 증명이고, 그에 반해 간접증명적 증명은 진리의 확실성을 주기는 하지만 진리를 가능하게 하는 근거들과 관련해서 진리를 이해시킬 수는 없다."(칸트, 『순수이성비판』, B817, 백종현 옮김, 아카넷, 2006, 921쪽)

E3P2S로 도약한 다음에, E5Pref에 연결된다. 마찬가지로 주석들의 파선은 계속 방해받는 일종의 기쁨에 대한 찬가를 형성하는데, 거기서 슬픔으로 사는 자들, 우리의 슬픔에서 이익을 얻는 자들, 자기들의 권력을 지키기 위해서 인간적 슬픔을 필요로 하는 자들이 격렬하게 고발된다 (E4P45S2, E4P50S, E4P63S, E5P10S). 마찬가지로 E4P66S의 자유인-노예의 쌍은 E4P73S의 강자-약자의 쌍으로, 그리고 『윤리학』이 종결되는 E5P42S의 현자-무지자의 쌍으로 다시 등장한다. 혹은 끝으로 E5P4S와 E5P20S는 우리를 3종 인식으로 인도하는 왕도王道를 형성한다.

그렇기 때문에 『윤리학』의 주요 "전환점들"은 불가피하게 주석들에서 나타난다. 정리들과 증명들의 연속성은, 자신이 드러나는 틈새를 유도하여 주석들(암석-주석, 소용돌이-주석)에서 자신을 표현하는 어떤 것이 출현해야만, 주요한 지점들, 다양한 추진력들, 방향의 변화들을 감내할 수 있기 때문이다. 가령 E2P13S(물체의 모델에 호소), E3P57S(능동적 기쁨의 모델에 호소), E4P18S(이성 모델에 호소), E5P20S&P36S(3종 인식에 호소)가 그러한 전환점이다.

따라서 두 개의 『윤리학』이 공존하는 듯하다. 이들 각각은 정리, 증명, 따름정리의 연속적인 선 혹은 물결에 의해 구성되는 것과, 주석들의 파선 혹은 화산들에 의해 구성되는 불연속적인 것이다. 전자는 무정한 엄격성을 지닌 일종의 머리의 테러에 해당하는 것으로, 실천적 귀결에 개의치 않고 정리에서 정리로 전진하며, **각 경우들을** 확인하려고 하지도 않고 그 **규칙들을** 만드는 데 공들인다. 후자는 가슴의 분개와 기쁨들을 모으는 것으로, 슬픔에 반대하는 실천적 투쟁과 실천적 기쁨을 표명하며, "이것이 바로 그 경우다"라고 말하면서 자신을 표현한다. 이런 의미에서 『윤리학』은 두 겹의 책이다. 주석에서 주석으로 도약하면서, 첫 번째 『윤리학』 아래에서 두 번째 『윤리학』을 읽어내는 일은 흥미롭다.

적극적, 명시적, 공격적이라는 주석의 세 가지 특징으로 돌아가자. 이 특징들이 동일한 주석 안에서 서로 겹쳐 있음은 명백하다. 그러나 우리는 그것들을 각각 생각해 볼 수 있다.

주석이 적극적으로 진행된다는 것은, 앞에서 보았듯이, 상응하는 증명이 단지 외생적인 특성들에 의거하는 데 반해 주석은 내생적 특징들에 의존한다는 것을 뜻한다. 그 선명한 예로 특히 "영혼의 동요"에 관한 E3P17을 들 수 있다. 정리의 증명에서는 영혼의 동요가 그것을 유발하는 외부 원인들의 작용에 의해서 정의되지만, 주석에서 그것은 우리를 구성하는 내적 관계들의 다양성에 의해서 정의된다. 주석의 적극성은 또한, 증명의 후험성과 달리, 주석이 선험적으로 진행된다는 것을 뜻한다. 가령 E2P1에서, 정리의 증명은 양태들을 경유하지만, 그것의 주석은 무한한 질에 대한 직접적인 사유의 가능성에 의거한다. E1P11도 마찬가지인데, 그 주석이 제안한 선험적 논변은, 정리 증명의 후험적 논증과 "동일한 원리"에 근거하고 있다. 또 평행론에 대한 매우 중요한 주석인 E2P7S의 경우도 마찬가지다. 이 정리의 증명은 인식의 질서가 사물들의 질서와 같다는 결론을 위해서 결과로부터 원인으로 나아가며, 증명과 따름정리 전체는 양태들에서의 그 질서의 동일성에서 신 역량들의 동등성으로 상승한다. 반면 주석은 역량들의 동등성과 질서의 동일성이라는 결론을 위해서 실체의 존재론적 통일성에서 출발한다. (앞에서 보았듯이 이 두 가지 진행 방식 사이에는, 스피노자가 이 주석에서 신 관념을 명시적인 방식으로 원용하는 한에서만 메워질 수 있는 간격이 있다. 이 점에서 우리는 이미 주석들의 두 번째 특징을 참조하게 된다.)

그러나 첫 번째 특징에 대한 논의를 마치기 위해서, 주석의 적극성이 특별히 복잡한 다른 방식으로도 드러난다는 것을 말하고자 한다. 정리와 증명은 명목적 정의들에서 그 귀결들을 이끌어내는 데 반해, 주석은 실재적 정의의 요소로서 작동할 수 있다. 그래서 E1P9와 P10이 그 각각이 그 자신에 의해 파악되는 무한히 많은 속성들을 갖는 하나의 동일한 존재가 순전히 논리적으로 가능함을 확립하는데, 단지 실체와 속성에 대한 명목적 정의들인 정의 3과 4를 참조할 뿐이다. 반대로 E1P10S는, 앞에서 보았듯이 1부를 여는 모든 정의들 중 유일한 실재적인 정의인 정의 6을 원용한다. 더구나 실재적 정의란 그 정의의 실재성을 우리가 **증명할** 수 있어야 하는 것이기 때문에, 즉 그 정의가 그 대상의 "실재적" 가능성(단지 논리적일 뿐인 가능성과 대립하는 초월적 가능성)의 근거가 되기 때문에, E1P10S는 이 임무를 실질적으로 떠맡고 정의 6이 정말로 실재적임을 증명한다. 즉 [이 주석에 의하면] 속성들의 구별이 속성들의 적극적 특징들로 인해서, 수적일 수 없다. 거기서도 정리 9가 그 맥락에서 분리되어 명시적으로 사용된다.

따라서 주석들의 적극적 특징에는 내생적 측면, 선험적 측면, 실재적 측면이라는 세 가지 측면이 있다. 이제 주석의 두 번째 특징인 명시적 특징을 고려해 보자. 이것에도 여러 측면이 있고, 우리는 앞에서 그것의 주된 측면을 보았다. 이 주된 측면은 공리적인 측면이다. 공리적 측면이란, 주석이 선행 정리의 테마를 정리 및 증명들의 연속적인 사슬로부터 떼어 내서, 그것에 직접적으로 논쟁적인 새로운 힘을 부여함으로써, 그 테마를 불러온다는 것이다. E1P8S1&S2(E1P7을 이용), E1P10S(E1P9를 이용), E2P3S(신 관념을 원용), E2P7S(유태인을 원용) 등이 그렇다. 두 번째 측면은 사실 이보다는 후퇴한 것으로 보인다. 주석들이 해당 정리의 단순한 예를 제시하는 데 그치는 경우가 있기 때문이다. E2P8S(원 안의 선분들의 예), E4P40S(아주 묘한 때리는 행위의 예), E4P63S(건강한 사람과 병자의 예) 등이 그렇다. 그러나 스피노자의 대부분의 예들은 두 방향으로, 보다 고차적이고 본질적인 두 기능(전형적

paradigmatique 기능과 결의론적<sup>casuistique 3</sup> 기능) 향해 넘어가는 것으로 보인다. 그래서 E2P13S, 그리고 E3P2S에서 물체 **모델**이 설정되는데, 이는 물체가 사유의 모델이 되어서, 사유와 연장의 평행론 내지는 사유와 연장 각각의 자율성을 깨뜨리는 것이 아니다. 그 모델은 전형 기능을 수행하는 예로서 개입하는 것이며, 그래서 의식을 초과하는 것이 사유 자체 내에 얼마나 많이 있는지를 "평행론적"으로 보여 주기 위한 것이다. 인간 본성의 모델(E4P18S에서 언급되고, E5P10S, E5P20S에서 발전된다)도 마찬가지다. 끝으로 3종 인식의 모델(E2P40S와 E5P20S의 마지막 줄에서 언급되고, E5P36S에서 정식화된다)도 그렇다.

다른 한편 유사-예<sup>pseudo-exemple</sup>의 결의론적 기능은 선행 증명[정리의 증명]과 관련해서 "이것이 바로 그 경우이다"의 형태로 표현되는 모든 주석에서 등장한다. 여기서도 문제는 단순히 예를 제시하는 것이 아니라, 그 증명의 대상이 실질적으로 실현될 수 있는 조건들을 엄격하게 지정하는 것이다. 주석은 그 증명이 제시한 규칙에 맞는 사례를, 여러 다른 경우들 중 하나의 사례로서 규정하는 것이 아니라, 그 규칙을 충족시키고 또 모든 조건들을 만족시키는 사례로서 규정하는 것이다. 때로는 그 조건들은 제한적이어서, 주석은 해당 정리와 먼 거리에서, 우리로 하여금 그 정리와 증명을 제한된 의미에서 이해하도록 촉구한다 (E2P45S, E4P34S<sup>4</sup> 등). 그러나 보다 깊이 보면, 주석의 이러한 측면에는 적극적인 절차[첫 번째 특징]와 교차하는 무언가가 있다. 왜냐하면 적어도 오류와 정념의 경우, 정리 및 증명에서 먼저 지시된 대상이 실현될

---

3 (역주) 원칙, 원리 중심적인 사유와 대비되는 사례 중심적 사유.
4 (역주) 원문에는 E4P33S로 표기되어 있으나. 이 정리에는 주석이 없다. 들뢰즈의 상세한 설명이 없어 확실하지는 않지만 E4P34S의 오기로 보인다.

수 있는 조건들과 독립적으로, 그것들에 대한 실재적 정의를 획득하는 것이 불가능하기 때문이며, 또 그 조건들이 주석에서 결정되지 않으면 오류나 정념에서 적극적인 어떤 것을 끌어내는 것이 불가능하기 때문이다. 그렇기 때문에 이런 유형의 주석들은 "*fiat*"라는 형식으로(이상이 그 일이 생기는*fiat* 방식이다…) 진행된다. 이런 식으로 오류는 E2P35에서는 결핍으로 정의되지만 그 주석에서는 그것이 실질적으로 어떻게 생기고, 그럼에도 불구하고 그것이 생기는 조건들 속에서 이미 어떤 적극성을 갖게 된다는 것이 설명된다. E2P44에서 오직 상상에 의해서만 사물들은 우연한 것으로 간주될 수 있다고 말하고 증명된다면, 그 주석에서는 "어떤 조건에서 이것이 일어나는지*qua ratione fiat*"가 증명된다. 『윤리학』 3부에서 이러한 방식이 일반화된다. 정리 및 증명들이 그것들의 연속적 진행 속에서 그 변용들의 연쇄와 파생을 이끄는 운동을 그려낼 때, 주석들은 잘 알려진 그러한 변용 또는 능력이 그 정리가 말하는 것에 대해서 특정 조건 속에서 실질적으로 응답하고 있음을 보여 주는 정지(갑자기 찍은 사진, 응고, 일시적 부동성, 스냅 사진)를 도입한다. 이미 2부에서 기억(E2P18S)과 공통 개념들(E2P40S)의 경우가 그러했다. 그러나 3부에서는, 다음과 같이 정식화하는 주석이 늘어난다. "우리는 이렇게 그것이 어떻게 일어날 수 있는지를 알게 된다", "우리는 그것이 일어날 수 있다는 것을 본다", "이는…이기 때문에 일어난다." 그리고 그와 동시에 변용들이나 능력들은 자신의 이름을 찾는다. 2부에서 '기억'과 '공통 개념'이 그 이름이고, 3부에서 모든 주석들이 반향되고 있는 '기쁨', '슬픔', '사랑', '증오' 등, 3부 끝의 정의들로 모이는 것들이 모두 변용들의 이름이다. 마치 정리, 증명, 따름정리들의 운동이 계속에서 변용들의 물결을 만들어 내지만, 그 물결은 주석에서만 그 파도와 정점을 형성하는 듯하다. 마치 정리, 증명, 따름정리들이 가장 고상한 언어로, 비인칭

적이고 그것이 말하는 바를 확인할 필요가 거의 없는 언어로 말하는 것처럼 보이는데, 그 언어가 말하는 것이 우월한 진리에 토대를 두고 있기 때문이다. 반면에 주석은 "다른" 언어가 펼쳐 놓고 진척시킨 것을 심층에서 탐사하면서, 세례하고, 이름을 부여하고, 확인하고, 지칭하고, 고발하는 듯하다.

따라서 주석의 두 번째 특징인 명시성은 그 자신도 공리적, 전형적, 결의론적이라는 세 가지 주요 측면을 갖는다. 그런데 그것들에 의해서 주석의 마지막 특징(논쟁적 내지는 공격적)이 끊임없이 작동하게 된다. 이 최후의 특징 또한 여러 측면을 갖는다. 때로는 신을 "왕"으로 취급하고, 신에게 지성과 의지, 목적과 기획, 형태와 기능 등을 부여해서 신을 왜곡하는 자들의 **사변적 혼동**이나 지적인 어리석음을 분석하는 것이 문제이다(특히 1부의 주석들). 때로는 **감각적 오류**와 그로부터 파생하는 정념들이 생기는 조건들을 규정하는 것이 문제이다(특히 2부와 3부의 주석들). 때로는 **실천적 악**, 즉 슬픈 정념들, 그 정념들의 전염성, 그것을 이용하는 자들의 사리사욕을 고발하는 것이 문제이다 ― 이 고발은 주로 4부가 담당하지만, 몇몇 부의 서문이나 결론에서 환기되고 있는 『윤리학』의 가장 일반적인 기획과도 관련되어 있다. 따라서 논쟁적인 것은 사변적, 감각적, 실천적이라는 세 측면을 갖는다. 이 모든 측면들과, 그것들이 의존하는 모든 특징들이 상호 확증하고 교차한다는 것이 놀랍지 않은가? 주요 주석들은 그것들을 모두 통합한다. 주석은 언제나 적극적인 의도를 갖는다. 하지만 주석은 명시적인 절차의 도움을 통해서만 그 의도를 실행할 수 있다. 그리고 주석은 논쟁을 포함해야만 그 절차의 토대를 제공할 수 있다. 명시적인 절차는, 그것에 온전한 가치를 부여하는 논쟁적 논변과, 그것이 제공하는 적극적 원리로 나누어진다. 주석의 적극적 행보와 주석의 논쟁적, 비판적, 부정적 논변이 어떻게 서로 화해될 수 있는지 물어볼 수 있다. 그것은 역으로 스피노자의 격렬한 논쟁 능력이 우월한 긍정과 우월한 "명시성"을 위해서, 토론이 아니라 침묵 속에서 전개되기 때문이다. 스피노자에서 부정은 오직 부정적인 것을 부정하는 데만, [무언가를] 부정하는 것과 모호하게 하는 것을 부정하는 데만 봉사할 뿐이다. 논쟁, 부정, 고발은 오직 부정하는 것, 속이는 것, 감추는 것을 부정하기 위해서만 거기에 있다. 즉 오류를 이용하는 것, 슬픔으로 사는 것, 부정적으로 사유하는 것을 부정하기 위해서만 거기에 있다. 그렇기 때문에 가장 논쟁적인 주석들은 특수한 스타일과 어조로, 사변적 긍정(실체의 긍정)과 실천적 기쁨(양태들의 기쁨)이라는 두 가지 최고 취향을 통합하고, 다시 말해『윤리학』의 이중적 독서를 위한 이중의 언어를 통합한다. 논쟁적인 것이야말로 주요 주석들에서 가장 중요하겠지만, 그 논쟁의 역량이 더 전개되는 것은 그것이 사변적 긍정과 실천적 기쁨을 위한 것일 때, 그리고 그것들을 일의성의 요소로서 합류시킬 때이다.

# 옮긴이 후기

## 1.

1968년, 스피노자 연구는 도약의 시기를 맞이한다. 프랑스의 세 학자, 게루, 마트롱, 들뢰즈가 스피노자에 대한 체계적인 연구서를 각각 출간한다. 독일 낭만주의 이후 오랫동안 잊혀 왔던 스피노자는 이 해에 독특한 사상체계를 세운 철학자로 재발견되었다. 50여 년이 지난 현재 스피노자는 철학 저널에서 가장 빈번하게 논의되는 사상가가 되었다. 세 학자들의 연구서들은 지금까지도 주요 참고 문헌으로 다루어지고 있다.

들뢰즈의 연구서, 즉 박사학위 논문인 『차이와 반복』의 부논문이 『스피노자와 표현의 문제』라는 제목으로 2003년에 이진경, 권순모에 의해 번역되었다. 한국에서도 스피노자 연구의 르네상스가 열렸다. 스피노자 전공자가 데카르트 전공자보다 많아졌다. 학계만이 아니다. 새로 출간되는 입문서와 여러 강의는 스피노자의 대중적 인기를 실감하게 한다. 위의 번역본이 학계나 대중의 관심을 폭발시킨 기폭제가 됐을 것이다.

나 또한 들뢰즈의 인도로 스피노자에 입문하게 되었다. 들뢰즈는 철학자를 매력적으로 재가공하는 재주가 있다. 그의 덕에 나는 스피노자를 주제로 긴 학위 과정에 들어섰다. 그 과정을 마치고 앞길을 살피고 있을 때, 권순모 선생이 이 책을 다시 번역하고 있다는 소식을 들었다. 이 책을 직접 번역하고 싶은 욕심이 났다. 내 연구의 초석이 되었던 책을 번역하면서, 그 동안의 과정을 돌아보고 싶었다.

## 2.

"나는 마침내 결심했다." 이십대 초반의 스피노자는 아버지 사업을 물려받기를 포기하고 뒤늦게 철학 공부의 길에 나섰다. 스피노자의 사유는 여러 분과 학문을 넘나들지만, 그 모든 사유의 바탕에는 "진정한 좋음이란 무엇인가"라는 고전적인 물음이 깔려 있다. 들뢰즈는 스피노자 철학의 이러한 윤리학적 측면을 잘 부각시킨다. 가령, 들뢰즈는 공통 개념이나 수동적 기쁨의 실천적 역할을 탁월하게 포착해 낸다. 나아가 들뢰즈는 스피노자의 형이상학과 자연학을 이러한 "윤리학적 세계관"을 통해서 분석하고 있다. 스피노자의 윤리학은 통상적인 윤리학이 아니다. 스피노자에 따르면 윤리학은 형이상학과 자연학에 기초해야 한다. 스피노자의 윤리학은 형이상학적이고 자연학적이다. 들뢰즈는 스피노자의 철학에서 가치나 규범이 초월적인 명령이 아니라 형이상학과 자연학으로부터 어떻게 연역되는지를 체계적으로 제시하고 있다. 이는 유물론적 세계관에 익숙한 우리에게도 여전히 유효한 질문이 아닐까. 모든 것이 필연적 법칙에 의해 지배되는 이 세계에서 우리에게 정말로 가치 있는 것은 무엇일까.

들뢰즈는 이전에는 그 누구도 주목하지 못했던 "표현" 개념을 스피노자의 텍스트에서 발굴해 냈다. 표현 개념에 비추어 스피노자의 철학이 일의성의 철학, 긍정과 기쁨의 철학임을 해명하고자 했다. 이러한 독해는 이제 하나의 상식으로 받아들여지는 것 같다. 그런데 표현 개념 못지않게 역량 개념도 들뢰즈 해석의 주요 수단이다. 스피노자에 따르면 신의 본질은 역량이다. 그렇다면 개체는 신의 부분으로서 신의 역량을 나누어 가질 것이다. 이러한 독해는 라이프니츠적이다. 들뢰즈는 스피노자를 라이프니츠에 접근시키고, 그들을 데카르트와 대립시킨다. 데카르트의 기계론은 틀리지는 않았지만 충분하지 않다. 운동 법칙은 표면적인 현상에 불과하며, 철학자라면 기계론의 충분 이유를 찾아야 한다. 그것은 역량이었다. 들뢰즈의 해석은 생기론적$^{vitalistic}$이다. 데카르트가 삭제했던 개체의 자발성을 신과 신의 역량 개념을 통해서 개체에게 되돌려 주고자 했다는 것이다. 들뢰즈가 보기에, 스피노자의 자연 법칙들은 자연학적이고 수학적이면서 동시에 생물학적이다. 들뢰즈의 독해는 분명 논쟁적이다. 스피노자는 근대 과학과 형이상학을 어떻게 조화시키고, 그로부터 어떻게 윤리학을 도출해 내고 있는가. 들뢰즈의 해석은 분명히 하나의 주요한 지침이 되고 있다.


## 3.

번역어 선택에 대해서 우리는 다음의 원칙을 공유했다. 스피노자 자신은 개념어를 새로 만들지 않았다. 그는 무익한 논쟁을 피하고 싶어 했다. 그래서 스콜라 철학자들에 의해서 널리 사용되는 개념어들을, 그중에서도 데카르트에 의해서 중화된 개념어들을 그대로 활용했다. 스피노자는 일반적인 개념 정의를 가져와서 그것을 엄밀하게 다듬었다. 그리고 그는 그 개념이 낯선 것으로 돌변할 때까지 거기에 포함된 논리를 끝까지 밀고 나갔다. 보수적으로 개념을 선택했지만, 그 결과는 급진적이었다고 할 수 있다. 우리도 스피노자의 방법을 따르기로 했다. 스피노자의 사유를 정확히 담아낼 수 있는 새로운 번역어를 선택하는 대신에,

오해를 부를 위험이 있더라도 연구자들이 오랫동안 사용했던 용어를 존중하기로 했다. 스피노자의 철학을 고립된 섬으로 만들고 싶지는 않았다. 스피노자의 특이성은 철학사의 흐름 속에서 더 드러난다고 보았기 때문이다.

　스피노자의 저서 *Ethica*는 『에티카』가 아니라 『윤리학』이라고 번역했다. 스피노자의 *Ethica*도 넓은 의미의 윤리학에 포함된다. 물론 그것은 통상적인 윤리학과 구별되지만, 그 다채로운 서술의 기저에는 윤리적 세계관이 놓여 있다. 근대 철학에서 "claire et distincte"는 "명석판명한"이라고 번역되어 왔다. 일본에서 수입된 번역이고, 한국어의 용법과 맞지 않다는 비판을 받고 있다. "분명하고 뚜렷한"으로 옮겨 보았지만, "명석판명"이 워낙 익숙한 탓에 오히려 가독성이 떨어진다는 느낌을 받았기에 기존의 역어로 되돌려 놓았다. "affectus"는 "감정"으로 옮겼다. 추측하건대 "감응"이나 "정동"이라는 용어를 통해서 개체들 간의 소통, 존재의 능동성이나 역동성 등을 강조하고자 한 것으로 보인다. 하지만 이러한 철학적 함축을 살리는 것보다 "감정" 혹은 "정서"와 같은 일상 언어로 옮기는 편이 더 적절하다고 보았다. 들뢰즈 자신도 affectus를 sentiment(감정)으로 번역하고 있다. 그리고 "singularis" 혹은 "singulier"는 "개별적"으로 번역했다. 이는 들뢰즈 연구자들 사이에서 "독특한" 혹은 "특이적"으로 번역되기도 한다. 하지만 스피노자의 텍스트에서 singularis는 몇몇 예외를 제외하고는 평범하지 않은 혹은 비정규적irrégulier이라는 의미로 사용되지 않는다. 가령 개별 사물res singularis은 개체individuum와 동의어다. 다만 자연학과 형이상학에서 각기 쓰일 뿐이다. 그리고 『자연학 소론』에서의 "ratio"는 "관계"로 번역하였다. "비"比 혹은 "비율"로 옮길 수도 있겠지만, 특정한 양量보다 포괄적인 의미를 가진 "관계"라는 역어를 선택했다.

마지막으로 감사의 마음을 덧붙인다.

김상환 선생님, 박기순 선생님, 이진경 선생님, 나의 스승들께 감사의 말씀을 전합니다. 〈수유너머104〉의 친구들, 감응으로 함께하겠습니다. 그리고 현태식, 김응실, 나의 부모님께 제 첫 번째 번역서를 바칩니다.

2019년 5월, 수유너머104에서

현영종

# 상세 목차

우, 유한한 존재들의 경우 — 역량과 본질 — 사물들은 양태들이다, 즉 역량을 갖는다 — 역량과 변용 능력 — 표현의 세 번째 삼항관계 : 역량으로서의 본질, 이 역량 — 본질을 자신의 것으로 갖는 어떤 것, 변용 능력